LAS TIERRAS DE LOS INGLESES EN LA ARGENTINA (1870-1914)

Eduardo José Miguez

Las tierras de los ingleses en la Argentina (1870-1914)

Colección UAI – Investigación

Míguez, Eduardo José

Las tierras de los ingleses en la Argentina 1870 – 1914 / Eduardo José Míguez. – 1a ed . – Ciudad Autónoma de Buenos Aires: Teseo; Ciudad Autónoma de Buenos Aires: Universidad Abierta Interamericana, 2016.

482 p. ; 20 x 13 cm.
ISBN 978-987-723-091-8
1. Historia Argentina. 2. Capitalismo. 3. Política Agraria. I. Título.
CDD 330.982

© UAI, Editorial, 2016

© Editorial Teseo, 2016

Teseo – UAI. Colección UAI – Investigación

Buenos Aires, Argentina

Editorial Teseo

Hecho el depósito que previene la ley 11.723

Para sugerencias o comentarios acerca del contenido de esta obra, escríbanos a: **info@editorialteseo.com**

www.editorialteseo.com

ISBN: 9789877230918

Autoridades

Rector Emérito: Dr. Edgardo Néstor De Vincenzi
Rector: Dr. Rodolfo De Vincenzi
Vice-Rector Académico: Dr. Mario Lattuada
Vice-Rector de Gestión y Evaluación: Dr. Marcelo De Vincenzi
Vice-Rector de Extensión Universitaria: Ing. Luis Franchi
Vice-Rector de Administración: Dr. Alfredo Fernández
Decano Facultad de Derecho y Ciencias Políticas:
Dr. Marcos Córdoba

Comité editorial

Lic. Juan Fernando ADROVER
Arq. Carlos BOZZOLI
Mg. Osvaldo BARSKY
Dr. Marcos CÓRDOBA
Mg. Roberto CHERJOVSKY
Mg. Ariana DE VINCENZI
Dr. Roberto FERNÁNDEZ
Dr. Fernando GROSSO
Dr. Mario LATTUADA
Dra. Claudia PONS

Los contenidos de los libros de esta colección cuentan con evaluación académica previa a su publicación.

Presentación

La Universidad Abierta Interamericana ha planteado desde su fundación en el año 1995 una filosofía institucional en la que la enseñanza de nivel superior se encuentra integrada estrechamente con actividades de extensión y compromiso con la comunidad, y con la generación de conocimientos que contribuyan al desarrollo de la sociedad, en un marco de apertura y pluralismo de ideas.

En este escenario, la Universidad ha decidido emprender junto a la editorial Teseo una política de publicación de libros con el fin de promover la difusión de los resultados de investigación de los trabajos realizados por sus docentes e investigadores y, a través de ellos, contribuir al debate académico y al tratamiento de problemas relevantes y actuales.

La *colección investigación* TESEO – UAI abarca las distintas áreas del conocimiento, acorde a la diversidad de carreras de grado y posgrado dictadas por la institución académica en sus diferentes sedes territoriales y a partir de sus líneas estratégicas de investigación, que se extiende desde las ciencias médicas y de la salud, pasando por la tecnología informática, hasta las ciencias sociales y humanidades.

El modelo o formato de publicación y difusión elegido para esta colección merece ser destacado por posibilitar un acceso universal a sus contenidos. Además de la modalidad tradicional impresa comercializada en librerías seleccionadas y por nuevos sistemas globales de impresión y envío pago por demanda en distintos continentes, la UAI adhiere a la red internacional de acceso abierto para el conocimiento científico y a lo dispuesto por la Ley n°:

26.899 sobre *Repositorios digitales institucionales de acceso abierto en ciencia y tecnología,* sancionada por el Honorable Congreso de la Nación Argentina el 13 de noviembre de 2013, poniendo a disposición del público en forma libre y gratuita la versión digital de sus producciones en el sitio web de la Universidad.

Con esta iniciativa la Universidad Abierta Interamericana ratifica su compromiso con una educación superior que busca en forma constante mejorar su calidad y contribuir al desarrollo de la comunidad nacional e internacional en la que se encuentra inserta.

Dra. Ariadna Guaglianone
Secretaría de Investigación
Universidad Abierta Interamericana

Presentación de la obra

Osvaldo Barsky

En el año 2003 iniciamos el ambicioso intento de generar una obra colectiva de distintos autores, a la que llamamos *Historia del capitalismo agrario pampeano*. En los primeros seis tomos recogimos investigaciones de alto valor sobre diversos procesos de expansión de la producción ganadera y agrícola con énfasis en los cambios tecnológicos producidos, los actores involucrados en los mismos, los contextos institucionales y las interpretaciones de estos procesos por una numerosa cantidad de académicos.

Mientras avanzan otras investigaciones, hemos acordado con Eduardo Míguez reeditar su largamente agotado libro *Las tierras de los ingleses en la Argentina (1870-1914)*, publicado en 1985. Tal como el autor destaca en su presentación para esta reedición, este trabajo se inscribe en un esfuerzo relevante de un grupo de historiadores como Tulio Halperin Donghi, Roberto Cortés Conde, Ezequiel Gallo e Hilda Sábato, entre otros, que junto a Míguez fueron pioneros en repensar el desarrollo agrario argentino.

En la "Presentación general de la obra" con que en el año 2003 iniciamos esta colección, al reseñar los estudios que mostraban la debilidad explicativa de la "visión tradicional" sobre el agro pampeano, señalábamos que Míguez fue quien más explícitamente había realizado su crítica a esta visión, desechando la tesis de un sector agrario y conservador, y de la apropiación de la tierra por la oligarquía que habría vivido de la producción ganadera extensiva y de la renta extraída de las explotaciones agrícolas. También, que en su obra había planteado el notable dinamismo del sector agrario, la adaptación de los sistemas productivos a la evolución de las demandas, y las grandes inversiones realizadas en la producción animal y en los sistemas de conservación y transporte. Además, que el mercado de tierras evolucionó en forma típicamente capitalista, y el precio de la tierra lo hizo en forma paralela al crecimiento de la productividad, no existiendo trabas institucionales de acceso a aquella. Que visualizaba la estructura agraria dominada por la gran propiedad y sistemas extensivos por la lógica de maximización de los beneficios y no por una actitud conservadora de los terratenientes, y señalaba también las amplias oportunidades de movilidad social por lo menos hasta 1890.[1]

Hoy estas ideas han sido convalidadas por numerosas investigaciones, pero su carácter pionero, y el trabajo historiográfico que las sustenta, que además incorpora el primer tratamiento sistemático de las inversiones inglesas en el sector rural pampeano, son un ejemplo de rigurosidad y profundidad analítica.

Así, se enriquece con la obra de Míguez notablemente esta colección, que hoy cuenta con el apoyo de la Universidad Abierta Interamericana, y que al editarla con la Editorial Teseo en acceso abierto como política institucional, permite que nuevos lectores se acerquen a este referente fundamental de la historiografía agraria argentina.

---

[1] Véase Osvaldo Barsky, "Presentación general de la obra", en Osvaldo Barsky y Julio Djenderedjian, *La expansión ganadera hasta 1895*, Siglo Veintiuno Editores Argentina, Buenos Aires, 2003.

Índice

Prólogo a la edición de 2016 17
Prefacio 31
Tablas de equivalencias y abreviaturas 33
Introducción 39
1. Las estancias familiares británicas 49
2. Colonización, especulación y otras inversiones en tierras 149
3. Las compañías propietarias de grandes estancias en los Territorios Nacionales del Sur 293
Conclusiones 421
Bibliografía 459

Prólogo a la edición de 2016

¿Cómo se desarrolló el capitalismo agrario en Argentina en la época de su gran expansión económica, a fines del "largo siglo XIX"? ¿Hasta qué punto ese crecimiento se basó exclusivamente en la generosa asignación de recursos por la naturaleza y en qué medida se necesitó un empresariado pujante y modernizador que emprendiera una renovación tecnológica para lograrlo? ¿Las rentabilidades eran altísimas y automáticas, o se basaban en una trabajosa administración? ¿Cómo podían paliarse los altos costos de la mano de obra y el capital para asegurar la rentabilidad empresaria? ¿Cuáles fueron las escalas de producción de las empresas? ¿A qué se debieron? Fuera de la región pampeana, ¿era posible organizar empresas rentables sin contar con ventajas naturales? ¿Qué rasgos desarrollaron las actividades de procesamiento de materias primas de regiones marginales para alcanzar los mercados? ¿Cómo impactó la herencia del proceso de consolidación de capitalismo agrario del período referido en la evolución posterior de Argentina? Porque este texto contiene elementos que pueden contribuir a dilucidar estas y otras preguntas es que me pareció relevante volverlo a poner al alcance de los especialistas o del público con un interés particular en estos problemas. Un formato que permite el acceso digital abierto me parece ideal para este tipo de obras y una colección con una temática como esta, el contexto perfecto para su reedición.

Confieso que hace cuarenta años, cuando se inició el proceso que cinco años después daría lugar a esta obra, ninguna de estas preguntas cruzaba por mi mente. La expresión historiográfica que más me impresionaba entonces eran los marxistas británicos, Eric Hobsbawm,

Christopher Hill, Rodney Hilton, y de allí mi elección por cursar un posgrado en Inglaterra. Una circunstancia casual me puso en contacto con Christopher Hill, quien derivó mi interés al Centro de Estudios Latinoamericanos de Oxford, suponiendo que si venía de la región, ése debía ser mi interés. Parecía más sensato aceptar la propuesta que insistir en un tema europeo.[1] Para desarrollar mi primer borrador del proyecto de tesis, Enrique Tandeter, mi guía profesional, me sugirió sensatamente que buscara un tema con fuentes en Inglaterra y me prestó la recientemente editada guía de Peter Walne dedicada a fuentes sobre América Latina en el Reino Unido. Incluso, según recuerdo, me sugirió que prestara atención a la sección de fuentes empresariales que había agregado D.C.M. Platt. Posiblemente, siempre bien informado en cuestiones del medio académico, sabía que era probable que fuera mi director, ya que dirigía el *Latin American Center* de Oxford. Cuando la universidad encomendó a Ezequiel Gallo que me hiciera en Buenos Aires la entrevista de admisión, Enrique me recomendó que leyera *Agrarian Expansion and Industrial Development in Argentina, 1870-1930*, que era un texto clave de mi entrevistador. Aunque no sé si aproveché mucho aquella primera lectura, muchos años despues tuve el placer de propiciar su edición en castellano, en el Anuario IEHS Nº 13. Pero no sólo fue mi primer contacto con Ezequiel, sino con una temática y una perspectiva que tendría una influencia crucial en mi tesis y, más tarde, en toda mi carrera.

---

[1] Recuerdo que a algún historiador inglés a quien escribí por entonces diciendo que quería estudiar la Europa moderna me contestó que en ese caso debía ir a una universidad europea; ¡parroquialismo hay en todos lados! Después de vivir un tiempo en Gran Bretaña aprendí que entonces para muchos ingleses Europa era "*the continent*", no ellos. Supongo que ahora, después de formar parte de la Unión Europa, habrán cambiado de opinión.

Finalmente, la disponibilidad de fuentes me inclinó a estudiar las empresas del sector agrario. Debo confesar que entonces carecía de una agenda analítica. La expectativa de un inminente cambio revolucionario hacia el socialismo en América Latina se había ido diluyendo en mi perspectiva rápidamente en el año o año y medio previo a mi partida a Oxford (setiembre de 1976), y la esperanza en el socialismo mismo, al menos, en su versión radical, se diluiría en los dos o tres años posteriores. Los instrumentos conceptuales en los que me había formado, el marxismo, la teoría de la dependencia, tenían particular significado en función de aquellas expectativas, y era necesario repensarlos. Aunque aún estaría en el tapete unos años más, rápidamente me alejé de la teoría dependentista, en la que encontraba poca riqueza y muchos problemas. Los escritos de Marx seguirían (y siguen) teniendo para mí un fuerte valor como instrumentos de análisis, pero no constituirían ya una ortodoxia que resolviera los problemas, sino sólo una de las posibles guías para plantearlos y analizarlos. De mi contacto con ellos aproveché el rigor en el análisis económico, que Marx, a su vez, heredaba de sus fuentes: Smith, Ricardo, Malthus. Y también el rigor en la crítica que, entre otras cosas, debía aplicarse a aquellos mismos escritos y a quienes pretendían utilizarlos como verdades reveladas. En la cultura anglosajona, más que en ninguna otra del mundo, creo, la racionalidad en el análisis económico es un punto de partida natural, y por varias razones, además de mi inicial formación marxista, me sentí cómodo buscando en esa caja de herramientas los instrumentos para tratar de preguntar a mis fuentes y de interpretar los datos que obtenía.

El tema, las empresas de capitales británicos que tenían inversiones en tierras en Argentina, rápidamente me planteó dos líneas de preguntas. La primera se articuló en los siguientes interrogantes: ¿hubo inversión de capital de ese origen en el sector agrario? ¿Qué tan grande era? ¿Cómo comparaba con otros sectores de inversión? ¿Cuál era su rentabilidad? ¿Cómo afectaba la balanza de pagos del país o de los países involucrados (desde ya, mucho más a uno que al otro)? Creo que rápidamente me di cuenta de que esa línea de preguntas no llevaba demasiado lejos; en parte, porque comparado con los ferrocarriles y los créditos a los Gobiernos (nacional, provinciales y municipales), era una parte menor de las inversiones y, en consecuencia, porque mi estudio no podía decir demasiado sobre la Argentina de la gran expansión en ese plano. Naturalmente, sin embargo, como buen tesista, traté de mostrar que las inversiones en tierras tenían más importancia de lo que se había en general considerado, y creo haberlo logrado. Despues de los dos mencionados fue quizás el tercer rubro en importancia, compitiendo con los servicios públicos, como transporte urbano, cloacas, etc. Y tiene una serie de rasgos particulares que le dan cierto interés. El lector encontrará en el texto los elementos que explican este argumento, y más allá de que hoy en día estos temas no estén en el tope de la lista de la agenda historiográfica, creo que hay en la obra que se reedita una contribución en ellos.

La segunda línea estudió la forma en que aquellas empresas operaron, y rápidamente me desembarcó en los problemas del desarrollo agrario argentino, que lleva a los interrogantes que abren este prologo. Y esto condecía con las preocupaciones que emergían (y emergen) de mi compromiso social: si la vía de la socialización de los medios de producción no parecía conducir a una mejora de las condiciones de vida de la población, el crecimiento y el desarrollo económicos sí parecían ser canales más realistas para mejorar las condiciones de vida de las mayorías. La preocupación es entonces cómo lograr ese crecimiento y ese desarrollo. Y como historiador, tratar de entender las formas en que evolucionó la economía argentina en el pasado me parecía un aporte útil para buscar las que pueden llevarla a mejorar su *performance* en crecimiento y desarrollo.[2] El estudio de un conjunto bastante amplio de empresas que operaban en diversas actividades vinculadas con el sector más productivo y dinámico del país en una etapa clave de su desarrollo podía (y puede) arrojar luz sobre esos problemas, y éste es el principal sentido de este texto y de su reedición.

Cuando comencé con el estudio de las empresas que finalmente volqué en este libro, sabía poco del desarrollo agrario argentino en general, lo que pude atribuirse a la mala formación en historia argentina que por entonces recibíamos en la UBA. Quizás fuera una suerte, ya que en ese mismo momento se estaba produciendo un giro muy marcado en la interpretación del fenómeno. Casi todos los textos clásicos del momento partían del supuesto de que el atraso argentino del siglo XX era producto de las deficiencias de su desarrollo en el siglo XIX, particularmente atribuibles a su estructura agraria.[3]

Los textos que comenzaron a renovar esa visión eran o bien muy recientes, o estaban en elaboración en ese mismo momento. *Hispanoamérica, la apertura al comercio mundial, 1850-1930* de Roberto Cortes Conde (Paidós,

---

[2] Esta preocupación se ha traducido, espero, en toda mi obra de historia económica posterior, en particular en mi *Historia económica de la Argentina. De la conquista a la crisis de 1930*, Buenos Aires, Sudamericana, 2008, y en "El fracaso argentino. Interpretando la evolución económica en el 'corto siglo XX'", *Desarrollo Económico*, N° 176, vol. 44, enero-marzo, 2005. Retomando los temas del vínculo externo, también está presente en el trabajo "La naturaleza de la dependencia, la dependencia de la naturaleza. Exportaciones y crecimiento económico en Argentina 1890-1938, en perspectiva comparada", en colaboración con Agustina Rayes, *Desarrollo Económico*, N° 211 Vol. 53, enero-abril, 2014.

[3] Arquetipo de esta interpretación, que sí conocía antes de viajar a Oxford (*motu propio*, nunca fue bibliografía en mis materias en la facultad) es *La Economía Argentina*, de Aldo Ferrer, Buenos Aires, Fondo de Cultura Económica, 1963.

1974), acababa de ser editado; los trabajos de Ezequiel Gallo, el ya mencionado y su tesis doctoral (que leí en forma de tesis; el libro sería casi simultáneo a la primera edición del presente texto); el trabajo de Lucio Geller sobre el desarrollo industrial y la teoría del bien primario exportable; y el muy influyente libro de Carlos Días Alejandro llegaron a mí casi en simultáneo con trabajos anteriores de Gallo y de Cortes Conde y los clásicos de Giberti, de Scobie, de Bejarano, entre muchos más que sostenían una visión muy pesimista del desarrollo agrario.[4] Mi propia perspectiva, como insinué, basada en el marxismo, suponía, como modelo general, que aquella era una etapa de desarrollo capitalista y esperaba encontrar ese tipo de lógica en los mercados que comenzaba a estudiar. Ello me llevaba a mirar con cierto escepticismo las interpretaciones que suponían una fuerte falta de racionalidad en la evolución agraria. Estando ya mi tesis avanzada, Roberto Cortes Conde publicó su fundamental *El progreso argentino* (Sudamericana, 1979), que contribuyó a dar forma a mis argumentos. Y ya con mi tesis completa, Hilda Sabato, con quien mantuvimos intercambios durante la redacción de nuestras tesis, me permitió leer la que a pocos km de Oxford, en la capital británica, había escrito sobre el desarrollo lanar, y que se publicaría un poco más tarde como *Capitalismo y ganadería en Buenos Aires: la fiebre del lanar* (Sudamericana, 1989). La visión que propone en ese trabajo apuntaba en muchos aspectos en un sentido similar a la que yo descubría en el mío.

Así, a la vez que obtenía mucha información de los estudios más antiguos, como los citados de Giberti y de Scobie, no presté particular atención a su imagen sobre un mundo rural atrasado. Lo que yo encontraba en las fuentes

---

[4] La referencia a estos textos pueden verse en la bibliografía general de la obra.

que me permitían conocer las empresas que analizaba era, por un lado, que las empresas rurales debían responder permanentemente al desafío de adecuar su tecnología y sus estrategias a las variaciones de los mercados de factores y de productos, y, por el otro, que los empresarios británicos en general no parecían ser ni más ni menos exitosos que los argentinos en resolver esos desafíos. Así, inesperadamente, el estudio de estancias familiares, grandes compañías de producción ganadera y agrícola, empresas colonizadoras, empresas madereras, empresas productoras/procesadoras de ganado, y algunas otras, me permitió estudiar el dinámico mercado que se transformaba en aquellos años en el motor del desarrollo capitalista argentino.

El contraste con aquella interpretación que veía al latifundio como irracional e improductivo, que descuidaba el fuerte proceso de fraccionamiento de la propiedad en ciertos contextos, así como la dinámica tecnológica y la adaptación a las condiciones de mercado, se me fue haciendo evidente y lo comenté en las conclusiones. Más tarde, sería el eje de un artículo historiográfico que tuvo cierta repercusión.[5] Y esta perspectiva abría el horizonte a un conjunto de problemas que si historiográficamente han logrado un fuerte avance en los últimos treinta años, desde el punto de vista de las políticas públicas continúan siendo centro de fuertes discusiones.

Creo que el núcleo del argumento es el siguiente. El desarrollo agrario argentino del período de la gran expansión, digamos de 1870 a 1914, con un importante precedente en las dos décadas previas y una problemática secuela en la primer posguerra hasta la gran crisis de 1930, fue un proceso variado y complejo, pero desde el punto de vista del crecimiento, razonablemente exitoso. La

---

5 "La expansión agraria de la Pampa Húmeda (1850-1914). Tendencias recientes de su análisis histórico", *Anuario IEHS* (Tandil), 1, 1986.

formación de la gran propiedad, cuyas bases más importantes provenían del período de lo que Halperín llamó "la expansión ganadera" (1820-1852), continuó sobre todo en las nuevas tierras incorporadas por la campaña de Roca en 1870-1880. Simultáneamente, sin embargo, en algunas regiones de las ricas tierras pampeanas, sobre todo en Santa Fe, pero también en Entre Ríos, en Córdoba y en Buenos Aires, se produjo un fraccionamiento de la propiedad y el surgimiento de colonias agrícolas de pequeños propietarios.

Por otro lado, las grandes unidades de producción, lejos de ser conservadoras desde el punto de vista productivo, incorporaron nuevas actividades y tecnologías, que llevaron a que la productividad agraria argentina no desentonara demasiado con la de otras regiones equivalentes del mundo, como Estados Unidos, Canadá, Australia y Nueva Zelanda. Tampoco fueron la forma excluyente de producción. Hubo momentos y regiones en los que la propiedad tendió a fraccionarse, no ya en colonias, sino por la división paulatina de la gran propiedad, y dio origen a una pequeña y mediana burguesía agraria a menudo de origen inmigrante. Emergieron además múltiples formas contractuales: por un lado, el clásico "arrendamiento proletario", tan destacado por la bibliografía más antigua, en especial James Scobie. En este sistema, el arrendatario era mano de obra a riesgo compartido, lo que implicaba que en los buenos tiempos podía lograr cierto ahorro para el trabajador y en los malos, una pobre remuneración por su trabajo. Pero también hubo múltiples formas de arriendo capitalista, hasta empresas de gran escala que arrendaban miles de hectáreas, que recuerdan a los actuales *pools* de siembra.

Así, una gran burguesía estanciera se consolidó en la Argentina de la etapa estudiada; mucha de ella proveniente de viejas familias de las elites criollas, pero que incluía también no pocos casos de muy exitosos inmigrantes, que acumularon asombrosas fortunas iniciando sus carreras desde el llano –este libro incluye bastantes ejemplos de esto–. Junto a ella emergió una clase media rural, provista en buena medida por los recién llegados. Y también, desde luego, un proletariado agrario, con niveles de remuneración que en general no eran malos en comparación con otros lugares del mundo, pero que estaban sometidos a los avatares de las fluctuaciones económicas, que en los momentos de crisis creaban caída del salario y aumento del desempleo. Estos últimos sectores, por otra parte, estaban muy vinculados a sus equivalentes urbanos, ya sea en los pequeños poblados de campaña o en los grandes centros.

Cuando se ve el resultado de conjunto de este proceso, se advierte que en general fue eficaz desde el punto de vista del crecimiento económico. Desde el punto de vista "social", por así llamarlo, fue menos equitativo que en algunos otros lugares, como ciertas regiones de Estados Unidos y de Canadá, las que por lo demás también tuvieron sus problemas.[6] Esto fue más el resultado de la conformación social del país que de la arbitrariedad de sus sectores dirigentes, muchos de los cuales estaban influidos por principios que favorecían el fraccionamiento de las unidades de producción.[7] Pero en definitiva, como surge de la investigación que el lector tiene en sus manos, para cuando el estallido de la Gran Guerra marcó el fin de una etapa de máximo crecimiento para la Argentina, y de considerable apertura en el comercio mundial, Argentina había logrado

---

6   Entre las muchas existentes, la mejor comparación disponible, creo, es el estudio de Jeremy Adelman, *Frontier Development. Land, Labour and Capital on the Wheatlands of Argentina and Canada, 1890-1914*, Oxford, O.U.P., 1994.
7   "Del feudalismo al capitalismo agrario: ¿el fin de la historia... agraria?", *Boletín del Instituto de Historia Argentino Americana Dr. Emilio Ravignani*, en prensa.

desarrollar una estructura productiva y social que aunque estuviera lejos de un ideal, era una base razonable para su futuro crecimiento. Sobre todo si se consideran las posibilidades reales en su punto de partida.

Un punto importante es que esta estructura productiva, lejos de obstruir la modernización general de la sociedad, incluyendo un muy incipiente desarrollo industrial, había favorecido sus primeras etapas; ése era el argumento central de los trabajos de Gallo (*Agrarian Expansion...*) y de Geller citados. Otro, que también las economías regionales se beneficiaron de la dinámica de la expansión agraria. Los trabajos de Jorge Balan, también publicados en aquellos años, fueron clave para abrir una idea que contradecía la opinión generalizada en los años sesenta y setenta.[8] Así, cuando en el Centenario de la Revolución de Mayo muchos argentinos, incluyendo buena parte de su clase dirigente, creían que su país había finalmente logrado poner en marcha las ilusiones que alentaban a los padres fundadores un siglo atrás, no carecían totalmente de fundamentos. Desde luego, eran demasiado optimistas. Argentina no estaba a punto de convertirse en el equivalente yanqui del sur, y si se considera con detenimiento muchos aspectos de su desarrollo (o falta de él), las razones no son tan difíciles de hallar. Pero en todo caso, no era sólo la nación más próspera de América Latina, con ingresos per cápita similares a algunas potencias europeas de primer orden, sino que la evolución de la economía y de la sociedad, a la que se sumaba la incipiente democratización de la política, auguraban la posibilidad

---

[8] Ver bibliografía. En mi primer etapa en Oxford tuve la suerte de que Balan tuviera una prolongada estadía en Oxford que coincidió con la de Ezequiel Gallo y de Guido Di Tella. Los intercambios con ellos que se produjeron en los seminarios a los que asistí en esa etapa fueron cruciales para dar forma a este libro.

de continuar en una senda promisoria. Creo que el lector encontrará en este texto varios elementos que apuntan en ese sentido.

Sabemos que lo que vino despues no estuvo ni remotamente a la altura de esas expectativas. Intentar explicar por qué ha sido una fuerte preocupación de la historia económica en Argentina e incluso fuera de ella. No es éste el lugar para volver sobre ese tema,[9] pero en todo caso, sí vale apuntar aquí que los rasgos del sector agrario de la gran expansión que emergen de esta obra, así como de las otras contemporáneas ya mencionadas y de una muy amplia bibliografía posterior, incluyendo los textos que componen esta colección, no parecen justificar la sospecha de que éste haya sido el responsable de esa frustración.

En las últimas décadas una fuerte renovación de la tecnología agrícola volvió a dar un notable dinamismo al sector rural argentino, junto con el de otros países de América Latina. Y desde comienzos del siglo actual esta situación se articuló con un fuerte crecimiento de la demanda de productos agrarios en los mercados mundiales, lo que resultó en condiciones muy favorables para la economía argentina (el llamado "viento de cola"). Las políticas adoptadas, sin embargo, parecen haber comprendido inadecuadamente el papel que el agro puede jugar, y que en buena medida jugó en la etapa de la gran expansión, como promotor del crecimiento. En parte, ello puede atribuirse a aquella visión histórica que ha tendido a ver al sector agrario como contrapuesto a la modernización, desaprovechando la oportunidad para diseñar estrategias que a la vez que estimulen la producción del sector, aprovechen su dinámica para estimular el crecimiento de la economía en general y mejorar las condiciones materiales de vida

---

[9] Es el tema de mi citado "El fracaso...". Una visión más reciente en Juan José Llach y Martín Lagos, *El país de las desmesuras*, Buenos Aires, El Ateneo, 2014.

para todos los argentinos, en especial los más carenciados. Intentar crecer a costa del sector rural, y no en conjunción con él, es una estrategia que ha sido reiterada en el siglo XX y en lo que va del siglo actual con pobres resultados.

Una política que aproveche la dinámica del sector más eficiente de la Argentina, aquel que es competitivo a nivel mundial, para estimular la competitividad de los restantes, no deja de presentar sus dificultades. Pero para poder resolverlas y aprovechar las oportunidades, es necesario comprender adecuadamente los rasgos y las dinámicas de la producción agraria, y desechar las nociones que tienden a distorsionarlos. Como se ha dicho, con la reedición de este libro buscamos realizar un aporte en ese sentido.

Volver a la vida una vieja obra como esta presenta para su autor un dilema. ¿Es necesario reescribirla, para que refleje el estado actual del conocimiento, o es preferible dejarla tal cual fue pensada en su momento? Dos razones me inclinaron por la segunda opción. En primer lugar, que al releerla despues de muchos años me he sorprendido porque sigo concordando con la mayor parte de lo que aquí expongo. No veo en ello un particular mérito, pero creo que el cambio de paradigma interpretativo en el que se inscribió este texto, según he tratado de explicar, hace que aún conserve vigencia. La segunda razón es que aún así, con todo el conocimiento aportado por treinta años de investigación, revisarlo implicaría reescribirlo totalmente, para incorporar ese conocimiento, y el resultado no sería una reedición, sino una nueva obra. Debo dejar esa tarea para otros. Por las razones expuestas creo que la reedición vale la pena y porque cada tanto algún colega o interesado en la historia agraria me consulta sobre si se puede obtener una copia, lo que ya no es posible.

Cuando terminaba de escribir a mano en un cuaderno la primera versión de mi tesis, para que sucesivas copias a máquina dieran forma definitiva al manuscrito, había escuchado de la aparición de los procesadores de texto, pero aún en la moderna Oxford no había conocido esos novedosos equipos. Un par de años más tarde, cuando traducía el texto, las viejas PC IBM con pantalla con letras verdes comenzaban a aparecer, pero eran muy caras (quizás veinte o treinta veces lo que vale hoy una PC infinitamente más poderosa) y no tenía acceso a una. En breve, no disponía, cuando me decidí a intentar una reedición, de una versión digital. Procesar el texto desde la edición impresa fue una ardua tarea, realizada gracias a la ayuda del IGEHCS –parte del CCT de CONICET de Tandil– y sobre todo de su editor, Ramiro Tomé. El proceso de edición sirvió para que se corrigieran algunos errores de la publicación original y algunos de los problemas más obvios de redacción. Vaya mi agradecimiento a Ramiro y a las autoridades de instituto que avalaron la labor. Varios colegas, en especial Jorge Gelman y Julio Djenderedjian, me han estimulado a reeditar este libro y ese estimulo ha sido importante que me decidiera ha hacerlo. Cuando lo hice, y le propuse a Osvaldo Barsky incluirlo en la excelente colección que dirige, se sumó con su habitual entusiasmo. Finalmente, la cooperación como investigador externo del Centro de Altos Estudios en Ciencias Sociales de la Universidad Abierta Interamericana hizo factible esta publicación, sin cuyo apoyo no se hubiera concretado. Finalmente, un recuerdo para las dos personas que más influyeron para que la obra original se concretara y diera origen a lo que ha sido una carrera profesional que me ha permitido dar curso a mi vocación. El apoyo de mis padres hizo posible que la llevara a cabo. A ellos y a mis hermanos dediqué la edición original de este libro, y al recuerdo de los primeros dedico esta reedición.

Prefacio

El presente libro es una traducción y adaptación de mi tesis doctoral, titulada *British Interests in Argentine Land Development, 1870-1914. A study of British investment in Argentina*, defendida en la Universidad de Oxford en abril de 1981. En general, el texto sigue estrechamente al original inglés; sólo introduje modificaciones cuando eran necesarias aclaraciones para el público no especializado o para evitar cuestiones de detalle o excesivamente técnicas, que no hacían al desarrollo central de la obra. Con bastante frecuencia conservé, sin embargo, aspectos técnicos, particularmente en la evaluación financiera de las compañías analizadas. Ello se debe a que sus conclusiones son, en nuestra opinión, de marcada importancia para la argumentación de la obra y pueden resultar útiles a los especialistas; queda la opción, al lector general, de obviar los párrafos más técnicos para hacer más liviana la lectura. La traducción del inglés ha implicado otra dificultad; pese a nuestros esfuerzos, el estilo español resultó menos fluido de lo que nos hubiera gustado; sólo nos queda pedir por ello disculpas al lector.

El trabajo de tesis fue dirigido por el profesor D. C. M. Platt. En la primera etapa de la investigación, sus recomendaciones, particularmente respecto a las fuentes, fueron una muy oportuna contribución. En etapas posteriores, y pese a no siempre estar de acuerdo, sus comentarios contribuyeron a dar coherencia al trabajo y su cuidado, a mejorar los aspectos formales. Va a él mi agradecimiento.

Durante el desarrollo de mi investigación saqué provecho de las conversaciones y los comentarios de muchos estudiosos, investigadores, colegas y amigos. En este sentido, St. Antony's College, Oxford, ha provisto un medio muy estimulante para llevar a cabo mi trabajo.

Debo mucho a conversaciones con el Dr. Ezequiel Gallo, tanto en Oxford como en Buenos Aires. También aprendí mucho de los doctores Guido y Torcuato Di Tella, aprovechando sus estadías en Oxford. E. N. Tándeter fue quien primero me sugirió la posibilidad de abordar este tema, y sus comentarios, particularmente en la primera etapa de mi trabajo, fueron de gran utilidad. Habiendo concluido la tesis, conversaciones con el Dr. R. Cortés Conde me sirvieron para pulir algunos detalles de la versión española y reafirmar algunas de mis conclusiones. Reyna Pastor, Samuel Amaral, Adela Harispuru, Diego Armus, Hilda Sabato, Carlos Malamud, Luciano y Andrés Di Tella, J. J. Guida, Leandro Prados, fueron algunos de quienes, con sus observaciones, comentarios, etcétera, apoyaron y estimularon mi trabajo. Resulta imposible mencionar a todos aquellos que, de un modo u otro, contribuyeron a la realización de este trabajo; vaya, sin embargo, mi agradecimiento para todos ellos.

Finalmente, me gustaría hacer notar que mis estudios en Oxford fueron posibles gracias al apoyo económico del Consejo Mundial de Iglesias, Christian Aid, la Latin American Foundation y la Fundación Ford.

Tablas de equivalencias y abreviaturas

Tabla de equivalencias de medidas

Medidas lineares:		
1 kilómetro	0,621 millas	
1 legua	40 cuadras	5,196 km
Medidas de superficie:		
1 hectárea	2,47 acres	
1 acre	0,405 ha	
1 cuadra cuadrada	4,2 acres	1,678 ha
1 milla cuadrada	640 acres	1.508,8 ha
1 km cuadrado	247 acres	100 ha
1 legua cuadrada (española)	6.672 acres	2.701 ha
1 legua cuadrada (métrica)	6.177 acres	2.500 ha

La legua cuadrada española se usó en las regiones de asentamiento anterior a 1879, en tanto que, en las tierras incorporadas por la "Campaña al Desierto", se adoptó la legua cuadrada métrica como unidad de subdivisión de la tierra. En nuestro texto, el uso de una u otra medida depende de la región a la que hagamos referencia.

Unidades monetarias

A lo largo de nuestro trabajo, presentamos datos en distintas unidades monetarias en uso en el período estudiado. Para el período anterior a la Ley de Unificación Monetaria de 1881, ellas son el peso fuerte y el peso papel de la provincia de Buenos Aires. Para el período posterior, el peso oro, que es sólo una moneda de cuenta, sin circulación efectiva, y el peso moneda nacional. El peso fuerte es una moneda metálica, por lo que su valor no oscila en forma significativa y es aproximadamente igual al que tendrá el peso oro a partir de 1881. Regida por el patrón oro, la relación de la libra esterlina británica con estas monedas tiene muy escasa variación, siendo la relación de cinco pesos por lira aproximadamente. Las monedas fiduciarias, en cambio, sufren considerables alteraciones de su valor. A continuación, presentamos sus equivalencias en promedios anuales.

Valor de un peso fuerte en pesos papel de la provincia de Buenos Aires

Años	Pesos papel
1868-75	25,0
1876	28,60
1877	29,66
1878	31,95
1879	32,30
1880	30,55
1881	26,93

Fuente: Juan Álvarez, *Temas de historia económica argentina*, Buenos Aires, 1929.

Valor de un peso oro y una libra esterlina en pesos moneda nacional

Años	pesos m/n por pesos oro	pesos m/n por £
1882-84	1,00	5
1885	1,37	6,85
1886	1,39	6,95
1887	1,35	6,75
1888	1,48	7,40
1889	1,80	9,00
1890	2,58	12,90
1891	3,74	18,70
1892	3,29	16,45
1893	3,24	16,20
1894	3,58	17,90
1895	3,44	17,20
1896	2,96	14,80
1897	2,91	14,55
1898	2,57	12,85
1899	2,25	11,25

Fuente: Juan Álvarez, *Temas de historia económica argentina*, Buenos Aires, 1929.

A partir de 1899 se restablece la convertibilidad del peso m/n en oro a una tasa de 2,25, por lo que su valor permanece básicamente. Para los problemas monetarios del período, puede verse R. Olarra Jiménez, *Evolución monetaria argentina*, Buenos Aires, 1976.

Abreviaturas

A. A. A.	Asamblea anual de accionistas
A. L. A.	Anales de la Legislación Argentina
A. W.	Archivo Walker
A. Y. B.	Argentine Year Book
B. T. J.	Board of Trade Journal
B. & R. P. M.	Brazil and River Plate Mail
C. F. B.	Council of Foreign Bondholders
Des. Ec.	Desarrollo Económico
H. A. H. R.	Hispanic American Historical Review
I. A. E. A.	Inter-American Economic Affairs
I. A.	Informe anual (de CALCo).
M. M. R.	Money Market Review
P. P.	Parliamentary Papers (Inglaterra)
P. R. O.	Public Record Office (Londres)
S. A. J.	South American Journal
s. i.	sin información
S. E. O. I.	Stock Exchange Official Inteligence
S. E. Y. B.	Stock Exchange Year Book

Nombres de compañías que aparecen abreviados en el texto

ALICo.	Argentine Land and Inuestment Company

ASLCo.	Argentine Southern Land Company
CALCo.	Central Argentine Land Company
PMACo.	Puerto Madryn (Argentina) Company
RNALCo.	Río Negro (Argentina) Land Company
SALCo.	South American Land Company

Introducción

En la notable transformación de la economía y la sociedad argentina que tuvo lugar en el período que estudiamos (1870-1914), es indudable que el papel protagónico, como motor de los cambios, estuvo reservado al sector agrario. Su desarrollo se vio favorecido por dos factores complementarios: un cuantioso flujo de inmigrantes y otro de capitales europeos. Al estudiar la inversión de capitales británicos en el sector rural de la economía, nuestro análisis parte de la migración internacional de capitales, pero dada la ubicación en la economía argentina de las empresas estudiadas, esperamos que arroje cierta luz sobre las características generales del proceso de expansión agraria.

En nuestra investigación, hemos seguido dos líneas de interés diferentes, aunque a menudo convergentes: los movimientos internacionales de capital y la forma concreta en que operaban los distintos tipos de empresas agrarias británicas en la Argentina. La primera incursión del capital británico en la República se produjo a mediados de la década de 1820, pero esta breve experiencia concluyó en un total fracaso y no volvió a repetirse prácticamente hasta la década de 1860. Esta nueva etapa comenzó con una tímida transferencia de capitales ligados a los intereses comerciales británicos ya existentes en Argentina, y fue adquiriendo gradualmente mayor confianza al ir consolidándose la situación económica y política de la Argentina para adquirir un lugar de gran preeminencia entre las áreas de inversión externa de Gran Bretaña antes de la Gran Guerra.

Esta llamativa expansión del capital inglés, en América Latina en general y en Argentina en particular, ha sido tema de varios estudios. Ya en 1920 el economista norteamericano J. H. Williams realizó una estimación del crédito externo argentino como parte de su notable estudio sobre la relación entre la balanza de pagos y la evolución del sistema monetario.[10] Algunos años más tarde, V. Phelps escribió su libro sobre el sector externo argentino; y poco después, J. F. Rippy dedicó varios artículos, posteriormente compilados en un libro, a la evaluación de las inversiones británicas en América Latina.[11] Más tarde, serios estudios realizados por H. S. Ferns, A. Ford y V. Vázquez Presedo, entre otros, además de una voluminosa literatura argentina –con frecuencia más cargada de ideología nacionalista que de seriedad científica y de solidez fáctica–, retomaron el tema del flujo del capital británico a la Argentina. Más recientemente, I. Stone dedicó su tesis doctoral y varios artículos a un análisis detallado de las inversiones británicas en América Latina.[12]

Aunque las cifras presentadas por estos autores contienen marcadas diferencias, las tendencias generales parecen hallarse sólidamente establecidas. Las inversiones británicas resurgen lentamente en la Argentina en la década de 1860 y a comienzos de la siguiente, hasta que la crisis financiera de mediados de los años setenta interrumpe su modesto crecimiento. La década de 1880 es testigo de una

---

[10] J. H. Williams, *Argentine International Trade under the Inconvertible Paper Money. 1880-1900,* Cambridge (Mass.), 1920.

[11] V. Phelps, *The International Position of Argentina,* Philadelphia, 1938. Y J. F. Rippy, *British Investments in Latin America. 1822-1949,* Minneapolis, 1959.

[12] I. Stone, "The Composition and Distribution of British Investment in Latin America, 1865-1913", tesis doctoral inédita de la Universidad de Columbia, 1962; "British Long Term Investment in Latin America, 1865-1913", *Business History Review,* 42, otoño, 1968; "The Geographical Distribution of British Investment in Latin America, 1825-1913", *Storia Contemporanea,* 3, 1971; y "British Investments in Argentina", *Journal of Economic History,* XXXVI, septiembre, 1977.

gran expansión de las inversiones, cuyo punto más bajo se encuentra durante la limitada crisis de 1885-1886, que es seguida por un *boom* que llega a su pico máximo en los turbulentos años finales del Gobierno de Juárez Celman. Para entonces, el volumen total de capital británico en Argentina se estimaba en una cifra no lejana a las £ 170 millones.[13] Junto a la caída del Presidente, el año 1890 marca el comienzo de un terrible *crash* financiero en Buenos Aires, que detiene casi por completo la llegada de capitales externos por la mayor parte de la década siguiente.

Las inversiones se reiniciaron con el cambio de siglo, al mostrar la economía argentina claros signos de recuperación; la expansión se hizo muy significativa a partir de 1905, lo que llevó a la Argentina a la posición de preeminencia que ostentaba antes de la guerra. B. Thomas, al estimar las inversiones externas totales de Gran Bretaña en 1913, calcula las realizadas en Argentina en £ 319,6 millones, un 8,5% del total del capital exportado de las Islas Británicas, lo que ponía a la Argentina en un significativo sexto puesto en el *ranking* de áreas de inversión externa, después de Estados Unidos (£ 754,6 millones), Canadá (£ 514,9 m.), Australia y Nueva Zelandia (£ 416,4 m.), India (£ 378,8 m.) y Sudáfrica (£ 370,2 m.).[14] Otros cálculos son aún

---

[13] La estimación de Williams para 1890, en cuanto al total de inversiones externas, es de £ 184,5 millones, de las cuales la inmensa mayoría son británicas (*op. cit.*, p. 103). Las cifras de Rippy, compiladas por Vázquez Presedo, ponen las inversiones británicas en £ 156,9 millones (V. Vázquez Presedo, *El caso argentino*, Buenos Aires, 1971, p. 28). También para ese año los cálculos de H. S. Ferns dan un total de £ 174.768.000 (*Gran Bretaña y Argentina en el siglo XIX*, Buenos Aires, 1968, p. 490); y Stone, posiblemente en el trabajo más preciso, estima que para 1895 las inversiones británicas totalizaban £ 190,9 millones ("British Direct...", p. 695). Como prácticamente no existieron inversiones en los primeros años de la década de 1890, esta última cifra puede compararse con las anteriores.

[14] H. Thomas "The Historical Record of International Capital Movements to 1913", en J. D. Dunning (ed.), *International Investment*, Londres, 1972, p. 37.

más elevados. Las cifras de Rippy dan para ese año £ 357,7 millones, en tanto que las estimaciones de Stone indican para 1913 una inversión total de £ 479,8 millones.[15]

Siguiendo a este último autor, la composición de las inversiones externas en Argentina parece haber estado totalmente dominada, hasta 1890, por el crédito estatal, y el sector ferroviario era el único otro que atraía un monto comparable de capital, y con una participación creciente en el total. Los servicios públicos ocupaban un modesto tercer lugar con un 10% del total de inversiones antes de la crisis; y las categorías "finanzas, tierras e inversiones" e "industrial y varios" comparten una posición similar, y entre ambas sumaban tan sólo un 5% del total. Para 1913 los ferrocarriles habían pasado a ocupar la primera posición, atrayendo un total de 219,2 millones de libras, casi un 50% del total invertido. La segunda ubicación correspondía al crédito público (£ 184,6 m.), seguido de servicios públicos (£ 35,9 m.), "finanzas, tierras e inversiones" (£ 21,4 m.) e "industrial y varios" (£ 17,2 m.).[16]

Si bien estas cifras expresan adecuadamente la tendencia general, todas presentan cierto sesgo, particularmente en cuanto a la inversión inmueble. Todas las estimaciones se basaron en la emisión de valores en la Bolsa de Londres, lo que trae aparejados varios problemas. En primer lugar, la clasificación de las empresas empleadas por la Bolsa implica que las compañías de tierras se hallan bajo dos rubros distintos –"finanzas, tierras e inversiones" e "industrial y varios"– y·en ambos junto con compañías que

---

[15] Las cifras de Rippy tomadas de Vázquez Presedo, *op. cit.*, p. 28; las de Stone de "British Direct...", *op. cit.*, p. 695.

[16] Stone, "The Geographical...", *op. cit.*, pp. 501-503. Hemos elegido las cifras de Stone por ser las más recientes y confiables y porque son presentadas en la forma más detallada. Por otro lado, respecto a las tendencias generales, al menos, sus cálculos coinciden con los de sus predecesores.

desarrollan otro tipo de actividades.[17] En segundo lugar, el capital emitido por una empresa no es siempre un indicador adecuado, como veremos a lo largo de este trabajo, ni de la real transferencia de fondos de un país al otro, ni del valor de los bienes que estas empresas poseían en Argentina. Por último, y lo que es aún más importante, existió un gran número de empresas británicas de tierras que operaban en el Río de la Plata que no emitieron valores en la Bolsa de Londres, ya sea porque eran compañías privadas[18] o bien propiedades particulares y, por lo tanto, no figuran en absoluto en las estimaciones generales de inversiones externas en Argentina. Uno de los propósitos de nuestro trabajo consiste precisamente en analizar estos problemas –en especial los dos últimos– en vistas a una revaluación de la participación británica en el sector rural de la economía argentina, su importancia relativa frente a otros rubros de inversión y la circulación de capitales entre ambas naciones. En este sentido, debemos señalar que la investigación llevada a cabo en *Company House* y el *Public Record Office* de Londres y en las fuentes existentes en Argentina, no nos permitió elaborar una lista exhaustiva de las inversiones privadas británicas en tierras en Argentina.[19] Sí indica, en cambio, la existencia de un gran número de empresas rurales de propiedad británica en Argentina que no habían sido tenidas en cuenta por la literatura

---

17 Más aún, este agrupamiento no siempre corresponde a diferentes actividades de las compañías. En muchos casos, empresas que adquirieron tierras con diversos propósitos, pero que fueron más tarde obligadas por las circunstancias a desarrollar actividades similares, se hallan incluidas en categorías diferentes.

18 De acuerdo con la legislación británica del momento, se denominaba "*private Company*" a las sociedades comerciales por acciones registradas por el *Board of Trade*, pero que no contaban con autorización para cotizar sus valores en la Bolsa, ni para operar con ellos en forma pública.

19 Una explicación de la forma en que fueron utilizadas las distintas fuentes en la investigación que dio lugar a la presente obra puede verse en el prefacio de mi tesis doctoral, "British Interests in Argentine Land Development, 1870-1914. A Study of British Investment in Argentina", Universidad de Oxford, 1981, pp. iv-vii.

existente sobre inversiones británicas en el país. Más aún, nos permitió también formarnos una idea bastante aproximada de la importancia relativa que tuvo este tipo de empresas en los distintos tipos de actividad emprendida por el capital británico en el campo argentino. En nuestras conclusiones, tras desarrollar a lo largo de los capítulos los problemas específicos presentados por los distintos tipos de inversiones, retomamos la problemática más general con vistas a tratar de lograr una estimación tentativa del conjunto de la inversión británica en el sector agrario, factible de ser comparada con las cifras presentadas por los autores ya mencionados.

La otra línea de investigación que hemos desarrollado consistía en mirar más de cerca los distintos tipos de empresas agrarias que operaban en Argentina, estudiando su sistema de trabajo y evaluando su trayectoria financiera, también ligada a la circulación internacional de capitales. Otras áreas de inversión británica en Argentina, tales como los ferrocarriles, la industria de la carne o las instituciones financieras, fueron objeto de cuidadosa investigación, pero hasta el presente se ha prestado muy poca atención a las inversiones en el sector agrario.[20] Con el propósito de

---

[20] Entre los estudios sobre otras áreas, podemos mencionar C. Lewis, "The British Owned Argentine Railways, 1857-1947", tesis doctoral inédita de la Universidad de Exeter, 1975; E. A. Zalduendo, *Libras y rieles,* Buenos Aires, 1975; W. R. Wright, *Los ferrocarriles ingleses en la Argentina,* Buenos Aires, 1976, para ferrocarriles; D. M. Joslin, *A Century of Banking in Latin America,* Oxford, 1963, y C. A. Jones, "British Financial Institutions in Argentina, 1860-1914", tesis doctoral inédita de la Universidad de Cambridge, 1973, sobre finanzas; S. Hanson, *Argentine Meat Trade and the British Market,* Stanford (Cal.), 1938, y P. H. Smith, *Politics and Beef in Argentina: Patterns of Conflict and Change,* Nueva York, 1969, sobre la industria frigorífica. En lo referente al sector agrario, sólo conocemos el artículo de J. C. Crossley, "La Contribution Britannique à la Colonisation et au Développement Agricole Argentin. Étude préliminaire", en *Les Problèmes Agraires de l'Amerique Latine,* Colloques Internationaux du Centre de la Recherche Scientifique, París, 1967. Ésta, como su título lo indica, es sólo la presentación preliminar de los primeros resultados de una investigación. Pese a ello, ha sido una guía muy útil para nuestra investigación. Posteriormente, el Dr. Crossley concentró

saldar este déficit hemos elegido algunas empresas sobre las que existía abundante información disponible y las hemos estudiado en detalle. Cuando fue posible, hemos comparado los resultados de estos estudios con información más general sobre otras empresas, tratando de establecer hasta qué punto las conclusiones particulares sobre los casos estudiados eran factibles de ser generalizadas.

El análisis de la forma de operación de estas empresas ha sido realizado considerando un doble propósito. Por un lado, tratamos de entender cuáles eran las ventajas y los problemas que tenían los distintos tipos de empresas de tierras y cómo estas condiciones influyeron en el progreso de las inversiones. Por otro lado, hemos trabajado sobre el presupuesto, frecuentemente confirmado por nuestras fuentes, de que las empresas británicas no operaban en forma substancialmente distinta de las argentinas y, por lo tanto, nuestra comprensión de las primeras puede contribuir a nuestro conocimiento del desarrollo general del sector agrario argentino. Esto es particularmente cierto en ciertas áreas –tales como Bahía Blanca, Fraile Muerto y varias otras regiones de la frontera en la década de 1870, o Patagonia desde comienzos de su colonización– en las que las empresas británicas representaban un sector bastante considerable del total de los establecimientos existentes. En este sentido, la disponibilidad de información sobre las empresas de dicho origen ha facilitado un análisis que con frecuencia resulta poco menos que imposible para empresas similares argentinas, sobre las que rara vez se encuentra información abundante. Más aún, las empresas británicas, obviamente, operaban en los mercados argentinos. Por ello, en muchos casos, la información que hemos

---

su investigación sobre una empresa en particular, *Liebigs Extract of Meat Company*, produciendo de ella un muy útil análisis detallado, al que volveremos a referirnos más adelante.

manejado resulta reveladora de las características generales de estos mercados –particularmente el de tierras, pero también otros tales como el de ganados, fuerza de trabajo, lanas o crédito hipotecario–.

También hemos tratado de estudiar con algún detalle el nivel de ganancias que podían esperar obtener los inversores en estas empresas y cuáles eran sus fuentes. De allí que –particularmente en nuestro estudio de casos– hayamos analizado los balances anuales de ciertas compañías, tratando de establecer exactamente los ingresos que éstas obtenían y de qué sector de sus operaciones provenían. Hemos incluido también referencias a otros factores –relaciones con las autoridades argentinas, relaciones con otras empresas británicas (en particular los ferrocarriles) o la superposición de cargos en los directorios de las empresas– que también pueden haber influido en los resultados finales de las operaciones.

Como veremos, una fracción substancial de las ganancias de buena parte de las empresas estudiadas provenía de la apreciación de sus propiedades inmuebles. Por ello, en los casos en que la tierra fue vendida antes de 1914, hemos estudiado las condiciones en que la operación se llevó a cabo y las ganancias –o, en unos pocos casos, pérdidas– obtenidas. Cuando la propiedad no fue vendida, tratamos de establecer su valor en 1914, lo cual, si bien no es un indicador muy preciso, provee al menos una idea de los beneficios obtenidos por los inversores por el incremento de valor de sus inmuebles. Para evaluar las ganancias en estas operaciones, hemos empleado como indicador la tasa de interés anual compuesta a la que debió haberse invertido el capital original (es decir, el precio pagado inicialmente por la propiedad) para obtener, luego de un período de tiempo igual al que el capital estuvo invertido en Argentina, un monto total similar al conseguido por la venta de los bienes empresarios. En general, además de esta cifra, disponemos de un promedio de los dividendos anuales que distribuyó la empresa. Si bien ambos guarismos no pueden ser agregados sobre la misma base, dada su desigual distribución temporal, juntos pueden dar una idea bastante adecuada del rendimiento de las inversiones en el sector, comparable con otras inversiones alternativas.[21]

Por otro lado, hemos separado los dividendos efectivamente distribuidos por las empresas de la emisión de valores como dividendos extraordinarios o de las variaciones en la cotización de acciones y obligaciones, ya que estos dos últimos aspectos se hallan referidos más bien al valor del activo de la empresa y, por lo tanto, son considerados aparte, en la evaluación del resultado final de las operaciones de la empresa. Más aún, la evolución de la cotización de los valores en la Bolsa de Londres no sólo estuvo afectada por las condiciones internas argentinas, sino también por el mercado financiero británico, en tanto que sus transacciones implicaban un cambio de propietario de la empresa, pero no un movimiento internacional de capitales. En este sentido, nuestro estudio se ha interesado

---

[21] La idea central del sistema de evaluación de las ganancias por apreciación de la tierra fue tomada de los artículos de A. y M. Bogue, "'Profits' and the Frontier Land Especulator", *Journal of Economic History*, XVII (marzo de 1957) y de R. P. Swierenga, "Land Speculation 'Profits' Reconsidered: Central Iowa as a Test Case", *Journal of Economic History*, XXVI (marzo de 1966). Una reflexión más detallada sobre el método desarrollado a partir de ellos puede verse en la introducción a mi tesis doctoral y, sobre todo, en "Rentabilidad de la inversión agraria; problemas en torno a su evaluación. El caso de la South American Land Company", en *Terceras Jornadas de Historia Económica*, Universidad Nacional del Comahue, 1981 (mimeo). Es posible desarrollar un medio matemático para homogeneizar ambas cifras (la tasa de interés equivalente a la ganancia por apreciación de la tierra y los dividendos anuales) y ofrecer un indicador único del nivel medio de ganancias obtenidas después de la venta de la tierra. Esto, sin embargo, no parece justificarse ni por el volumen de información que disponemos ni por las diferencias que podrían resultar de la aplicación de un mecanismo más sofisticado.

más por la economía argentina y su vinculación con el mercado financiero de Londres que por la rentabilidad que un inversor individual británico podía obtener operando con valores de empresas radicadas en Argentina.

1

Las estancias familiares británicas

Formación. Características generales y evolución financiera

Origen de las estancias familiares británicas

Dentro del conjunto de continuidades y discontinuidades que caracterizan el surgimiento de la sociedad argentina con posterioridad a la Revolución de 1810, un elemento que no deja de ser llamativo es su rápida apertura al exterior. Esta incluyó no sólo la posibilidad de asentamiento de nuevas casas comerciales extranjeras (principalmente británicas), sino también una amplia libertad de acción para los comerciantes recién llegados. Por otro lado, ya en el período colonial se había notado una tendencia a que los comerciantes de origen local canalizaran parte de sus ganancias hacia la producción pastoril, y se estableció así un curso de acción que seguirá siendo frecuente en la Argentina durante mucho tiempo. Inmediatamente después de la Independencia, este proceso se acelera, ante la dificultad creciente que encuentran las tradicionales familias comerciantes porteñas para expandir, o incluso mantener, su actividad mercantil en un clima crecientemente dominado por comerciantes británicos. Estos disfrutaban de las ventajas que ofrecía la nueva libertad de comercio a los productos baratos provenientes del Reino Unido. Pero, como señala Halperín, junto con ellos quienes los han marginado de sus actividades tradicionales se hacen presentes en las zonas rurales: en Buenos Aires (y, agregamos nosotros, también en la Banda Oriental), donde no existen limitaciones legales para que los extranjeros accedan a la propiedad inmueble, habrán de radicarse hacendados británicos y norteamericanos.[22]

Por otro lado, en 1824 se produce una primera expansión de inversiones inglesas en Argentina, durante la cual tienen lugar dos intentos de colonización agrícola utilizando capital y trabajo británicos.[23] Ambos proyectos fracasaron, pero algunos de los colonos permanecieron en Argentina y llegaron a ser prósperos estancieros.

> Mr. Bell –nos relatan los hermanos Mulhall–, quien es uno de los más importantes propietarios de tierras en el Río de la Plata, poseyendo numerosas estancias tanto en esta provincia (Buenos Aires) como en la Banda Oriental, (...) era uno de los colonos de Monte Grande.[24]

Concluido este breve y fallido *boom* de inversiones, el volumen de inmigración británica al Río de la Plata nunca alcanzó cifras demasiado significativas, pero muchos de los que vinieron lograron un éxito considerable y, como podía esperarse en un período dominado por la expansión agraria en el área, orientaron sus ganancias hacia la

---

[22] T. Halperín Donghi, "La expansión de la frontera de Buenos Aires (1810-1852)" en M. Giménez Zapiola (comp.), *El régimen oligárquico,* Buenos Aires, 1975, p. 60. Sobre el particular, puede verse también Diana Hernando, *Casa Familia: Spatial Biographies in 19th Century Buenos Aires.* Tesis doctoral inédita de la Universidad de California, Los Ángeles, 1973, pp. 31-35, 95 y también la lista de comerciantes terratenientes británicos en p. 199.

[23] Hernando, *Casa Familia...* También D. C. M. Platt, "British Agricultural Colonization in Latin America", en *Inter American Economic Affairs,* 18, 1964, p. 7.

[24] M. G. y E. T. Mulhall, *Handbook of the River Plate,* Buenos Aires, 1969, Sección C, p. 126. En Monte Grande se hallaba ubicada una de las colonias. Véase también Hernando, *Casa Familia...*, pp. 173-177, que contiene una lista de algunos de los inmigrantes a esta colonia en la que encontramos apellidos de familias que llegarán a ser importantes terratenientes.

adquisición de tierras.[25] Así, a partir de la década de 1850, a los nombres de los tempranos comerciantes británicos que habían adquirido propiedades rurales se fueron sumando los de nuevos inmigrantes provenientes del Reino Unido. Los apellidos de origen inglés, escocés e irlandés se hicieron cada vez más frecuentes entre los terratenientes de la región, que entonces incluyó Entre Ríos, Santa Fe y el sur de Córdoba, además de Buenos Aires y la Banda Oriental.

El proceso mediante el cual estos inmigrantes accedieron a la propiedad de la tierra es variado y abundante en matices, pero sin embargo pueden identificarse algunos patrones básicos. En algunos casos, el proceso es similar al de los primeros comerciantes, es decir, la canalización de excedentes comerciales hacia actividades rurales. Estos prósperos empresarios se afincan primero en la vecindad de la ciudad de Buenos Aires, y se expanden luego por el resto de la provincia a medida que se produce la gradual extensión de la frontera indígena. En ciertos casos, parte del capital inicial provenía del Reino Unido ya que había sido traído en el momento de inmigrar. Pero aun cuando no fuera así, muchos de los recién llegados gozaban de otro tipo de ventajas económicas. Algunos mercaderes llegaban como representantes de importantes firmas inglesas, lo que los colocaba en una situación de privilegio. En otros casos, se hallaban provistos de cierta preparación o de relaciones que les permitían realizar rápidas y fructíferas carreras como empleados de casas británicas que operaban en Buenos Aires, acumulando así pequeños capitales que servirían de base para la formación de empresas agrarias. Este proceso es más frecuente entre

---

25 M. Sáenz Quesada, *Los estancieros,* Buenos Aires, 1981, p. 157 ss. Presenta también un panorama en el que muchos extranjeros, llegados a la Argentina con diversos propósitos, acceden a la propiedad de la tierra.

los inmigrantes ingleses, aunque existen algunos casos .de familias escocesas que llegaron a la propiedad de la tierra de esta forma.

Distinto es el caso de aquellos inmigrantes que llegaron a la región ya en posesión de cierto capital que era invertido directamente en la formación de una empresa agraria, por lo general en emplazamientos de frontera. Otra forma de acumulación de propiedad ligada desde un comienzo a explotaciones rurales es la que se producía cuando un inmigrante carente de capital realizaba su aprendizaje como administrador de estancia al servicio de grandes empresas, por lo general pertenecientes a personas de origen británico. Al llegar a posiciones de mayor responsabilidad, adquiría una considerable capacidad de ahorro y casi invariablemente orientaba sus ganancias hacia la adquisición de tierras y la formación de estancias. Por lo general, si eran nombrados administradores generales, preferían retener durante algún tiempo este prestigioso y remunerativo puesto –que generalmente implicaba alguna forma de participación en las ganancias– y dejaban sus propias tierras al cuidado de un administrador. En algunos casos, habiendo logrado cierto desarrollo de su propiedad, se retiraban eventualmente para dedicarse de lleno a su administración, en tanto que otros, tras haberse asegurado un alto nivel de ingresos por la rentabilidad de su propia inversión agraria, abandonaban sus puestos administrativos para radicarse en centros urbanos –ya fuese en Argentina o en Europa– y se transformaban así en propietarios ausentistas.[26]

Existe, finalmente, un proceso enteramente distinto de acceso a la tierra para el inmigrante. A mediados del siglo XIX, la tradicional estancia de cría de vacunos de la

---

[26] W. H. Koebel, *Modern Argentina*, Londres, 1907, pp. 131-136, menciona este proceso. Daremos varios ejemplos de este tipo a lo largo del trabajo.

provincia de Buenos Aires comenzó a ser desplazada por una explotación especializada en ovinos de lana fina, actividad que se originó precisamente en un establecimiento de propiedad británica conocido como estancia *Los Sajones* o *Los Galpones,* hacia finales de la década de 1820.[27] Esta nueva actividad ofreció un camino de acceso a la propiedad de la tierra a un considerable número de inmigrantes británicos –en algunos casos escoceses, pero principalmente de origen irlandés– que comenzaron a llegar a la Argentina a partir de la década de 1840.

En contraste con los casos referidos hasta aquí, estos recién llegados no traían consigo ni capital ni una capacitación especial, y sus relaciones con otros habitantes del Plata se reducían a ciertos contactos con la comunidad irlandesa del área, formada en ese entonces mayormente por otros inmigrantes carentes de riquezas como ellos mismos.[28] Pero aun este tipo de inmigración tenía buenas perspectivas en la Argentina de mediados del siglo XIX, en especial si estaban dispuestos a sobrellevar durante algún tiempo las duras condiciones de trabajo y la vida del pastor de ovejas en la provincia de Buenos Aires de aquella época. Al llegar a Buenos Aires, se podía conseguir trabajo como puestero[29] en una estancia de ovinos, lo que generalmente se veía facilitado por el contacto con inmigrantes de igual nacionalidad. Tras haber adquirido cierta experiencia en este tipo de trabajo o, en algunos casos más afortunados, de manera inmediata a su llegada a América, era posible entrar en alguna forma de contrato de aparcería. Este

---

[27] H. Giberti, *Historia económica de la ganadería argentina,* Buenos Aires, 1954, pp. 106-107. También Hernando, *Casa Familia...,* pp. 193-219.

[28] Véase H. Sábato y J. C. Korol, *Cómo fue la inmigración irlandesa en la Argentina,* Buenos Aires, Plus Ultra, 1981.

[29] El término "puestero" se utiliza para denominar a la persona a cargo de un puesto de estancia, lo que implica el cuidado de cierto número de animales y de cierta extensión de campo.

consistía en la entrega al pastor de un rebaño constituido por entre 1500 y 2000 animales, durante un período de un año, al cabo del cual el pastor recibía entre la mitad –en cuyo caso el convenio se conoce como "medianería"– y un tercio –en este caso, "terciería"– de la esquila y del aumento del rebaño. El dueño de la estancia facilitaba, además, adelantos en moneda y especie para su subsistencia durante el primer año del contrato, caballos para poder realizar sus tareas y un rancho. En muchos casos, se les permitía mantener cierto número de animales propios en el campo. De esta forma, luego de cierto tiempo, el inmigrante lograba reunir un pequeño capital y una majada, producto de la lana y del incremento del número de animales que le correspondían por contrato.

Llegado este momento, el inmigrante podía arrendar campos y establecerse en forma independiente, y algunos años después podía llegar a estar en condiciones de adquirir su propia tierra.[30] Durante las décadas de 1860 y de 1870, muchos de los irlandeses y escoceses que habían llegado al Plata en el período anterior se convirtieron en propietarios rurales de esta forma y, aunque la gran mayoría sólo tuvo acceso a modestas extensiones, en algunos casos llegaron a ser poderosos terratenientes.

El relato que nos ha dejado el inmigrante inglés R. A. Seymour de sus primeros años en Argentina ilustra bastante bien algunos de los mecanismos que acabamos de

---

[30] Este proceso es descrito, por ejemplo, en H. Gibson, *The History and Present State of the Sheep Breeding Industry in the Argentine Republic,* Buenos Aires, 1893. También W. MacCann, *Viaje a Caballo por las Provincias Argentinas. 1847,* Buenos Aires, 1939. N. Macleod, "The Life of a Sheep Farmer in the Argentine Republic", en *Good Words,* Londres, 1971, No. 12, pp. 712-722 y R. A. Seymour, *Pioneering in the Pampas, or the First Four Years of a Settlers Experience in the La Plata Camps,* Londres, 1869, relatan episodios similares en Entre Ríos en una época algo posterior. Este proceso también se halla descrito en la obra mencionada de Sábato y Korol.

describir.[31] En 1865, siendo aún muy joven, Seymour llegó a Buenos Aires con un modesto capital y el firme propósito de adquirir tierras y dedicarse a la cría de ovejas. Su intención original era establecerse en Entre Ríos, donde se hallaba radicado un amigo suyo. Se trasladó entonces a dicha provincia donde, según nos relata, encontró a otros inmigrantes británicos buscando tierras en las que establecerse, además de un buen número de estancieros de dicho origen ya afincados en la zona. Pero durante este período las condiciones favorables de los campos entrerrianos para la cría de lanares habían provocado un gran aumento en el precio de la tierra, por lo que Seymour decidió probar suerte en otra área. Su amigo, llamado Frank en el relato, decide unírsele. Este último había trabajado como pastor en una estancia y había logrado cierta experiencia para su futura empresa y posiblemente el capital necesario para formar sociedad con Seymour.

Dejando atrás Entre Ríos, se dirigieron hacia Fraile Muerto, donde ciertas tierras públicas habían de ser puestas en subasta. Tras una primera inspección de la zona y con una impresión favorable de las tierras, Seymour y Frank siguieron camino hacia la ciudad de Córdoba, donde iba a tener lugar la venta. Una vez allí, recibieron una oferta por parte de otro inversor inglés, quien los invitó a participar en la compra de ciertos campos de alfalfa en las sierras próximas a dicha ciudad, con el propósito de engordar ganado para el mercado local. Decidieron, sin embargo, rechazar la propuesta y adquirieron finalmente cuatro leguas cuadradas al sur de Fraile Muerto tras pagar por ellas seis peniques el acre, es decir, un total de 667

---

[31] Seymour, *Pioneering...* son las memorias de este autor sobre las que basamos este relato. Sáenz Quesada, *Los estancieros,* p. 208, también retoma el relato de Seymour, poniendo más énfasis en la vida cotidiana, en lugar de considerar el aspecto económico, que es el que más nos interesa aquí.

libras esterlinas. Este precio es particularmente bajo debido a que las tierras se encontraban bastante alejadas del pueblo de Fraile Muerto, separadas de éste por un río y muy próximas a la frontera indígena. Seymour menciona también la adquisición de tierras por parte de otros inmigrantes ingleses en la misma subasta, así como otras compras de campos próximos al suyo, pero en la provincia de Santa Fe, por personas de igual nacionalidad.

Fraile Muerto, más tarde llamado Bellville, era un área donde existían ya algunos asentamientos que databan de un intento de colonización agrícola por parte de un grupo de granjeros ingleses en 1863-1864.[32] La colonia como tal había fracasado, pero algunos de sus habitantes permanecieron en la zona, formando el núcleo de una pequeña comunidad británica que en 1875 llegaba a unas cien familias. El mismo Seymour relata el establecimiento de otros inmigrantes de igual origen en la vecindad de su propiedad al mismo tiempo que él.

Tras adquirir los aperos y las provisiones necesarios en Buenos Aires, los dos jóvenes ingleses se establecen en *Monte Molino* –nombre con el que bautizaron su nueva estancia– con la intención de combinar agricultura con cría de ovinos. Adquieren entonces unas 2000 ovejas a un precio de cinco chelines cada una (un total de 500 libras) y contratan a dos hombres, uno de ellos irlandés, para que ayuden en la preparación de las instalaciones más elementales de una primitiva estancia. Estas comprendían, en este caso, un pequeño sembrado de maíz, un corral para la caballada y otro para las ovejas, y la vivienda con sus defensas contra el ataque de indios. Hasta 1869, cuando

---

[32] Platt, *British Agricultural...*, p. 10.

Seymour escribe su relato, no se habían erigido aún alambrados ni galpones ni otras instalaciones básicas para un establecimiento de este tipo.

Los indios, por otro lado, representaban un verdadero problema en la zona de Fraile Muerto. Sus ataques causaban, en algunos casos, víctimas entre los pobladores, aunque con mucha mayor frecuencia se limitaban al robo del ganado, especialmente equino y bovino. Los habitantes de *Monte Molino* sufrieron este tipo de ataques en varias ocasiones, y en una de ellas perdieron toda la caballada. En otra ocasión, nos relata Seymour, dos de sus vecinos ingleses fueron muertos por la indiada. Sin embargo, esto no parece haber intimidado a los jóvenes inmigrantes, ya que no sólo permanecieron en la estancia, sino que su número se vio aumentado con la llegada de un hermano de Seymour y un amigo de este, ambos provenientes de Inglaterra. Esto contribuyó a aumentar la seguridad del grupo, ya que un contingente numeroso y bien armado era por lo general suficiente para disuadir las intenciones bélicas de los indígenas, que en general preferían evitar el enfrentamiento directo durante sus pillajes.

Otro problema, aunque de menor gravedad, fue la frecuente visita de pumas a sus rebaños, lo que obligó al grupo a dar caza a varios de estos animales. Pero pese a estas dificultades, rodeados de vecinos de su misma nacionalidad y viviendo la agreste vida de pioneros que ellos mismos habían elegido, Seymour asegura que él y sus compañeros fueron muy felices en este período. Su establecimiento siguió prosperando y se vieron en la necesidad de pedir que se les enviara desde Inglaterra dos hombres más, un cocinero y un jardinero, que se unieron al grupo de 1868. Los colonos mantenían, además, una frecuente relación con la comunidad británica de Rosario y participaban de su relativamente activa vida social. Así, Seymour nos relata la organización, por un grupo de terratenientes ingleses de Santa Fe, con apoyo de la empresa del Ferrocarril Central Argentino, de un club hípico inglés en Rosario. En la inauguración se efectuaron brindis por "las estancias inglesas en el Río de la Plata".

Desde el punto de vista económico, *Monte Molino* progresaba sensiblemente. Las esquilas daban buenos rendimientos y se obtenían precios razonables por las lanas en Fraile Muerto. La mayor dificultad, como en muchos otros lugares fronterizos, consistía en conseguir suficiente mano de obra para las tareas especiales y, muy en particular, para la esquila. El ferrocarril llegó al pueblo en 1868 y con él el rápido desarrollo de la región donde, según Seymour, también progresaban otros estancieros británicos. Como vemos, aunque el éxito de la empresa aún estaba muy lejos de ser cierto cuando Seymour escribe su relato, las perspectivas parecían favorables.

Esto parece confirmarlo el informe que presentó James McCrie, un colono de la zona, al vicecónsul británico en Rosario en 1870. En él describe a Fraile Muerto como "el primer asentamiento de iniciativa y capital británicos que ha intentado desarrollar cierta producción agrícola con éxito en la Confederación Argentina".[33] El informe concluye que el área es adecuada para la inmigración de familias que cuenten con un pequeño capital y varios miembros en edad de trabajo.

El panorama que nos presenta el cónsul general Macdonell en su negativo y controvertido informe sobre inmigración a la Argentina, escrito un año más tarde, es bastante menos optimista. Macdonell se hallaba alarmado por los problemas con los indígenas, pero menciona una vez más la existencia de una importante colonia británica en

---

[33] *Parliamentary Papers,* (Gran Bretaña), 1872, LVII, p. 7.

el área, incluyendo un caso en que la inversión total en el desarrollo de la estancia alcanza la cifra de 10.000 libras esterlinas.[34]

Unos años más tarde, completa la línea del Ferrocarril Central Argentino sobre la que se encuentra Fraile Muerto y con las colonias creadas por la compañía de tierras de dicho ferrocarril a lo largo de su trazado entre Rosario y Córdoba en constante expansión, las posibilidades de éxito para los colonos eran mayores aún y el constante aumento del precio de la tierra aseguraba buenos beneficios.

En síntesis, el caso de *Monte Molino* nos muestra cómo un grupo de jóvenes y de emprendedores inmigrantes británicos, en posesión de un magro capital de sólo 1.500 libras esterlinas, en parte traído del Reino Unido y en parte obtenido en la Argentina, logra en pocos años establecer las bases de una explotación agropecuaria de considerable importancia, cuanto menos en términos de las dimensiones y la riqueza de sus campos. Para mediados de la década de 1880, tras superar el peligro de ataques indígenas por la campaña militar del general Roca y con la zona de Fraile Muerto transformada en un importante centro agrícola, un establecimiento como *Monte Molino* había multiplicado varias veces su valor inicial.[35]

Las posibilidades existentes en Argentina para un inmigrante que dispusiera de cierto capital son confirmadas por el cónsul inglés Egerton en su informe para 1879:

---

[34] *Ibid.*, LXX, p. 5.
[35] Esto se debe en parte al aumento del valor de la tierra y en parte al incremento de la inversión fija y de la calidad y la cantidad de ganado. Volveremos sobre el tema con otros ejemplos más adelante.

Caballeros ingleses que, disponiendo de algunos miles de libras esterlinas, tienen la intención de tentar fortuna en una actividad rural pueden estar seguros que el capital destinado a la compra de ganado y tierras va más lejos aquí que en cualquier otro lugar, y debería redituar importantes ganancias(...).[36]

Esta opinión parece haber sido generalizada entre los representantes británicos y otros observadores contemporáneos de la Argentina quienes aludían frecuentemente al tema como respuesta a la propaganda del Gobierno argentino para estimular la inmigración. La conclusión más frecuente era que Argentina no era un lugar recomendable para la inmigración de trabajadores asalariados, pero que personas con capital interesadas en invertirlo en una empresa rural tenían perspectivas muy favorables si se asesoraban convenientemente. Aun el pesimista informe de Macdonnel coincidía en este punto.[37]

Participación británica en la propiedad de la tierra en Argentina

Una situación similar a la de Fraile Muerto podía encontrarse en otras áreas de la Argentina en ese momento. Cierto número de colonos británicos, algunos de los cuales habían estado cierto tiempo en Australia, se habían establecido en las proximidades de Bahía Blanca. "Hombres de capital y educación", dice un periódico inglés de la época, "algunos de ellos regresaron a Inglaterra en busca de la mejor maquinaria agrícola, y tienen la intención de volver a la Argentina llevando consigo a amigos y familiares".[38]

---

[36] *Parliamentary Papers*, 1881, LXXXIX, p. 150.
[37] Además de las opiniones ya señaladas, podemos citar el informe en los *Parliamentary Papers*, 1883, LXXI. También *Board of Trade Journal*, 24, 1898, pp. 468-69; W. H. Koebel, *Argentina. Past and Present*, Londres, 1910, pp. 43-61; C. P. Ogilvie, "Argentina from a British Point of View" en *Journal of the Royal Society of Arts*, No. 3028, 2. dec. 1910, pp. 43-59, para mencionar sólo algunas.
[38] "An English Farm in Buenos Aires", en *Graphic*, 1872, p. 106.

Un ejemplo llamativo de entre estos colonos es el de los señores Mildred y compañía. "Este grupo posee unas 12 leguas de tierra en las que han establecido instalaciones para la cría de ovejas, áreas dedicadas a diversos cultivos, etcétera, además de arrendar chacras a nuevos pobladores a bajo precio, erigiendo las instalaciones y edificios necesarios".

Poseían, además, una huerta junto al río Sauce Largo en la que cultivaban legumbres para su consumo y para el mercado. Un excelente potrero de alfalfa proveía forraje para alimentar a los animales de trabajo durante los meses de invierno y había 400 acres sembrados con trigo. El inmigrante llevaba "una vida saludable, alegre e independiente, aunque menos confortable que en Gran Bretaña", concluye el artículo y agrega que "muchos inmigrantes británicos se habrían asentado en la zona si el gobierno de Buenos Aires ofreciera mayores facilidades para la adquisición de tierras".[39]

Un proceso similar tenía lugar en otras áreas. En su versión de 1869, el *Handbook of the River Plate* de los hermanos Mulhall señala que "en los últimos dos años un cierto número de valerosos ingleses, hombres de buena familia y educación y con un capital de unos pocos cientos de libras cada uno, se han radicado sobre la frontera indígena, más allá de Azul, y otros en la Patagonia, con el propósito de criar ovejas y vacunos".[40]

Además de estos inmigrantes recientes, que poseían tan solo un modesto capital y se hallaban asentados en tierras de frontera, existían en zonas de más antiguo poblamiento empresas mucho más ricas y mejor establecidas, también en manos de personas de origen británico. Así, en su descripción de la provincia de Buenos Aires en 1869,

---

[39] *Ibid.*, p. 106.
[40] M. G. y E. T. Mulhall, *Handbook...* (1869), C, p. 11.

los Mulhall hacen mención de nombres ingleses entre los terratenientes más importantes en casi todos los partidos.[41] De sus datos, familias como los Drabble, Bell, Fair, Gibson o Fox surgen entre los propietarios más ricos de la provincia, y a ellos deben sumarse los de los inmigrantes irlandeses más prósperos, como Casey, Duggan, Amstrong, Lynch, Coghland, etcétera.

En los partidos del norte de la provincia, donde predominaba la cría de ganado lanar, muchas de las explotaciones relativamente pequeñas –entre 1500 y 5000 acres– eran propiedad de familias británicas y existían también algunas estancias inglesas de mayor importancia. En Carmen de Areco, Mulhall menciona un talabartero de nombre Dowling que poseía una de las mejores haciendas, valorada en más de $ 500.000 papel la legua cuadrada, de varias leguas de extensión. En Rojas, adonde los primeros pobladores británicos llegaron hacia 1859, encontramos un gran número de establecimientos ingleses valorados entre $ 15.000 y $ 50.000 papel, y el caso excepcional de la propiedad de Juan Ballastry, que incluía una excelente chacra, una grasería y más de 30.000 ovejas, y que estaba tasada en más de $ 460.000 papel. En el partido de Esperanza, se menciona a E. B. Perkins, quien poseía 15.675 acres, incluyendo alfalfares, potreros cercados para ganado ovino –tres o cuatro mil cabezas– y varios puestos con unos 15.000 ovinos. En Chacabuco, J. H. Green compró de una compañía argentina la estancia *La Criolla,* que comprendía cinco leguas cuadradas y media, en un partido donde la tierra valía entre $ 300.000 y $ 600.000 papel la

---

[41] En su versión de 1869, el *Handbook* de los hermanos Mulhall incluye una descripción de la provincia de Buenos Aires partido por partido, haciendo mención de los principales terratenientes de cada uno de ellos.

legua. La descripción de los Mulhall continúa así partido tras partido, presentando un panorama similar en cuanto a la tenencia de la tierra en la mayoría de ellos.[42]

Información más tardía confirma esta situación. Tomando datos del censo de 1895, Sabato y Korol encuentran que en los 20 partidos rurales de más antigua ocupación, al norte del Río Salado, había 450 propietarios rurales nacidos en Gran Bretaña, además de 300 terratenientes con apellidos irlandeses. Si se computa tan sólo los irlandeses, estos poseían un 16,39% de la tierra.[43]

El mapa catastral de la provincia de Santa Fe de 1886 refleja un cuadro similar. En él encontramos nombres ingleses entre los propietarios distribuidos por toda la provincia, entre los que se destaca claramente un grupo importante en el sudoeste, cerca del pueblo de Venado Tuerto, en el límite con la provincia de Córdoba. Además de un gran número de pequeños propietarios, se encuentran allí las importantes posesiones de E. Casey, J. Bell, T. Amstrong, J. Aungier, R. C. Gilmour, H. C. Hinschliff, A. Thompson y algunos otros, todos ellos dueños de varias unidades, en ningún caso menores de una legua cuadrada cada una y llegando en un caso a 96 leguas cuadradas (Amstrong). Al norte del departamento Capital, existe otra concentración de propiedades británicas entre las que se destacan las de T. Thomas, Dickinson hermanos, Tomkinson hermanos y una vez más varias propiedades de T. Amstrong.[44] Entre Ríos, como vimos a través del relato de Seymour, presentaba un panorama similar; y también

---

[42] Sáenz Quesada, *Los Estancieros*, p. 163, también señala la difusión de la propiedad británica en Buenos Aires.
[43] Sabato y Korol, "Sheep, Land...", p. 9.
[44] *Registro Gráfico de la Propiedad de la Provincia de Santa Fe. 1886.*, en Biblioteca del Instituto Torcuato Di Tella.

lo harían los territorios del sur de la provincia de Buenos Aires, La Pampa y la Patagonia luego de su incorporación a la vida económica del país.[45]

Por lo tanto, resulta claro que, hacia fines del siglo XIX, una importante cantidad de tierras en Argentina estaban en manos de súbditos ingleses o de sus descendientes. En una estimación del capital británico invertido en el Río de la Plata en 1877, M. Mulhall calcula el valor de la propiedad rural inglesa en el área en dos y medio millones de libras esterlinas.[46] Esta cifra, en realidad, no es más que un cálculo *grosso modo* de muy dudosa exactitud, pero puede al menos servir de indicador de la importancia que la tierra tenía, al menos en la opinión de Mulhall, como área de inversión británica.

Estancias familiares británicas e inversiones externas

Si bien pueden existir pocas dudas respecto a la importancia de las propiedades rurales en manos de británicos en el Plata en este período, no resulta demasiado evidente que ellas deban ser consideradas inversiones externas. Ya en 1920, en su estudio sobre la deuda externa argentina, Williams había tenido en cuenta el problema. Interesado en el impacto de la balanza de pagos sobre los problemas económicos argentinos antes de 1900, en especial con referencia al problema de la moneda, señala que, aunque omite de sus cálculos

> el capital representado por las *chacras* y *estancias* en propiedad de extranjeros, siendo este sin duda un rubro de importancia, (...) no existen datos disponibles para el período de mi estudio.

---

[45] E. M. Barba *et al.*, "La Campaña del Desierto y el problema de la tierra", en *Segundo Congreso de los Pueblos de la Provincia de Buenos Aires,* La Plata, 1974. Otras referencias a lo largo de este trabajo especialmente en el tercer capítulo.

[46] M. G. Mulhall, *The English in the River Plate,* Buenos Aires, 1877, p. 529.

Más aun, dado que la mayoría de los propietarios residen dentro del país, no constituye un rubro de importancia significativa en un cómputo del balance de los préstamos externos.[47]

Desde este punto de vista, las estancias en propiedad de súbditos británicos y de sus descendientes que residen en Argentina no deberían ser consideradas como inversiones externas. Sin embargo, el problema no es tan sencillo. En primer lugar, en el caso del inmigrante que trae consigo cierto capital con el cual iniciar su empresa agraria, existe un ingreso neto en la economía receptora cuya particularidad reside en que no implica costo alguno, ya que no produce emigración de capital en forma de dividendos, intereses o amortización. Sin embargo, el capital inicial y todas las ganancias obtenidas durante el período que durase la inversión podían eventualmente regresar al Reino Unido, si el inmigrante o sus descendientes optaban por retornar a su país de origen o si al morir era heredado por familiares residentes en Gran Bretaña. En este caso, se podía vender la propiedad y retirar de la Argentina el producto de la venta en efectivo o se podía mantener la propiedad desde el extranjero, dejando la explotación a cargo de un administrador, por lo general también de origen británico. En este último caso, aunque no exista un traspaso de la propiedad, la estancia pasa a pertenecer a personas residentes fuera del país, asumiendo una forma típica de inversión externa, que incluye la transferencia de las ganancias hacia la economía prestataria. Por este último proceso atravesaron también establecimientos adquiridos con capitales obtenidos en la Argentina. En este caso, no se produce un flujo de capital, por lo que la transferencia exterior del producto de la venta de la propiedad de la tierra en sí representa

---

47 J. H. Williams, *Argentine International Trade under the Inconvertible Paper Money*, Cambridge, Mass., 1920, p. 91.

una salida neta de capital para la economía argentina, sólo compensada por el trabajo y la capacidad empresarial que haya aportado el inmigrante.

Lamentablemente, resultaría extremadamente difícil –si es que fuera posible– intentar cuantificar este proceso en forma precisa; y los resultados no serían demasiado concluyentes. Cuando la propiedad era vendida, resulta imposible saber cuál era el destino del producto de dicha venta o saber si el inmigrante retornaba a su país de origen o simplemente reinvertía su capital de otra forma en la Argentina. Existen muy pocas referencias precisas a casos de este tipo como para estimar su importancia, pero una referencia explícita a uno de ellos en Patagonia puede servirnos de ejemplo:

> Un inglés –no puedo recordar su nombre– fue a la Patagonia en 1886 sin otro capital que su conocimiento de las ovejas y una buena reputación. Teniendo buenas referencias sobre su conducta y aptitudes obtuvo ovejas y arrendó tierras a crédito: consiguió un capitalista que se hiciera cargo de él, al decir de los mineros. En 1893 este hombre vendió lo que había logrado acumular en 26.000 libras esterlinas y regresó a Gran Bretaña con su mujer y sus hijos, donde vivió como un lord.[48]

También resulta muy difícil detectar la propiedad de la tierra por parte de individuos residentes fuera del país. Sin embargo, circunstancias fortuitas nos permiten conocer algunos casos de esta naturaleza, tales como el de la propiedad de C. Darbyshire en el partido de 9 de Julio, la de Paul Krell en Santa Fe, sobre la línea del Ferrocarril Central Argentino, la de J. Aungier en el sur de la misma provincia,

---

[48] J. Spears, *The Gold Digging of Cape Horn*, New York, 1895, p. 162.

el traspaso de las propiedades en los partidos de Bolívar y Monte, en Buenos Aires, a los herederos de W. Walker, residentes en Escocia, y varios más.[49]

En otros casos, ya fuese para facilitar la herencia sin fraccionamiento o por otras razones administrativas, los propietarios crearon compañías familiares, privadas o públicas, para hacerse cargo de las empresas, en cuyo caso es posible encontrar registros del proceso. Por lo tanto, podemos mencionar una serie de ejemplos de compañías privadas de este tipo, tales como las estancias *Calera, Las Violetas, Cerrillos, Florencia* y muchas más,[50] y unas pocas que llegaron a ser compañías públicas, tales como las estancias *Espartillar, Las Cabezas* y otras, que estudiaremos más adelante.

Pero aparte de la circulación de capital vinculada a sus posesiones, existe otro camino por el cual los inmigrantes terratenientes contribuyeron al proceso de inversión de capitales ingleses en el sector agrario argentino. Entre los elementos clave que contribuyeron al florecimiento de la importante relación económica entre Gran Bretaña y Argentina en la segunda mitad del siglo XIX, se encuentra la existencia de un número muy significativo de intermediarios que, por tener una relación estrecha con el mercado de capitales ingleses y el medio económico argentino,

---

[49] Para el caso de Darbyshire, ver más adelante en este mismo capítulo. Para el de Paul Krell, *Brasil and River Plate Mail*, 22/3/1873, p. 9; la propiedad de J. Aungier se halla indicada en el mencionado mapa catastral de Santa Fe, en tanto que su residencia en el Reino Unido surge de su activa participación en la dirección de empresas en Londres; el caso de William Walker será tratado en la segunda parte de este capítulo.

[50] Existe información sobre estas firmas en el *Public Record Office* de Londres, ver BT31, 10398/78315, 18348/96705, 15434/42651 y 12835/103835; un listado más completo de estas compañías, así como una discusión de los problemas heurísticos que implica su estudio, puede verse en la tesis doctoral del autor, "British Interests in Argentine Land Development. *A* Study of British Investment in Argentine", Universidad de Oxford, 1981, Introducción, Conclusiones y Fuentes Primarias.

pudieron facilitar el proceso de inversión. Muchos de ellos, en especial los vinculados al que llegaría a ser el mercado de tierras argentinas en Gran Bretaña, habían sido exitosos estancieros en Argentina, tales como Gibson,[51] Drabble, Fair, Ogilvie, Wilson y Darbyshire. Por otro lado, su mera existencia era en sí un estímulo para las inversiones británicas en el área, siendo ellos excelentes testigos de las ganancias que podían lograrse.

Desarrollo y finanzas de las estancias familiares. Algunos ejemplos

La extensión de esta participación británica en la tenencia de la tierra en Argentina y su acción como avanzada de nuevos ingresos de capitales externos al sector agrario no sólo contribuyó a la expansión de dicho sector por su propia presencia, sino también como agente innovador del medio rural, tanto respecto de la producción como en la concepción administrativa. Para el período anterior al que nos ocupa, existen ejemplos ya clásicos de ello, como el espíritu emprendedor de R. Newton o la fecunda y extendida labor de la familia Gibson. R. Seymour intentó, aunque con escaso éxito, incorporar carneros Leicester y Cotswold a su majada en *Monte Molino,* y ya hemos visto cómo los Mildred viajaron a Inglaterra en busca de moderna maquinaria agrícola. Refiriéndose a los inmigrantes terratenientes, dice M. Sáenz Quesada:

> Ellos traían consigo conocimientos especializados del medio rural inglés, alemán o francés, viajaban y educaban a sus hijos en Europa, e invertían sus capitales en nuevos y revolucionarios rubros tales como el ovino y el alambrado. Su ejemplo será decisivo en la toma de conciencia de que la estancia es una empresa antes que un señorío patriarcal.[52]

---

[51] Sáenz Quesada, *Los Estancieros,* pp. 158-60.
[52] *Ibid.,* p. 157.

En el período posterior a 1870, parece que estos inmigrantes perdieron su exclusividad como elementos renovadores. Para ese entonces, ya sea por seguir el ejemplo de estos pioneros, por el estímulo para la renovación de las técnicas productivas y administrativas proveniente de un renovado mercado interno y externo, o, lo que es más posible, por una combinación de ambos factores (en la que el segundo es, en nuestra opinión, determinante), no hemos advertido una diferencia notable entre la forma en que operaban las estancias británicas y lo que sabemos de muchas de las criollas.

No obstante, continuaban, sin duda, sobresaliendo muchos de los establecimientos en manos de familias de ese origen como ejemplos de estancias modernas y bien administradas. La mayoría de ellas, formadas en la segunda mitad del siglo XIX, evolucionaron rápidamente y, al comienzo del siglo XX, presentaban una moderna imagen que combinaba la comodidad y hasta el lujo para sus propietarios y su personal jerárquico, por lo general también británico, con avanzadas técnicas productivas, dentro de las limitaciones y las conveniencias impuestas por el medio. Sus finanzas presentaban también una imagen de prosperidad que justificaba el continuo entusiasmo por la inversión rural que mostraron estos inmigrantes en el siglo XIX.

Darbyshire y Las Cabezas Estancia Company

Quizá la mejor forma de mostrar cómo funcionaban en la práctica los mecanismos que permitieron este desarrollo sea la presentación de algunos ejemplos, que servirán, a la vez, para darnos una idea del nivel de rendimiento que podía esperarse de una inversión de este tipo. En tal sentido, la vida de Charles Darbyshire, quien llegó a ser miembro del directorio de muchas de las más importantes compañías británicas de tierras en la Argentina, y la historia de la estancia *Las Cabezas,* una de las empresas familiares a él vinculada, pueden resultar muy ilustrativos.

En 1852, a la edad de 17 años, Darbyshire viaja desde Inglaterra hacia la Argentina, donde tenía asegurado empleo en una firma comercial inglesa, *Bradshaw, Wanklyn & Jordan.*[53] Su contrato, con el cargo de asistente de cajero, tenía una duración de cinco años. Durante este tiempo, Darbyshire logra ahorrar unas 200 libras esterlinas, pero pierde todo este capital en una desafortunada operación bursátil en Buenos Aires. Al concluir su contrato, es promovido a cajero y recibe un incremento de salario: logra en poco tiempo un ahorro suficiente como para establecerse en forma independiente, en sociedad con J. P. Boyd, como mercader y agente naviero. Su nueva empresa tiene considerable éxito.

En 1861, contrae enlace con Elisa Black, hija de Don Diego Black, un próspero estanciero inglés dedicado a la cría de ovejas en Entre Ríos. Luego de su matrimonio, Darbyshire vive durante dos años en la capital y en 1863 adquiere una quinta en San José de Flores: "la nuestra fue la primera familia que pasó el invierno fuera de Buenos Aires", comenta en sus memorias. Todos los días viajaba para trabajar a la capital aprovechando el Ferrocarril del Oeste, la nueva línea ferroviaria que unía esa localidad con la ciudad. La radicación en Flores, según él mismo nos relata, se haría más frecuente a raíz de la epidemia de cólera de finales de la década.

En ese mismo año de 1863, Darbyshire realiza un viaje de seis meses a Europa de donde regresa en compañía de sus hermanos, que se establecen como pastores en el sur de la provincia de Buenos Aires. Uno de sus vecinos era

---

[53] C. Darbyshire, *My Life in the Argentine Republic,* Londres, 1917, p. 56. El relato que insertamos a continuación está tomado, en su mayoría, de esta fuente.

T. Doughthot, amigo de Charles Darbyshire y propietario de dos leguas de campo. En su descripción de 9 de Julio, un partido de frontera entonces, donde la tierra no había alcanzado aún un precio alto y donde existía abundante colonización inglesa, Mulhall menciona una propiedad de considerable importancia perteneciente a Charles Darbyshire. Es probablemente allí donde se instalan sus hermanos. Durante los primeros años, estos deben hacer frente a duras condiciones de vida y varias veces son atacados por los indígenas; uno de ellos resulta herido en el curso de uno de estos ataques.

En 1869, Charles Darbyshire decide retirarse a Inglaterra en compañía de su esposa y sus tres hijos. De esta forma, a su regreso no sólo es propietario de un establecimiento lanero en el sur de la provincia de Buenos Aires sino también, a través de su esposa, heredero de una importante estancia en Entre Ríos. Además, durante su permanencia en Argentina, había obtenido ciertos conocimientos, había logrado contactos en los medios comerciales y había acumulado cierto capital, lo que lo llevaría a ser, como veremos más adelante, una figura destacada en los directorios de las compañías inglesas que operaban en el Plata, en especial en el sector de tierras. Un ejemplo de ello es su inversión en la estancia *Pranges,* un importante establecimiento inglés en Nueva Palmira, Uruguay, que operaba como compañía pública registrada en Londres. Durante un viaje a Argentina en 1893, Darbyshire visita esta estancia, administrada entonces por J. Ricketts, también administrador de las estancias de Liebigs e importante especulador en tierras en Argentina. Obtuvo entonces una muy buena impresión de sus alfalfares y sus planteles ovinos y bovinos de pura raza: "Al verlos –dice– llegué a la conclusión de que esta propiedad debía redituar una jugosa ganancia sobre el capital invertido, y que año tras año aumentaría de valor; realicé una importante adquisición de acciones y no he tenido motivo para arrepentirme de ello".[54] Tras haber realizado su inversión en el período de depresión de los valores rioplatenses en las bolsas europeas que siguió a la crisis de 1890, sin duda los beneficios deben haber resultado cuantiosos, pero se requería un adecuado conocimiento de la potencialidad agraria del área y del carácter marginal que la crisis tuvo para dicho sector para arriesgar un importante capital en una inversión de este tipo en aquel período sombrío del desarrollo económico del Plata.

En 1876, muere Don Diego Black. Se crea entonces una compañía pública por acciones en Londres para administrar la estancia *Las Cabezas,* su propiedad en Entre Ríos. Las acciones de la nueva empresa son distribuidas entre los herederos, todos ellos residentes en Gran Bretaña, y Darbyshire es nombrado presidente del directorio.

Las Cabezas, que abarcaba doce leguas cuadradas y estaba ubicada en el departamento de Gualeguaychú, era una hacienda muy importante para el nivel de Entre Ríos en la época. De acuerdo con un relato de Black a Darbyshire, había pertenecido a los virreyes, estando dotada de las mejores tierras de la provincia. Su nombre provenía de un corral para el ganado hecho de cabezas y caderas de vacas criollas que, por razones de higiene, Black había hecho deshacer al tomar posesión. Este había adquirido la propiedad en 1840, pero durante un largo tiempo no pudo explotarla debido a una ley que prohibía la venta o la marcación de ganado para evitar robos a los estancieros comprometidos en la guerra entre Oribe y Rivera en la Banda Oriental. Debido a ello Black consideró la posibilidad de venderla tras haber recibido una oferta de 3500 libras

---

[54] *Ibid.,* p. 93.

esterlinas, pero la operación no se concretó por falta de solvencia del comprador. Al restablecerse la paz, Black se afinca en su estancia, marca su ganado bovino, constituido por un gran número de animales criollos totalmente salvajes, e introduce ganado ovino, lo que resultó ser una fructífera innovación en el área. En 1859, cuando Darbyshire visita por primera vez la estancia, esta cuenta con unas 10.000 cabezas de ganado bovino, todavía principalmente criollo, destinadas al mercado saladerista y unas 35.000 ovejas divididas en majadas de 2000 animales, cada una a cargo de un puestero. Darbyshire calcula la población de la estancia en esa época en más de cien personas. Había también allí una agradable vivienda principal de ladrillos –cosa poco frecuente aún en 1859– y una grasería donde se criaban 500 cerdos, alimentados principalmente con los desperdicios de los animales faenados para el consumo diario.

Para 1863, cuando Darbyshire regresa al establecimiento, el número de ovejas llegaba a 60.000, y la mayoría era una buena cruza de Merino con Romney Marsh. Se había construido entonces una nueva vivienda de ladrillos y la estancia estaba cercada y subdividida en potreros. Las esquilas atraían a más de 150 personas "transformando la estancia en una romería", al decir de Darbyshire. La administración del establecimiento parece haber sido muy progresista y tuvo un papel destacado en la búsqueda de una vacuna contra el carbunclo.

En 1894, durante una breve visita a la Argentina, Darbyshire regresa a *Las Cabezas,* cuya administración estaba entonces a cargo de Henry Darbyshire, uno de sus hermanos. Este, como hemos visto, había empezado como pastor en el sur de la provincia de Buenos Aires y, después de su paso por *Las Cabezas*, llegaría a ser propietario de su propia explotación lanera en la

Patagonia. Pese a que la visita de Charles Darbyshire se produce en circunstancias adversas, ya que una terrible sequía afligía a toda la región pampeana, la situación general de la explotación había mejorado considerablemente. En primer lugar, la estancia se hallaba entonces próxima a la estación ferroviaria de Basavilbaso, lo que facilitaba las comunicaciones con el mundo exterior y la comercialización de sus productos. Por otro lado, se habían cavado pozos para hacer frente a las sequías, se habían introducido algunos bovinos de *pedigree* que pastaban en praderas artificiales de alfalfa y el producto de sus cruzas iba reemplazando a los criollos lo que daba un acceso a un mejor mercado. En resumen, en los treinta años que transcurrieron entre las visitas de Darbyshire, *Las Cabezas* había transformado y modernizado considerablemente su estructura productiva.

Por otro lado, como muchas otras empresas agrarias importantes de la época, *Las Cabezas Estancia Company* –que tal era el nombre de la compañía londinense– había adquirido también otra propiedad menor, llamada *Las Colas,* en el sur de Entre Ríos, cerca de Gualeguaychú. Su ubicación, adyacente a una ciudad de relativa importancia y sobre la línea del ferrocarril, la existencia de extensos alfalfares en esta explotación, así como una comparación con otros casos similares –y hasta el nombre, en relación con "Las Cabezas"– sugieren que esta segunda propiedad era utilizada como campo de engorde próximo al mercado para aumentar el peso y mejorar la condición del ganado antes de venderlo.

Finalmente, tenemos otra descripción de *Las Cabezas* que data de 1909, debida al viajero inglés W. H. Koebel.[55] Para entonces, 273 personas habitaban permanentemente la estancia, y el casco es descrito como de un lujo excepcional. Su centro era una bella mansión rodeada de una arboleda de paraísos; y tenía canchas de tenis y croquet en las cercanías. El llamativo contraste entre esta descripción y el agreste y austero panorama que pinta Darbyshire de su primera visita de 1859 es un buen reflejo de la transformación que se había producido en el campo argentino y sus habitantes en ese medio siglo. También en el aspecto productivo habían ocurrido importantes modificaciones. El incremento del valor del ganado mayor, dada la ampliación del mercado de exportación por la implantación del frigorífico, había hecho que el acento se pusiese ahora en este rubro. Así, la estancia contaba ahora con 19.408 cabezas de Hereford (que H. Darbyshire consideraba más adaptadas a las condiciones de producción de Entre Ríos que los Shorthorn). Los ovinos eran mayormente Romney Marsh, elegidos seguramente por su doble función, y las majadas sumaban ahora 42.262 animales. Había, por otra parte, 3099 yeguarizos, 533 mulas y burros, además de cerdos y aves de corral. Operando independientemente, había cabañas dedicadas a la cría de ganado fino Hereford, carneros Romney Marsh y caballos Yorkshire. Además de la actividad pastoril, se efectuaban tareas agrícolas: 130 cuadras se hallaban arrendadas a cuatro colonos que cultivaban las dos terceras partes con lino y el resto con maíz.

---

55 W. H. Koebel, *Argentine. Past and Present,* pp. 373-81.

Cuadro I. Rendimiento financiero de Las cabezas estancia company entre 1879 y 1916

Año	Dividendo anual (%)	Capital (£)	Monto destinado a dividendos (£)	Dividendo como % del capital inicial	Obligaciones del 6% (£)	Obligaciones del 5% (£)	Obligaciones del 4,5% (£)
1879	11,5	60.400	6.946	11,5	15.100		
1880	14,0	60.400	8.456	14,0	s.i.		
1881	16,0	60.400	9.664	16,0	s.i.		
1882	18,0	60.400	10.872	18,0	s.i.		
1883	20,0	60.400	12.080	20,0	s.i.		
1884	15,0	60.400	9.060	15,0	s.i.		
1885(1)	0	80.000	0	0	s.i.		
1885-6	8,75	80.000	7.000	11,59	s.i.		
1886-7	10,0	80.000	8.000	13,25	36.850		
1887-8	12,5	80.000	10.000	16,56	s.i.		
1888-9	10,0	80.000	8.000	13,25	s.i.		
1889-0	10,0	80.000	8.000	13,25	s.i.		
1890-1	10,0	80.000	8.000	13,25	s.i.		
1891-2	10,0	80.000	8.000	13,25	29.700	20.300	
1892-3	8,75	80.000	7.000	11,59	s.i.	s.i.	
1893-4	10,0	80.000	8.000	13,25	s.i.	s.i.	
1894-5	10,0	80.000	8.000	13,25	s.i.	s.i.	
1895-6	11,75	80.000	9.400	15,56	s.i.	s.i.	
1896-7	11,25	80.000	9.000	14,90	7.150	39.750	

1897-8	11,25	80.000	9.000	14,90	s.i.	s.i.	
1898-9	11,25	80.000	9.000	14,90	s.i.	s.i.	
1899-0	13,75	80.000	11.000	18,21	s.i.	s.i.	
1900-1	11,25	80.000	9.000	14,90	0	32.924	12.536
1901-2	7,5	80.000	6.000	9,93		s.i.	s.i.
1902-3	10,0	80.000	8.000	13,25		17.790	24.470
1903-4	10,0	80.000	8.000	13,25		s.i.	s.i.
1904-5	13,75	80.000	11.000	18,21		s.i.	s.i.
1905-6	10,0	80.000	8.000	13,25		s.i.	s.i.
1906-7	9,0	160.060	14.404	23,85		s.i.	s.i.
1907-8	9,0	160.050	14.404	23,85		0	36.718
1908-9	10,0	160.050	16.005	26,49			s.i.
1909-0	9,0	160.050	14.404	23,85			32.958
1910-1	8,0	160.050	12.804	21,20			s.i.
1911-2	8,5	160.050	13.604	22,52			0
1912-3	8,5	160.050	13.604	22,52			
1913-4	9,0	160.050	14.404	23,85			
1914-5	8,5	160.050	13.604	22,52			
1915-6	9,0	160.050	14.404	23,85			
Total			376.122				
Promedio			9.898	16,38			

(1) Primera mitad del año.
Fuente: *Stock Exchange Year Book* y *Stock Exchange Official Intelligence.*

Cuando se creó *Las Cabezas Estancia Company* en 1876, se emitió un capital de 60.400 libras esterlinas que fue distribuido entre los herederos de Black. Además, se lanzaron al mercado 15.100 libras de obligaciones con un interés anual del 6%. Sin embargo, es difícil saber cuál era el valor real de la estancia en el momento de la creación de la compañía, ya que esta operación no representa una transferencia real de propiedad, pero como se trata de una compañía pública, cuyo capital debía ser aprobado por la bolsa, y que además era garantía de las obligaciones, parece posible asumir que el total de sus acciones representaba aproximadamente el valor de la propiedad en el momento de creación de la firma. Este monto se incrementó en 1885, mediante la distribución de nuevos valores entre los accionistas, y el capital total ascendió a 80.000 libras y en 1907, con el cambio de cada acción antigua de 20 libras por ocho nuevas de cinco libras cada una, el capital llegó a 160.550 libras. La compañía siguió utilizando el sistema de obligaciones para obtener capital operativo a bajo costo, y su buen funcionamiento, así como el creciente prestigio en Londres de las inversiones en tierras en Argentina, le permitió disminuir el interés pagado sobre el capital así obtenido.

La tabla que aquí insertamos muestra el rendimiento financiero de la empresa durante el período considerado. La columna cuatro, que representa el monto destinado al pago de dividendos como porcentaje del capital inicial –que, a falta de un indicador más adecuado, tomamos como índice del valor de la propiedad en el momento de formación de la compañía– tiene el propósito de comparar el rendimiento de esta firma con formas alternativas de inversión. En tanto que habitualmente el capital fijo de una empresa tiende a depreciarse con el tiempo, el capital invertido en propiedad rural en Argentina se revalorizaba debido al alza constante del precio de la tierra. Por lo tanto, si bien teniendo en cuenta los costos de oportunidad debe considerarse la primera columna, ya que lo que allí importa es la ganancia obtenida en relación con el capital invertido a su valor de mercado contemporáneo, las cifras de la cuarta columna pueden compararse mejor con el rendimiento que hubiera tenido una inversión igual al valor original de la empresa a una tasa de interés fija. Más aún, el incremento del valor de la propiedad representa en sí otra forma de ganancia. En este caso, el aumento de 100.000 libras en un período de 31 años sería equivalente a una ganancia del 3% de interés compuesto anual sobre el valor original de la estancia. Este incremento se debe substancialmente al aumento del valor de la tierra, aunque en parte puede ser también atribuido a un incremento en las inversiones fijas (pozos y abrevaderos, cercos, depósitos, etcétera) y mejoras en la calidad y la cantidad de animales.

En Entre Ríos, sin embargo, el precio de la tierra no aumentó al mismo ritmo que en otras áreas de la Pampa Húmeda. Para 1870, todas las tierras de la provincia habían sido incorporadas al proceso productivo y, por lo tanto, sus precios no aumentaron luego con la misma velocidad que los de las situadas en la frontera. Más aún, su situación insular le confería ciertas ventajas durante la primera etapa del proceso de expansión argentino –protección contra los indios, facilidad de transporte– que pierden importancia relativa al ser compartidas por otras regiones a partir de la campaña militar de 1879 y la expansión de los ferrocarriles. Por lo tanto, los precios de las propiedades rurales en los años setenta eran más altos que en otras provincias del área –a excepción, claro está, de Buenos Aires– pero no aumentaron a igual ritmo que en regiones más nuevas, como el sur de Córdoba, Santa Fe o los territorios incorporados en 1879. En este contexto, un rendimiento medio del 3% anual compuesto durante un período tan largo, que incluye un hiato de precios estables o incluso decrecientes, a comienzos de la década de 1890, es una ganancia considerable que se suma a la que provenía de las operaciones regulares de la empresa.

La evolución de los montos destinados a la distribución de dividendos –que son el mejor indicador de las ganancias netas de la compañía– debe ser interpretada teniendo en cuenta distintos elementos. Las depresiones de 1885 y 1893 coinciden con dificultades en el mercado de cambios. La caída de la primera mitad de 1885 se debe en parte a un cambio en el año contable de la empresa, pero también a la ley de inconvertibilidad del peso papel en oro y la consiguiente pérdida de valor de la moneda fiduciaria. En estas circunstancias, muchas empresas prefirieron guardar sus ganancias en bancos en Argentina esperando que se reasumiera la convertibilidad, tal como lo había anunciado el Gobierno. En 1887, se hace evidente que el patrón oro no iba a ser reimplantado en el corto plazo. La compañía decide, entonces, cambiar sus ganancias a libras esterlinas, aún con una baja equivalencia del peso m/n, lo que puede en parte explicar el alza de 1888.

Como puede apreciarse, *Las Cabezas* no sufrió la crisis de 1890 con la misma intensidad que las firmas inglesas que operaban en otras áreas de la economía –en especial las financieras–, lo que confirma la impresión de que la crisis afectó sólo en forma moderada al sector agrario.[56] El nivel relativamente bajo de los dividendos en este período

---

[56] Esta opinión es compartida por muchos autores. Entre ellos, H. S. Ferns, *Gran Bretaña y Argentina en el siglo XIX*, Buenos Aires, 1966; Williams, *Argentine International...*; R. Cortés Conde y E. Gallo, *La República Conservadora*, Buenos Aires, 1972; A. Ford, "Argentina y la Crisis Baring" en Giménez Zapiola (comp.), *El Orden Conservador*.

se debe en gran parte al alto premio al oro[57] y a la depresión de los precios agrícolas internacionales. A partir de 1894, los dividendos tienden a aumentar, aunque el nivel se mantiene bajo en los años posteriores a 1895 debido a la sequía de 1894 que menciona Darbyshire.[58] Sin embargo, la tendencia general refleja el desarrollo general positivo de la Argentina en el período y en especial de la producción rural. Las alzas y las bajas en esta etapa se deben fundamentalmente a cambios en las condiciones de producción y de mercado. Por ejemplo, la caída entre 1902 y 1904 se relaciona con el deterioro de los precios del ganado que se produce como consecuencia de la suspensión de las exportaciones de animales en pie al Reino Unido debido a un brote de fiebre aftosa. La caída de 1906 tiene un motivo diferente, la reestructuración financiera de la firma para su reorganización al año siguiente, que requería cierto capital para redimir las obligaciones de cinco por ciento de interés aún existentes.

En general, esta empresa se presenta como una fuente sólida y segura de ganancias. A un rendimiento anual medio del 16,5% sobre el capital original de la compañía puede agregarse el 3% anual proveniente de la revalorización de la propiedad. Esto se compara en forma muy favorable con casi cualquier otra forma de inversión al alcance del público inglés, incluyendo los mejores valores argentinos que cotizaban en la bolsa de Londres. Se trata, además, de .una inversión muy estable, ya que –salvo en la primer

---

[57] La expresión "premio al oro" se utilizaba en la Argentina en la época para referirse a la diferencia de valor porcentual del peso oro en términos del peso papel.
[58] Los efectos de una sequía o de otra catástrofe natural se reflejan en las ganancias de una empresa ganadera con algún retraso. La primera reacción ante el problema es disminuir la cantidad de animales en el campo por lo que, aunque los precios sean bajos, un alto número de ventas mantiene el nivel de ganancias. Al superarse el momento de crisis, se hace necesario reponer el número de animales sobre la tierra, por lo que se reducen las ventas y las ganancias caen.

mitad de 1885– mantiene siempre una rentabilidad superior a la media, a pesar de la crisis por la que atraviesa la Argentina en la década de 1890.

La disminución de la tasa de interés que la firma pagaba sobre sus obligaciones refleja la buena acogida que estas tenían en la *city* de Londres y, por lo tanto, el prestigio de la empresa. La posibilidad de emitir obligaciones era una de las ventajas de las compañías inglesas de tierras que operaban en la Argentina comparadas con las firmas locales, ya que ofrecían una fuente de capital operativo a bajo costo. El crédito hipotecario en la Argentina, en especial después de la interrupción del sistema de cédulas con la crisis Baring de 1890,[59] se obtenía a tasas rara vez inferiores al 7% y con mayor frecuencia cercanas al 10%. Sin embargo, contraer una deuda en Londres implicaba el riesgo de tener que devolverla en moneda fuerte, lo que podía producir serias dificultades en condiciones de inconvertibilidad y alto premio al oro. Pero por otro lado, las operaciones hipotecarias en Argentina se realizaban con frecuencia en oro, por lo que también en este caso surgía el mismo problema. Más aún, el premio al oro comenzó a caer a partir de 1894, lo que fue una ventaja para las compañías que habían contraído este tipo de obligaciones y, cuando el patrón oro fue reimplantado en 1899, el problema dejó de existir.[60] Por otro lado, para el inversor londinense, las

---

[59] Una descripción sobre el modo de funcionamiento del sistema de cédulas hipotecarias puede verse en Williams, *Argentine International...*, pp. 75 ss. También A. G. Ford, *El Patrón oro 1880-1914. Gran Bretaña y Argentina*, Buenos Aires, 1965, pp. 170-71.

[60] Sobre el problema del crédito agrario en Argentina en este período puede verse C. A. Jones, "British Financial Institutions in Argentina, 1860-1914", tesis doctoral inédita de la Universidad de Cambridge, 1973, pp. 30, 72, 93-94 y 100-114; Williams, *Argentine International...*, pp. 75 ss; J. Tulchin, "Crédito Agrario en la Argentina, 1910-1926", en *Desarrollo Económico*, 17, 1978 No. 71. Varias referencias a créditos hipotecarios en la colección de documentos referentes a las estancias Walker presentan una imagen similar de la situación de dicho crédito

obligaciones de estancias argentinas eran una inversión bastante segura, con un rendimiento un poco superior a las alternativas domésticas más sólidas y con una garantía hipotecaria en primera instancia sobre una propiedad cuyo valor era muy superior al total de las obligaciones en el mercado.

Espartillar Estancia Company

Las Cabezas presenta una imagen de solidez y prosperidad quizá demasiado optimista para extenderla a todos los establecimientos similares, pero la situación de otras estancias en manos de inversores británicos tiende a confirmar la tendencia general que ella indica.

La *Espartillar Estancia Company* tiene características generales similares a *Las Cabezas*. *Espartillar* era una estancia perteneciente a John Fair, descendiente de una familia de comerciantes ingleses establecidos en el Plata desde inmediatamente después de la revolución de independencia.[61] Se hallaba localizada en el partido de Chascomús y cubría una superficie de seis leguas cuadradas. Hacia 1869, la estancia constaba de 42 puestos con 35.000 ovejas en total y 3000 cabezas de ganado vacuno, incluyendo algunos de raza Durham, en una época en que la raza criolla constituía la casi totalidad del *stock* ganadero de la Argentina. Esto valió a la explotación el logro de frecuentes premios en las muestras ganaderas de la época.[62] Como podía esperarse, algunos de los puesteros eran escoceses e irlandeses. Había, además, una magnífica mansión a la que

---

a la que nos da la bibliografía citada. Ver por ejemplo, *Archivo Walker*, en la Biblioteca del Instituto Torcuato Di Tella, Walker a Farran, C3, 10/3/1903; y E3, Farran a Walker, 25/5/1903.

[61] Ferns, *Gran Bretaña y Argentina*..., p. 354. También Mulhall, *The English in...*, pp. 337-38.

[62] Véase, por ejemplo, *Brazil and River Plate Mail*, 8/6/1875, p. 5.

se llegaba a través de una estupenda avenida de eucaliptos. Según Mulhall, "la estancia Espartillar es considerada uno de los mejores establecimientos del país".[63]

En su viaje de 1894, Darbyshire también visitó esta hacienda, ya que formaba parte del directorio de la empresa propietaria.[64] Para entonces, el ganado, que había sido reducido a causa de la sequía, consistía en 40.000 ovejas y 6.000 cabezas de vacunos, mantenidos en buen estado pese a la sequía, mediante pozos y abrevaderos artificiales. La calidad del ganado continuaba estando entre la mejor del país, lo que es confirmado por otras fuentes. W. Walker, un estanciero escocés del partido de Bolívar, hace frecuentes referencias, en su correspondencia, a *Espartillar* como una estancia de primer orden; y para destacar la calidad de su propio ganado a potenciales compradores señala el hecho de que se trata de la progenie de reproductores comprados allí.[65]

En 1886, Fair decide establecerse en Gran Bretaña y forma una compañía pública en Londres para administrar la estancia. El directorio, presidido por él mismo, incluía –como hemos visto– a Darbyshire y también a W. Wilson, otro gran terrateniente en Argentina y miembro del directorio de varias compañías de tierras inglesas con propiedades en el Plata. El capital de la firma era de 120.000 libras, casi en su totalidad emitido a nombre de Fair. Lamentablemente, pese a ser una compañía pública, hasta 1900 la firma no presentó sus balances e informes anuales a la bolsa, por lo que no existe información financiera para dicho período. El cuadro que insertamos a continuación muestra

---

[63] M. G. y E. T. Mulhall, *Handbook...*, 1869, C., pp. 133-35.
[64] C. Darbyshire, *My life...*, p. 89.
[65] *Archivo Walker*, C3, 24/2/1901. Walker a MacDonald.

el pago de dividendos desde 1901 (cuando comienza la información existente) hasta el final del período que estudiamos.

Cuadro II. Dividendos pagados por la Espartillar Estancia Company entre 1901 y 1915

Año	Dividendo como % del capital emitido	Año	Dividendo como % del capital emitido
1901-2	2,3	1908-9	7
1902-3	5,5	1909-10	7
1903-4	6	1910-11	8
1904-5	8	1911-12	8
1905-6	9	1912-13	8
1906-7	11	1913-14	10
1907-8	9	1914-15	5
Promedio: 7,41%			

Fuente: *Stock Exchange Year Book*, 1902, p. 1550; 1906, p. 1680; 1910, p. 1961 y 1916, p. 1850.

La compañía había emitido, además, 30.000 libras en obligaciones con un interés anual del 5%. Los dividendos pagados a los accionistas, aunque menores que los de *Las Cabezas,* son bastante altos, y muestran oscilaciones similares a las de la otra empresa. A ello sería necesario agregar la valorización de la propiedad. Lamentablemente, en este caso, no poseemos datos que nos permitan intentar cuantificar dicho proceso pero, teniendo en cuenta las mejoras indicadas entre 1869 y 1894, que sin duda deben haber continuado con posterioridad a esta fecha, y la constante valorización de la tierra,[66] parece posible suponer que la empresa debe haberse beneficiado considerablemente por este proceso.

Santa Isabel

La estancia *Santa Isabel*, del sur de la provincia de Santa Fe, nos provee de un tercer ejemplo. Walter Larden, hermano de quien fuera su administrador general durante mucho tiempo, nos ha dejado un interesante relato sobre su desarrollo.

> En 1882 la firma Drabble (ahora transformada en, o absorbida por *United Estancias Company, Ltd.*,[67] contrató a mi hermano para que estableciera los límites y evaluara la capacidad productiva de una sección de campo de seis leguas cuadradas que habían adquirido en 1857 y de la que no habían vuelto a

---

[66] Un estudio de la evolución de los precios de la tierra en Buenos Aires en ese período puede verse en R. Cortés Conde, *El Progreso Argentino*, Buenos Aires, 1979, cap. 2. La evolución exacta del valor de *Espartillar* no se puede evaluar como lo hemos hecho en otros casos porque la venta de la propiedad sólo se produjo en 1946, en condiciones económicas muy distintas. En ese momento, el valor de la propiedad no importaba una ganancia muy significativa sobre la inversión original, ya que por cada acción de 10 libras se recibieron 24 libras, 19 chelines y 1 penique. Esto, a lo largo de un período tan extendido, es una ganancia insignificante, pero sin duda se halla muy afectada por la evolución de los precios de la tierra posterior al período que estudiamos y por la peculiar coyuntura del sector en el momento de la venta.

[67] La *United Estancias Company* fue registrada en Londres como una compañía privada en 1900. La compañía se formó para administrar las estancias de los miembros de la familia Drabble que vivían en Londres. Ellos eran los propietarios de todas las acciones de la compañía, que no podían ser vendidas fuera de la empresa. Además de *Santa Isabel*, la compañía era propietaria de las estancias *La Belita* (38.500 acres), *San Jorge* (23.700 acres), *El Día* (83.000 acres) y *San Eduardo* (28.500 acres), además de Chacras y Colonias Drabble (23.700 acres), todo en el partido de Gral. Villegas. El capital inicial de la compañía era de 100.000 libras y más tarde fue elevado a 150.000 libras, pero estas cifras indican mal el valor de 197.000 acres en Gral. Villegas y otros 38.000 en el sur de Santa Fe, aun sin tener en cuenta posibles mejoras. Véase *Public Record Office*, BT 31,8837/64892.

preocuparse desde entonces. Poco después recibió una oferta para hacerse cargo de su administración con participación en las ganancias (un sistema aún practicado hoy, y que da muy buenos resultados). Drabble, claro está, proveía el capital necesario para alambrar, erigir las construcciones necesarias e introducir ganados. La propiedad se hallaba a unas 100 millas de Rosario de Santa Fe, no tenía cerco alguno que la delimitara, ni existían alambrados entre ella y la ciudad de Rosario, todo era campo abierto, todo territorio salvaje merodeado por indígenas hacía sólo unos pocos años.[68]

El hermano de Larden se dirige a la propiedad en compañía de peones y alambradores para comenzar el trabajo, y todos deben alojarse en un pobre rancho durante los primeros meses. Su primera tarea consistió en desalojar de la tierra a unos "gauchos" que la ocupaban ilegalmente y también a un hombre "superior", que ocupaba quince millas cuadradas y que sólo pudo ser desalojado tras un largo juicio sobre límites.

Gradualmente se fueron erigiendo alambrados, comprando animales, levantando construcciones de ladrillos, cavando pozos, y en poco tiempo se había transformado en una propiedad alambrada con su vivienda y su cuadrilla de trabajadores.[69]

Sin embargo, la vida en el campo en esta región era muy dura en la época, particularmente para un inmigrante inglés, acostumbrado a otro tipo de facilidades. Sin leche ni vegetales, alimentándose casi exclusivamente con carne dura de ganado criollo y teniendo que trabajar muy fuerte todo el día a campo abierto, Larden ve muy pocos atractivos en las condiciones en las que vivió su hermano durante estos primeros años.

---

[68] W. Larden, *Argentine Plains and Andine Glaciers: Life on an Estancia and on an Expedition to the Andes,* Londres, 1911, p. 42.
[69] *Ibid.,* p. 43.

Walter Larden visitó el establecimiento en 1888 y regresó a él en 1908; nos dejó una muy útil descripción de las transformaciones que tuvieron lugar entre sus dos visitas.[70] Esto no sólo es un buen indicador de la capacidad productiva de la propiedad, sino también de la evolución general del área en el período. Su descripción de *Santa Isabel*, en 1888, nos deja la impresión de un establecimiento muy primitivo: el casco incluía sólo una pequeña vivienda de ladrillos y dos cobertizos usados como habitaciones para peones y almacenes; sólo el perímetro de la estancia estaba alambrado y su ganado estaba constituido por ovejas y vacunos criollos; la única mejora a la tierra eran dos terrenos alfalfados próximos al casco; la única forma de acceso a la estancia era a caballo desde Rosario.

En 1908 había una estación ferroviaria, Villa Cañas, a sólo 15 millas de la estancia. El casco incluía una residencia amplia y confortable, un gran cobertizo de dos pisos, una herrería y una carpintería y confortables viviendas para los peones solteros. Habitaban allí un contador y un mayordomo de estancia, ambos ingleses, además del administrador general. El resto del campo había sido dividido en potreros; y molinos de viento aseguraban la provisión de agua potable aun en las peores sequías. Había también corrales, pesebres y gallineros. Parte del campo era arrendado a colonos italianos, que tras cultivarlo con cereales durante tres años dejaban las tierras bajo alfalfa. Estas mejoras, según Larden, hicieron que las ganancias aumentaran "a saltos". En el cuadro que insertamos a continuación hemos tratado de sintetizar la transformación de la estancia entre las dos visitas de Larden.

---

[70] El hermano de Larden administraba aún *Santa Isabel* en 1908, aunque para ese entonces ya era propietario de su propia estancia, *El Águila*, una propiedad de 35 millas cuadradas en la provincia de San Luis. Larden, *Argentine Plains...*, pp. 280-83.

Cuadro III. Evolución de *Santa Isabel* entre 1888 y 1908

	1888	1908
Tierra	45 millas cuadradas (15 aún no ocupadas). Alambrado limítrofe sin divisiones internas.	40 millas cuadradas y 20 más arrendadas a colonos. Tierra dividida en potreros de 1600 acres. Molinos, cisternas, pozos, etcétera.
Casco	Vivienda de 3 habitaciones, 2 galpones.	Amplia residencia principal. Varios galpones, uno de dos pisos. Vivienda para el personal principal. Vivienda para peones solteros.
Personal	Administrador y peones.	Administrador, mayordomo, contador, carpintero, henero, personal de servicio, capataz general, capataz de ovinos, puesteros, encargado de cabaña, peones contratados por mes o por día, cocinero, etcétera.[71]
Bovinos	5650 criollos. Ventas anuales: 400 seleccionados a £ 1 12s. Id. cada uno.	9000 cabezas, mayormente Durham, Ventas anuales: de 1400 a 2000 cabezas, a £ 9 5s. promedio.

---

[71] El término "cabaña" se aplica a los establecimientos dedicados a la cría de animales finos de *pedigree*.

Ovinos	1200 criollos. Ventas anuales: 120 a 5s. cada uno. Esquila: no rendía más de £ 100 por año.	10.000 de buena raza, mayormente merino. Ventas anuales: 2000 a 17s. 6d. cada uno. Esquila: 64.000 libras de lana a 7 ½ peniques la libra.
Equinos	425 criollos. 1 reproductor medio Cleveland. Ventas anuales: 35 domados para silla a £ 4. Las yeguas no tienen valor alguno.	630, mayormente Cleveland. Ventas anuales: 170 yeguas y potrillos sin domar. Yeguas a £ 6 10s., potrillos a £ l3 12s. (1 ½ años). Buen potrillo de 2 ½ años: £ 23.
Mulas	Ninguna.	90, de burros españoles y yeguas Cleveland, Ventas anuales: 60, 1 ½ años a £ 13 12s, 2 ½ años a £ 23.
Agricultura	Insuficiente para el consumo de la estancia.	Una cuarta parte de la producción de las 20 millas cuadradas en arriendo, y las tierras alfalfadas después.

Fuente: Walter Larden, *Argentine Plains and Andine Glaciers; life on an estancia and on an expedition into the Andes*. Londres, 1911.

Los datos presentados, creemos, son bastante claros en cuanto a la evolución del valor de la propiedad y de las ganancias que de ella podían obtenerse. Sin duda, muchas de estas mejoras requerirían una considerable inversión de capital y no pueden considerarse ganancias netas pero, como ocurría en la mayoría de las empresas de este tipo, una vez asentadas las bases de la explotación, las mejoras se realizaban por reinversión de ganancias. Por otro lado, la presencia de colonos arrendatarios era también fuente de mejoras que no implicaban costo directo alguno al propietario. Por lo tanto, si bien carecemos de información financiera más adecuada sobre esta empresa, parece bastante claro que en general su tendencia debe haber sido similar a la observada en los casos de *Las Cabezas* en Entre Ríos y *Espartillar* en Buenos Aires.

La Germania Estancia Company

El proceso de formación de la estancia *La Germania* es bastante distinto de los que acabamos de ver. La propiedad formaba parte de una inmensa extensión de 100 leguas cuadradas que la familia Gunther y asociados adquirieron en la provincia de Buenos Aires con el propósito de destinarlas a la colonización, creando la *Western Buenos Aires Land Company* en 1883. Al igual que muchas otras compañías de este tipo, parte de sus tierras fueron destinadas a la formación de una estancia que en 1899 se transformó en una firma independiente bajo el nombre de *Germania Estancia Company*.[72] Sus acciones se hallan casi enteramente en manos de los hermanos C. E. y P. L. Gunther, de origen belga, pero residentes en Londres.[73]

La propiedad, que comprendía trece leguas cuadradas, se encuentra en el noroeste de la provincia de Buenos Aires, en el partido de Villegas, próxima a la estación del

---

[72] La familia Gunther estaba vinculada también con dos de las más poderosas compañías extranjeras con propiedad territorial en Argentina, *Liebigs Extract of Meat Company Ltd.* y *The Forestal Land, Timber and Railway Company Ltd.*, a la que nos referiremos más adelante. La relación entre las compañías de colonización y las grandes estancias pertenecientes a compañías será analizada más adelante, al estudiar el destino de algunas importantes secciones de tierra que el gobierno otorgó a consorcios extranjeros para su colonización y que posteriormente llegaron a ser empresas dedicadas a la explotación directa de sus propiedades.

[73] J. C. Crossley, "Location and Development of the Agricultural and Industrial Enterprises of Liebigs Extract of Meat Company in the River Plate Countries) 1865-1932", tesis doctoral inédita de la Universidad de Leicester, Inglaterra, 1973, p. 166.

ferrocarril de General Pinto. Poco después, el Ferrocarril Pacífico construyó una línea que la atravesaba y establecía una estación dentro de la estancia, también llamada *La Germania*, que se transformó en centro de un pequeño poblado. En 1903, la estancia, que era considerada una propiedad modelo, fue escogida por el presidente Roca para desarrollar allí parte de los festejos en ocasión del cierre de las negociaciones sobre límites entre Argentina y Chile.[74]

En ese momento, la estancia tenía unas 17.000 cabezas de ganado bovino, en su mayoría Durham cruza con Hereford, 10.000 ovejas, en su mayoría Lincoln, y más de 2000 caballos y yeguas Clydesdale, Hackney y pura-sangre. Había también allí unas 1100 vacas lecheras que proporcionaban materia prima para una fábrica de lácteos que era operada con maquinaria a vapor y un gran número de cerdos, actividad que había comenzado como subsidiaria de la cremería, y que luego se había desarrollado de forma independiente. Como en el caso de *Santa Isabel*, grandes extensiones de tierra se hallaban cultivadas con trigo, lino y maíz, en gran parte en tierras arrendadas a colonos. Pero en este caso, la estancia les proveía de la más moderna maquinaria agrícola para la realización de sus tareas.

El administrador, Robert Runciman (quien era a su vez un importante propietario rural, que desarrolló más tarde una intensa actividad como representante local de varias firmas inglesas en Buenos Aires) tenía a su mando una docena de ingleses encargados del control general de la empresa y "una pequeña legión de capataces" para dirigir la peonada. Una línea telefónica privada comunicaba la residencia principal con la estación de ferrocarril y, a través

---

[74] W.H. Koebel, *Modern Argentina*, p. 207.

del telégrafo, directamente con Buenos Aires. El casco es descrito como un conjunto soberbio de viviendas, huertos y jardines con las mejores comodidades de la época.[75]

Cuando en 1899 se crea en Londres la compañía independiente para que administre la estancia, el capital emitido es de 150.000 libras y se lanzan al mercado al mismo tiempo 50.000 libras de obligaciones con un interés del 5,5 por ciento anual. El Cuadro IV nos muestra los dividendos que pagó la compañía sobre este capital hasta el final del período que estudiamos.

Cuadro IV. Dividendos pagados por la Germania Estancia Company entre 1899 y 1915

Año	Dividendos como % del capital	Año	Dividendos como % del capital
1899-00	3	1907-08	12,5
1900-01	4	1908-09	9
1901-02	5	1909-10	9
1902-03	6	1910-11	6
1903-04	5	1911-12	14
1904-05	0	1912-13	30
1905-06	4	1913-14	33,5
1906-07	10	1914-15	10
Promedio: 10%			

Fuente: *Stock Exchange Official Intelligence,* 1906, p. 802; 1912, p. 657 y 1917, p. 715.

---

[75] *Ibid.,* p. 212.

En 1914, la compañía tenía, además, un balance favorable por venta de tierras de 289.647 libras esterlinas. Pero de acuerdo con la descripción de la propiedad que hemos dado más arriba, daría la impresión de que el capital emitido no representa su valor real, por lo que los dividendos pagados anualmente, a excepción de los años 1912-1913 y 1913-1914, parecen ser más bien bajos. Esto se ve confirmado por los montos obtenidos por la venta de tierras que sugieren que el valor de la propiedad era considerablemente superior a 150.000 libras en 1899. Por lo tanto, es engañoso tomar los porcentajes de beneficios como pauta efectiva del rendimiento del capital en este caso, pero sí pueden ser tomados como indicadores de las tendencias generales, que por otro lado parecen coincidir con los ejemplos estudiados anteriormente.

En cambio, lo que resulta evidente a partir de los datos de venta de tierras hasta 1914 es la gran valorización de la propiedad. Esta había sido adquirida originalmente por H. Konings, C. Gunther y M. Kan al Gobierno argentino de acuerdo con las normas de la Ley de Crédito de Guerra de 1878,[76] siendo transferidas a los nuevos propietarios en 1883. De acuerdo con la ley, el total pagado por las tierras fue de 400 pesos fuertes la legua métrica. Cuando en 1884 la propiedad es transferida a la *Western Buenos Aires Land Company*, se hace a cambio de acciones por un valor de 74.590 libras, lo que es posiblemente una estimación realista del valor de la propiedad; y al crearse la compañía independiente en 1899, se emite un capital accionario por valor de 150.000 libras a nombre de los Gunther, entonces únicos propietarios de la *Western,* aunque como hemos

---

[76] Ley No. 947 del 5 de octubre de 1878. Por ella se autoriza al Ejecutivo Nacional a emitir bonos que otorgaban derecho a tierras en la región conquistada a los indígenas por la campaña militar que se preparaba. El producto de la venta de los bonos debía ser destinado al equipamiento de dicha campaña.

señalado, ya en ese momento esto debe haber sido bastante menos que el valor de mercado de la propiedad. Como vemos, las 289.647 libras obtenidas por la venta de sólo una parte de las tierras es una ganancia enorme sobre el precio pagado originalmente al Estado, y aun sobre el precio de transferencia a la *Western* en 1884, máxime si tenemos en cuenta que la porción de tierras que poseía la compañía en 1915 podía rendir 15.000 libras al año.

Las Barrancas Estancia Company

Las Barrancas Estancia Company es otro caso de una hacienda familiar que se transforma en una compañía pública inglesa. La propiedad pertenecía a J. Reid, antiguo administrador de *Espartillar*. Cuando muere en 1904, sus herederos crean en Londres una compañía pública y emiten acciones por valor de 80.000 libras y 15.000 libras en obligaciones con un interés anual del 6%.[77] En 1901, la compañía había tomado un préstamo de 12.000 libras, también al 6% de interés anual, y tenía hipotecas por valor de 57.619 libras sobre una propiedad adquirida en 1905. El directorio de la compañía estaba formado por P. V. A. Reid, presidente y administrador de la empresa, J .M. Reid, W. Wilson y D. A. Shennan, todos ellos grandes terratenientes.[78]

---

[77] *Stock Exchange Year Book,* Londres, 1907, p. 1885.
[78] J. M. Reid poseía, junto con J. Dousse, 3500 hectáreas en el partido de Lincoln (Mapa catastral de la provincia de Buenos Aires, 1890. La información a partir de esta fuente la debemos a la gentileza de Adela Harispuru, Hilda Sábato y Juan Carlos Korol). W. Wilson, como ya hemos mencionado, también era un poderoso terrateniente y miembro del directorio de varias compañías que operaban en tierras argentinas. Shennan estaba en situación similar, siendo un muy exitoso inmigrante irlandés al Río de la Plata. Ambos, como veremos más adelante, fueron importantes especuladores en tierras en la década de 1880.

Para 1910 la deuda había sido reducida a 6.000 libras y la hipoteca a 37.619 libras, en tanto que las obligaciones eran las mismas que en el momento de su creación. Pero durante este período, se había logrado formar un fondo de reserva de 117.585 libras y un fondo especial para pago de dividendos de 10.917 libras, además de distribuir ganancias de acuerdo a lo que puede verse en el Cuadro V. En ese año la firma atraviesa un proceso de reorganización: salda todas sus deudas, redime sus obligaciones mediante el fondo de reserva y emite a sus accionistas un capital de 320.000 libras.[79] La nueva firma recibe el nombre de *Reid Estancia Limited*.

Cuadro V. Dividendos repartidos por Las Barrancas Estancia Company y por Reid Estancia LTD. entre 1904 y 1914

Año	Dividendo como % del capital accionario	Capital en acciones (£)	Montos destinados al pago de dividendos (£)	Dividendo como % del capital original
1904-05	8	80.000	6.400	8
1905-06	8	80.000	6.400	8
1906-07	8	80.000	6.400	8
1907-08	3	80.000	2.400	8
1907-08	8	80.000	6.400	8
1909-10	s.i.	80.000	s.i.	s.i.
1910-11	4	320.000	12.800	16
1911-12	6	320.000	19.200	24
1912-13	7	320.000	22.400	28

---

79 *Stock Year Exchange Book*, Londres, 1912, pp. 1843 y 1960.

1913-14	6	320.000	19.200	24
Promedio:	6,44		11.289	14,11

s.i.: sin información
Fuente: *Stock Exchange Year Book*, 1907, p. 1885; 1910, p. 2110; 1912, p. 1960 y 1916, p. 2123.

Para 1914, la compañía había logrado reunir, además, un fondo de reserva de 25.000 libras y había emitido 3000 libras en obligaciones con un interés del 5%.

La propiedad adquirida por *Las Barrancas* en 1905 consistía en la estancia *Los Trebolares,* una posesión de 16 leguas cuadradas situada en el Territorio Nacional de La Pampa, sobre el límite de la provincia de Buenos Aires, que había pertenecido hasta entonces a la *Pampa Estancia Company.* Esta última empresa, creada en 1884, estaba dirigida por el mismo grupo de personas que *Las Barrancas,* pero el principal accionista en este caso era W. Wilson. Su capital original era de sólo 20.000 libras, siendo aumentado antes de 1900 a 32.500 libras. La compañía había emitido, además, 24.000 libras en obligaciones con un interés del 6%. La propiedad, que fue transferida a la empresa en 1884, formaba parte de lo que en Argentina se había conocido hasta la campaña del General Roca en 1879 como "el desierto", siendo tierra virgen habitada sólo por indígenas. Durante sus primeros años de operación, por lo tanto, *Pampa Estancia Company* debió transformar por su propio esfuerzo sus 16 leguas de praderas salvajes en una unidad productiva. Por ello, hasta 1902 la empresa no puede distribuir ganancias a sus accionistas y tan sólo logró pagar los intereses sobre las obligaciones. Sin embargo, en los últimos años antes de su venta comienza a rendir beneficios a sus propietarios: 5% en 1903, 8% en 1904 y

10% al año siguiente. Como vemos, las ganancias iban en aumento, aunque debido al bajo nivel de capital de la compañía, el monto de ellas nunca fue muy significativo.

Cuando finalmente se vende la propiedad a *Las Barrancas* en 1905, el precio obtenido es de 115.000 libras. Si se descuentan las 24.000 libras que deben utilizarse para la rendición de las obligaciones, la operación deja una ganancia de 91.000 libras, lo que equivale a un interés anual compuesto sobre el capital original del 7,5%. Pero por otro lado, si el valor de la estancia en 1905 era de115.000 libras, las 3.250libras que se distribuyeron como dividendo ese año (el 10% del capital entonces emitido) representa sólo un 2,85% del valor de mercado de la propiedad. Por lo tanto, teniendo en cuenta los costos de oportunidad, el rendimiento de la estancia es muy bajo. De esta información surge muy claramente que las ganancias obtenidas por la empresa durante su primera etapa eran absorbidas por las inversiones en capital fijo y la mejora del ganado, aumentando así rápidamente el valor de la propiedad. Esto, junto al incremento del valor de la tierra, representa la parte más substancial de la ganancia de la compañía. Sin embargo, una de las dificultades que esta debe afrontar por falta de ganancias líquidas es la rendición de las obligaciones, las cuales representaban una considerable cantidad de capital que también había sido invertido en el proceso productivo. La compañía había logrado pagar los intereses sobre este capital, pero le había resultado imposible formar un fondo para redimirlas a su vencimiento en 1902. Deben entonces ser renovadas hasta 1905; y el problema sólo pudo resolverse mediante la venta de la propiedad.

Por otro lado, desde el punto de vista de *Las Barrancas Estancia Company*, vemos que una parte del aumento del capital en acciones cuando la transformación en *Reid*

Estancia Ltd. puede atribuirse a la incorporación de *Los Trebolares*. La parte restante, 125.000 libras, es un incremento que debe más bien imputarse a una subcapitalización de la empresa en 1904 que a un aumento de una vez y media su valor en los seis años que van hasta 1910.[80] Es precisamente debido a esta subcapitalización que la empresa pudo pagar un dividendo de 8% en casi todos los años hasta su reconstrucción y a la vez acumular un fondo de reserva que le permitió adquirir *Los Trebolares* y cancelar su deuda en tan corto período. Por otro lado, el rendimiento financiero de *Reid Estancia Limited* sugiere que la reconstrucción de 1910, con la incorporación de *Los Trebolares* a su activo, emitiendo un capital de 320.000 libras, no fue una sobreestimación de la capacidad de ganancias de la empresa. De hecho, si consideramos un pequeño incremento en el valor de la propiedad, su rendimiento entre 1910 y 1914 parece bastante adecuado.

Por razones de acceso a fuentes, la mayoría de los ejemplos que hemos utilizado se refieren a estancias que eran propiedad de compañías públicas (la excepción es *Santa Isabel*). Pero a partir de la escasa evidencia de que disponemos, es posible suponer que el panorama general en cuanto a desarrollo y finanzas de las demás estancias en manos inglesas (ya fuesen compañías privadas o propiedades individuales) era bastante similar. El estudio detallado de un caso nos permitirá, en la segunda parte de este capítulo, ver con mayor claridad el funcionamiento de algunos de los mecanismos descritos y profundizar sobre

---

[80] En una carta de 1900, J. MacDonald menciona la venta de *Las Barrancas* en $ 2.000.000 papel (177.777 libras). Esta operación, que probablemente se refiere a algún arreglo previo a la formación de la compañía, establece un valor mucho más realista de la propiedad que el capital emitido a la formación de la empresa en 1904. *Archivo Walker*, F1, MacDonald a Walker, 25/11/1900.

aspectos que hasta ahora sólo hemos tratado tangencialmente, especialmente respecto de la actividad productiva de las explotaciones.

Estructura y administración de las estancias familiares: el caso de las propiedades Walker

Hemos visto en la primera parte de este capítulo la existencia de una importante cantidad de establecimientos rurales en manos de propietarios de origen británico y cómo eventualmente un buen número de ellos fueron transferidos a residentes en el Reino Unido y se transformaron así en inversiones externas. También hemos observado alguna de sus características generales, su desarrollo a través del período estudiado y su evolución financiera, lo que nos permite formarnos una idea bastante aproximada del tipo de ganancias que los propietarios de estas estancias podían obtener. Sin embargo, resulta difícil, debido a la limitación de las fuentes, ahondar más allá de una información muy general sobre la forma en que estas explotaciones operaban, sobre cuáles eran las principales dificultades técnicas y financieras que debían afrontar, etcétera. Afortunadamente, ha llegado hasta nosotros una valiosa colección de correspondencia comercial y otra documentación perteneciente al estanciero escocés William Walker, que nos ha permitido salvar esta dificultad, al menos en este caso.[81] La reconstrucción de la actividad de William Walker como empresario rural nos permite formar un cuadro del funcionamiento de estos establecimientos y extraer ciertas conclusiones acerca de él. Ambos, claro está, sólo

---

[81] *Archivo Walker*, biblioteca del Instituto Torcuato Di Tella, número de referencia 930.25; 338.93; A 637; J; 1. (en adelante *A. W.*). Debo agradecer al Dr. Guido Di Tella el haber llamado mi atención sobre la existencia de esta colección.

tienen valor particular para el caso estudiado. Pero en la medida en que existe coincidencia entre este caso y la información más general de la que disponemos y, más aún, en la medida en que el desarrollo de las propiedades Walker parece responder a una adaptación a las condiciones del mercado más que a decisiones independientes de su propietario, creemos que este estudio puede sugerir ciertas tendencias generales aplicables a la comprensión del conjunto de las estancias británicas en la Argentina y, en muchos casos, a todo el sector rural de la Pampa Húmeda en el período.

William Walker y la formación de sus propiedades

William Walker es un caso muy exitoso de inmigración escocesa de clase media a la Argentina. Nacido el 8 de marzo de 1841 en Kilbirnie, Ayrshire, provenía de una familia inclinada al estudio de la medicina. William mismo, así como uno de sus hermanos y dos de sus sobrinos al menos, fue médico, aunque ni él ni Henry Bird, un sobrino que vino también a la Argentina y actuó como administrador de sus propiedades, ejercieron su profesión en el Nuevo Continente. Sin embargo, a través de la correspondencia, no da la impresión de que se trate de una familia de posición acomodada. Walker debió ayudar financieramente a sus familiares con frecuencia, en particular a sus hermanas solteras después de la muerte de su hermano y de otro de sus sobrinos, también médico, muerto en la guerra Anglo-Bóer.[82]

No tenemos información sobre los primeros años de la vida de Walker. La correspondencia más temprana de la colección data de comienzos de 1883 y, por referencias en ella, nos enteramos de que la formación de una sociedad

---

[82] *A.W.*, C3 Walker a Farran y Zimmerman (en adelante *F. &Z.*), 7/3/1901.

con Roberto Young para la administración de sus propiedades en Uruguay tuvo lugar a comienzos de 1879. Posiblemente, también en ese año haya comenzado a actuar como administrador de las propiedades de Wilhelm Wendelstadt, pero no tenemos confirmación de ello. De todas formas, tanto por el conocimiento del idioma español como por el hecho de que difícilmente se le encomendara a un recién llegado la administración de varias estancias, debemos suponer que Walker había llegado al Río de la Plata bastante antes de 1879.

La evolución idiomática en la correspondencia de Walker no deja de resultar interesante. En 1883 tenía ya un adecuado manejo del castellano, pero es muy notoria su preferencia por el inglés; y como sus actividades comerciales se desarrollan en buena medida entre miembros de la comunidad británica en el Plata, en estos primeros años, la mayor parte de sus cartas se hallan escritas en este idioma. Con el tiempo Walker irá perfeccionando su manejo del español y esta lengua se hará más frecuente en su correspondencia, aunque nunca libre de errores. En realidad, Walker siempre prefirió utilizar el inglés. Sin embargo, con el tiempo, se va adaptando a la jerga propia de los estancieros anglo-argentinos. Estos utilizaban su idioma natal, pero intercalando con frecuencia vocablos en español o anglizando vocablos argentinos. Así, por ejemplo, la palabra *camp*, que en su significado original equivale a la nuestra "campamento", es utilizada constantemente en el sentido de "campo", término que no tiene equivalente exacto en el idioma británico. Tan grande fue la difusión de este término en los medios comerciales y financieros ingleses vinculados a América Latina, que es frecuente encontrarlo utilizado libremente en ese sentido en la literatura especializada de la época. Aunque con menor difusión, palabras criollas como "estancia", "casco de estancia", "aquerenciar", etcétera, también eran frecuentes en el habla de estos medios.

No sólo en el idioma Walker se mantiene fiel a su tradición británica: sus vínculos estables con Inglaterra incluyen una suscripción al *Reform Club* de Londres y un seguro de vida en esa ciudad a favor de su familia en Escocia. Más aún, su estilo comercial duro y un desarrollado sentido del ahorro y la ganancia hacen honor a la conocida fama de los escoceses en particular y de los británicos en general. En ocasiones, esta forma de ser produciría roces, no sólo con criollos, sino también con británicos más adaptados a las costumbres locales. Es notorio, sin embargo, que las diferencias radican más en el estilo del trato que en el contenido de la relación. En los medios comerciales locales, el mismo celo por las ganancias era endulzado con un trato mucho más cortés, en tanto que Walker adopta una actitud seca y severa. Esta condice con la austeridad de su estilo de vida –el único gasto suntuario que hemos observado, algo también muy escoces, es en whisky– y de su actividad como administrador, austeridad que impone con mayor rigor aún a sus empleados. Como empresario, Walker muestra más bien una tendencia personal conservadora; pero en un medio dominado por rápidas transformaciones, como el que prevalece en la Argentina de fines del XIX y comienzos del XX, las condiciones del mercado lo fuerzan a introducir frecuentes innovaciones y cambios, que él mismo emprenderá con entusiasmo, una vez convencido de sus beneficios.

La actividad de Walker en Uruguay a partir de 1879 está centrada en la administración de dos grupos de propiedades, la estancia *Torre Alta,* por un lado, y las estancias *Nueva Mehelem* y *Los Allemanes* y la colonia *Nuevo Berlín* por el otro. El primero pertenecía a Roberto Young y, como hemos señalado, Walker participaba en una sociedad con su propietario para la explotación del establecimiento. Roberto Young era hijo de un inmigrante inglés que había llegado a la Argentina poco después de la revolución de la independencia y había logrado reunir suficiente capital en Buenos Aires a través de sus actividades comerciales para adquirir extensas propiedades territoriales a lo largo del Río Negro en Uruguay.[83] Con el tiempo, estas estancias adquirieron un valor considerable, como lo demuestra una venta realizada por Young padre poco antes de morir, a mediados de la década de 1860. Por ella transfiere una parte de sus tierras, que formaban la estancia *Bichadero*, a la empresa inglesa *Uruguay Pastoral Association* por una cifra superior a las 30.000 libras esterlinas.[84] *Bichadero*, posteriormente adquirida por otra empresa británica, *Liebigs Extract of Meat Company*, llegó a ser un establecimiento modelo en la zona y dará su nombre a la principal de las estancias de Walker, *Nuevo Bichadero*. *Torre Alta* era parte de las extensas propiedades familiares que Roberto Young heredó a la muerte de su padre.

---

[83] Aunque no existía frontera indígena en Uruguay, la región de Río Negro se hallaba muy distanciada de los principales mercados, por lo que sus tierras eran muy baratas en la primera mitad del siglo XIX. La inestabilidad política de la Banda Oriental también contribuyó a que sus tierras no alcanzaran precios muy altos, lo que dificultó mucho el desarrollo de la actividad rural hasta las postrimerías del siglo pasado. De hecho, las guerras civiles continuaron afectando el desarrollo agrario uruguayo hasta 1904, aun cuando las propiedades más importantes de la región norte del país no fueron afectadas tan directamente en la última parte de este período. Sin embargo, encontramos referencias a una ocasión en que Walker presta por un tiempo su mejor caballo, un tordillo, a Baldomero Cruz, comisario de Fray Bentos (quien, para ser fiel al dicho, gana con él más de $ 300 en cuadreras), "para salvarlo de la revolución". A. V., A, Walker a Sra. de Young, 26/1/1887 y 27/1/1887. Sobre la evolución agraria uruguaya, ver E. Barran y B. Nahum, *Historia Rural del Uruguay Moderno*. 4 tomos, Montevideo, 1972.

[84] Mulhall, *The English...*, p. 337.

Los otros establecimientos pertenecían a Wilhelm Wendelstadt, empresario alemán que había logrado considerable fortuna en Buenos Aires a través de la *Cervecería Argentina* de Quilmes, empresa que había formado junto a otro conocido empresario de dicho origen, Otto Bemberg. Antes de abandonar la Argentina para establecer su residencia habitual en Alemania (desde donde efectuó, sin embargo, frecuentes viajes a Londres y Buenos Aires), Wendelstadt realizó importantes adquisiciones de tierras en ambas márgenes del Plata y dejó poderes a Walker para que administrara sus propiedades en Uruguay.[85]

En 1883, murió Roberto Young y se disolvió la compañía con Walker. *Torre Alta* pasó a ser administrada por la viuda de Young y Walker permaneció a cargo de las propiedades de Wendelstadt.[86] El producto de la disolución de la sociedad fue invertido por Walker en la adquisición de tierras en Argentina y adoptó el mismo curso de acción que seguía con la mayor parte de sus ahorros. Su actividad inmobiliaria se centró en la adquisición de tierras

---

[85] En muchos casos el capital belga y alemán operó en el Río de la Plata estrechamente vinculado con individuos o empresas británicas. Así, aparte de Walker, su administrador escocés, el contador de Wendelstadt, A. Lambert, era inglés. Este trabajó en sus propiedades en Uruguay, y se retiró luego a Londres, desde donde se hizo cargo de la contabilidad de Wendelstadt, junto a otros negocios del alemán. La *Cervecería Argentina* también estaba vinculada a capitales británicos y al capital de residentes británicos en Argentina. Los dividendos sobre sus acciones eran distribuidos por un banco en París, y de allí se enviaban a los accionistas en Alemania y Gran Bretaña, además de los residentes en Argentina y Francia misma.

[86] Años más tarde la sra. de Young perdió su propiedad debido a una administración deficiente, y tuvo que recurrir reiteradamente a la asistencia financiera de Walker. Uno de sus hijos trabajó un tiempo como mayordomo en una de sus estancias en Argentina. En lo que respecta a las propiedades Wendelstadt, su actividad más importante era la cría de ganado y su principal mercado la fábrica de extracto de carne Liebigs en Fray Bentos, que dominaba el mercado ganadero regional. Ver Crossley, "Location and Development...", p. 97. La colonia Nuevo Berlín ubicada sobre las orillas del río Uruguay, al norte de Fray Bentos, consistía en ciertas tierras separadas para la formación de un pueblo y una cantidad de chacras que se vendían o arrendaban para actividades agrícolas.

incorporadas por la expansión de la frontera de 1879. En sociedad con Wendelstadt, compró 12 leguas cuadradas en el partido de Villegas, que se suman a otras tres adyacentes que adquirió individualmente de Young. A Jacobo Ricketts –a quien ya mencionáramos como administrador de la estancia *Pranges* y las propiedades de Liebigs y especulador en tierras– le compró dos leguas en Italó, en San Luis. Pero su operación más importante fue la adquisición de más de tres leguas cuadradas en el partido de Caseros, al sur del río Saladillo en el centro de la provincia de Buenos Aires, donde construiría *Nuevo Bichadero,* su principal estancia.

A comienzos de 1883 llegó a un acuerdo con un argentino, Manuel Camaño, para la explotación de la última de estas propiedades por medio de un contrato de aparcería.[87] Este arreglo duraría hasta 1896, cuando Walker abandonaría su puesto al frente de las propiedades de Wendelstadt en Uruguay para asumir personalmente la administración de sus estancias en Argentina. Los campos de Caseros fueron poblados con bovinos criollos y ovinos de las razas Romney Marsh y Rambouillet. Los vacunos, y parte de las ovejas, pertenecían a Walker y el resto a Camaño, que recibía una cuarta parte de las ganancias producidas por el ganado mayor y la mitad de la proveniente de los lanares. Walker adquirió también algunos carneros finos Romney Marsh en Gran Bretaña para crear una cabaña de esta raza en *Nuevo Bichadero.* Durante los primeros años de formación del establecimiento, Walker debió realizar importantes inversiones en ganado y en mejoras –particularmente alambrados–. Por ello se vio forzado a reducir otras áreas de inversión y a concentrar sus recursos en su nueva

---

[87] El término "aparcería" se utilizaba para referirse a una forma de contrato de trabajo que incluía la participación en las ganancias, pudiendo llamarse también "medianería" o "terciería" de acuerdo con las condiciones del contrato.

estancia. Sin embargo, la compra de tierras seguía siendo para él un negocio tentador. En una carta a su amigo Robertson, insiste en la oportunidad de comprar campos en la Argentina. Si él no lo hace en ese momento es porque debe invertir "cada penique de que dispone en la compra de ganado, de lo contrario me uniría a Usted en la adquisición de tierras...".[88] El acondicionamiento de su campo, sin embargo, fue abaratado por su convenio con Camaño, que estipulaba que en caso de mejoras, tales como alambrados, pozos, etcétera, Walker proveería los materiales y Camaño el trabajo.[89]

Desde el punto de vista financiero, *Nuevo Bichadero* operó a pérdida durante sus primeros años. Los ingresos de este período fueron reinvertidos en ganado o mejoras a la tierra, por lo que no podían esperarse beneficios líquidos. En cambio, el aumento del precio de la tierra en la provincia de Buenos Aires fue tan rápido en la década de 1880 que ya en 1883 Walker podía comentar: "el campo que compré en Buenos Aires ha aumentado de valor enormemente. Lo que pagué $ 5000 oro la legua cuadrada vale ahora $20.000".[90]

A fines de 1886, Walker pudo tomar unas breves vacaciones en Europa. Su nueva propiedad estaba ya en marcha: un alambrado perimetral cerraba sus límites y en los campos pastaban numerosos rebaños de ovejas, servidas por carneros de buena raza; las secciones más agrestes del campo se hallaban ocupadas por vacunos criollos. 1886 fue el último año en que *Nuevo Bichadero* no produjo ganancias.

---

[88] A. W., A, Walker a Robertson, 28/6/1883.
[89] A. W., A, Walker a Camaño, 14/6/1883; 26/6/1883; 15/4/1885 y 12/2/1886.
[90] A. W., A, Walker a Gardner, 28/6/1883.

Cuando Walker regresó al Río de la Plata en 1887, concentró su actividad privada en la adquisición de tierras en Argentina, pero mantuvo su puesto como administrador en *Nueva Mehelem* y *Los Allemanes*. Estableció contacto con agentes en Buenos Aires, primero White y a la muerte de éste, en 1891, Farran; y a través de ellos realizaba operaciones inmobiliarias. Su notoria actividad en esta época llevó a un amigo suyo, Robert Stirling, a llamarlo "la segunda edición de Anchorena". Walker, con la sobriedad que caracterizaba su estilo comercial, agradeció el epíteto y agregó "pero lamentablemente no mejora en nada mi posición económica".[91] En realidad, las operaciones consistieron mayormente en la adquisición de tierras próximas a las que ya poseía, unificando o extendiendo sus propiedades, algo que había querido hacer hacía ya tiempo, pero que le resultaba imposible por los requerimientos financieros de la etapa de acondicionamiento de *Nuevo Bichadero*. Al mismo tiempo, logró arrendar para pastoreo las tierras de Villegas, que poseía en sociedad con Wendelstadt, algo que él y su patrón-socio no habían creído posible en tan poco tiempo cuando compraron las tierras a comienzos de la década de 1880.[92] Los ingresos producidos por estos arriendos fueron utilizados para alambrar parte de la propiedad, lo que aumentó su valor y su canon de arriendo sin costo directo para los propietarios.

Pero la operación más importante efectuada por Walker en este período fue la adquisición de un campo de invernada en las cercanías de la ciudad de Buenos Aires. Hacia fines de 1890, cuando el auge de la crisis Baring había restringido las operaciones hipotecarias y deprimido los precios, Walker escribe a varios agentes inmobiliarios indicando que estaba interesado en la adquisición de

---

[91] *A. W.*, Walker a Stirling, 14/10/1890.
[92] *A. W.*, Walker a Farran, 20/9/1893.

una estancia pequeña, cercana a la ciudad. Poco después le ofrecen una propiedad conocida como estancia *25 de Mayo*, ubicada entre Cañuelas y Monte, a poco más de media hora de tren de la capital. La estancia pertenecía a la Sra. Florence McClymont Frame Thompson, una viuda que pertenecía a la familia McClymont, importantes terratenientes en el partido de Cañuelas. La Sra. Frame Thompson vendía la propiedad para retirarse al Reino Unido, donde algunos años más tarde formaría una compañía privada para administrar otra de sus propiedades, la estancia *La Caledonia*.[93]

Tras visitar el lugar, Walker toma una decisión favorable a la compra. La propiedad consistía en 1622 hectáreas alambradas, con un modesto casco y su precio era de $ 128.000 papel. El precio era sin duda bajo para una propiedad tan bien situada, pero Walker, un tanto alejado de la realidad económica del momento en los apartados campos orientales, no tuvo en cuenta el impacto de la crisis sobre el mercado financiero, que le ocasionaría serias dificultades para reunir el dinero necesario para la compra. El 27 de febrero de 1891 le escribe a White y le dice que le faltan $ 53.396 para completar la operación y que estaba intentando conseguirlos de algún modo, en tanto Camaño, por instrucciones suyas, trataba de vender la mayor cantidad de ganado posible en *Nuevo Bichadero*.[94] El 25 del mismo mes había escrito a MacEachen, su agente en Montevideo, para solicitarle que tratara de obtener un préstamo por $ 5000 oro, y le explicaba que "la *Trust and Loan Company* de

---

[93] A. W., Walker a White, 24/6/1891. La compañía creada por la Sra. Frame Thompson fue *Estancia Florencia Company Ltd.*; véase *Public Record Office*, BT31, 12835/103835.
[94] A. W., A, Walker a White, 27/2/1891.

Buenos Aires y otros no estaban prestando un penique; su única actividad es recolectar los intereses que se le adeudan y enviarlos a Inglaterra".[95]

Finalmente, Walker logra obtener préstamos a corto plazo en oro a altas tasas de interés de dos empresas industriales extranjeras que operaban en el Plata; a través de Carlos Rivadavia, administrador de la estancia *Bichadero* perteneciente a *Liebigs,* consigue $ 6000 oro a un interés mensual del 1%, pagadero en oro, y a través de Ricardo Wendelstadt, un hermano de Wilhelm que vivía en Buenos Aires y trabajaba para la *Cervecería Argentina,* obtiene otro préstamo por $ 6000 oro en términos similares de Otto Bemberg. La dificultad para obtener efectivo y la severidad de los términos de los préstamos para un estanciero de tan buena posición y tan bien conectado como Walker muestran la profundidad de la crisis financiera; lo sorprendente, sin embargo, es cómo, pese a ello, un año más tarde pudo saldar sus deudas, lo que sugiere que, aunque indudablemente la crisis de 1890 tuvo un profundo impacto en toda la economía, sus efectos fueron mucho menos significativos en el sector agrario, que pudo mantener en buena medida su proceso expansivo a pesar de las dificultades financieras.

El motivo de la compra de la *25 de Mayo* se hace claro en relación con la actividad de Walker como administrador de las propiedades de Wendelstadt. Casi al mismo tiempo en que Walker realiza esta operación, sugiere a su empleador la compra de tierras próximas a Montevideo que sirvan de campo de engorde para el ganado de *Nueva Mehelem* y

---

[95] Se refiere a la *River Plate Trust, Loan and Agency Company Ltd.,* probablemente la compañía hipotecaria inglesa más importante que operaba en el Río de la Plata. Esta empresa realizaba también otras importantes actividades como agente de firmas inglesas y de otras nacionalidades en Argentina. Véase Jones "British Financial Institutions..."

Los Allemanes, disponiendo así de un mercado alternativo para su ganado. Hasta entonces, éste había sido adquirido casi exclusivamente por la fábrica *Liebigs* en Fray Bentos. Wendelstadt realiza la compra, obteniendo excelentes resultados. Dos años más tarde, Walker comenta a Camaño que los animales que envió a *Curupí* (la invernada de Wendelstadt) se vendieron en Montevideo entre $ 18 y $ 30 uruguayos oro, en tanto que *Liebigs* estaba pagando tan sólo $ 11 por novillo y $ 7 por vaca en Fray Bentos.[96] De la misma forma, la *25 de Mayo* debía servir de campo de engorde a *Nuevo Bichadero,* preparando la hacienda para su venta en Buenos Aires.

Pero el esfuerzo financiero de la compra y la crisis en Buenos Aires retrasaron esto durante un tiempo y Walker debió dar en arriendo la estancia de Monte hasta estar en condiciones de ponerla en funcionamiento con su propio capital. Con la esperanza de poder hacerlo en un futuro muy cercano, sin embargo, evitó en un principio entrar en un contrato de arriendo prolongado. Pero en 1894 llega a la conclusión de que le será imposible hacer uso de la *25* todavía por algún tiempo, firmando entonces un contrato por cuatro años, bajo el cual el arrendatario debía efectuar ciertas mejoras para las que Walker proveería el material.[97]

Al mismo tiempo, Walker comienza a preparar las condiciones para dejar su puesto como administrador de las propiedades en la Banda Oriental y dirigir sus propios negocios en Argentina. En 1893 su sobrino, Henry Bird,

---

[96] A. W., A. Walker a Camaño, 3/3/1893. Como ya señalamos, Crossley, en su tesis doctoral ("Location and Development... "), ha analizado el control semimonopólico de *Liebigs* sobre el mercado de ganado en su zona de influencia. En otra parte, y siguiendo a Crossley, hemos tratado de analizar cómo el control de los precios ganaderos es la forma específica en que *Liebigs* participa en la renta agraria, principal fuente de ganancias para las inversiones externas en el Plata, "La Búsqueda de Renta", Oxford, 1977, inédito.

[97] A.W., A, Walker a Farran, 28/7/1894.

viene de Escocia a ayudarle y se va a vivir a la estancia de Caseros, donde comienza su aprendizaje como estanciero y realiza preparativos para hacerse cargo del establecimiento en reemplazo de Camaño. En los años siguientes, se construye una vivienda adecuada en la estancia y los libros del establecimiento son puestos en orden por Farran, el agente de Walker en Buenos Aires, de forma tal que en 1896 Walker puede liquidar su sociedad con Camaño y establecerse en su propiedad en el sur de Buenos Aires.

Desarrollo de Nuevo Bichadero

Cuando Walker llegó a *Nuevo Bichadero,* la propiedad se extendía en un área de 8344 hectáreas y tenía tan sólo un alambrado perimetral y dos divisiones internas.[98] La tierra estaba bien adaptada a la producción ganadera, contaba con varias aguadas permanentes, incluyendo un espejo de agua conocido como Laguna de Juancho, lo que solucionaba en buena medida el problema de proveer de agua al ganado.[99] Sin embargo, se requería una inversión considerable para poder aprovechar el campo en su capacidad productiva plena. Durante los primeros diez años de la administración personal de Walker, se efectuó esta transformación y para fines de la década de 1900 *Nuevo Bichadero* era una estancia bien desarrollada para los usos

---

[98] Se puede encontrar un croquis de la propiedad en 1898 en *A. W.,* D2, Walker a Arce Hermanos, 2/9/1898.
[99] La provisión de agua fue uno de los principales problemas de la ganadería argentina durante casi toda su historia. En el período colonial, por ejemplo, las tierras otorgadas en mercedes reales se hallaba dividida en secciones largas y estrechas, uno de cuyos extremos daba a un curso de agua, para asegurarse una equitativa distribución de las aguadas. Más adelante, la existencia de buenas aguadas permanentes fue un factor fundamental en la determinación del precio de una propiedad. Sólo la difusión de los molinos de viento y los tanques australianos a comienzos del siglo XX restará importancia a este elemento.

del momento. La propiedad había sido dividida en varios potreros de unas 500 hectáreas cada uno. Había potreros menores sembrados con alfalfa para el ganado fino y una importante sección de uno de los potreros mayores se destinaba a agricultura; se había comprado e incorporado al alambrado un sobrante[100] lindero y se erigieron molinos para proveer de agua a los potreros que habían sido separados de las aguadas naturales por los nuevos cercos. Se habían construido galpones para la lana y los productos agrícolas y había una quinta de hortalizas junto al casco. Casi todas las mejoras, incluyendo los alambrados, estaban aseguradas.

Estas tareas insumieron gran parte del tiempo y la dedicación de Walker. En junio de 1898, por ejemplo, escribe a R. Wendelstadt que "debido a un retraso en las importantes mejoras que estoy realizando, y que requieren mi supervisión y estudio personal, me es absolutamente imposible alejarme de aquí hasta que hayan sido completadas, cuando espero poder visitarlo durante un largo período en la ciudad".[101]

Las facilidades de transporte también evolucionaron considerablemente en este período. Hasta fines de la década de 1890 la propiedad se hallaba separada de la estación de ferrocarril más cercana, La Madrid, por el río Saladillo, lo que dificultaba enormemente el transporte de provisiones y ganado (especialmente ovino) de la estancia y hacia ella en condiciones de crecida. Hacia fines del siglo, el Ferrocarril del Oeste construyó una extensión a Guaminí,

---

[100] Se llamaba "sobrante a una sección de campo que, por error de mensura, no había sido vendida por el Estado. Esto resultó bastante frecuente cuando la venta de las tierras conquistadas por la campaña de 1879. El sobrante podía ser adquirido al gobierno por los propietarios de los campos linderos.
[101] A. W., C1, Walker a R. Wendelstadt, 17/6/1898.

que no sólo se aproximaba mucho más a la estancia en la estación Daireaux, construida en 1899, sino que evitaba definitivamente el problema de las crecientes.

En lo que respecta al valor de la tierra, excluyendo las mejoras, ya hemos visto que Walker abonó $ 5000 la legua cuadrada en 1881 y que dos años más tarde estimaba su valor en $ 20.000 la legua. En 1901, la valuación de la tierra para el pago de la contribución directa aumenta considerablemente; y Walker logra una reducción a través de un agente en la cabecera del partido. En esa ocasión, Walker estima el valor de su tierra en $ 40.000 papel ($17.777 oro) la legua; la valuación no parece muy desacertada ya que es aceptada por la comisión que establecía los montos para el impuesto.[102] Pero en los primeros años del siglo XX, se produjo una notable expansión de los precios de la tierra; y para 1905 la propiedad de Walker fue valuada oficialmente para contribución directa en $ 100.000 papel ($ 44.444 oro) la legua.[103] Vemos así que entre 1881 y 1905 la tierra había aumentado su valor a una tasa equivalente a un 13,5% de interés anual compuesto en papel, o a un 9% si tomamos en cuenta los valores oro.

Sin embargo, esta cifra puede resultar engañosa. Aun cuando la estimación que hace Walker en 1883 haya sido un tanto exagerada, el incremento en el valor del precio de la tierra que trataba de mostrar es esencialmente cierto y coincide con otra información sobre tierras de frontera en el período. Esta rápida alza tuvo lugar durante los dos primeros años luego de su adquisición, algo habitual en condiciones de frontera, en las que tierras adquiridas bajo condiciones aún inciertas y la abundancia de oferta del período inmediatamente posterior a la expansión, aumentaron rápidamente su valor en la medida en que fueron

---

[102] *A. W.*, C3, Walker a Carminatti, 16/9/1901 y D5, Carminatti a Walker, 1/10/1901.
[103] Cfr. con R. Cortés Conde, *El Progreso Argentino*, Buenos Aires, 1979, pp. 170 y ss.

siendo pobladas y ocupadas por la ganadería. El partido de Caseros se halla localizado sobre la frontera anterior a 1879; al verse libre de la amenaza de los indios, fue rápidamente incorporado a la producción.[104] Hemos visto cómo el mismo Walker ya había poblado su campo con ovejas en 1883. Por lo tanto, el alza de valor de la propiedad entre 1881 y 1883 debe relacionarse fundamentalmente con la particular locación de frontera de la tierra y, por lo tanto, no representa una tendencia general en la evolución del valor de la tierra en el período.

En realidad, ya antes de que Walker adquiriera sus campos en 1881, se había producido un enorme aumento del valor de la propiedad inmueble en la zona. Las tierras incorporadas por la campaña de Roca fueron vendidas por el Estado a $ 400 fuertes la legua a partir de 1879, de acuerdo con el sistema establecido por el llamado "crédito de guerra"; dos años más tarde, una vez adjudicadas, las de mejor ubicación podían ser negociadas en el sector privado a más de doce veces su costo original. Pero aun sin considerar este notable incremento, esencialmente vinculado con la especulación en tierra de frontera, el aumento del precio de la tierra siguió siendo una importante fuente de ganancias.[105] Estimando el valor de la propiedad un poco por debajo del cálculo de Walker en 1883, digamos en unos $ 15.000, vemos que entre esa fecha y 1901, cuando fue

---

[104] La propiedad de Walker se hallaba en Jo que es hoy el partido de Daireaux. Esta tierra perteneció primero al partido de La Madrid, después a Bolívar y por último a su partido actual; pero este recibió distintos nombres. Para evitar complicaciones nos referiremos siempre a estas tierras como ubicadas en Caseros, tal como aparecen en el mapa catastral de la provincia de Buenos Aires de 1890. Sobre su incorporación a la producción, véase R. Cortés Conde, "Algunos rasgos de la expansión territorial argentina en la segunda mitad del siglo XIX", *Desarrollo Económico*, 29 (1968), p. 5.

[105] Por supuesto, Walker no era un especulador típico, ya que compró la tierra con la intención de explotarla y no para su rápida reventa. La compra de tierras de frontera, sin embargo, contiene un alto elemento de riesgo y, por lo tanto, desde el punto de vista económico, puede ser considerada como una especulación.

valuada en un equivalente a $17.777 oro, su valor se había mantenido estable. Sin embargo, al respecto hay que tener en cuenta que el precio de 1901 todavía refleja, en alguna medida, las secuelas de la crisis Baring, que es probable que dicha valuación haya sido inferior al verdadero valor de mercado de la propiedad, y que el impuesto se pagaba sobre el valor de la tierra sin mejoras: En los años siguientes, superados ya definitivamente los efectos de la crisis, la propiedad vuelve a incrementar rápidamente su valor y así, para 1905, aunque la cifra de que disponemos también es una valuación para contribución directa, vemos que la propiedad había triplicado el precio estimado por nosotros para 1883, lo que equivale a un interés anual compuesto de casi un 6% sobre el valor oro.

Además del aumento del valor de la tierra misma, se produce un notable aumento del valor del activo de la estancia por las mejoras introducidas al inmueble. Estas tenían particular incidencia en relación con los precios hipotecarios deprimidos que prevalecieron durante buena parte del período. En 1897, Walker asegura la vivienda y los galpones contra incendio, al valuarlos en $ 50.000 papel y al aumentar su valuación un año más tarde a $ 55.000, pese a la revalorización de la moneda en ese período. A estas debemos agregar otras mejoras, tales como alambrados, pozos, abrevaderos, tierras cultivadas, puestos, etcétera, por lo que bien podemos estimar el valor del total de las mejoras en ese momento por encima de los $ 100.000, es decir, más de un tercio del valor de la tierra misma. Sin embargo, con el *boom* de los precios inmuebles de principios de siglo la proporción puede haber caído un poco, a pesar de la introducción de nuevas mejoras.

Cría de ovinos

Junto a la tierra y las mejoras, el tercer elemento de capital en una estancia era el ganado. En el momento de la formación de *Nuevo Bichadero,* Buenos Aires estaba aún en pleno auge del período lanero, por lo que se prefería la cría de ovinos –particularmente las variedades de Merino, que proveían una fibra fina y larga, de alto valor– al ganado mayor. Sin embargo, era entonces práctica usual instalar primero en tierras nuevas vacunos criollos, para que consumieran los pastos más duros y altos, antes de introducir los ovinos.[106] Posteriormente, se mantenía una combinación de ambos, ya que en praderas naturales no compiten por las mismas pasturas. Este fue el camino que se siguió en *Nuevo Bichadero,* aunque el período de preparación de las tierras con bovinos fue muy corto. Lo que es una excepción en este caso es la raza de lanares escogida por Walker. Como hemos dicho, las distintas variedades de Merino dominaban la provincia de Buenos Aires hasta mediados de los años ochenta. Sólo entonces comenzaron a ser gradualmente desplazados por los Lincoln, en la medida en que el incipiente comercio de carne ovina congelada creó un nuevo mercado para capones gordos, creando así condiciones favorables para razas con cuerpos más grandes, aunque de lanas más burdas. Pese a ello, Walker introdujo en su campo Romney Marsh, una oveja de doble propósito, con lana semifina que obtenía precios relativamente buenos y capones que podían ser engordados para el mercado de exportación de carnes sin mayores

---

[106] Existen notorias discrepancias entre las distintas fuentes que mencionan esta forma de preparar la tierra con vacunos para los ovinos. Algunos dicen que debía mantenerse el ganado por períodos de hasta 20 años, en tanto que otros indican períodos muy breves, de dos o tres años. Este último parece haber sido, sin embargo, el procedimiento utilizado en casi todas las tierras incorporadas por la expansión de la frontera de 1879. Para entonces, un período de "preparación" de 20 años hubiera resultado impensable.

dificultades.[107] Walker había introducido también un cierto número de Lincoln, en tanto que Camaño había preferido las más habituales Rambouillet (merino francés). Esta preferencia, quizás algo caprichosa, de Walker por las razas de origen británico le resultaría muy beneficiosa, ya que eventualmente la evolución del mercado lo pondrá en excelente posición para la realización de sus productos ovinos.

Los cuadros que insertamos a continuación presentan los datos de evolución del *stock* ovino y los resultados de las esquilas.

Cuadro VI. Recuent anual de ovinos en *Nuevo Bichadero* **1897-1903 (31 de mayo)**

Año	N.º. de lanares*	Carneros finos**
1897	5.816	s.i.
1898	10.827	17
1899	13.703	25
1900	9.607	26
1901	10.571	24
1902	11.093	19
1903	11.064	14

* incluye los carneros.
** sólo animales importados.
Fuente: *Archivo Walker,* E1, 18/6/97; C1, 31/5/98; C2, 31/5/99; C2, 31/5/00; C3, 31/5/01; C3, 31/5/02; C3, p. 914.

---

[107] La razón inicial para ello fue probablemente que Walker consideraba que las Romney Marsh se adaptarían mejor a las tierras bajas de la "Depresión del Salado", en las que se encuentra el partido de Caseros.

Cuadro VII. Esquila en *Nuevo Bichadero,* 1896-1903

Año	Animales esquilados	Esquila total (kg.)	Lana per cápita* (kg)	Ingreso bruto ($m/n)	Gasto de ventas ($m/n)	Ingreso neto ($m/n)	Precio medio cada 10 kg ($m/n)
1896	8.161	15.461	2.45	11.008	vendida en estancia	11.008	7.12
1897	11.789	23.407	3.04	13.936	vendida en estancia	13.936	5.95
1898	13.107	26.233	2.42	16.916	vendida en estancia	16.916	6.44
1899	14.254	27.739	2.24	30.841	3.250	27.397	9.87
1900	11.836	24.371	2.58	vendida en estancia	Liverpool	8.606	3.54
1901	13.335	28.366	2.70	12.138	2.575	9.562	3.37
1902	13.126	25.546	2.52	16.839	2.031	14.183	5.55
1903	12.220	26.336	2.65	18.119	vendida en estancia	18.119	6.88

* Para este promedio no se toman en cuenta los corderos. La misma tabla, discriminando entre animales adultos y corderos, puede verse en la pág. 59 de la tesis doctoral del autor, "British Interests in Argentine Land Development, 1870-1914. A Study of British Investment in Argentina" (Oxford, abril de 1981).
Fuente: *Archivo Walker,* H1, pp. 137-138.

Por los datos del cuadro VI podemos ver que, entre 1897 y 1899, se produce un repoblamiento de *Nuevo Bichadero*, que había perdido la mitad de sus majadas al disolverse la sociedad con Camaño en 1896. Durante ese período, las ventas anuales son muy escasas (sólo algunos capones Lincoln), y permanece en el campo la mayor parte del aumento natural de las majadas; se realizan también algunas compras de ovejas. A partir de 1900, estando el campo adecuadamente poblado, Walker vende cada año un importante número de capones, lo que produce un significativo ingreso para la estancia, compensando hasta cierto punto las drásticas fluctuaciones en el precio de la lana que pueden apreciarse en la última columna del cuadro VII. En relación con los precios, debemos señalar que la calidad de lanas vendidas cada año dista de ser regular y que existe una amplia diferencia de precios entre los distintos tipos de vellón.[108] No era este, sin embargo, el principal factor en la determinación de ingresos por venta de lanas. En 1879, por ejemplo, el año de precios más altos, la lana tipo cruza fina –la mejor producida en *Nuevo Bichadero*– tuvo el porcentaje más bajo del total de la esquila del período, poco más de un 40%, frente al 75% en 1897, el 68% en 1898 y el 47% en 1901. En las fluctuaciones de los ingresos por ventas de lanas tiene mayor incidencia la situación del mercado internacional que los cambios en las condiciones de producción internas de la estancia, aunque estas últimas debían adaptarse rápidamente a las variaciones del primero.

---

[108] En 1899, por ejemplo, encontramos que los precios por 10 kg eran: cruza fina, $13 *m/n*; cruza gruesa, $ 11; carneros, $ 9; corderos, $ 9. En 1901, cruza fina, $ 5,50; cruza gruesa, $ 3,60; carneros, $ 2; corderos, $ 3,50; etcétera. La última columna en la tabla indica los precios medios de toda la lana vendida ese año, los cuales se hallan, por lo tanto, influidos por las distintas proporciones de lana de diversas calidades.

Vemos así que, en el año crítico de 1900, se nota una clara disminución en el número de animales esquilados, lo que se debe a un aumento de las ventas antes de la esquila. Walker también intenta maximizar las ganancias buscando la mejor forma de comercializar sus lanas. Durante los primeros tres años de su administración directa, vemos que la esquila es vendida en la estancia. En 1899, la perspectiva de una mayor ganancia mueve a Walker a enviar sus lanas en consignación a un agente británico en Buenos Aires, Kelsey, y obtiene buenos resultados. Al año siguiente, conociendo la situación crítica en que se encontraba el mercado lanero porteño, envía su producto en consignación directamente a Liverpool a través de la conocida firma británica *Gibson e Hijos,* aunque obtiene muy magra compensación por su esfuerzo. El comentario que Walker hace a Farran en dicha ocasión muestra las ventajas que una empresa británica importante podía obtener en sus operaciones laneras, ventaja que él mismo trató infructuosamente de aprovechar:

> La gente de Pranges siempre envía sus lanas a casa (Inglaterra) porque tiene accionistas en Liverpool que son comerciantes de lanas y que hacen todo lo posible para obtener un buen precio para las lanas de la compañía, *ditto* Los Merinos. Yo creía que los Gibson se hallaban en una posición similar.[109]

La venta de los carneros de *Nuevo Bichadero* tenía menos complicaciones. Se podía realizar por cabeza o por kilo de "carne limpia",[110] pero en las ventas por cabeza se

---

[109] *Pranges,* como hemos visto, era una compañía inglesa que poseía una importante estancia en Uruguay. *Los Merinos* era el nombre de la estancia que pertenecía a la *River Plate Land and Farming Company,* probablemente la más antigua compañía inglesa de estancias en el Plata.

[110] La expresión "carne limpia" *(dressed meat)* se refiere al peso de la res una vez faenada y limpia. Es, *grosso modo,* entre un 50 y un 60 por ciento del peso del animal vivo. También se la suele llamar "res en el gancho".

requería un animal con un peso mínimo de 60 kg. Walker componía sus rebaños para el frigorífico generalmente con animales Lincoln, de lanas más gruesas y cuerpo más grande, pero si las condiciones lo requerían, los Romney Marsh también podían llegar al peso requerido por el mercado de exportación. Por lo general, efectuaba las ventas a empresas británicas: en 1901-1902 la *Anglo-Argentine Live-Stock and Produce Agency* compró varias partidas de capones a Walker para enviar en pie a Sudáfrica, para proveer de carne fresca a las tropas que combatían en la guerra Anglo-Bóer, pagando un precio de entre $ 6 y $ 7,50 por cabeza. Al año siguiente, sin embargo, Walker descubre que puede obtener mejores precios por sus animales de los frigoríficos, vendiendo por kg de "carne limpia"; en una venta que realiza de esta forma a la *River Plate Fresh Meat Company*, logra un precio medio de $ 10 netos por cabeza. Así, la venta de capones, aunque nunca llega a ser un elemento preponderante en los ingresos del establecimiento, logra compensar hasta cierto punto las fluctuaciones que se producían en las ganancias provenientes del comercio de lanas.

Otro aspecto de la producción ovina de la empresa Walker era su pequeño plantel de animales Romney Marsh de *pedigree*. Desde los comienzos de *Nuevo Bichadero*, Walker adquirió un reducido número de carneros finos, principalmente con el propósito de mejorar sus majadas. Luego de haber asumido personalmente la administración de su campo, intensifica esta actividad mediante la compra, en 1896, de varios animales importados –comprados a la *Anglo-Argentine Live-Stock and Produce Agency*–, y unos años más tarde su cabaña producía suficientes reproductores finos corno para permitirle un número reducido de ventas cada año. Walker trató incluso de registrar su plantel en la *English Romney Marsh Breeders Association*, pero fue rechazado debido a que para hacerlo sus animales debían estar en Gran Bretaña para ser inspeccionados; pese a ello, Walker fue admitido personalmente como miembro de la asociación.

Los ovinos proveían también la mayor parte de la carne consumida en el establecimiento, lo cual no sólo era importante porque la carne constituía el principal elemento de la dieta del campo argentino en la época, sino también porque casi todos los convenios de trabajos a realizar en la estancia incluían la obligación por parte del propietario de proveer de carne a los trabajadores. A este propósito se destinaban las ovejas viejas, que ya no eran aptas para la reproducción, y se obtenía además un modesto ingreso adicional por la venta de las pieles, tanto de estos animales como de los muertos por otras causas, tales como epizootias, heladas (especialmente luego de la esquila), sequías, etcétera. Estas pérdidas alcanzaban algunos cientos de cabezas al año, un porcentaje relativamente bajo cuando se lo compara, como veremos más adelante, con las pérdidas que tales causas ocasionaban a las grandes compañías inglesas de los Territorios Nacionales del Sur de la República.

Cría de vacunos

Aun durante el período dominado por la producción lanera en la provincia de Buenos Aires, y como complemento natural a la cría de ovinos, una estancia de considerable importancia como *Nuevo Bichadero* mantenía, además, un cierto número de vacunos y caballares. Walker no fue excepción a esta regla; utilizó primero ganado criollo para preparar su campo para las ovejas y, una vez terminada esta operación, mantuvo una importante manada de esta especie como así también un cierto número de yeguarizos.

El cuadro que insertamos a continuación muestra la evolución en el número de bovinos y equinos de acuerdo con los recuentos anuales.

Cuadro VIII. Recuento anual de bovinos y equinos en *Nuevo Bichadero,* 1897-1903

Año	Bovinos	Toros	Equinos	Reproductores
1897	3.111	s.i.	460	1
1898	4.392	44	620*	1
1899	4.496	58	737	1
1900	2.734	54	756	2
1901	2.520	s.i.	756	2
1902	2.696	50	1.019	2
1903	2.987	74	1.105	7

* De los 620 equinos, 120 estaban amansados, 77 como caballos de silla y el resto de tiro, usados para los carros, norias, arados, etcétera.
Fuente: *Archivo Walker,* E1, 18/6/97; C1, 31/5/98; C2, 31/5/00 y C3, 31/5/01, 31/5/02 y p. 914.

La cría bovina no alcanzó en *Nuevo Bichadero,* en el primer período, la importancia de la actividad lanera, ya que la estancia se hallaba demasiado distante de Buenos Aires para haberse beneficiado de la influencia renovadora de la evolución de la demanda de carnes en el mercado porteño en la última veintena del siglo XIX, que constituyó el primer estímulo para la mejora del ganado en la provincia. Por ello, hasta el momento en que Walker se hace cargo personalmente de la administración de su propiedad, su plantel vacuno estaba formado por ganado criollo semi-salvaje. A partir de su llegada, bajo el estímulo del creciente comercio de ganado en pie con Gran

Bretaña, Walker comenzó un proceso de refinamiento de su hacienda mediante la adquisición de toros de mejor raza –Hereford y Durham– a conocidas cabañas, incluida, como hemos visto, a la inglesa *Espartillar Estancia*. Pero a diferencia de algunos de los carneros o caballos enteros adquiridos por Walker, los toros comprados no fueron en ningún caso animales de *pedigree*; se trataba más bien de buenos productos de un largo proceso de cruza. En realidad, Walker nunca se decidió o (lo que es más probable) nunca estuvo en condiciones de realizar inversiones importantes en la mejora de su ganado mayor, por lo que su evolución fue más bien lenta. Esto le ocasionó serias dificultades para la realización de sus productos a precios remunerativos, en un mercado en el cual los animales inferiores perdían terreno rápidamente. La respuesta de Walker fue la reducción de sus manadas mediante la liquidación de los peores animales (lo que puede observarse en el cuadro VIII a partir de 1900), para aumentarlas sólo en la medida en que su ganado tuviese suficiente cruza como para ser engordado para el mercado frigorífico, que reemplazó a la exportación en pie a comienzos de nuestro siglo. Este proceso, como veremos, se halla estrechamente vinculado con las dificultades experimentadas por Walker como invernador en la estancia *25 de Mayo*.

25 de Mayo, un campo de invernada

A fines de 1897, el agente de Walker en Buenos Aires, J. Farran, le sugiere que cuando expire el contrato de arriendo de la *25 de Mayo*, a fines de ese año, debería tratar de hacerse cargo del establecimiento él mismo, en lugar de volver a arrendarlo. La estancia podía constituirse en una buena invernada para la hacienda de Caseros y el capital necesario para operarla se podía obtener de la venta de parte de las tierras de Walker en Villegas. Estas, es cierto, se hallaban arrendadas, pero la renta que originaban no correspondía en forma alguna a los intereses sobre su valor de mercado; suponiendo un valor de $ 40.000 la hectárea, argüía Farran, rendían apenas un 4% una vez deducida la contribución directa, etcétera.[111] Sugería a continuación que podía encontrar un capataz recomendable para poner la estancia en operación si Walker estaba de acuerdo.

Pero Walker no estaba dispuesto a deshacerse de su propiedad en Villegas; prefería esperar a estar en condiciones financieras de operar la 25 sin necesidad de recurrir a la venta de tierras. Sin embargo, estaba muy interesado en tomar control de su invernada tan pronto como fuera posible; logró negociar entonces un contrato de arriendo por dos años a una tasa de $ 15 por hectárea, incluyendo la obligación por parte del arrendatario de plantar tres cuadras de alfalfa cada año. De esta forma, Walker logró reunir un capital importante durante los dos años de arriendo, lo que le permitiría hacerse cargo del campo al finalizar el contrato. Por otro lado, la renta implicaba un buen ingreso sobre el capital invertido, ya que rendía $ 14.250 por año sobre una propiedad que había costado $ 128.000 en 1891 y que aún estaba valuada en esa cifra para contribución directa en 1905.[112] Un año más tarde, sin embargo, la rápida caída del premio al oro –que implicaba una redistribución de ingresos en contra de los sectores productores de bienes exportables y que llevó, finalmente, debido a la presión del

---

[111] A. W., E1, Farran a Walker, 4/11/1897.
[112] A. W., E4, 26 de enero de 1905. Esto no quiere decir que el valor de la estancia permaneció sin modificaciones durante este período. Los $ 128.000 pagados en 1891, con el premio al oro en 350, representa $ 28.500 oro, en tanto en 1905 era el equivalente a $56.888 oro. Más aún, la valuación para la contribución directa no incluía mejoras, como ya hemos señalado, las que, sin duda, fueron tenidas en cuenta al establecerse el precio en 1891. Aun así, la expansión más notoria de precios tuvo lugar entre 1900 y 1905, de forma tal que los$ 5.544 oro producidos por la renta en 1898 pueden ser sin duda considerados como más de un diez por ciento del valor de mercado de la propiedad.

sector rural, a la reimplantación del patrón oro en 1899-afectó severamente los ingresos de los arrendatarios rurales e implicó un reajuste de los cánones. En esta oportunidad, por consejo de Farran, Walker redujo la renta de la *25 de Mayo* en un 10%.

Finalmente, al concluir el contrato en enero de 1900, Walker estaba en condiciones de operar la *25* "como una invernada para las haciendas de aquí".[113] Llegó entonces a un acuerdo con J. B. MacDonald, un escocés residente en Argentina, para que administrara la estancia; por el contrato MacDonald recibía en pago un salario de $ 150 por mes, además de la vivienda y la carne para el consumo de su familia. Junto a él trabajarían dos peones, un chico encargado del agua, con un salario de $ 25 por mes y un puestero a $ 35 por mes. Walker insistía en la necesidad de hacer una administración económica para que le resultara ventajoso hacerse cargo de la propiedad, ya que la renta que había dado era buena y su receptividad no era superior a una cabeza de ganado bovino por cuadra. Esto podía mejorarse cultivando toda la tierra con alfalfa, "pero eso llevará tiempo y mucho dinero".[114]

En ese momento, la *25* consistía en 1611 hectáreas divididas en siete potreros (dos mayores, de 566 y 338 ha respectivamente, tres de aproximadamente 200 ha cada uno y dos chicos de unas 50 ha), de los cuales sólo 12 se hallaban cultivadas con alfalfa. Cinco hectáreas se habían destinado para el casco y el huerto. Pese a la intención de Walker de hacer la mayor economía posible, resultó imprescindible introducir ciertas mejoras en esta primera etapa, incluyendo parvas de alfalfa, pozos entubados en

---

[113] *A. W.,* C2, Walker a Vacarí. 16/10/1899. Fechada en *Nuevo Bichadero.*
[114] *A. W.,* C2, Walker a MacDonald, 26/1/1900.

todos los potreros y un sistema de drenaje para algunas de las tierras más bajas que acumulaban mucha agua en las temporadas de lluvia.

MacDonald se hizo cargo del lugar en febrero de 1900 y poco después Walker le envía dos tropas de vacunos de *Nuevo Bichadero* y un importante número de ovejas, hasta colmar la capacidad de la *25 de Mayo*. Este primer lote estaba compuesto mayormente por ganado de baja calidad y en muy pobre condición.[115] Así, de la primera tropilla enviada, que incluía 156 vacas y 338 novillos, llegaron tan solo 150 vacas y 324 novillos a la *25*; algunos debieron ser abandonados incluso antes de salir de los terrenos de *Nuevo Bichadero*. El costo de arrear el ganado durante los 10 días de travesía que separaba las dos propiedades de Walker fue de aproximadamente $ 1,50 por cabeza, debido principalmente al salario de cinco peones ($ 70 cada uno) y de un capataz ($ 105), y el costo de la guía ($ 105).[116] El segundo arreo consistió en 235 novillos y 135 vacas viejas, y llegaron a la *25* sin sufrir tantas pérdidas. Los ovinos eran mayormente capones y algunas ovejas viejas para consumo en la estancia, y fueron llevados a Monte por ferrocarril.

Pero aunque el precio del ganado no era bajo en 1900 y a comienzos de 1901 –pero posteriormente se deprimió primero por la epidemia de aftosa y luego por la clausura de los puertos británicos al ganado en pie de Argentina debido a esta enfermedad–, MacDonald tiene considerables dificultades para vender la hacienda de la *25* a un precio que compense los costos de operación de la estancia. Para mantener el nivel de ingresos producido por el arrendamiento, Walker necesitaba obtener una ganancia que no

---

[115] A. W., C2, W a F. & Z., 2/2/1900.
[116] A. W., C2, 19/2/1900, "Guía" era un permiso municipal de circulación de ganado y otras mercancías, que existía en la legislación argentina desde la época colonial.

fuera inferior a $ 1.000 por mes.[117] Pero cargar un campo de engorde con ganado criollo y mestizo de baja calidad, y ovinos, no era la forma de aprovecharlo al máximo de sus posibilidades. Los novillos chicos y ovinos de *Nuevo Bichadero,* que no eran aptos para el mercado de exportación, no podían lograr un precio que compensara el costo de transporte de *Nuevo Bichadero* a la *25 de Mayo* y de allí a Buenos Aires, el costo de operación de la *25* y el costo de oportunidad implícito en la renta de la estancia. La venta de capones resultó algo más ventajosa, pero su precio cayó junto con el precio de la lana. Más aún, la posibilidad de engorde de los ovinos no era suficiente para compensar el costo de mantenerlos en las valiosas tierras de invernada de las proximidades de Buenos Aires.

Walker se percató de su error y cambió muy pronto la política administrativa de su campo de engorde. Los criollos de *Nuevo Bichadero* que habían sido llevados a la *25* se fueron vendiendo lentamente y no fueron reemplazados por ganados del mismo origen. Esto trajo serias complicaciones a la *25,* que entró en un período de transición con pocos animales sobre sus pasturas, lo que implicaba nuevas pérdidas. Más aun, dado el escaso número de animales, algunos de los potreros se cubrieron con pastos duros y hubo que traer una tropilla de yeguas de Caseros para que comieran la paja alta, lo que implicó nuevos gastos y disminuyó la capacidad receptiva disponible en la propiedad de Monte. En diciembre de 1900, Walker realizó algunas compras de novillos tipo invernada de mejor calidad que sus animales de *Nuevo Bichadero* y los envió a engordar a la *25.* Los resultados de esta operación fueron mejores que los anteriores, pero el nuevo ganado, también compuesto por criollos y mestizos, todavía no era

---

[117] *A. W.,* C2, Walker a MacDonald, 10/6/1900.

de la calidad requerida para compensar los costos de un campo de invernada. Finalmente, Walker llega a la conclusión de que sólo se debía engordar en la 25 ganado tipo exportación y que no debía haber allí más ovejas que las destinadas al consumo de la estancia.[118] Los capones tipo exportación engordaban en las nuevas praderas de alfalfa de *Nuevo Bichadero* y de allí se enviaban por tren a Buenos Aires con muy buenos resultados.[119]

Al mejorar la calidad del ganado de invernada, los beneficios de esta actividad también aumentaron, pero Walker debió hacer frente a nuevas dificultades. Para obtener los mayores beneficios de la *25 de Mayo*, era necesario mantenerla constantemente poblada con unas 1000 cabezas de ganado de primera calidad, lo que implicaba una considerable inversión. Walker se vio forzado a recurrir a varios préstamos –algo que siempre había tratado de evitar–. Y al concluir el ciclo de engorde de cada lote, las condiciones de mercado determinaban el nivel de ganancias que obtendría por su inversión.

La comercialización del ganado

La compra de animales de invernada se efectuaba en pequeños mercados locales donde los criadores de la región que no poseían su propia invernada llevaban sus haciendas para la venta a invernadores. Estos, a su vez, tras la venta de un lote de animales terminados, debían volver a poblar inmediatamente su campo. Para ello, si no disponían de sus propios animales de invernada, podían llegar a un acuerdo con algunos criadores para adquirir sus animales, pero lo más habitual era que recorrieran los mercados locales en busca de la hacienda que necesitaban.

---

[118] *A. W.*, C3, Walker a MacDonald, 24/2/1901; F1, MacDonald a Walker, 30/5/1902.
[119] *A. W.*, F1, MacDonald a Walker, 30/12/1901.

Otra posibilidad era contratar los servicios de un agente ganadero, cuya tarea era precisamente recorrer las ferias locales, y que este se encargara de adquirir cierto número de cabezas, siguiendo la especificación del tipo de animal que se necesitaba y del precio que se estaba dispuesto a pagar. Si la compra era muy importante, el agente cablegrafiaba al estanciero las condiciones y si le interesaban, este viajaba personalmente a inspeccionar el ganado y concluir la operación. En caso contrario, el estanciero enviaba una carta de crédito al agente, quien compraba los animales y los hacía enviar a la estancia.

Pero el momento crucial para los invernadores en ese período era el de la venta de sus animales. Había, básicamente, tres formas de vender ganado gordo en Argentina a comienzos de siglo: enviarlos para su venta en subasta pública a Buenos Aires o a la tablada local, venderlos en la estancia o enviarlos al frigorífico conviniendo un precio por kg de carne limpia. La primera de estas opciones era la más simple y la más generalizada, pero implicaba un riesgo considerable: los precios en las ferias de ganado podían sufrir serias fluctuaciones, no sólo de acuerdo con las tendencias más generales del mercado, determinadas por la demanda internacional y el ciclo ganadero argentino, sino también en forma mucho más coyuntural y errática. Las causas de estas variaciones de corto plazo son difíciles de determinar: fluctuaciones en las condiciones financieras, variaciones en el precio de la tierra y en las rentas, conflictos locales en los ferrocarriles u otros sectores relacionados, la llegada inesperada de un buque frigorífico, entre muchos otros, son los factores que pueden afectar la oferta y demanda de animales de un cierto tipo e influir así en los precios de forma significativa. "Acertar con un mercado favorable", en la expresión de Walker, era muchas veces la clave del éxito o el fracaso de un largo período de trabajo.

Esto no sólo significaba que los animales llegaran en un momento de mayor demanda que oferta y, por lo tanto, de precios altos, sino también que el lote estuviera compuesto por animales del tipo apropiado, ya que un tipo específico de demanda –por ejemplo, novillos de primera clase para frigorífico– no influía necesariamente en los precios de animales de otro tipo –por ejemplo, mestizos de buena calidad– para el abasto de Buenos Aires.

Cambios climáticos u otras condiciones naturales, con frecuencia de incidencia sólo local, también podían afectar en forma notoria los precios. Por ejemplo, al comenzar una epizootia todos los productores afectados trataban de vender su ganado, haciendo caer los precios. Pero al superarse la dificultad, la zona afectada quedaba despoblada, por lo que aquellos que pudieron salvar sus animales de la peste –por ejemplo mediante una rápida y oportuna vacunación, como ocurrió con Walker en la epizootia de ántrax de 1902, o por tener tierras más altas que no son afectadas por una inundación o por alguna otra razón– se encontraba en inmejorable posición para vender su hacienda.

Por otro lado, si el ganado llegaba al mercado en un día de condiciones poco favorables, guardarlo en los corrales de la tablada en espera de mejores precios resultaba muy riesgoso. El costo de manejo, el cuidado y la permanencia en los corrales era alto, en tanto que los animales perdían rápidamente condición, con la consiguiente reducción de precio. Por ello, si el mercado no mejoraba de inmediato se incurría en pérdidas mayores.

Había, por lo tanto, dos elementos esenciales para la realización del ganado. El primero consistía en tener información muy precisa sobre la evolución del mercado, conocer el momento preciso y el tipo de ganado que debía enviarse. En este sentido, la función de los agentes generales –Farran y Zimmerman en el caso de Walker– y los agentes ganaderos especializados –Kelsey, Gibson, la *Anglo-Argentine Live-Stock and Produce Agency* (conocida en el medio local por el nombre de sus principales accionistas, Kingsland y Cash)– tenía una importancia fundamental, ya que mucho dependía de su información y experiencia. Por ello, el porcentaje pagado por sus servicios –entre el 1% y el 3% del monto de la venta– representa esencialmente el valor de su información y su presencia en el mercado.

El otro elemento importante era disponer de facilidades de transporte en el momento oportuno. Salvo en el caso de los campos de engorde muy próximos a la capital, todo el ganado se enviaba al mercado por ferrocarril. Si los animales estaban listos, y el mercado era favorable, cada día de demora en su envío implicaba una pérdida, debido al pastoreo innecesario y al riesgo de que los precios se deterioraran. Pero en ciertas ocasiones podían producirse largas demoras en obtener los vagones para transportar los animales a Buenos Aires. Esto sólo se podía evitar reservando las facilidades de transporte con bastante anticipo (lo que exigía predecir la evolución del ganado y del mercado, algo muy difícil de lograr) o mantener buenas relaciones con el personal de las empresas ferroviarias, tanto a nivel local como central. En este sentido, los productores más importantes tenían gran ventaja sobre los más pequeños, pues su posición económica y social los ubicaba en condiciones mucho mejores para mantener este tipo de relaciones. Más aun, contaban con una ventaja técnica: cuando se enviaba un lote de animales por ferrocarril, la empresa cobraba por vagón, estuviera éste completamente ocupado o no. Por ello, el costo del espacio no ocupado debía ser absorbido por la ganancia del conjunto de la tropa. Un lote mayor, que ocupara varios vagones, podía compensar esto mucho mejor que uno más pequeño.

Otro problema ocasionado por el transporte eran las pérdidas y el deterioro de los animales en el camino. Un punto importante era la adecuada carga de los vagones. Si el vagón estaba demasiado vacío, los animales podían ser volteados por las sacudidas del tren y ser muertos a pisotones por los demás; si se los apretujaba demasiado, podían sofocarse o golpearse y herirse con los cuernos y la estructura metálica del vagón. Otro punto importante era evitar que la hacienda quedara detenida en el camino, algo que ocurría con frecuencia, en especial si debía recurrirse a una combinación de líneas. Si el ganado era demorado un par de días en un vagón, o en los corrales de una estación de ferrocarril, podían producirse un número considerable de muertes y un deterioro en la condición que afectaba notoriamente los precios. Se podía reducir este riesgo mediante un seguro, pero este no cubría la pérdida de condición de los animales, ni una posible evolución negativa del mercado.

Por otro lado, la alternativa de arrear el ganado hasta el mercado resultaba antieconómica, salvo en el área inmediatamente próxima a Buenos Aires. Los salarios de los troperos eran muy altos; el ganado gordo, demasiado lento y la pérdida de condición de los animales, demasiado rápida para que esta posibilidad fuera practicable con hacienda "terminada", y se la relegaba a los animales de invernada, más rápidos en la marcha y de menor valor (y aun en este caso, no siempre).

Estos problemas de transporte hacían más relevante la cuestión de la localización. Las tierras próximas a Buenos Aires, aunque no estuvieran en la región que enviaba normalmente su ganado a pie al mercado, disponían de un transporte más abundante y directo y, si la situación lo requería, podía arrearse la hacienda a la capital sin mayores complicaciones.[120]

Si no se deseaba enviar el ganado a Buenos Aires podía vendérselo en las ferias locales. Esto tenía la ventaja de que se evitaba el problema de transporte y, si había una tablada suficientemente próxima a la estancia, los animales que no se vendían podían ser llevados de vuelta al campo sin incurrir en gastos muy cuantiosos. Pero estos mercados también estaban sujetos a las fluctuaciones de corto plazo mencionadas más arriba, ya que los precios en los mercados locales seguían fielmente las tendencias marcadas por el mercado central de Buenos Aires. Más aún, la demanda de vacunos gordos de buena calidad provenía sólo de algunos intermediarios; había por ello muy poca competencia y los precios eran bajos. Por consiguiente, los establecimientos más importantes trataban de evitar recurrir a esta forma de venta, excepto en el caso de los animales muy inferiores destinados a las carnicerías locales. Este fue el destino de los animales más pobres de las primeras tropas de ganado de *Nuevo Bichadero* enviadas a engordar a la *25 de Mayo*.

Si un invernador no deseaba llevar su hacienda a remate, podía tratar de hacer arreglos para venderla en la estancia. Esto podía hacerse de dos formas distintas: "al corte" o seleccionados. La primera implicaba que el comprador tomaba todo el lote ofrecido por el estanciero, a un precio acordado por cabeza. En el otro sistema, el comprador podía escoger cierto número de animales, y el precio por cabeza dependía del porcentaje incluido en el acuerdo: cuanto menor fuera el porcentaje adquirido, mayor sería el precio por cabeza. En las ventas "al corte", los precios eran

---

[120] Esta es la razón por la cual las tierras de Monte, que sin duda no eran superiores a las de Caseros, las duplicaban en valor.

obviamente más bajos, pero el estanciero evitaba quedarse con un número reducido de animales de pobre calidad, muy difíciles de vender. Por otro lado, los frigoríficos sólo podían utilizar ganado de buena calidad en excelente estado, por lo que con frecuencia preferían pagar precios más altos para asegurarse obtener sólo el tipo de animales que necesitaban. Por último, si el estanciero podía reunir un lote parejo de novillos de buena calidad, podía ofrecerlo directamente al frigorífico (o, anteriormente, a los exportadores en pie) a un determinado precio por kg de carne limpia. Esto conllevaba ciertas ventajas para ambas partes, ya que el estanciero obtenía generalmente mejor precio por sus animales y el frigorífico recibía tan sólo el mejor tipo de ganado. Los riesgos del transporte corrían en este caso por parte del vendedor, pero se veían disminuidos por el hecho de que ya había logrado un acuerdo de venta a un precio determinado.

Las dos últimas formas de venta mencionadas traían considerables ventajas para el estanciero, pero ambas requerían que el comprador fuese a ver el ganado a la estancia. Había, claro está, agentes ganaderos e intermediarios que recorrían las estancias buscando ganado gordo para los frigoríficos, pero el precio que pagaban era mucho menor que el de las compañías exportadoras mismas. Por ello, la mejor posibilidad para el estanciero era conseguir que el comprador de un frigorífico fuera a la estancia a ver su ganado. Esto no era sencillo; los frigoríficos alternaban distintas formas de compra y sólo realizaban una cantidad limitada de compras en las estancias. Walker, Farran y MacDonald debieron apelar a todos sus contactos e influencias con la comunidad británica –en la cual se encontraba la mayoría de los empleados de las empresas frigoríficas– para que una de ellas, la *River Plate Fresh Meat Company*, enviara un comprador a ver el ganado de Walker en Monte, a poco más de media hora de Buenos Aires.[121] Y cuando la operación se llevó a cabo, se debió dar una "gratificación" al empleado que efectuó la compra para asegurarse su buena voluntad en operaciones futuras...[122]

Agricultura y otras actividades subsidiarias en las propiedades Walker

A fines de 1902, Walker había logrado poner en orden el funcionamiento de su invernada y, un año más tarde, cuando el ganado de *Nuevo Bichadero* llegó a mostrar suficiente cruza como para poder ser utilizado en el mercado de carnes congeladas, la *25* comienza a servir para el propósito para el que había sido adquirida, es decir, operar como campo de engorde de los animales criados en *Nuevo Bichadero*. Para ese entonces, MacDonald había abandonado la dirección del establecimiento, aparentemente víctima de un mal demasiado frecuente entre los inmigrantes británicos en Argentina, el alcoholismo. Tras despedir a MacDonald, Walker no vuelve a nombrar un administrador para la *25*, y la deja al cuidado de un capataz criollo y encarga a Farran y Zimmerman de los libros y del papeleo, lo que disminuye los gastos administrativos.

Pero como Walker había señalado, la mejor forma de aprovechar un campo de invernada era sembrarlo todo con alfalfa, para aumentar su capacidad de pastoreo y, por lo tanto, el margen de ganancias. La intención original de Walker había sido efectuar estas mejoras por su cuenta para evitar los problemas que podía ocasionar la introducción de chacareros arrendatarios, pero el costo resultaba demasiado elevado, por lo que se vio forzado a recurrir a la práctica habitual en la provincia de Buenos Aires en ese período: arrendar ciertas porciones de la tierra bajo

---

[121] *A.W.*, MacDonald a Walker, 27/2/1902.
[122] *A.W.*, F1, MacDonald a Walker, 22/3/1902.

un contrato que incluía la obligación del arrendatario de dejar el campo alfalfado a su término. Estos contratos, de dos años de duración, establecían que el chacarero tenía la obligación de trabajar 170 ha, sembrando al menos la mitad el primer año y todas el segundo; tenía, además, la obligación de mantener la tierra libre de yuyos y malezas. Walker proveía las herramientas y los enseres, los animales de trabajo y las semillas. Las mejoras y las reparaciones corrían por su cuenta y él se hacía cargo del mantenimiento del colono y su familia hasta la trilla de la primera cosecha, y luego se deducían estos gastos de la participación del chacarero en la venta de la cosecha. Esta debía ser dividida en partes iguales entre el propietario y el arrendatario. Junto con la segunda siembra se sembraría semilla de alfalfa, de forma que luego de la cosecha de trigo, la tierra quedara alfalfada.[123] De esta forma, Walker podía mejorar considerablemente la capacidad de carga de la 25 sin necesidad de disponer de mucho capital; y aun el bajo gasto en que se incurría era compensado por su participación en las ganancias de la cosecha.

Este mismo curso de acción se había seguido en *Nuevo Bichadero*. Inmediatamente después que Walker tomara control directo de su propiedad, se interesó en desarrollar alguna forma de agricultura, pero durante el primer período no disponía de los recursos para hacerlo en una escala significativa. Como hemos señalado, Walker quería mantener un estricto control sobre su tierra y se resistía a arrendar algunas secciones a colonos. Cuando finalmente comenzó con la actividad agrícola, siguiendo el consejo

---

[123] *A. W.*, C3, p. 980.

y el ejemplo de Farran,[124] prefirió contratar un empleado y pagarle un salario por hectárea trabajada, antes que recurrir a los contratos habituales. En 1899, H. Perrín, un colono de Coronel Suárez, se ofrece como medianero para trabajar en los campos de Walker, pero recibe una respuesta negativa, "el patrón me manda para decir que él no piensa hacer en ninguna parte de su campo porque es enimigo (*sic*) de la agricultura", le contesta Bird.[125] La respuesta es fundamentalmente un rechazo a la oferta de arriendo, pero en realidad quizá haya algo más que eso. Si bien es cierto que Walker no parece ser "enemigo de la agricultura", también lo es que siempre prefirió la actividad ganadera, expresando reiteradamente su temor a que varios años seguidos de cultivos terminaran por empobrecer la tierra. Esta actitud conservadora resulta por demás interesante porque sugiere que el constante proceso de renovación y mejoras que observamos en sus propiedades, más que el producto de convicciones propias, son imposiciones de un medio en constante evolución. Por otro lado, no deja de ser cierto que Walker, buscando siempre maximizar sus beneficios, no se demora en adoptar estas innovaciones cuando la práctica generalizada demuestra su conveniencia.

Así, en el mismo año de 1899, Walker comienza a cultivar maíz en Caseros y al año siguiente siembra esas mismas tierras con alfalfa. Sin embargo, el sistema de trabajo utilizado le resulta muy costoso y Walker se ve forzado a recurrir a la forma más habitual de contratación. Para ese fin solicita a Farran y Zimmerman una copia del contrato que una compañía inglesa, la Southern Santa Fe and

---

[124] Farran también era estanciero. Poseía al menos dos propiedades, *Las Martinetas*, cerca de *Nuevo Bichadero*, y una invernada en Cañada de Gómez, una de las colonias de la Central Argentine Land Company en Santa Fe, cerca de Rosario. En ambas había formado pasturas de alfalfa con el sistema de arriendo.
[125] *A. W.*, C2, Bird a Perrin, 8/2/1899.

Córdoba Land Company, realizaba con sus arrendatarios, como modelo para redactar los suyos. El resultado final es un contrato muy similar al que hemos visto utilizado más tarde en su propiedad en Monte.[126]

En los años siguientes, se produjo una rápida transformación en *Nuevo Bichadero*. En 1901, se sembraron 200 ha con trigo y se obtuvo una cosecha de 215.000 kg. La superficie cultivada al año siguiente fue de 600 ha, aunque el rendimiento fue menor: se lograron 330.000 kg de trigo. También se sembraron secciones con cebada y avena. Amplias zonas fueron sembradas con alfalfa y *rye-grass,* lo que constituía una excelente pastura, y además se pudo efectuarse varios cortes anuales, lo que proveía de abundante forraje para el invierno. Se mantenía también una sección cultivada con maíz, y en 1904 Walker comenzó a cultivar papas. Todo esto se realizaba con implementos pertenecientes a la estancia, que incluían un considerable nivel de mecanización. Walker estaba siempre atento para la adquisición de la maquinaria más reciente; contaba con una cantidad de equipo moderno, incluyendo sembradoras para las diferentes cosechas, varios arados de los tipos más modernos, cosechadoras e incluso una cortatrilla, que acababa de ser introducida en el país. Cada año guardaba parte de la cosecha para utilizarla como semilla la próxima temporada y trataba de vender el resto –en general con considerable éxito– como semilla para la incipiente agricultura de la zona: lo sobrante era enviado para su venta a Buenos Aires.

---

[126] En realidad, el contrato de la *25 de Mayo* implicaba una mayor participación y control por parte del propietario de lo que era habitual. Normalmente, las tierras eran trabajadas exclusivamente con el capital del arrendatario y a su riesgo, y en esos casos la renta era bastante más baja. Véase, por ejemplo, Larden, *Argentine Plains,* p. 70; también el contrato usado por la Great Southern Santa Fe and Córdoba Land Company, en *A. W.,* A.

Walker trató de hacer uso de todos los recursos naturales disponibles en *Nuevo Bichadero*. Desde los primeros años, arrendó el derecho de pesca en su sección de la Laguna de Juancho y obtuvo una modesta renta y la provisión de pescado para el consumo de la estancia.[127] Walker incluso se informó sobre el ciclo vital del pejerrey, la especie ictícola obtenida en la laguna, para evitar su captura durante el período de reproducción y preservar así la pesca.[128] La *Nuevo Bichadero* y la *25 de Mayo* tenían corrales de aves, donde se criaban *leghorn* y pavos importados, y en ambos establecimientos había vacas lecheras y pequeñas plantas para el procesamiento lácteo. En 1903, se introdujeron también puercos en *Nuevo Bichadero*.

Los agentes de estancia

Un factor importante en la administración de las propiedades de Walker era su relación con Farran y Zimmerman, la firma que actuaba como su agente en Buenos Aires. Este tipo de agencias ofrecía una amplia variedad de servicios a los estancieros. Actuaban como sus representantes legales, tenedores de libros, agentes de compra y venta de ganado (aunque en este aspecto los estancieros recurrían con frecuencia a firmas especializadas) y asesores técnicos. Se encargaban también de efectuar compras para la estancia en Buenos Aires, proveyendo a todas sus necesidades, desde grandes compras de provisiones hasta maquinarias agrícolas, material de alambrado, etcétera. En ocasiones, también operaban como fuente de crédito a corto plazo. Cuando Walker debió hacer frente a las dificultades financieras para operar la *25 de Mayo*, Farran y Zimmerman le gestionaron un crédito hipotecario. Antes de que

---

[127] A. W., Cl, Walker a F.& Z., 29/4/1898.
[128] A. W., C2, Walker a F.& Z., 26/4/1899.

se hubiera concretado, Walker solicitó a sus agentes que le permitieran a MacDonald utilizar su crédito con ellos para adquirir animales de invernada, pero Farran le contesta que "para que MacDonald retire los $ 6000 para la compra de hacienda le solicito que espere a que se concrete la hipoteca... ya que tenemos otros clientes que nos solicitan cifras importantes y debemos tratar de satisfacer a todos".[129]

La ubicación del agente en el mercado le permitía también actuar como intermediario de operaciones que ellos mismos no efectuaban. Por ejemplo, el crédito hipotecario mencionado fue negociado por Farran y Zimmerman, que estaban en condiciones de estudiar el mercado buscando las mejores condiciones de crédito para su cliente, consiguiendo finalmente términos mucho mejores que los que hubiera logrado Walker mismo. En otra oportunidad en que Walker tenía un exceso de fondos para los cuales no tenía destino en el futuro inmediato, los agentes lograron ubicarlos como préstamos a corto plazo con garantía hipotecaria, y obtuvieron así una tasa de interés mayor para su cliente que la que ofrecían los bancos u otras inversiones de corto plazo.

Otra función importante de los agentes de estancia era negociar con las autoridades nacionales. Su ubicación en Buenos Aires y sus relaciones en la *city* porteña tenían una importancia clave en el logro de ciertos arreglos con el Estado. Por ejemplo, Walker tuvo serias dificultades con los títulos de las tierras que poseía en San Luis y Farran y Zimmerman se hicieron cargo del problema. El título de una legua cuadrada de las propiedades de Walker en esa provincia era defectuoso "debido a que la provincia de San Luís vendió la tierra en 1864 a la familia Amstrong, y el gobierno nacional la volvió a vender más tarde a Ricketts,

---

[129] *A. W.*, E3, Farran a Walker, 21/3/1903.

quien se la vendió a usted".[130] Esa legua debía ser intercambiada por tierras fiscales en los Territorios Nacionales del Sur. Farran le comenta a Walker:

> hemos visto la tierra que el gobierno tiene disponible y nuestro informante nos recomienda enfáticamente que no nos metamos para nada con las tierras de La Pampa, ya que el 95 por ciento de ellas son sólo salitres o esteros, por lo que elegimos campos en Santa Cruz.[131]

Los trámites no evolucionaban favorablemente dado que se requería una mensura oficial, lo que era un proceso lento y costoso,

> Pero haciendo que el expediente pase al Procurador General del Tesoro, un íntimo amigo personal de nuestro H. H. Z. (Zimmerman, socio menor de la firma), nos fue posible tirar de los hilos adecuados y obtener el informe que nos resulta conveniente.

Continúa Farran:

> tenemos suerte de poder utilizar nuestra influencia; prueba de ello es que, *y que esto quede estrictamente entre nosotros,* tenemos el "expediente" de Walter Harding bajo llave y candado, ya que conviene a nuestros intereses que permanezca dormido por un tiempo. Harding ha estado ocho años y medio "tramitando", y continúa haciéndolo, y lleva gastados más de $ 5000.

Sin embargo, no bastaba con las influencias:

---

[130] A. W., E3, Farran a Walker, 3/6/1902. Se trata del lote 20, sección 1 de las tierras puestas en venta por el Gobierno Nacional después de la campaña del general Roca. Posiblemente, estas tierras habían sido incorporadas a la provincia por algún movimiento anterior de frontera y de entonces data la venta que San Luis hizo a Amstrong.

[131] A. W., E3, F.& Z. a Walker, 3/6/1902.

Usted comprenderá que "la máquina sin aceite no anda bien", y en tanto que esperamos sinceramente que sus gastos sean mucho menores que los de Harding, temo que la "función" le costará unos $ 3000 ó $ 3500, pero obtendrá así un título negociable.[132]

De esta forma, gracias a Farran y Zimmerrnan, Walker logró un buen título para sus tierras de San Luis.

Al no efectuarse el intercambio con las tierras del Sur, Walker decide vender sus campos puntanos para poder utilizar el producto para dar solución definitiva a sus problemas de capital en la *25 de Mayo*. Farran y Zimmerman efectúan la venta logrando un precio de $ 16 por hectárea; más tarde comentarán: "El hombre que lo compró nos confesó que nunca había visto las tierras, así que el pobre tipo no sabe el 'clavo' que compró".[133]

Sin duda, la actividad de estos agentes, más allá de la ventaja ocasional en el caso señalado, tenía una influencia beneficiosa en la política administrativa y las técnicas productivas que se desarrollaban en las estancias. Como hemos visto, los agentes proveían al productor de información técnica y económica que tendía a aumentar la eficiencia técnica de las explotaciones. Farran, por ejemplo, subscribe a Walker a la publicación de la bolsa de valores de Buenos Aires, en la que aparece la cotización de varios productos agrarios y demás información útil para el productor. Ellos también se encargan de hacer llegar a Walker publicaciones técnicas. Más aún, sus contactos en Buenos Aires les permiten estar al tanto de las últimas novedades que se experimentaban en el país y sugerírselas a sus clientes cuando, a su juicio, los resultados parecían justificarlo. Hemos señalado que notamos en Walker una tendencia

---

[132] A. W., E3, F.& Z. a Walker, 11/8/1903. Subrayado en el original. Las expresiones entre comillas están en castellano en el original, el resto en inglés.
[133] A. W., E4, F.& Z. a Walker, 13/5/1905.

más bien conservadora en varios aspectos de la administración de sus campos, pero sin duda la relación con Farran y Zimmerman hizo mucho para que esto no resultara en un retraso en el tipo de actividad que desarrollaba.

Desarrollo de las tierras de Villegas

Farran y Zimmerman también estaban encargados de la administración de las extensas propiedades de Walker en Villegas. En 1897, falleció Wilhelm Wendelstadt, y Walker separó entonces sus campos de la sucesión de su ex empleador, y quedó en posesión de varias leguas cuadradas, sólo dos de las cuales tenían un alambrado perimetral. Poco después, Farran trasmitió a Walker un ofrecimiento de arriendo a dos años por media legua cuadrada a $ 1600 por año para hacer agricultura, pero Walker la rechazó argumentando que tenía la intención de "poblarla" él mismo.[134] Poco más tarde, Farran volvió a preguntar qué pensaba hacer Walker con los campos de Villegas y este, que sin duda no estaba en condiciones de emprender la formación de una nueva estancia, se decidió a darla en arriendo para pastoreo. Se firmó entonces un contrato con Imaz a $ 1500 la legua cuadrada, un precio que Farran juzgó bueno, dado que los agricultores no estaban obteniendo buenos resultados en la zona. En este período, se completó el alambrado perimetral de los campos.

En los años siguientes, encontramos referencias a varias ofertas a Walker para cultivar sus campos y varias iniciativas de este con el mismo fin, pero salvo alguna pequeña extensión que es sembrada, la mayoría fracasa, por lo que los campos continúan arrendados para pastoreo, dando una renta más bien baja.

---

[134] *A. W.*, E1, Farran a Walker, 4/5/1998 y C1, Walker a Fanan, 7/5/1898.

La intención de Walker había sido dividir la propiedad en fracciones menores y arrendarlas a colonos. De esta forma, sembraría la tierra con alfalfa y se formarían potreros más reducidos –en los contratos de arriendo se solía incluir una cláusula por la que el propietario proveía el material y el arrendatario el trabajo– para alambrar. Pero Villegas era un área marginal para la agricultura, ya que sus resultados dependían de las lluvias que eran muy irregulares en la zona. Por ello, no se podía efectuar este tipo de arreglo en un contrato de corta duración, como pretendía Walker, ya que el riesgo de un par de cosechas malas sucesivas era muy alto. Por otro lado, Walker temía que cuatro o cinco años seguidos de agricultura arruinaran la tierra. El problema residía en que de ninguna forma disponía del capital necesario para formar una estancia con sus propios recursos y tampoco tenía intención de vender sus tierras, ni una porción, ya que creía, como mucha gente en la Argentina de ese período, que la tierra era la mejor inversión. Finalmente, llegará a un acuerdo con un señor Melville, quien actuará como empresa colonizadora. Este tomaba en arriendo dos leguas cuadradas por dos años, a un canon muy bajo; a cambio, se hacía cargo de dividir la propiedad en potreros y cultivarla con alfalfa. Melville subarrendaba fracciones menores a colonos y los proveía de los materiales para alambrar, la maquinaria agrícola y semillas; en pago recibía una porción de la cosecha. De esta forma, en poco tiempo, se estableció la base de lo que será la estancia de Walker en Villegas, *Blanca Manca,* sin costo directo alguno para su propietario.

Estancias y Colonias Walker

De tal forma, se completa el desarrollo de las propiedades Walker en la primera década del siglo XX. En 1908, Walker crea una compañía pública en Argentina, *Estancias y*

Colonias Walker, a la que transfiere las propiedades. Dos años más tarde fallece el doctor Enrique Bird, su sobrino y subadministrador, y su familia, salvo una hija radicada en Fray Bentos (Uruguay), regresa a Escocia. Algunos años antes, un sobrino-nieto de Walker, Johny, había venido a la Argentina para colaborar en la administración de las propiedades, pero luego de un período de un año regresa definitivamente a Europa. De esta forma, Walker queda solo y sin herederos en Argentina. En 1910, deja *Nuevo Bichadero* en manos de un administrador y se retira; distribuye su tiempo entre Buenos Aires, donde poseía una casa en la calle Brasil, y la *25 de Mayo;* la dirección de sus propiedades queda totalmente en manos de Farran y Zimmerman.[135]

Walker se había mantenido en constante relación con su familia y la Madre Patria. Cuando en 1897 fallece W. Wendelstadt, Walker recibe como parte de la liquidación de su sociedad con él algunas acciones de la *Cervecería Argentina.* Efectúa entonces un arreglo para que los dividendos anuales, que se pagaban en Europa, fueran enviados directamente a sus hermanas en Kilbirnie. Realiza también periódicamente transferencias de dinero a Escocia. Por la correspondencia que hemos visto, sin embargo, no parece que Walker haya vuelto a radicarse en su tierra natal. Pero a su muerte, las acciones de *Estancias* y *Colonias Walker* son heredadas por sus familiares en Europa, aunque la conducción de los negocios queda a cargo de Zimmerman en Argentina.

---

[135] A fines de 1903 fallece Farran, pero a solicitud de su viuda la firma sigue llevando su nombre. Cuando ella muere, algunos años más tarde, la firma pasa a llamarse H. H. y E. R. Zimmerman.

2

Colonización, especulación y otras inversiones en tierras

Los primeros pasos: de un comienzo vacilante a las rápidas ganancias

La caída de Rosas puede ser tomada como el punto de inflexión que da comienzo a un largo período de transición que llevará a la radical transformación del país que tuvo lugar en la década de 1880. En esta etapa se destacan dos factores dinámicos esenciales que, al generar un aumento del excedente económico, aseguran una mayor participación de la Argentina en el comercio internacional y demuestran además la potencialidad de desarrollo y de crecimiento que ofrecía el sector agrario. Estas nuevas actividades son la cría de lanares en la provincia de Buenos Aires (cuyos orígenes son en realidad anteriores a la caída de su gobernador) y la colonización agrícola en Santa Fe. En ambos casos, hubo participación británica.[136] Hemos visto en el primer capítulo cómo –debido a la vocación agraria de los inmigrantes o a la recanalización de excedentes comerciales– muchas estancias argentinas eran propiedad de súbditos británicos, y que eventualmente se transformaban en empresas radicadas en el Reino

---

[136] Sobre estos temas, ver Hilda Sábato, *Capitalismo y ganadería en Buenos Aires: la fiebre del lanar*, Buenos Aires, Sudamericana, 1989; y con Juan Carklos Korol el citado *Como fue la inmigración...*, y de E. Gallo, *La pampa gringa. La colonización en Santa Fe (1870-1895)*, Sudamericana, Buenos Aires, 1983.

Unido. Hubo también participación individual británica en la formación de colonias; nombres como Amstrong, Casey, Drabble, Richardson y English se encuentran entre quienes fundaron colonias en sus propias tierras. Pero la mayor contribución en este aspecto vino de un grupo de compañías públicas que adquirieron grandes extensiones de campo, en especial en la provincia de Santa Fe, con el propósito de subdividirlas y venderlas a colonos.

Los primeros proyectos extranjeros de colonización en la Argentina

El proceso de colonización en la provincia de Santa Fe se inició a comienzos de la década de 1850 y fue estimulado por el Gobierno del General Urquiza, ansioso por equilibrar su débil posición económica frente a la provincia rebelde de Buenos Aires. Después de la reunificación en 1862, bajo la presidencia de Mitre, el proceso continuó con nuevo vigor, favorecido por las condiciones creadas por la guerra con Paraguay y estimulado por el éxito de algunas de las primeras colonias.[137] Por otro lado, la relativa estabilización de la situación política argentina lograda por las nuevas autoridades nacionales, así como el saneamiento de la deuda exterior por el convenio para el pago de la deuda pendiente del empréstito Baring de 1824, crearon condiciones más favorables para la inversión de capitales extranjeros en la Argentina. Por lo tanto no es extraño que de este período daten los primeros intentos de formar empresas de colonización extranjeras para operar en el país.

---

[137] La concentración de tropas de la Triple Alianza en Corrientes generó un aumento de la demanda de alimentos y otros abastecimientos militares, que estimuló la actividad comercial y la producción agraria en toda la región litoral. Ver Gallo, "Agricultural Colonization and Society..."; cuando se cite este texto, puede verse la versión española, La Pampa Gringa, op. cit.

Curiosamente, y pese a la preponderancia absoluta que tendrá más tarde el capital británico sobre las demás inversiones externas, tanto en este como en los demás rubros en que existió radicación de capitales foráneos, los primeros intentos europeos de formar empresas por acciones para la compra de tierras para colonización en Argentina fueron alemanes.

En efecto, en 1862 la firma germana Werner y Compañía propuso al Gobierno argentino un contrato por el cual se comprometía a introducir diez mil familias de dicho origen a Santa Fe en diez años, a cambio de la concesión de dos leguas cuadradas y media de tierras fiscales por cada ocho familias radicadas. Sin embargo, no existe ninguna evidencia de que la oferta haya sido atendida por el Gobierno.[138] Al año siguiente, en cambio, se otorgó una concesión a M. Bramberg con el propósito de formar una colonia alemana, pero también naufragó este intento, debido al fracaso de Bramberg en colocar las acciones de una compañía pública en los mercados europeos, mecanismo por el cual esperaba reunir el capital necesario para la empresa.[139] En 1864, hubo un tercer y más ambicioso proyecto alemán. Se trata de la formación de una empresa con un capital equivalente a dos millones de libras esterlinas con el propósito de colonizar 30.000 millas cuadradas del territorio de la provincia de Buenos Aires entre los ríos Salado y Negro –es decir, pleno territorio indígena en ese entonces–. Esperaban contar para ello con apoyo del Gobierno nacional, pero tampoco esta propuesta fructificó.[140]

---

[138] M. A. Cárcano, *Evolución histórica del régimen de la tierra pública,* 3ª ed., Buenos Aires, Eudeba, 1970, p. 194.
[139] *Mulhall, Handbook...* (1869), sección A, p. 52.
[140] *Ibid.,* p. 55. También T. Hutchinson, *The Paraná with Incidents of the Paraguayan War and South American Recollections,* Londres, 1868, p. 182.

Finalmente, existió otro proyecto alemán: la Compañía Argentina de Tierras e Inmigración, formada en 1863. Esta empresa se hallaba respaldada por un grupo de bancos germanos que se proponía reunir un capital equivalente a medio millón de libras esterlinas y ofrecer al Gobierno nacional la introducción de 1500 familias a cambio de seis leguas cuadradas por cada 200 familias; pero tampoco este intento progresó.[141]

El primer proyecto británico de esta naturaleza tuvo lugar en 1865, cuando el Gobierno de Santa Fe otorgó en concesión a los señores Wilken y Vernet un territorio de 100 leguas cuadradas a orillas del río San Javier, consistente en un cuadrado de 30 leguas por lado con frente sobre el río. Se trataba de tierras excelentes, donde se habían levantado dos asentamientos jesuitas, el de *Cayastá Viejo* y *La Tapera de Martínez*. Estas debían ser pobladas con 250 familias el primer año, cada una de las cuales recibiría unas 20 cuadras de tierra de forma gratuita. Los títulos de propiedad les serían entregados a los tres años de residencia. Se iba a otorgar, además, a cada familia 200 ovejas y 15 vacas lecheras, en un contrato por el cual la compañía recibía las dos terceras partes del aumento de la majada y de los demás productos de los animales. La empresa colonizadora también hacía un adelanto en dinero a los colonos. Una vez que estos se afincaban, podían adquirir más tierras del Gobierno. Pero los socios no pudieron formar la compañía pública por acciones en Londres, que era lo que habían previsto para reunir el capital necesario para el proyecto, y por lo tanto se vieron obligados a dejar que la concesión caducara.[142]

---

[141] Hutchinson, *op. cit.,* p. 183.
[142] Mulhall, *Handbook...* (1869), sec. A, pp. 41-3; Cárcano, *op. cit.,* p. 194; Hutchinson, *op. cit.,* p. 182.

Ese mismo año se registró en el Board of Trade británico otra compañía con la intención de utilizar capitales de dicho origen para el desarrollo de colonias en la Argentina. Se trata de la Compañía de Tierras de Córdoba (Córdoba Land Company), cuyos estatutos expresan que se crea con el propósito de "adquirir y tomar en transferencia la concesión o contrato de colonización y adquisición de tierras fiscales, celebrado entre el Gobierno de la Provincia de Córdoba y Eduardo J. Etchegaray, el 28 de marzo de 1864".[143]

La concesión, que se encontraba entre los ríos Cuarto y Quinto, cubría la extraordinaria superficie de mil leguas cuadradas y, según M. A. Cárcano, le había costado a Etchegaray "unos pocos pesos".[144] El capital autorizado de la compañía era de un millón de libras esterlinas, aunque se consideraba que sólo sería necesaria la emisión de una cuarta parte de dicha cantidad. El programa de la empresa consistía en establecer diez colonias de 200 familias cada una, comenzando a poblar la región más próxima a Rosario y estableciendo las colonias a intervalos regulares de diez leguas. Los colonos iban a ser traídos de Irlanda, de Francia, de Italia y de España. Cada colono recibiría 20 cuadras de tierra y el título de propiedad le sería otorgado a los seis años de residencia. Radicando a 2000 familias, a 20 cuadras cada familia, la compañía utilizaría tan sólo 25 leguas de su tierra y quedaría en posesión de 975 leguas, que serían desarrolladas y explotadas por la empresa.

La compañía daría en adelanto a los colonos los pasajes y el dinero necesario para establecerse, y los mantendría durante el primer año, y los colonos deberían devolver estos adelantos en un plazo de tres años con un interés anual del 10%. De acuerdo con el cálculo optimista que

---
[143] Córdoba Land Company Ltd., en *Public Record Office* (Londres), BT31, 1058/1876.
[144] Cárcano, *op, cit.*, p. 223.

reproduce Hutchinson, esta operación debía resultar en un beneficio para la compañía de más de un millón y medio de libras esterlinas en un plazo de diez años, conservando la propiedad de 975 leguas cuadradas de excelentes tierras. Estos cálculos eran, sin duda, totalmente irreales, pero ello nunca llegó a comprobarse ya que la compañía no pudo emitir su capital.[145]

El fracaso de estos intentos de lanzar a los mercados de valores europeos empresas de colonización en Argentina no es en realidad difícil de explicar. Si bien el desarrollo de las colonias agrícolas y el alza constante del precio de la tierra eran fenómenos bien conocidos para los empresarios europeos con antiguos vínculos comerciales con Argentina que promovían estas empresas, para la mayor parte del público inversor europeo se trataba de una actividad poco familiar en una región del globo aún menos conocida, lo que sin duda debe haber inspirado muy poca confianza.

En cambio, la posibilidad de promover proyectos de colonización orientados más bien a atraer inmigrantes (y no capital) parecía tener mejor fundamento. La exitosa inmigración individual irlandesa y escocesa de las décadas de 1840 y 1850, junto a la emigración europea contemporánea hacia otras áreas de reciente asentamiento, tales como Canadá, Australia o el Medio Oeste norteamericano, habían preparado el terreno para ello.

El primer intento de este tipo tuvo lugar en Fraile Muerto, Córdoba, donde un grupo de colonos ingleses se estableció en 1863. Sometidos a serias dificultades, tales como el ataque de indios, sequías, tormentas de granizo y la langosta, la colonia nunca logró prosperar como

---

[145] Hutchinson, *op. cit.*, pp. 177-180.

tal. Sin embargo, como ya hemos señalado, cierto número de pobladores permaneció en sus tierras, llegando a ser muchos de ellos exitosos estancieros.[146]

En 1870, hubo un segundo proyecto de asentamiento inglés en Fraile Muerto. Este fue organizado por H. Henley, quien persuadió a 60 jóvenes ingleses a venir como inmigrantes, acompañados por un clérigo anglicano y un médico. Cada uno de ellos contribuyó con 150 libras para los gastos de traslado y asentamiento. Debido a las dificultades en Fraile Muerto, particularmente a los indios, el grupo decidió establecerse cerca de Rosario. Sin embargo, también este proyecto resultó en un fracaso. La colonia fue abandonada luego de un año y Henley desapareció sin rendir cuentas del dinero recibido.[147]

Adquisición de tierras por bancos británicos

Un camino totalmente distinto por el cual importantes extensiones de tierras argentinas pasaron a manos de empresas británicas, hacia finales de la década de 1860 y comienzos de la siguiente, fue la insolvencia de grandes propietarios rurales que habían tomado créditos hipotecarios con firmas bancarias inglesas. La política establecida por la casa matriz en Londres del Banco de Londres y el Río de la Plata consistía en operar estrictamente como banca comercial, tomando como garantía de sus créditos sólo valores de gran liquidez, siendo todos sus préstamos a corto plazo. Sin embargo, Green, su gerente

---

[146] Ver capítulo 1, primera parte. Una descripción más completa del intento de colonización de Fraile Muerto puede verse en Platt, "British Agricultural Colonization...", que también hace referencia a otros intentos de colonización británica en Argentina en esta época. El más significativo de ellos fue el de las colonias galesas de Patagonia, a las que regresaremos más adelante (capítulo 3, segunda parte).

[147] Platt, "British Agricultural Colonization...", p. 12.

en Buenos Aires, no se ciñó siempre a esta política, y en ocasiones tomó garantía inmobiliaria al otorgar créditos a sus clientes. Cuando el directorio londinense se percató de ello, reemplazó a Green por Maschwits, de tendencia más conservadora, pero para entonces ya se habían efectuado importantes préstamos con garantía inmobiliaria.[148] Al producirse la quiebra de algunos de los tomadores de crédito, el banco se encontró en propiedad de importantes extensiones de tierra. El caso más llamativo es el de Mariano Cabal, un importante especulador de tierras de la provincia de Santa Fe. En 1866, recibió dos millones de hectáreas del Gobierno provincial a un precio muy reducido, en compensación por haber financiado una campaña contra los indígenas. La mayor parte de estas tierras, sin embargo, pasaron a manos de su acreedor, el Banco de Londres y el Río de la Plata, en 1870, cuando una caída del precio de la tierra lo lleva a la ruina. Las propiedades recibidas por el banco incluían seis estancias y dos colonias agrícolas, y el valor estimado de las estancias solas era de £ 55.000. Pero como el banco no estaba interesado en participar del comercio de tierras, procedió a realizar estas propiedades tan pronto como le fue posible.[149]

El otro banco británico que operaba en la Argentina en esta temprana etapa, el Banco Mercantil del Río de la Plata, tenía una política de préstamos mucho más liberal; y así, para 1876, cuatro años después de su formación, una tercera parte de su activo, incluyendo el fondo de reserva, estaba compuesto por bienes inmuebles y otras

---

[148] C. Jones, "British Financial Institutions in Argentina – 1860-1914", tesis doctoral de la Universidad de Cambridge, 1973, p. 72.

[149] Gallo, "Agricultural Colonization...", pp. 106-107 y 180-183. Puede hallarse una lista de estas propiedades en el cuadro V, p. 183, tomada de los archivos del banco. Una de estas colonias, San Francisco, fundada en 1868, con una población de 100 personas en 1872, aún pertenecía a la casa bancaria en ese año; ver *Parliamentary Papers,* Londres. (en adelante *P.P.),* 1873, LXX, p. 54.

garantías que el banco había debido incautar a sus deudores. Pero este tipo de política bancaria no podía sobrevivir por mucho tiempo en las inestables condiciones de la Argentina de los años setenta, y el banco se vio sumido en graves dificultades por la crisis comercial-financiera de 1875-1877, de la que ya no pude recuperarse. Finalmente, en 1881, se verá obligado a declarar la quiebra.

Alejandra: el proyecto de colonización de Thomson, Bonar y Companía

Una operación en tierras que a la larga resultó más exitosa por parte de una firma bancaria inglesa fue la efectuada por Thomson, Bonar y Compañía, quienes fundaron una colonia agrícola en el norte de la provincia de Santa Fe. En octubre de 1870, esta compañía obtuvo en concesión de la Legislatura Provincial 34 leguas cuadradas de tierras, con 17 leguas de frente sobre el río San Javier.[150] Las tierras se hallaban ubicadas al norte de otros dos asentamientos procedentes del mundo anglófono; uno de ellos era el conocido como Colonia California y el otro, como Colonia San Javier.

El primero de estos asentamientos había sido fundado por un grupo de familias norteamericanas dirigidas por William Perkins, a quien más tarde cabría activa participación en el proceso de colonización en Santa Fe. Estos colonos habían comenzado su azarosa travesía cruzando las Montañas Rocallosas en Estados Unidos para llegar a California. Una vez allí, decepcionados por la situación social del nuevo estado, en plena fiebre del oro en ese entonces, se embarcaron rumbo a Chile y, tras cruzar los Andes, vinieron a establecerse en 1866 en el norte de la provincia de Santa Fe. Constituida por familias endurecidas en su larga experiencia de viajes y en busca de un lugar tranquilo

---

[150] Mulhall, *Handbook...* (1869), p. 441.

donde poder criar a sus hijos lejos de la corrupción de la civilización, la colonia prosperó y se constituyó en una avanzada en la frontera norte de la provincia de Santa Fe.[151] Tres años más tarde, en 1869, se formó en las proximidades de Colonia California el asentamiento de San Javier, una extensión de las colonias galesas de la Patagonia, fundada sobre una modesta concesión de una legua cuadrada a orillas del río del mismo nombre. También este asentamiento logró superar las dificultades de los primeros años para progresar luego satisfactoriamente.[152]

Con el tiempo, sin embargo, será Alejandra, la colonia fundada por Thomson, Bonar y Compañía, el asentamiento que logre mayor desarrollo en la región. Este proyecto tenía considerables ventajas sobre los intentos anteriores de utilizar capital británico para la formación de colonias en Argentina, ya que contaba con adecuados recursos financieros propios, provenientes de la casa bancaria londinense y, por lo tanto, no dependía de un mercado de capitales poco proclive a comprometerse en este tipo de proyectos. Más aún, el apoyo de una importante empresa británica otorgaba a esta colonia un respaldo del que carecían proyectos independientes, tales como los intentos de Fraile Muerto y el de Henley.

La colonia fue iniciada por Waguelin, hijo del principal socio de Thomson & Bonar, quien ese mismo año de 1870 se trasladó desde Inglaterra a las tierras de la concesión en compañía de un grupo de colonos ingleses. La firma proveyó a los colonos de caballos y bueyes, y les facilitó las provisiones necesarias para su supervivencia, hasta la primera cosecha, de sus almacenes generales. La administración de la colonia disponía, además, de una trilladora,

---

[151] *P.P.*, 1872, LXX, pp. 54 y 67; 1878/9, LXXXI, p. 360; 1884, LXXI, p. 553. También *Brazil and River Plate Mail* (en adelante *B. & R.P.M.)* 21/10/1873, p. 7.
[152] Platt, *op. cit.*, p. 13; *P.P.* 1872, LXX, pp. 54 y 66; y 1883. LXXJ, p. 553.

un pequeño vapor para las comunicaciones fluviales y otra maquinaria esencial para el funcionamiento de la colonia. Las chacras que se vendían a los pobladores tenían 330 yardas de frente por 1170 de profundidad y cubrían una superficie de 100 acres ingleses cada una. Todas se hallaban alambradas, y para eso se había utilizado las abundantes maderas duras de la región. El trabajo de arado se hacía con bueyes; y se plantó trigo, maíz, tabaco, papas, batatas y hortalizas. La administración de la colonia introdujo, además, algunas cabezas de ganado para proveer a las necesidades de los colonos. Había también una escuela, de la que se hacía cargo uno de los pobladores, pero el asentamiento carecía de clérigo y de médico. La empresa entregaba también un rifle y un revólver a cada hombre en la colonia, y se erigió una empalizada en su centro para ofrecer resguardo en caso de ataque indígena.[153]

Esta última precaución se hacía particularmente necesaria debido a que Alejandra se hallaba al norte de la frontera indígena, que en 1870 estaba representada por una línea imaginaria en dirección oeste partiendo del fuerte San Javier, en la desembocadura del río de dicho nombre en el Paraná, cerca de las colonias de California y San Javier. En realidad, de acuerdo con un comunicado del Gobierno argentino de 1875, la compañía había "escogido sus tierras deliberadamente, no sólo debido a su riqueza, sino también porque su precio era muy bajo; y conocía bien el peligro de ataques indígenas".[154] Esta elección costó muy cara a los fundadores de la colonia. Ocasionalmente, se producían en la cercanía de Alejandra incursiones de aborígenes no civilizados; y en el curso de una de ellas, en 1871, Waguelin resultó muerto junto a un trabajador italiano.

---
[153] *B & R.P.M.*, 23/9/1873, pp. 7-8.
[154] *Ibid.*, 8/12/1875, p. 10.

El incidente se produjo, de acuerdo con el relato de algunos colonos, de la siguiente manera: había tres miembros de la colonia realizando ciertos trabajos cerca del río cuando se avistó en la cercanía a un grupo de indios. Waguelin, que se hallaba trabajando en la administración de la colonia, tras la empalizada, se dirigió desarmado, en compañía del trabajador italiano, a advertir de la presencia de los indios a los colonos que estaban cerca del río. Un par de horas después regresaron a la empalizada los colonos que trabajaban junto al río, sin noticias de los indígenas ni de Waguelin. Se organizó entonces una partida armada que salió en busca del jefe de la colonia, y que encontró su cadáver, junto al del trabajador italiano, no muy lejos de la empalizada. Este incidente, junto con otros ataques indígenas en regiones donde existían asentamientos británicos, llevó a un altercado entre el Encargado de Negocios Británico en Argentina, Macdonell, y las autoridades nacionales. A raíz de él, Macdonell envió su negativo informe sobre la Argentina como área de inmigración para súbditos británicos.[155]

Por su parte, el Gobierno argentino trasladó hacia el norte la línea de frontera indígena para dar protección a la colonia. Sin embargo, ese mismo año se produjo un nuevo ataque indígena a un colono, pero esta vez los pobladores de Alejandra respondieron con un "malón de adentro" y dieron muerte a cinco indígenas.[156] Tres años más tarde, se produjo otro incidente en el curso de una de estas excursiones punitivas de los pobladores contra los indios, esta vez ocasionada por el robo de ganado. En su número de noviembre de 1876, el *Brazil and River Plate Mail*

---

[155] Este informe, junto con correspondencia relativa a estos incidentes y los reclamos posteriores a las autoridades argentinas, pueden verse en *P.P.* 1872, LXX, pp. 3-120, especialmente pp. 11-15 y 95-103, referentes a Alejandra.

[156] *B. & R.P.M.*, 7/1/1873, pp. 3-4.

reproducía un informe alarmista en el que se decía que un grupo de 43 personas habían salido de la colonia hacia el Chaco con el propósito de atacar a los indígenas y que la mitad de ellos habían sido muertos. En realidad, sólo se habían producido dos bajas entre los colonos, uno de ellos Juan Moore, hijo de uno de los principales colonos de California, que se había unido a los pobladores de Alejandra en su acción contra los indios y dirigía la expedición. Este nuevo incidente dio motivo a un comunicado del Gobierno argentino en el que explicaba que los pobladores contaban con medios para defenderse de los aborígenes y que en varias oportunidades habían organizado este tipo de expediciones punitivas. Finalmente, concluía que el Gobierno no aprobaba este tipo de acción individual por parte de los pobladores, en la que exponían sus vidas en la lucha contra el indio. Pero fue probablemente el resultado trágico de la expedición, más que la advertencia del Gobierno, lo que inhibió a los colonos de repetir acciones de este tipo; y como los indígenas no volvieron a incursionar en el área de la colonia, no volvieron a producirse incidentes. Estos hechos, sin embargo, dejaron una marca profunda en los pobladores de la colonia; aún hoy los habitantes de Alejandra suelen recordar anécdotas, con frecuencia exageradas, de estos tempranos enfrentamientos.[157]

El peligro de ataque indígena no había sido lo único que preocupaba al Encargado de Negocios MacDonell cuando escribió su negativo informe sobre esta colonia y

---

[157] Esta colonia ha conservado notablemente su identidad, posiblemente por tratarse, junto con California y San Javier, de un pequeño núcleo protestante en el Norte de Santa Fe. Es quizás esta identidad la que ha mantenido vivas estas tradiciones por más de un siglo. El autor ha escuchado varios relatos de estos hechos de habitantes actuales de Alejandra, incluyendo uno de Juan Moore, descendiente de una de las familias que perdió un miembro en uno de los incidentes. Las tumbas de las víctimas pueden ser visitadas aún hoy en la iglesia protestante de Alejandra.

sobre inmigración a la Argentina en general –informe que contrasta vivamente, en muchos sentidos, con el enviado al Gobierno de Su Majestad por el Vice-Cónsul Joel, residente en Rosario, sobre la colonización agrícola en Santa Fe.[158] MacDonell acusa en él a Thomson, Bonar y Compañia de brindar información falsa o distorsionada con el propósito de conseguir inmigrantes para sus colonias. En su opinión, el trabajo que se requiere de los pobladores "sólo podría ser realizado por un *coolie* (trabajador chino) o un africano", y el clima de la región era demasiado caluroso para noreuropeos. La casa bancaria respondió mediante una carta al *Foreign Office* en la que aseguraba que la empresa no está haciendo esfuerzo alguno para atraer colonos, ya que el asentamiento se hallaba totalmente poblado gracias al arribo de un nutrido número de italianos del norte.[159] Esto no era totalmente exacto. Hasta mediados de 1874, la compañía siguió publicando un anuncio en el *Brazil and River Plate Mail* en el que ofrecía un panfleto gratuito sobre su colonia en el norte de Santa Fe.

En cambio, lo que sí era cierto es que un grupo de 226 valdenses provenientes de los valles del Piamonte habían llegado a la colonia en el vapor *Octavio Stella* para unirse en la colonia a los 150 pobladores de origen británico, a un cierto número de inmigrantes suizos que se habían asentado allí y a algunos norteamericanos de Colonia California que se habían trasladado a Alejandra. De esta forma, la población de la colonia en 1873 llegaba a 450 almas.[160] Bajo la dirección de Balfour primero, y luego de Lloyd, ambos

---

[158] *P.P. 1872*, LVII, pp. 3-11.
[159] *Thomson, Bonar and Company to Foreign Office*, 5/4/1873, en P. R. O., F. O. 16/318.
[160] Existen ciertas discrepancias respecto al número de colonos de las distintas nacionalidades en las diversas fuentes, pero las cifras coinciden aproximadamente con las que aquí indicamos; véase Mulhall, *The English...*, p. 442; *B & R. P. M.*, 21/10/1873, p. 7; Platt, *op. cit.*, p. 12; y *P.P. 1878/9*. LXXXI, p. 3.

administradores nombrados por la casa británica, y pese a la pesimista opinión de Macdonnell, Alejandra logró un considerable progreso tras superar las dificultades de los primeros años. Cuando en 1876 la Central Argentina Land Company (en adelante CALCo.) decidió contratar los servicios de Lloyd para que se hiciera cargo de la administración de sus colonias, el antecedente que más valoraron sus nuevos empleadores fue el haber logrado un adecuado funcionamiento en Alejandra.

En realidad, la producción triguera, que había sido el propósito para el cual había sido fundada la colonia, no había resultado muy exitosa, y para 1882 sólo había 908 acres bajo ese cultivo.[161] Pero esta actividad había sido reemplazada por otras. En 1876, el Vice-Cónsul Joel informaba que "muchos pobladores, en especial en el norte de la provincia, han abandonado el cultivo del trigo introduciendo ganado ·en sus tierras, lo que les rinde mayores beneficios".[162] La cría de ganado, junto al cultivo de la caña de azúcar (que había sido agregada a la producción agrícola de la colonia), el tabaco, hasta cierto punto el maíz, constituían las principales producciones comerciales de Alejandra, en tanto que el cultivo de papas, batatas, mandioca, trigo y hortalizas era destinado a satisfacer las necesidades locales. Había, además, un servicio regular de transporte a vapor por el río San Javier, unido por un canal al Paraná, lo que mantenía en contacto regular la colonia con el mundo exterior y facilitaba el transporte a bajo costo. La nueva orientación de la producción en la zona, sin embargo, cambió la fisonomía del asentamiento. Así, a

---

[161] P.P. 1883, LXXI, 191.
[162] P.P. 1877, LXXXIII, p. 7. Esto coincide con lo que señala el informe de 1882 citado anteriormente, que explica la reducida área sembrada con trigo por la expansión de la ganadería.

mediados de la década de 1880, Peyret describe Alejandra como un conjunto de pequeñas estancias más que como una colonia agrícola.[163]

Resultados financieros de la operación para Thomson, Bonar y Compañía

Pero si la colonia en sí resultó exitosa, ¿cuáles fueron los resultados de la operación para la compañía que la creó? Las chacras de 100 acres se vendían a los colonos en 60 libras esterlinas, pagaderas en cuatro cuotas anuales, con un interés del 10% anual. Este precio, equivalente a dos libras diez chelines por cuadra, también provocó la indignación de Macdonnell, quien señala que el Gobierno provincial vendía la tierra de frontera a colonos a sólo siete chelines la cuadra.[164] Sin embargo, es necesario tener en cuenta que la compañía ofrecía una serie de ventajas, tales como el crédito para semillas, ganado y provisiones, la protección relativa contra los indígenas que representaba la existencia de un asentamiento más numeroso, la posibilidad de presionar a las autoridades nacionales y provinciales –lo que se refleja, por ejemplo, en el corrimiento de frontera de 1872–, etc., que hasta cierto punto justificaban los precios más altos que pedía por sus tierras. Esto se ve confirmado, en alguna medida, por el hecho de que muchos de los intentos independientes de establecer colonias, como hemos señalado, fracasaron precisamente debido a estas carencias. Volviendo a las condiciones que Thomson, Bonar y Compañía ofrecía a sus colonos, los adelantos en ganado, semillas y provisiones, que equivalían aproximadamente a 50 libras esterlinas, debían ser devueltos en tres años y llevaban también una tasa de

---

[163] A. Peyret, *Una visita a las colonias de Santa Fe*, Buenos Aires; 1887, pp. 304-305; véase también Gallo, "Agricultural Colonization...", p. 55.
[164] *P.P. 1872*, LXX, p. 16.

interés del 10%. Esta tasa, pese a las protestas de Macdonell, que la consideraba abusiva, era notoriamente más baja que los leoninos intereses que solían cobrar por préstamos a corto plazo los comerciantes locales, con frecuencia la única fuente de crédito para los colonos.

Con una población total de 400 almas en 1873, cuando terminó de establecerse el núcleo inicial de la colonia, podemos suponer que, con una alta proporción de hombres solteros jóvenes, lo que es habitual en zonas de frontera de población reciente, la colonia estaría constituida por unos 150 a 200 pobladores independientes. Esto significa un gasto por parte de la compañía de diez mil libras en adelantos, que le serían devueltas en los tres años siguientes. La empresa era también acreedora de 12.000 libras respecto de la venta de las chacras, si consideramos que cada poblador independiente habría adquirido tan sólo una chacra en esta primera etapa. De esta forma, la administración estaría recibiendo 2000 libras por año sólo en concepto de intereses, y para 1877 habría recuperado más de 20.000 libras de su inversión original. Pero generalmente las cosas no funcionaban tan bien. Aunque no existen evidencias de que la colonia atravesara por dificultades económicas en este período –en contraste, por ejemplo, con lo que ocurría al mismo tiempo en las formadas por CALCo–, es muy poco probable que todos los colonos pudieran hacer frente a sus obligaciones durante los primeros años.[165] Por otro lado, dado que el principal interés de las empresas colonizadoras era incrementar el valor de sus tierras mediante la formación de colonias prósperas más que presionar a los pobladores por el pago de sus

---

[165] Existen referencias ocasionales a estas colonias en los informes consulares y el *B. & R. P. M.* En tanto que encontramos varias menciones del fracaso de cosechas y otros problemas económicos en las colonias del Central Argentino, no hemos encontrado ninguna respecto de Alejandra.

deudas, las compañías en general adoptaban una política tolerante hacia sus colonos. Por lo tanto, parece posible suponer que hasta fines de la década de 1870, la suma recibida por Thomson, Bonar y Compañía en concepto de intereses difícilmente haya sido superior a los gastos de administración del asentamiento. Por otro lado, es posible que se hayan producido algunas pérdidas por préstamos a colonos que debieron abandonar el establecimiento sin poder saldarlos.

Ahora bien, ¿cuál había sido el costo para la casa bancaria de la tierra y el establecimiento de la colonia? Hacia fines de la década de 1860, existía una discrepancia entre la Legislatura de Santa Fe y el gobernador Oroño sobre los precios a que debían entregarse las tierras en concesión a las empresas colonizadoras.[166] Tomando los precios más altos que demandaba la Legislatura ($2000 fuertes por legua cuadrada en la región norte), las 34 leguas cuadradas otorgadas a la firma británica habrían significado un desembolso total de $68.000 fuertes, esto es, 13.600 libras esterlinas. Sumando el costo de agrimensura y establecimiento de la colonia, más las diez mil libras esterlinas adelantadas a los colonos, el gasto total de la empresa debe haber sido una cifra próxima a las 30.000 libras. Los préstamos a los colonos, seguramente, fueron saldados en su mayoría para fines de la primera década de existencia de Alejandra, junto con más de diez mil libras que Thomson, Bonar y Compañía debió recibir por la venta de chacras, que por otro lado abarcarían tan sólo unas cuatro leguas cuadradas. Por lo tanto, la firma habría recuperado cerca de dos tercios de su desembolso original, y habría permanecido en propiedad de más de 30 leguas cuadradas de la concesión.

---

[166] Hutchinson, *op. cit.*, cap XX.

Mientras tanto, en la medida en que los colonos reorientaban su producción hacia la ganadería, necesitaban más tierras, que tenían que arrendar o comprar a la empresa. En ambos casos, esta tenía una buena perspectiva de ganancias. A un precio de siete chelines y cuatro peniques por acre –o de 3672 libras la legua cuadrada– que era el establecido por la compañía, las tierras restantes tenían un valor de más de 112.860 libras, por lo que aun si la compañía vendió secciones mayores a precios más bajos, las ganancias debieron haber sido muy significativas. Por otro lado, el arriendo de las tierras, aun a cánones muy bajos, habría resultado muy ventajoso. En 1887, es decir, antes del pico de precios agrarios producido por el auge especulativo de 1888-1889, la tierra del norte de Santa Fe estaba valuada en $19,4 m/n la hectárea, lo que, aplicando la tasa cambiaria media de ese año, equivale a 7,315 libras la legua cuadrada.[167] Por lo tanto, aunque la tierra no hubiera producido ingresos durante un largo período –lo que parece poco probable–,[168] su aumento de precio aseguraba buenas ganancias sobre la inversión original. Dado que carecemos de información precisa sobre el momento y las condiciones en que la compañía se desprendió de sus propiedades, estas cifras deben ser tomadas con precaución. Pero aun si los resultados fueron mucho menos brillantes de lo que ellas sugieren, todo parece indicar que, en definitiva, Alejandra produjo importantes beneficios para la empresa que la creó.

---

[167] E. Gallo, "Santa Fe en la segunda mitad del siglo XIX. Transformaciones en su estructura regional", en *Anuario del Instituto de Investigaciones Históricas*, VII, Facultad de Humanidades, Universidad Nacional del Litoral, Rosario, 1965.

[168] En un informe fechado en 1882, se consigna que la colonia ocupa una extensión de 144.000 acres, *P.P. 1883*, LXXXI, p. 552, lo que sugiere una importante cantidad de tierra arrendada por la compañía a los colonos.

La Central Argentine Land Company: formación de la empresa

Pero el avance más significativo de las compañías británicas de colonización en Argentina en esta época se dio a través de CALCo. Los orígenes de esta empresa se remontan a comienzos de la década de 1850 y a las diversas propuestas que distintos grupos interesados en la concesión de un ferrocarril que uniera Rosario con Córdoba hicieron al Gobierno de la Confederación y a los inversores británicos. Por lo menos dos de estos proyectos, uno de Aarón Castellanos y el otro de W. Wheelwright y A. Campbell, ambos de 1852, incluyen la concesión de extensas mercedes de tierras por parte del Gobierno a la compañía como incentivo para la inversión y como forma de poblar y colonizar la región que atravesaría la línea férrea, adoptando un sistema que era usual en los Estados Unidos.[169]

En 1855, el Gobierno otorgó a José Buschental, agente financiero de la Confederación, una concesión para la construcción de una línea férrea entre Rosario y Córdoba que incluía una donación de tierras de una legua de ancho a todo lo largo del recorrido. En las difíciles condiciones financieras de mediados de la década de 1850, debiendo hacer frente a la oposición del Gobierno de Buenos Aires, y pese a que la concesión es renovada varias

---

[169] E. A. Zalduendo, *Libras y Rieles,* Buenos Aires, El Coloquio, 1975, pp. 286-187. Por tratarse de un tema muy controvertido de la historia argentina, la concesión de tierras al Central Argentino ha sido tratada por una extensa bibliografía. En la elaboración del relato que presentamos aquí hemos utilizado los siguientes trabajos: Ferns, *Gran Bretaña y Argentina*..., pp. 314-15 y 327; C. Lewis, "The British Owned Argentine Railways, 1847-1957" tesis doctoral de la Universidad de Exeter, 1975, pp. 11-12; R. Scalabrini Ortiz, *Historia de los ferrocarriles argentinos,* 2ª ed., Buenos Aires, 1957, pp. 87-132; A. J. Cuccoresse, *Historia de los ferrocarriles en la Argentina,* Buenos Aires, 1970, p. 17-29; V. Vázquez Presedo, *El caso argentino,* Buenos Aires, Eudeba, 1971, pp. 40-41; W. R. Wright, *Los Ferrocarriles Ingleses en la Argentina,* Buenos Aires, Emecé, 1980, pp. 28-31 y 39-41; además del mencionado trabajo de Zalduendo (pp. 286-98 y 569- 76) y referencias a este período en documentación posterior de CALCo., y en T. Hutchinson, *Buenos Aires and Argentine Gleanings,* Londres, 1865, p. 85.

veces, Buschental no logra obtener los fondos requeridos en Londres, por lo que transfiere la concesión a Wheelwright. Entretanto, se produce la reunificación política de la Argentina y Mitre es elegido presidente. En setiembre de 1862, se firma una nueva concesión entre el Gobierno nacional y Wheelwright. Por insistencia de este último se extiende la donación de tierras a una legua a cada lado de las vías. La concesión es renovada en 1863 con algunas modificaciones menores, y es aprobada por el Congreso en mayo de ese año. El contrato, que incluía una garantía de dividendos del 7% anual por parte del Gobierno sobre un capital de £ 6.400 por milla, estipulaba en lo referente a la entrega de las tierras:

> El gobierno concede a la compañía en propiedad total una legua a cada lado de las vías en toda su extensión, comenzando a una distancia de cuatro leguas de las estaciones de Rosario y Córdoba, y a una legua de las ciudades de San Gerónimo y Villa Nueva (Santa Fe) a través de las que pasa la línea.[170]

La compañía debía recibir, además, cuatro leguas en Santa Fe y cuatro en Córdoba, separadas de las vías férreas, en compensación por las cuatro leguas próximas a las terminales y por los dos tramos de dos leguas a mitad del recorrido que no le eran concedidos, pero estas tierras nunca le fueron otorgadas.[171] El contrato también incluía la

---

[170] Vázquez Presedo, *El Caso Argentino*, pp. 40-1.
[171] Aunque el contrato menciona a Villa Nueva y San Gerónimo como los dos pueblos junto a los cuales no se transferiría la tierra al ferrocarril, ubicando a Villa Nueva en Santa Fe, esto parece un error. Villa Nueva (hoy Villa María) se halla en Córdoba, y no existe pueblo alguno con el nombre de San Gerónimo sobre esta línea en mapas contemporáneos (habrá sí, más tarde, una colonia con este nombre fundada por CALCo., como veremos más adelante). Zalduendo reproduce un mapa de 1863 con el trazado de las vías y la concesión de tierras; en él la tierra no otorgada se encuentra alrededor de Fraile Muerto y Villa Nueva, ambos en Córdoba, lo que parece bastante más probable (Zalduendo, *Libras y Rieles*, p.

obligación por parte de la compañía de colonizar la tierra, aunque no había especificaciones sobre las condiciones y los lapsos en que debía efectuarse.[172]

La compañía de ferrocarriles se registró en Londres en 1864 con el nombre de Central Argentina Railway Company Limited. Contando con el apoyo de varias empresas importantes con inversiones en el Plata, y el incentivo de la garantía de ganancias y la concesión de tierras, sus acciones fueron absorbidas rápidamente por el público inversor inglés.[173] Los trabajos fueron iniciados de inmediato y se comenzó la construcción a partir de Rosario; en 1866 se había llegado a Cañada de Gómez (71 km) y al año siguiente a Villa María (253 km); el trazado se completó hasta Córdoba (396 km) en mayo de 1870.

Las relaciones entre el Gobierno y la empresa ferroviaria no fueron buenas desde el comienzo. Se consideraba que el avance de la construcción era demasiado lento, las ganancias de la compañía dependían de la garantía oficial y los usuarios se quejaban a las autoridades sobre el servicio, lo que llevó a que el Gobierno no se hallase favorablemente dispuesto a cumplir su obligación sobre la entrega de tierras. Por otro lado, la mayor parte de las propiedades que atravesaba la línea se hallaban en manos de particulares, por lo que el Gobierno se vio obligado a reunir fondos para su expropiación, lo que le resultó bastante difícil. Finalmente, el Ejecutivo nacional llega a un acuerdo con las autoridades de Santa Fe y Córdoba por el

---

291). En el esquema de las concesiones a Buschental y Wheelwright (p. 573), en cambio, las tierras aparecen según las estipulaciones del contrato tal como lo reproducimos más arriba.

[172] Artículo No. 12 del contrato. Ver Zalduendo, *op. cit.,* p. 293.

[173] No todas, sin embargo, fueron colocadas en Londres. Una cuota considerable se vendió en Argentina, donde se destaca la participación de J. J. Urquiza –que siempre se había interesado en el proyecto– y la adquisición de acciones por el Gobierno nacional, a la que haremos referencia más adelante.

cual las provincias venderían tierras públicas para reunir el dinero requerido para el pago de las indemnizaciones. Con este propósito, se enajenaron 187 leguas cuadradas de tierras públicas en Santa Fe, de las que se obtuvieron los fondos para expropiar las 39 leguas cuadradas que correspondían a esa provincia; y aproximadamente 250 leguas cuadradas debieron ser subastadas en Córdoba, donde las tierras otorgadas al ferrocarril cubrían 187 leguas cuadradas. En 1869, se transfirieron al Central Argentino 35 leguas cuadradas en Santa Fe y 51 en Córdoba, pero debido a un nuevo conflicto con el gobierno argentino y a demoras en el proceso de expropiación, la transferencia de las tierras restantes sólo se completará en 1882, a excepción de las ocho leguas compensatorias separadas del trazado férreo, que nunca fueron otorgadas.

Pero el ferrocarril, que fue siempre una empresa con problemas financieros, no sólo no contaba con el capital necesario para el desarrollo de las colonias, sino que carecía incluso de fondos para operar adecuadamente la línea ferroviaria. Se decidió entonces crear una compañía de tierras independiente a la que se le transferiría la propiedad territorial, para que se hiciera cargo de la colonización. La nueva empresa, llamada Central Argentine Land Company Limited (Compañía de Tierras del Central Argentino), tenía un capital de £ 130.000 dividido en 130.000 acciones de una libra cada una, emitidas *pro rata* en proporción de una cada diez libras de capital de la empresa ferroviaria. De esta forma, el Central Argentino obtuvo de sus accionistas un nuevo aporte de capital, la mayor parte del cual fue utilizado por el ferrocarril y transferido a la empresa más antigua como pago por la tierra. Lo restante fue utilizado para promover la colonización de la propiedad. Sin embargo, en un principio el Gobierno argentino no aprobó esta operación y suspendió la transferencia de tierras a la nueva compañía. Se iniciaron entonces negociaciones que continuaron hasta 1876 y se logró el acuerdo de las autoridades, que, sin embargo, nunca suscribieron las 17.000 acciones de CALCo. a las que tenían derecho por su participación en el ferrocarril. En 1882, el Gobierno cedió este derecho a M. de Murrieta y Compañía a cambio de una deuda que tenía con la casa bancaria londinense. Esta firma debía pagar a CALCo. £ 25.000 por las acciones y los intereses sobre el capital. Las acciones ya estaban, en ese entonces, cotizadas muy por encima de esa cifra, pero por algún motivo la operación nunca se llevó a cabo, ya que estos valores jamás fueron emitidos.

Entre tanto, la compañía de colonización comenzó con sus operaciones en tierras. La emisión efectiva de capital en 1870 había sido de tan sólo £ 106.532, debido a las 17.000 acciones reservadas para el Gobierno argentino y a que otros accionistas del ferrocarril no tomaron sus acciones de la nueva empresa, en tanto que el precio de la propiedad fue de £ 100.000.[174] Es difícil saber si esta cifra refleja el valor real de la propiedad. Como hemos visto en otro capítulo, las tierras de Fraile Muerto en 1864, no demasiado alejadas de las que atravesaría el ferrocarril, se cotizaban a £ 160 por legua cuadrada, en tanto que la valuación oficial de las tierras en ese distrito de Córdoba era entre £ 400 y £ 600 en 1868. Hutchinson menciona un precio de entre £ 500 y l600 como base para las ventas de tierras públicas en la zona que atraviesa el ferrocarril en Santa Fe.[175] Una estimación efectuada por la empresa en 1874 pone el valor de las tierras de Santa Fe en £ 2000 y las de Córdoba entre £ 1000 y £ 1200; pero dos años más tarde Sir Thomas Brassey, que formaba parte del directorio de CALCo., calculaba el valor de las de Santa Fe en £ 6000, en

---

[174] Ferns, *Gran Bretaña y Argentina...*, p. 293.
[175] Hutchinson, *The Paraná...*, p. 175.

tanto que valuaba las de Córdoba en sólo £ 500. Debemos tener en cuenta que en los dos últimos casos la valuación de las tierras de Santa Fe se halla influida por el desarrollo de las colonias. Tomando en cuenta estos datos, el precio abonado al ferrocarril, £ 100.000 por 142 leguas cuadradas, es decir, un promedio de £ 704 por legua cuadrada, parecería adecuado, en especial si se considera que su valor se había incrementado por la construcción de la vía férrea.

El pago por la tierra se efectuó en varias cuotas y, como algunas secciones se vendieron casi de inmediato, la compañía dispuso de los fondos necesarios para desarrollar su actividad colonizadora. Estas primeras ventas de tierras consistieron en la enajenación de porciones relativamente grandes a compradores solventes más que en ventas a colonos, siendo la más importante la venta en Londres de casi una legua cuadrada a Paul Krell, que era a su vez accionista de la empresa.[176]

Formación de las colonias[177]

El proceso de colonización comenzó poco después. Perkins, el norteamericano que dirigió la fundación de la colonia California y que tenía una amplia experiencia en la actividad colonizadora y buenas relaciones con las autoridades provinciales, fue encargado de la formación de las colonias. Se estableció, además, una oficina en la ciudad de Berna para que contratara colonos suizos y los enviara

---

[176] *B & R. P. M.*, 22/3/73, p. 9.
[177] El relato que insertamos a continuación sobre los primeros años de las colonias de CALCo. se basa en las siguientes fuentes: *P.P. 1872*, LXX, pp. 3-11; *1873*, LXVII, pp. 2-5; *1878/9*. LXXXI, pp. 357-64; *1881*, LXXXIX, pp. 117-83; *1883*, LXXlll, 187-205; *B & R. P. M.*, 3/3/ 873, p. 3; 22/3/1873, p. 9;_21/10/1873, pp. 6-7; 8/8/ 1874, p. 20; 23/1/1875 p. 12; 28/3/1876, p: 14 y 8/8/1876, pp. 18-20. También *Council of Foreign Bond-Holders* (Londres) (en adelante C.F.B.), misc. II p. 60 (CALCo., Informe Anual a los Accionistas –en adelante CALCo., I. A.–, 1874); p. 80 *(Morning Post,* 17/7/1878); p. 100 *(Money Market Review* –en adelante *M. M. R.*– 2/7/1879); p. 232 *(Daily Telegraph,* 7/7/1880 y *M. M. R.*, 27/8/1880); p. 374 *(The Times,* 10/12/1881). También utilizamos los relatos de Crossley "Contribution Britannique...", pp. 443-7, y Gallo, "Agricultural Colonization...".

a Argentina. Durante los primeros tres años se fundaron cinco colonias: Bernstadt en 1870, con los colonos procedentes de Suiza (de allí su nombre), próxima a la estación Roldán, la más cercana a Rosario; Cañada de Gómez, próxima a un asentamiento preexistente del mismo nombre, también data de ese año; Carcarañá, dividida en dos por el río de igual nombre, se creó en 1871; Tortugas, en el límite entre la provincia de Santa Fe y Córdoba, data de 1871; y una extensión de Carcarañá, situada entre ésta y Roldán, llamada San Gerónimo, se fundó al año siguiente.

El progreso de estas colonias durante los primeros años fue bastante rápido, en buena medida gracias a las facilidades que otorgaba la empresa a sus colonos. La tierra se vendía en lotes de 20 a 25 cuadras a una libra por acre. El pago se efectuaba: el 10% a la firma del contrato, el 15% al finalizar el primer año y el 75% restante en tres cuotas anuales sin intereses. También se podían arrendar las tierras, cuya renta anual era el 5% del valor de venta; y el pago por la renta del primer año se podía saldar en cuotas a lo largo de los tres años siguientes; la duración habitual del contrato era de cinco años.

La compañía ofrecía también adelantos en efectivo a los colonos para la adquisición de implementos de labranza, ganado y las provisiones necesarias hasta que pudieran bastarse por sí mismos. Estos préstamos llevaban un interés anual del 10%. La administración efectuó otras inversiones que contribuyeron al desarrollo de las colonias. El informe anual a accionistas de 1874 menciona un gasto de £ 22.000 en construcciones, alambrados, drenajes, etc., en parte en las colonias, y el resto en un establecimiento modelo conocido como *Chacra Victoria* que poseía CALCo. Esta debió desembolsar también £ 7.354 en pago de mejoras ya existentes en la tierra cuando le fue transferida, £ 2.926 por los gastos de la oficina de Berna y otras £ 3.739

en pasajes para los colonos que venían de Europa. Además de esto, los gastos operacionales de las colonias para el período anterior a 1874 fueron de £ 6.598, lo que lleva el costo total del proyecto de colonización, sin tomar en cuenta los préstamos a los colonos, a £ 42.638. Se gastaron, además, £ 7.965 en trabajos agrícolas, irrigación, ganado, etc., en las tierras de la empresa, fuera de otros gastos en la chacra modelo, y molinos y otras construcciones en Bernstadt y Carcarañá.

La existencia de una administración central en las colonias que proveía asistencia técnica a los agricultores, junto a inversiones en la formación de una infraestructura para las colonias, reflejan en forma bastante ajustada las ideas de G. Wilken, secretario del Comité Gubernamental Argentino para la Inmigración, estrechamente vinculado a CALCo. en este período. Wilken consideraba que la mejor forma de llevar a cabo un proyecto de colonización con éxito era a través de compañías privadas capaces de hacer frente a abultados gastos iniciales para dar un buen comienzo a los asentamientos.[178] La evolución de las colonias de CALCo. en este período parece confirmar esta opinión.

En 1873, el estado de las colonias era promisorio. Bernstadt había aumentado su población de 25 familias en 1870 a 375 familias –casi 2000 personas– con la llegada de nuevos inmigrantes de Berna y 394 chacras se hallaban bajo cultivo. El rendimiento del trigo era bueno y la colonia producía también manteca, queso, huevos y hortalizas para su propio consumo. Cañada de Gómez era principalmente una colonia inglesa, pero como la inmigración de dicho origen no era muy numerosa, la colonia se abrió para pobladores de distinto origen; era menor

---

[178] *B. & R. P. M.*, 21/10/1873, pp. 6-7.

que Bernstadt, con una población total de 335 almas, pero se hallaba formada por pobladores de mayores recursos. La ya mencionada propiedad de Paul Krell abarcaba 2000 hectáreas, de las cuales 250 se hallaban cultivadas y el resto pobladas con 2000 cabezas de vacunos y 4000 de ovejas; contaba, además, con la más moderna maquinaria agrícola de la época. Heiland, quien fuera administrador de la propiedad Krell durante tres años, se había establecido como chacarero independiente, contando con un activo valuado en £ 2000.

Carcarañá, una colonia más reciente, contaba tan sólo con 138 chacras cultivadas, que pertenecían a 89 familias; había, además, 13 familias residentes en el poblado; la mayor parte de la población era suiza o francesa, pero había también algunos italianos e ingleses. San Gerónimo era de establecimiento más nuevo, pero sus primeros pasos eran auspiciosos. Sólo Tortugas, la más pequeña y remota de las colonias, debió hacer frente a las dificultades propias de desarrollar nuevas tierras próximas a la frontera, donde aún se producían ocasionalmente incursiones indígenas, dificultades acrecentadas por una serie de malas cosechas debidas a la sequía y la langosta. Por ello, aún en 1876, los pobladores dependían de los adelantos mensuales en efectivo y mercancías que les daba la compañía, pese a ser, según todos los relatos, un grupo resuelto, trabajador y muy emprendedor.

Pero en esta primera etapa, aunque la evolución de las colonias era en general favorable, la compañía no estaba obteniendo resultados financieros con su progreso. Hasta mediados de la década de 1870, los colonos, muchos de los cuales no tenían experiencia agrícola previa, dependían en buena medida de los adelantos de la compañía para su subsistencia y se hallaban muy atrasados en el pago de sus deudas. Las autoridades locales de la empresa, dirigidas por Perkins, no los presionaban. Consideraban que era preferible promover el desarrollo de las colonias que exigir pagos que los colonos no estaban en condiciones de efectuar aún y que los obligarían a abandonar sus chacras. Es por ello que el balance anual de 1874 muestra una deuda de los inmigrantes que alcanzaba las £ 40.915, aparte de otras £ 12.261 de cuotas pendientes por el pago de la tierra, en tanto que los ingresos totales a la fecha eran de tan sólo £ 27.185. Más aún, pese a la política tolerante de la empresa, muchos colonos, presionados por su carencia de experiencia agrícola y por una serie de malos años, abandonaron sus parcelas sin hacer frente a sus obligaciones y dejaron pendiente una deuda que la compañía ya no podía recuperar.

De las £ 40.198 de deuda de los colonos se consideraba que £ 5000 eran irrecuperables en 1874, cifra que aumentó debido a las malas cosechas que afligieron a las colonias –causadas principalmente por la langosta, sequías y granizo– en los años subsiguientes. Durante este período los arriendos fueron mucho más frecuentes que las compras; los cánones eran bajos y la mayor parte de los pobladores no contaban con recursos financieros al incorporarse a las colonias. En 1876, sin embargo, se duplican los cánones para estimular las ventas; esta decisión produjo en efecto una disminución del número de arriendos en relación con las ventas, ya notoria en 1878, pero aun así, para ese año sólo se habían vendido 52.327 acres, en tanto que había 117.740 bajo arriendo.

Desarrollo vs. economía: dos estrategias divergentes

En los años posteriores a 1877, se produjo el despegue definitivo de las colonias. Hasta 1874, durante el período de formación, el progreso había sido rápido y los colonos tuvieron oportunidad de afincarse en sus propiedades.

Como podía preverse, sin embargo, no les fue posible hacer frente al pago de las tierras y los adelantos por provisiones y enseres en su totalidad, por lo que quedaron endeudados con la compañía. En los años posteriores, en que podían esperarse los primeros resultados financieros del esfuerzo colonizador, una serie de malas cosechas, junto a la crisis económico-financiera general que aquejó a la República a mediados de la década, frustraron estas expectativas. Pero a partir de 1878, los resultados de las cosechas comenzaron a mejorar. En 1879 una producción muy buena permitió a los colonos saldar muchas de sus deudas, tanto con CALCo. como con acreedores externos. El precio del trigo fue bajo ese año, pero muchos acreedores prefirieron aceptar que los colonos cancelaran sus saldos en especie a valores más altos para eliminar deudas difíciles de cobrar. En 1880, se volvieron a repetir las buenas cosechas y la situación de las colonias siguió mejorando. Dos años más tarde, un informe del Cónsul Británico sobre la colonización agrícola en Santa Fe podía llegar a esta conclusión:

> Resulta claro que las colonias de la Central Argentine Land Company han progresado adecuadamente, logrando en 12 años una situación similar a las colonias más antiguas y mejor establecidas, como Esperanza, San Carlos, etc.[179]

Pero si el resultado final fue bueno, no sólo para los colonos, sino también para los inversores de CALCo., que a partir de 1878 comenzaron a ver acrecentar sus ingresos con el pago de deudas pendientes y la venta de nuevas tierras, la delicada situación de mediados de los años setenta había dado lugar a mucha preocupación y a una actitud

---

[179] *P.P. 1883*, LXXIII, p. 390. La información sobre CALCo. para el período 1880-1888 se ha tomado esencialmente de los informes anuales a accionistas (CALCo., I.A.).

conservadora en la empresa. Al pasar los primeros años sin que se viese el resultado financiero de una inversión cada vez más considerable, en tanto que las deudas de los colonos aumentaban y se deterioraba la posición general de la economía argentina, surgieron serias dudas sobre la estrategia adoptada por la empresa. Así, en enero de 1876, J. Lloyd, un terrateniente inglés en Argentina vinculado, como hemos visto, con el desarrollo de Alejandra fue designado por el Directorio en Londres para inspeccionar la situación y la administración de las colonias y recomendar las medidas a adoptar para su mejora. El informe de Lloyd contiene algunos comentarios técnicos –el más llamativo de los cuales fue la introducción de la obligación de sembrar semilla de pasto junto a la última cosecha en el contrato de arriendo, adelantándose así al sistema de rotación con siembra de alfalfa, que tendría tanta difusión a partir de los años noventa–, pero su intención de fondo era un intento de ajustar la política de cobranzas de la compañía hacia los colonos.

En la asamblea anual de accionistas de 1876, en la que se leyeron los informes preliminares de Lloyd, predominaba un ambiente de desconfianza y conservatismo. Se decidió separar a Perkins de su cargo de administrador de las colonias, y se lo hizo principal responsable de la situación de la compañía. El presidente del directorio señaló:

> Espero que no repitamos el error en que hemos incurrido en el pasado; sobreproteger nuestras colonias gastando nuestro dinero... Esa ha sido la perdición de todos los proyectos de colonización...

Y Herapath, el influyente editor de una publicación dedicada a la inversión ferroviaria, que poseía acciones de CALCo., lo apoyó al afirmar que se alegraba de escuchar que el contrato de Perkins está por ser cancelado, ya que atribuía a la administración de este caballero una buena parte de la dilapidación y gastos ruinosos que han caracterizado a la historia pasada de la compañía.

El presidente coincidía, asegurando que "era necesario poner bien en claro a los representantes de la compañía que no deben malgastar fondos en el llamado 'desarrollo de las colonias'".[180] El Directorio consideraba, además, que había sido un error poner tanto énfasis en la colonización agrícola y expresaba dudas sobre si las tierras eran realmente adecuadas para estas tareas. Consideraban que sería oportuno estudiar la posibilidad de utilizarlas para la cría de ganado. En esto se hallaban, sin duda, influidos por los informes de Lloyd, quien a su vez se hallaba condicionado por su anterior experiencia en Alejandra. Por otro lado, esta opinión coincidía con la de Sir Thomas Brassey, quien había visitado las tierras para esa misma época. Finalmente, Lloyd fue nombrado administrador general en reemplazo de Perkins.

Sin embargo, el desarrollo posterior mostraría la equivocación de estas ideas y avalaría el tipo de política desarrollado por Perkins en los años de formación de las colonias, que aparece en el largo plazo como la más beneficiosa para los intereses de la empresa. Al mejorar la situación de los colonos, y una vez que les fue posible hacer frente a sus deudas, las dificultades de la compañía fueron superadas y en 1878 le fue posible distribuir su primer dividendo a los accionistas. Más favorable aún para estos es el hecho de que, en la medida en que las tierras próximas al recorrido del Central Argentino se transformaron en un distrito agrícola por excelencia, particularmente en Santa Fe, sus precios subieron vertiginosamente y lo mismo ocurrió con

---

[180] *B & R. P. M.*, 8/8/1876, p. 20.

la cotización de las acciones de la compañía y sus ganancias anuales. Más aún, tal como se había previsto originalmente, el desarrollo de la región estimuló el tráfico en la línea férrea en la que poseían intereses la mayor parte de los accionistas de CALCo. Por ello, aunque en los primeros años la compañía de tierras no haya producido ganancias y todos los ingresos provenientes de las primeras ventas y arriendos de tierras fueron invertidos en mejoras a la tierra y en la formación de colonias, hacia fines de su primer década de existencia la compañía disponía de un conjunto de prósperas colonias que le proveían buenos ingresos y de una enorme propiedad que aumentaba continuamente su valor. Un artículo en el *Money Market Review* del 12 de noviembre de 1881, tras resumir la historia y el estado actual de la compañía, concluye:

> Resulta claro que la cotización actual de las acciones a algo menos de tres libras surge de la total ignorancia de parte del público de los méritos intrínsecos de la empresa.[181]

Auge de la venta de tierras

Equivocado o no, el espíritu pesimista que dominó a la empresa a mediados de la década de 1870 indujo a adoptar una política general tendiente a una pronta realización de la propiedad. Así, en 1882, el gerente informa que si el precio general de la compañía de una libra por acre había sido entonces extremadamente elevado, se aproximaba ahora al precio medio de la región; pese a ello, la compañía no aumentó sus valores en forma significativa en el período subsiguiente. Este estancamiento del precio de la tierra, combinado con la duplicación de los cánones de arriendo en 1876 (pasan de un 5% a un 10% del valor de venta),

---

[181] *C. F. B.*, Argentina, misc. II, p. 368. Recuérdese que cada acción valía una libra.

tenían por propósito aumentar el número de ventas. Su primer resultado, sin embargo, al encontrar a los colonos en una alicaída situación financiera, fue una declinación de la superficie en uso por una disminución de los arriendos al entrar en vigencia los nuevos cánones en 1877. Con la mejora de la situación general de los colonos en los años posteriores, aumentó el número de ventas en los distritos poblados de Santa Fe, y en pocos años la mayor parte de las valiosas tierras de esta región habían sido enajenadas. El cuadro inserto a continuación muestra la evolución de las ventas en las colonias de Santa Fe en su período de auge.

Cuadro IX. Ventas acumuladas en las colonias de CALCo. en Santa Fe
1880-1883 (acres)

Colonias	Tierras urbanas totales	Tierras agrícolas totales	Ventas hasta 1880	Ventas hasta 1881	Ventas hasta 1882	Ventas hasta 1883
Roldán*	843	53.376	28.781	42.241	46.814	47.648
Carcaraná*	1.518	53.376	26.180	34.122	43.122	44.640
Cañada	1.074	66.720	16.338	24.350	69.069	71.153
Tortugas	1.000	60.048	26.696	26.688		
Total	4.426	233.520	97.995	127.401	159.010	163.346

* Bernstadt, la colonia se designa frecuentemente con el nombre de la estación ferroviaria, Roldán.
** Incluye a San Gerónimo.
Fuente: *CALCo.*, Informes Anuales, 1880-1887.

En 1884, el total de ventas alcanzaba a 170.158 acres, y llegó a 191.165 en 1885 y a 198.528 al año siguiente. Es decir que para 1886, de los 233.520 acres (94.576 ha) colonizados, que incluían todas las tierras de Santa Fe y la sección de Córdoba más próxima al límite, sólo 34.992 acres (14.177 ha) se hallaban sin vender.

En 1882, la mayor parte de las tierras aún no vendidas en Santa Fe se hallaban en el distrito de Tortugas, sobre el cual se habían expresado serias dudas respecto a su viabilidad como región agrícola. En realidad, aun la optimista administración local de la compañía en 1874 había sugerido al Directorio la conveniencia de disponer de esas tierras, así como de otras en la provincia de Córdoba, en grandes secciones a £ 2000 la legua cuadrada, al considerarla inútil para la colonización. Probablemente, por temor a provocar nuevas fricciones con el Gobierno argentino, el Directorio nunca tomó en cuenta estas sugerencias, decisión que a la larga resultó muy favorable a la empresa. Tras superar las dificultades iniciales, Tortugas mejoró considerablemente su situación y, cuando en 1881 una buena cosecha coincidió con una alta cotización del trigo, la posición de los colonos se hizo más sólida. En el año siguiente, se vendieron importantes extensiones de tierras –tanto en Santa Fe como en Córdoba– y los pobladores estuvieron en condiciones de pagar sus deudas pendientes. La compañía contribuyó a la recuperación de las colonias y condonó a buena parte de la deuda: el gerente en Argentina explicaba que "esperaba obtener así un resultado positivo, al convertirse estos pobladores en el núcleo de una colonia exitosa".[182]

En poco tiempo, Tortugas llegó a ser un distrito agrícola y las tierras de la región se vendían a precios mucho más altos que los sugeridos en 1874; el promedio fue de

---

[182] CALCo., I. A., 1882.

diez chelines por acre en 1882 y continuó elevándose posteriormente. Pese a ello, esta fue la última sección de la propiedad en que la empresa desarrolló una colonia.

En 1882, el Gobierno hizo entrega a la compañía de 81 leguas cuadradas de tierras entre Villa María y Córdoba y, en la medida en que las tierras de Santa Fe se iban haciendo escasas, CALCo. recurrió a su propiedad en la otra provincia. Por un acuerdo con el ferrocarril, se inauguraron dos nuevas estaciones, Amstrong, a 92 km de Rosario, y General Roca, en el km 122. Pero las inversiones para el desarrollo de esta área fueron muy magras: sólo se construyeron casas para supervisores en Amstrong y en Villa María.

La compañía poseía también un bosque en Río Segundo, que era administrado desde Villa María. Parte de este bosque se hallaba cercado, pero no se había efectuado ninguna otra inversión en la región. Las tierras recién recibidas del Gobierno fueron inspeccionadas y mensuradas y se realizó un estudio sobre el uso que de ellas se haría. La conclusión, concordante con las ideas previas al estudio que prevalecían en el Directorio, era que no se podían desarrollar en dicha región tareas agrícolas con éxito sin irrigación, por lo que se sugería que lo mejor sería vender las tierras en grandes lotes a criadores de ganado. La compañía logró entonces el acuerdo del Gobierno con esta decisión, argumentando que no podía cumplir con su compromiso de colonización en esta área, ya que no era apta para este propósito. Así, los precios obtenidos por la venta de las tierras de Córdoba fueron muy inferiores a los de Santa Fe. Es bastante claro que la idea de que las tierras de Córdoba eran pobres e ineptas para su cultivo sin una gran inversión en irrigación, repetidas hasta el hartazgo en los informes anuales a los accionistas tanto por el Directorio como por la gerencia local, provienen más bien de una actitud conservadora que de una evaluación objetiva de sus posibilidades; menos de 20 años más tarde, la zona se hallaba transformada casi completamente en un centro agrícola sin irrigación artificial, y llegó a formar parte del corazón de la región que ganó para la Argentina el título de "el granero del mundo".[183] En realidad, poco más tarde, quienes compraron las tierras de CALCo. a un precio relativamente bajo las estaban arrendando con muy buen provecho a colonos, ya fuera en el clásico ciclo de tres años que terminaba con el campo alfalfado o simplemente con un contrato anual para la siembra de trigo.[184] Pero luego de la dura experiencia de la década anterior, el ánimo que predominaba en el Directorio y la gerencia de la compañía en los años 1880 era demasiado cauteloso para correr el riesgo de la inversión requerida para el desarrollo del territorio restante o incluso para retenerlo en espera de condiciones de venta más ventajosas.

Cautela vs. especulación: un nuevo conflicto de estrategias

La actitud extremadamente conservadora que había surgido a raíz de las dificultades que sufrió la compañía a mediados de la década de 1870 fue moderada por el desarrollo posterior. Pero la combinación de las dificultades originales con el eventual éxito había generado una política poco ambiciosa que, si bien contenía algunos elemen-

---

[183] Un estudio sobre el desarrollo agrícola en Córdoba puede encontrarse en Noemí Girbal de Blacha, *Historia de la agricultura argentina a fines del siglo_ XIX (1890-1900)*, Buenos Aires, F.E.C.Y.C., 1982; en especial pp. 51-54.
[184] De acuerdo con una investigación sobre conflictos agrarios en Córdoba en la década de 1910, parecería que los contratos anuales fueron mucho más frecuentes de lo que se ha supuesto, al menos en ese período: A. I. Punta y M. D. C. Orrico) "Conflictos agrarios argentinos, 1913-1922", trabajo inédito presentado en el seminario organizado por el Programa de Estudio de Historia Económica y Social Americana (PEHESA), Buenos Aires, 1979. Investigación financiada por el Consejo Latinoamericano de Ciencias Sociales (CLACSO).

tos de la vieja estrategia "desarrollista" –aunque en forma moderada–, se hallaba esencialmente orientada a evitar riesgos innecesarios. Esta estrategia se basaba en tres principios: rápida venta de las tierras, una actitud tolerante hacia los colonos (los antiguos y los nuevos) en las colonias existentes y reducción de los gastos al mínimo imprescindible. El precio de la tierra, que originalmente había sido fijado por sobre el de otras tierras del distrito, no aumentaba a igual ritmo que el del mercado abierto, lo que permitía así que se aproximara (permaneciendo, sin embargo, un poco por encima) al precio medio. El segundo punto de la estrategia se hallaba ligado fundamentalmente al primero. La actitud tolerante hacia los colonos tenía por propósito atraer nuevos compradores y facilitar la compra de nuevas parcelas a los ya establecidos. Esto se lograba fundamentalmente manteniendo facilidades crediticias para la adquisición de tierras a pesar de un notable incremento de la demanda, demostrando cierta flexibilidad en el cobro de las deudas pendientes de los colonos –es decir, tomando en cuenta al exigir pagos las condiciones de las cosechas y las variaciones de los precios agrícolas–, y condonando los intereses –y en algunos casos parte del capital– sobre préstamos y rentas para aliviar la situación de los colonos más perjudicados por las malas cosechas y los bajos precios continuados de mediados de los años setenta, particularmente en Tortugas. Esta política, sin embargo, no volvió a incluir la entrega de adelantos a los nuevos colonos o préstamos a los pobladores más antiguos, lo que nos conduce al tercer punto de la estrategia. El Directorio no quería aumentar el compromiso monetario de la compañía en la promoción de las colonias y el desarrollo de la propiedad inmueble. En efecto, la inversión total de la empresa en las tierras que poseía en Córdoba, que eran mucho mayores que las de Santa Fe, sólo alcanzó las £ 2000.

Pero esta estrategia no era compartida por todos los inversores. Ya en 1883, el Mayor Craigie, un accionista de la empresa, señala en forma muy clara una política alternativa, mucho más acorde con el nuevo espíritu que estaba surgiendo entre los inversores británicos en Argentina en la década de 1880. En la asamblea anual de accionistas, Craigie explica que él consideraba que:

> la compañía estaba en condiciones de hacer algo mucho mejor que aferrarse al primer comprador que apareciese. Sin duda, era necesario estimular y atraer pobladores, pero le parecía que los directores debían estimular a quienes deseaban adquirir pequeños lotes, en vez de vender grandes porciones a especuladores que sólo revenderían la tierra a precios más altos, llevándose la ganancia que podría lograr la empresa sí retuviera la tierra por algún tiempo más. La tierra había duplicado y triplicado su valor en muchos puntos del país y no cabía duda de que el valor de la tierra, aún de la más pobre, aumentaría enormemente en los años subsiguientes.

Estas consideraciones fueron bien acogidas por la asamblea y apoyadas por C. Surgei, quien sería el más insistente difusor de la nueva estrategia propuesta. Surgei argumenta que, como el valor de la tierra va a aumentar mucho, no deben efectuarse más ventas, o "sólo un poco aquí y allá". La proximidad al ferrocarril era, en su opinión, una garantía del enorme aumento del precio de la propiedad. Añade:

> Ud. sabe, Sr. Presidente, que la tierra próxima a su próspero ferrocarril también debe llegar a ser próspera a su vez, y considerando que se nos deben £ 30.000 por ventas ya efectuadas, y que poseemos aún alrededor de 700.000 acres, todos atravesados por el ferrocarril, es mi impresión que lo único que tenemos que hacer es permanecer quietos en tanto aumenta el valor de la tierra. (Rumor de aprobación). Entre el dinero que se nos adeuda y el que tenemos en efectivo podemos continuar pagando la tasa actual de dividendo durante los dos próximos años.

Surgei también señala que el fondo de reserva, que se hallaba invertido en bonos del Gobierno Británico que pagaban dividendos bajos, debía ser empleado para adquirir tierras en el interior de Argentina a bajos precios.

> Sé de tierras que han sido adquiridas en el interior hace muy pocos años y que han aumentado en dos, tres, cuatro y cinco veces su valor. ¿Por qué no utilizamos nosotros nuestro capital, y todo nuestro conocimiento, y nuestro Directorio, y nuestro excelente gerente, ganando dinero en esta forma?[185]

Su exposición fue muy aplaudida por la asamblea y Mr. Hatley, tras apoyar sus puntos de vista, prosiguió en la misma línea sugiriendo que no debía venderse más tierra a crédito. Ante estas participaciones se invitó a Surgei a incorporarse al Directorio, pero declinó el ofrecimiento. Pese a este debate, sin embargo, las principales políticas de la compañía no sufrieron mayores transformaciones.

La polémica no había concluido; y en la asamblea de 1886 el desacuerdo entre las estrategias se hace aún más claro. La nueva política propuesta consiste esencialmente en elevar el precio de la tierra, limitando así las ventas, en el supuesto de que se obtendrían mayores beneficios manteniendo la propiedad y aguardando un aumento de los precios. Si era necesario hacer irrigación artificial para lograr el desarrollo agrícola en la sección de Córdoba, debería realizarse un estudio para ver si resultaría ventajoso para la compañía realizar esta inversión. Por otro lado, la actitud hacia los colonos debía hacerse más rígida, eliminando todas las facilidades crediticias, ya que con el aumento del valor de la tierra, como los precios de la compañía eran bajos (esto era, en realidad, una exageración, ya que eran aún superiores a la media de la región), esta salía

---

[185] Las tres citas fueron tomadas de *C. F. B.*, Argentina misc. III, p. 50 *(M. M. R. 16/6/1883)*.

beneficiada con la cancelación de los contrates de venta. Por último, los partidarios de la nueva política coincidían con el Directorio sobre la necesidad de construir un fondo de reserva. Esto era, en realidad, imprescindible: las principales ganancias de la compañía provenían de la venta de tierras (que eran prácticamente el único activo de la empresa) y debía acumularse una reserva para compensar el capital accionario emitido. Pero la fracción disidente insistía en que la mejor forma de hacerlo era mediante la inversión en tierras en Argentina.

Surgei fundamentaba sólidamente esta política. El haber líquido de la empresa, incluyendo las deudas de que eran acreedores, el fondo de reserva y las ganancias no distribuidas, sumaba £ 144.100, y restaban aún 537.825 acres de tierras rurales en la concesión original todavía sin vender, además de otros 6000 en los pueblos fundados por la compañía, de los que se podía obtener un precio medio de £ 23 por acre. La compañía estaba, por lo tanto, en inmejorable situación para llevar adelante las políticas que él sugería; las tierras restantes eran por sí mismas más que suficientes para cubrir el capital de la compañía, y con el dinero de que era acreedora se podía continuar con la distribución de dividendos por varios años sin recurrir a nuevas ventas. En cuanto a la reinversión de parte de la ganancia en tierras en Argentina, el Directorio objetaba que, aun cuando era posible para inversores con abundante capital y "en el lugar" realizar cuantiosas ganancias mediante operaciones en tierras agrícolas, ellos, desde Londres, podían llevarse un fiasco; preferían una inversión más segura para sus reservas. Surgei respondió que consideraba que el Directorio y los representantes de la compañía "allí afuera" tenían suficientes conocimientos y experiencia "para realizar inversiones seguras en tierras en beneficio de los accionistas" y, como el Directorio estaba compuesto por gente con una tan larga y fructífera experiencia de negocios en Argentina como P. Krell, L. Hayworth, C. P. Ogilvie, T. Brassey, C. Darbyshire, F. Parish y W. Morrison –muchos de los cuales eran, como hemos visto, importantes terratenientes en la Argentina e inversores en otras empresas de este tipo–, su apreciación no parece infundada.[186]

Otros accionistas intervinieron en el debate, algunos en apoyo de Surgei y otros respaldando la política del Directorio y su actitud más conservadora: En lo inmediato tampoco esta asamblea produjo consecuencias notorias, pero dos años más tarde se produjo una reorganización total de la empresa, que llevó a la práctica muchas de las sugerencias hechas por Surgei y su grupo. Por desgracia, para los accionistas era ya demasiado tarde; para entonces la mayoría de las valiosas tierras sobre el ferrocarril ya habían sido vendidas a precios bastante más bajos de los que se hubiesen logrado a fines de la década de 1880.

Relaciones entre CALCo. y las autoridades argentinas

Uno de los argumentos a que se apelaba con frecuencia para defender una estrategia más conservadora era que la compañía estaba obligada a llevar a cabo esta política de acuerdo con los términos de la concesión del ferrocarril. Que este no era el único motivo resulta evidente por el hecho de que algunas de las propuestas del grupo Surgei, tales como la reinversión del fondo de reserva en tierras, no se hallaban en contradicción con los términos del contrato y más bien hubieran sido vistas con buenos ojos en Argentina, en tanto que otras, tales como llevar a cabo un estudio para un programa de irrigación y formación de colonias en las

---

[186] *CALCo.*, Asamblea Anual de Accionistas (en adelante A. A. A.), 1886.

tierras de Córdoba, se hallaban más de acuerdo con las obligaciones contraídas por la compañía que las que sugería el Directorio. Pero sobre de lo que no cabe duda es de que el Directorio trató siempre de mantener las mejores relaciones posibles con el Gobierno argentino. La recurrencia endémica de conflictos entre CALCo. y las autoridades nacionales y provinciales era, sin embargo, inevitable. Hasta 1878 el principal problema fue el reconocimiento de la compañía por parte del Gobierno, luego la transferencia de las tierras faltantes en Córdoba, más tarde los vanos intentos de CALCo. para obtener las ocho leguas separadas de las vías férreas. La evolución de las colonias de Santa Fe fue probablemente un factor importante en la resolución de estos problemas. Pero en 1879 surge una nueva dificultad, esta vez con el Gobierno de Córdoba, que pretendía cobrar el impuesto territorial sobre las tierras de la compañía, en tanto que esta argumentaba hallarse exenta por los términos del contrato de la concesión. La cuestión fue sometida a juicio y la Corte Suprema dictaminó finalmente contra la compañía en 1882. Pero antes de que la Corte llegara a un fallo definitivo, el Gobierno provincial había incautado y puesto en subasta cuatro leguas de tierras pertenecientes a la compañía con el propósito de saldar los impuestos. La compañía llevó nuevamente a la Corte esta situación obteniendo esta vez un fallo favorable, por el que se le regresaban las tierras en tanto abonase los impuestos.

A lo largo de estos enfrentamientos, CALCo. trató de mantener una actitud conciliatoria con las autoridades, particularmente a nivel nacional. Pero el conflicto entre el Ferrocarril Central Argentino y el Gobierno nacional, y el sentimiento prevaleciente entre buena parte de la opinión pública argentina de que CALCo.

era tan sólo una empresa especulativa que obtenía cuantiosas ganancias sin contribuir al progreso de la República, hizo que las relaciones entre la compañía y el Gobierno siempre resultaran problemáticas. Sin embargo, el interés de las autoridades por mantener un buen crédito en el mercado internacional de capitales era un factor de equilibrio. Esto resulta particularmente evidente a nivel nacional y su importancia es señalada con frecuencia por la prensa, tanto en Argentina como en Londres, al referirse a la inversión externa y la intervención gubernamental. Otro elemento que favorecía la conciliación era la predisposición de la compañía a llegar a acuerdos: el plan de reorganización de 1887-1888, por ejemplo, fue sometido a la aprobación del Gobierno argentino antes de ser llevado a cabo para evitar que se repitiera el problema del reconocimiento que se suscitara cuando la formación de la empresa. Finalmente, resulta claro que el temprano y exitoso empeño de la compañía en el desarrollo de colonias en Santa Fe contribuyó considerablemente a disminuir los roces.

Trayectoria de la compañía hasta su reorganización en 1888

Pese al conflicto con las autoridades locales y los desacuerdos internos sobre la política empresaria, la trayectoria de CALCo. durante los años ochenta fue excelente. Los cuadros que insertamos a continuación muestran la rápida evolución de las ventas de tierras y los crecientes ingresos que de ellas se obtenían.

En lo que respecta a las ventas de tierras, alcanzaron los 32.000 acres en 1875 y 48.144 se habían vendido para 1876. Al año siguiente, se colocaron 10.913 acres más, pero se cancelaron ventas por 6700 acres, de forma tal que las ventas totales al cerrarse las operaciones de ese año alcanzaron los 52.327 acres. No disponemos de información para el año 1878, pero por lo que se puede apreciar en el cuadro X, existió un aumento constante de las ventas anuales hasta 1883. En este período, se destaca el año 1882, lo que debe atribuirse a los excelentes rindes y precios obtenidos por los colonos. Los pobladores de Tortugas, que también habían disfrutado de una buena cosecha y precios altos en 1881, se encontraban entonces en condiciones de adquirir las tierras que trabajaban; de allí el notorio aumento de ventas en Córdoba (cuadro XI). La caída del volumen de ventas del '84/5 refleja años poco favorables para los colonos (lo que también puede apreciarse por el número de ventas canceladas); pero indica también la disponibilidad decreciente y el aumento de precios en las tierras de Santa Fe, en tanto que el mercado de tierras de Córdoba no se había activado aún lo suficiente como para compensarlo. El notorio aumento de las ventas en los últimos dos años de operaciones de CALCo. parece reflejar una situación en la cual los precios de la compañía no habían aumentado en los últimos tres años, en tanto que en ese mismo período se produce un gran incremento del precio de la tierra en todo el país.[187]

---

[187] Cf. Cortés Conde, *El progreso argentino*, p. 164. Aunque los precios que presenta este autor son para la provincia de Buenos Aires, la tendencia general puede considerarse con cierta confianza como reflejo de la evolución en el resto de la Pampa Húmeda.

Cuadro X. Ventas y arriendos acumulativos de las tierras de CALCo. 1879-1887

Año	Venta de chacras (acres)	Venta de chacras (£)	Ventas urbanas (£)	Ventas totales (£)	Arriendos (acres)	Arriendos (£)
1879						
subtotal	94.221	67.664	7.469	75.133	70.577	3.417
1880						
cancelados	3.648	3.927	99	4.025	21.150	939
nuevos	16.810	12.542	826	13.868	22.196	904
subtotal	107.382	76.279	8.196	84.475	71.763	3.382
1881						
cancelados	2.938	3.261	0	3.621	31.503	1.511
Nuevos	32.761	31.206	779	31.985	21.732	979
Subtotal	137.205	103.864	8.975	112.839	61.825	2.849
1882						
cancelados	1.843	2.250	0	2.250	25.108	1.070
Nuevos	78.241	54.553	1.854	56.407	24.626	1.048
Subtotal	213.604	156.167	10.828	166.996	61.370	2.828
1883						
cancelados	1.880	2.877	0	2.877	31.579	1.555
Nuevos	53.429	39.814	2.915	42.730	14.150	995
Subtotal	265.153	193.104	13.743	203.848	43.941	2.268

1884						
cancelados	8.416	4.907	0	4.907	13.981	827
Nuevos	21.305	17.322	1.568	18.890	4.237	336
Subtotal	278.042	205.519	15.312	220.832	34.197	1.776
1885						
cancelados	7.095	4.478	0	4.478	13.109	744
Nuevos	38.108	24.945	2.536	27.841	11.446	907
Subtotal	309.055	255.987	17.848	243.844	32.534	1.939
1886						
cancelados	2.169	1.641	0	1.641	6.550	316
Nuevos	107.011	59.908	4.692	64.600	6.092	440
Subtotal	413.897	284.254	22.540	306.740	32.076	2.063
1887						
cancelados	1.042	1.253	0	1.253	14.598	759
Nuevos	102.349	73.777	11.391	85.168	3.023	231
Subtotal	512.204	356.778	33.931	390.709	20.501	1.535

Fuente: CALCo., I. A., 1880-1887.

Cuadro XI. Superficie y precio de las ventas de tierras de CALCo. en Santa Fe y Córdoba, 1880-1887

Año	Ventas en Santa Fe (acres)	Precio promedio (chelines por acre)	Ventas en Córdoba (acres)	Precio promedio (chelines por acre)	Precio promedio general (chelines por acre)
1881	29.406	20	3.355	8,5	19
1882	31.609	24	46.632	8,5	14
1883	22.000*	24	31.429*	8,5	15
1884	6.000	38	15.305*	8,5	16.26
1885	4.241	38	33.867	10	12.72
1886	4.811	37	102.200	10	11.19
1887	16.214	38	86.135	10	14.41

* Datos aproximados.
Fuente: CALCo., I. A., 1880-1888.

En un comienzo, los arriendos habían aumentado más rápidamente que las ventas. En 1875, se habían colocado en arriendos 64.000 acres, y se había llegado al punto más alto al año siguiente, cuando los contratos de este tipo totalizan una superficie de 123.000 acres. A partir de entonces, la empresa cambia su política, tratando de estimular las ventas y de disminuir los arriendos, lo que se refleja en su evolución. En 1877, la cifra decae a 117.740 para continuar posteriormente en baja, como puede apreciarse en el cuadro X. Por otro lado, muchos contratos de arriendo fueron transferidos a compra en la medida en que mejoraba la situación de los colonos; otros caducaron sin ser renovados, en tanto que los nuevos contratos fueron escasos debido al aumento de los cánones y la disminución de la disponibilidad de tierras en las colonias establecidas. La notoria caída de la superficie arrendada en 1883 puede atribuirse principalmente a la transferencia de contratos de arriendo a ventas, particularmente entre los colonos de Tortugas. La venta de solares urbanos muestra un patrón general similar al de las chacras. Fue, sin embargo, algo más estable y se halló menos influida por las variaciones de las cosechas. Pero los ingresos obtenidos por CALCo. de esta fuente sólo tuvieron alguna importancia en 1887.

El cuadro XI muestra que las variaciones en el precio medio de las ventas deben atribuirse fundamentalmente a variaciones en la proporción de ventas entre Santa Fe y Córdoba. La evolución de precios en cada provincia indica que la compañía establecía un precio fijo que no era alterado por un cierto tiempo. La libra por acre de Santa Fe en 1881 era el precio fijado originalmente por la compañía en 1870 para todas sus tierras en la provincia, salvo las próximas a Tortugas que se vendían a diez chelines por acre. Los precios no se hallaban regidos directamente por las fluctuaciones del mercado abierto, lo cual produjo eventualmente las discrepancias en los aumentos de precios a las que ya nos hemos referido.

Los cuadros XII y XIII muestran los saldos pendientes de los colonos con la compañía y los pagos efectuados a esta, y complementan la información anterior.

Como puede apreciarse, los montos adeudados por los colonos en concepto de adelantos e intereses disminuyen rápidamente al mejorar su situación; lo mismo ocurre con los saldos pendientes por arriendo, lo que debe atribuirse al pago de deudas atrasadas y a la disminución de la superficie arrendada. Debe tenerse en cuenta, sin embargo, que la disminución en las deudas de los colonos bajo el rubro de intereses debe, en parte, atribuirse a su condonamiento –si se los cuenta como pérdidas en los libros de la empresa– al saldar los colonos deudas pendientes –£ 3719 fueron borradas de los libros de esta forma en 1881, y se continuó a un promedio de aproximadamente £ 1000 anuales hasta 1885 y cayó a sólo £ 26 en 1886, que fue el último año en que se practicó este procedimiento–. En cuanto a dar de baja al principal en deudas atrasadas, la cifra nunca superó las £ 400 por año, salvo en 1882, cuando se asumió una pérdida de £ 2591 bajo este rubro, principalmente debido al condonamiento de parte de las obligaciones contraídas por los colonos de Tortugas. Las deudas por el rubro tierras, por otro lado, tendían a crecer al aumentar las ventas, aunque en forma algo errática debido a la combinación del vencimiento de pagos con las fluctuaciones de las cosechas.

Los ingresos por la devolución de los préstamos a los colonos tienden a caer a medida que se van saldando las deudas pendientes; los provenientes de arriendos también caen al reducirse las deudas más antiguas y decrecer la superficie arrendada. En cambio, los ingresos por venta de tierras aumentan rápidamente al aumentar las ventas, como también aumentan los pagos de intereses, que provenían en una proporción cada vez mayor de las cuotas pendientes sobre las ventas de tierras en lugar de las deudas pendientes por adelantos o arriendos. En general, la evolución de las cuotas de los colonos refleja el progreso de las colonias y, con él, el aumento de las ganancias de la empresa.

Cuadro XII. Saldos deudores de los colonos a CALCo., 1880-1887

Año	Venta de tierras (£)	Arriendos (£)	Intereses (£)	Préstamos (£)	Total (£)
1880	15.423	9.250	13.226	6.197	44.891
1881	15.282	6.815	9.522	3.966	35.585
1882	16.612	5.427	8.417	726	31.182
1883	24.802	4.601	7.348	620	37.731
1884	32.932	4.149	6.731	199	44.011
1885	43.924	3.567	6.280	183	53.954
1886	46.198	3.424	7.385	171	57.151
1887	44.290	1.929	5.643	171	44.290

Cuadro XIII. Pagos de los colonos a CALCo., 1880-1887

Año	Venta de tierras (£)	Arriendos (£)	Intereses (£)	Préstamos (£)	Total (£)
1880	5.171	2.856	528	1.749	10.304
1881	12.139	4.683	1.690	1.451	19.963
1882	17.060	3.674	1.773	1.625	24.132
1883	16.479	2.403	1.693	79	23.569
1884	18.411	1.649	2.064	234	22.358
1885	18.375	1.896	3.152	17	23.439
1886	26.548	1.788	3.269	12	31.616
1887	44.830	2.863	5.208	0	52.901

Fuente: CALCo., I. A., 1880-1887.

CALCo. tenía otras fuentes de ingresos. Una era la venta de solares urbanos en los pueblos de las colonias (ver cuadro X) y otra, la venta de maderas de los bosques que poseía en Córdoba. Esta última, cuyos ingresos aumentan de £ 1000 por año a comienzos de la década de 1880 a más de £ 6000 durante el último año de operaciones de la empresa, junto con todos los ingresos netos –salvo las ventas de tierras– eran incluidos en una cuenta de gastos e ingresos, que generalmente muestra un equilibrio entre los diversos ingresos de la compañía y sus costos de operación –los salarios de administradores y supervisores, los costos de edificios, mantenimiento y gastos de oficina, la retribución del Directorio, etc.–, y quedaba por lo general un pequeño saldo favorable. Por lo tanto, el ingreso por la venta de tierras, una vez que se recuperó la inversión inicial en el desarrollo de la propiedad y las colonias, era un ingreso neto para la empresa. Con él la compañía debía distribuir dividendos y construir un fondo de reserva para cubrir su capital accionario. Después de 1885, una parte creciente de este fondo –más de £ 40.000 en 1887– se hallaba depositado en el Banco de Londres y el Río de la Plata y el Banco Inglés del Río de la Plata en Rosario para evitar incurrir en pérdidas al remitir el dinero a Inglaterra, en tanto que otras £ 5000 se habían invertido en la adquisición de una cuadra de tierras urbanas en Rosario, en una primera y restringida concesión al grupo Surgei. El cuadro XIV, entonces, muestra la evolución de los dividendos distribuidos por la compañía y la construcción del fondo de reserva posibilitados por los ingresos por ventas de tierras.

Como puede apreciarse, la década de 1880 fue un período muy próspero para la compañía, tanto que las altas tasas de dividendo distribuidas en ella elevan el promedio anual de las ganancias anuales para todo el período de operación de la empresa a una cifra bastante alta para la época, pese a los largos años sin dividendos del primer período.

Pero esta no fue la principal fuente de ganancias para los inversores de CALCo. La reorganización de la compañía con la creación de una nueva empresa –la *Argentine* Land and Inuestment Company (ALICo.)– se realizó mediante el cambio de las acciones de la antigua empresa por acciones preferenciales en la nueva. Cada valor de una libra se cambia por una acción preferencial de cuatro libras de ALICo., con un dividendo anual acumulativo asegurado del 5% –equivalente al 20% de interés anual sobre el costo original de las acciones a los inversores de CALCo.–. La nueva compañía emitió una cantidad igual de acciones ordinarias de cuatro libras cada una para ser distribuidas *pro rata* entre los accionistas de CALCo., y se recaudaron en el momento de emisión tan sólo diez chelines por acción.

Cuadro XIV. Distribución de dividendos y fondo de reserva de CALCo. 1871-1887

Año	Capital emitido (£)	Dividendo distribuido (%)	Monto requerido* para dividendo (£)	Fondo de reserva (£)
1871	106.532	0	0	0
1872	106.532	0	0	0
1873	106.532	0	0	0
1874	106.532	0	0	0
1875	106.532	0	0	0
1876	106.532	0	0	0
1877	106.532	0	0	0

1878	106.532	5	5.331	0
1879	106.553	5	5.331	2.000
1880	107.445	5	5.331	12.000
1881	107.445	12,5	13.338	12.000
1882	107.445	15	16.092	12.265
1883	107.445	15	16.125	16.618
1884	108.561	12,5	13.521	19.198
1885	109.284	15	16.338	24.808
1886	109.236**	20	21.847	30.436
1887	108.950**	22,5	24.513	66.000
Total			137.817	
Promedio		7,47	8.109	

* Las pequeñas discrepancias entre estas cifras, el capital emitido y el porcentaje de dividendo declarado se deben a acciones cuyo importe no se había ingresado por completo y que, por lo tanto, no recibían dividendos.
** Las reducciones se deben al vencimiento de acciones por falta de pagos.
Fuente: CALCo., I. A., 1880-1887 y Stock Exchange Year Book, 1870-1880.

La parte no recaudada de este nuevo capital accionario debía servir de garantía para la emisión de un importante capital en obligaciones que, junto al dinero recibido por las recaudaciones sobre las acciones ordinarias, debía proveer el circulante necesario para ampliar las operaciones de la empresa mediante la adquisición de nuevas tierras y también mediante operaciones de crédito hipotecario. Las ganancias de esta nueva empresa debían satisfacer, en primer lugar, el pago del 5% de dividendo acumulativo garantizado sobre el capital preferencial y, en segundo lugar, para el pago de un dividendo del 10% sobre las acciones ordinarias. Si existía algún sobrante debía ser distribuido equitativamente entre los dos tipos de acciones. De esta forma, los inversores de CALCo. se hicieron acreedores de, por lo menos, una ganancia anual no inferior al 20% sobre su desembolso original, y se hallaban en posesión de un capital accionario con un valor de tapa cuatro veces mayor que su costo original. Por otro lado, este aumento del capital de la compañía parece justificarse dado el aumento del valor de su activo. Las tierras que permanecieron en propiedad de AliCo. en 1888 fueron valuadas por el administrador de la empresa en £ 397.687: £ 315.467 en bosques y tierras cultivables y £ 82.200 en lotes urbanos. Esta valuación se halla, hasta cierto punto, distorsionada por el gran aumento de precios de la tierra de 1888-1889; de hecho, un año más tarde, fue elevada a £ 500.000, pese a que se habían efectuado nuevas ventas. No incluían, en cambio, las tierras vendidas en 1887-188, ni la cuadra de tierra urbana en Rosario, vendida en £ 18.000 en 1888. Por otro lado, existía un fondo de reserva de £ 66.000, £ 44.290 de saldo favorable a la empresa en las cuentas de los colonos y £ 3.642 de ganancias no distribuidas, totalizando £ 113.914. Parece, por lo tanto, posible suponer que el capital preferencial de £ 435.800 de ALICo. no representa una sobreestimación del valor del activo de la empresa. La cuadruplicación del valor de las acciones, entonces, implica una ganancia a un interés anual compuesto del 8,5% sobre la inversión original durante los 17 años en los que operó la empresa. Esto, junto a los dividendos anuales de casi 7,5% promedio, representa una excelente ganancia sobre el capital invertido en 1870.

Como vemos, hacia el final de este ciclo, CALCo. había resultado una excelente inversión. Pero para el público inversor británico, y su interés por la Argentina, este no era el punto esencial. A comienzos de 1880, mucho antes que las ganancias de la compañía compensaran sus problemas iniciales, el aumento del valor de las tierras y el incremento de las ventas, junto al desarrollo general de la economía argentina (y particularmente del sector agrario) luego de la crisis de mediados de los años setenta, generaron una euforia que no sólo contribuyó a levantar drásticamente el valor de las acciones de la compañía, sino que creó, al mismo tiempo, una atmósfera general muy favorable para otras inversiones en tierras en Argentina.

En 1881, un artículo en el *Money Market Review*, tras describir la historia de CALCo., concluía señalando que tenía perspectivas de cuantiosas ganancias y que la tierra en Argentina era, en ese momento, una de las mejores formas de inversión disponible.[188] Dos años más tarde, podía leerse en otro artículo sobre la compañía de tierras:

> En este caso, como en el de muchas otras empresas similares, se hace claro que la inversión en tierras debe ser considerada no sólo una de las más seguras sino también una de las más redituables.[189]

Al año siguiente un artículo sobre el Ferrocarril Central Argentino explicaba:

> En verdad, la República Argentina ha contribuido, y es muy probable que continúe contribuyendo, generosamente a la riqueza de quienes han invertido y quienes inviertan en el futuro en sus ferrocarriles y tierras.[190]

Este floreciente interés por la inversión en compañías de tierras se refleja también en el informe de Egerton, Encargado de Negocios de Su Majestad Británica en Buenos Aires, sobre la colonización en Argentina, fechado en 1881. En 1883, el Vice-Cónsul Mallet de Rosario, refiriéndose específicamente a la provincia de Santa Fe, llega a

---

[188] C. F. B., Argentina misc. II. p. 368 *(M. M. R.,* 12/11/1881).
[189] *Ibid.,* misc. III, p. 37 (M. *M. R.,* 11/11/1883).
[190] M. M. R., 19/7/1884.

conclusiones similares.[191] El ejemplo del sistema de colonización a lo largo de las nuevas líneas ferroviarias es imitado en otros casos. Dos ferrocarriles estatales, el Andino y el Central Entrerriano, siguieron el ejemplo del Central Argentino y crearon colonias a lo largo de sus vías.[192] Muchos otros concesionarios privados de vías férreas solicitaron tierras a lo largo del trazado, y en algunos casos las obtuvieron, aunque ninguna otra empresa británica de importancia recibió más tierras que las necesarias para la instalación de las ferrovías; establecido el éxito de las primeras empresas ferroviarias, no se consideró necesario este estímulo adicional para los inversores.[193]

Finalmente, el clima favorable a la inversión en compañías de tierras en Argentina en la *city* de Londres se concretó en la formación de varias nuevas empresas, en algunos casos vinculadas a compañías ferrocarrileras; en otros, no. Grandes extensiones de tierras argentinas pasaron así a manos de inversores británicos, como veremos en la segunda parte de este capítulo; y este proceso fue en buena medida estimulado por el prestigio adquirido en la *city* por CALCo.

Crecimiento, crisis y maduración. Las inversiones británicas en tierras entre 1880 y la Gran Guerra

La década de 1870 se inició con perspectivas favorables para la formación de compañías británicas de tierras en Argentina. Los dos primeros proyectos de colonización

---

[191] *P. P. 1881*, LXXXIX, pp.117-183; y *1883*, LXXI, pp.187-205.
[192] Cárcano, *Evolución Histórica...*, p. 212, y *P. P. 1881*, LXXXIX, p. 157.
[193] Cárcano, *op. cit.;* Zalduendo, *op. cit.*, pp. 346-353. Una excepción de menor importancia, sin embargo, fue el ferrocarril británico *Central Railway of Chubut* (Ferrocarril Central de Chubut), que trataremos en la segunda parte del capítulo 3 de esta obra.

exitosos se establecieron en su primer año, en tanto que en Londres crecía un clima propicio para la inversión en tierras en Argentina, considerada como una de las mejores disponibles en el momento. Un debate sobre las posibilidades y los riesgos de la especulación en tierras en Argentina, aparecido en varios números del *Brazil and River Plate Mail,* muestra el entusiasmo de algunos por las amplias ganancias que podían obtenerse en esta actividad –entusiasmo que se refleja en varios artículos que el periódico londinense toma de su contemporáneo porteño *Buenos Aires Standard*–[194] y la actitud más cautelosa del conservador mundo de negocios británico, expresada a través de las editoriales del bisemanario inglés, en el que se advierte sobre los peligros de la especulación en tierras.[195]

La legislación argentina de esa época referente a la colonización, por otro lado, ofrecía amplias posibilidades para la inversión privada en esta actividad. Tanto la ley propuesta bajo la presidencia de Sarmiento en 1873[196] como la Ley Avellaneda de 1876 –ese intento argentino de imitar la *Homestead Law* norteamericana–[197] incluían secciones sobre la participación de empresas de colonización privadas, orientadas principalmente a la obtención de capital externo. Al mismo tiempo, la mayoría de las legislaciones provinciales, particularmente en la región pampeana, hacía referencia a la participación del capital privado en la promoción de nuevos asentamientos. Por último, la venta de enormes extensiones de tierras públicas por parte de las

---

[194] Uno de los principales periódicos de la comunidad anglo-argentina en Buenos Aires, dirigido por los hermanos Mulhall.

[195] Véase *Brazil and River Plate Mail* (en adelante B. & R. P. M.), 27/2/1873, p. 1; 22/3/1873, p. 16; 23/4/1873, pp. 4 y 15; 8/5/1873, p. 14 y 23/5/1873, p. 14.

[196] Véase *B. & R. P. M.* 8/8/1873, p. 10.

[197] Ley de inmigración y colonización, No. 817 de 1876; *Anales de la Legislación Argentina* (en adelante *A. L. A.),* vol. I, pp. 1128-38. Véase también Cárcano, *Evolución Histórica...*, pp. 153-169.

autoridades provinciales abría también una oportunidad para capitalistas, nativos o foráneos, que desearan invertir en tierras, ya fuere como especulación, para colonización o para explotación directa de la propiedad.[198]

Pese a ello, en última instancia, los resultados del período no respondieron a las expectativas de las autoridades y de los intereses comerciales argentinos ni a las de los inversores extranjeros. Es imposible saber exactamente cuánto capital privado británico fue absorbido por la propiedad inmueble rural argentina en este período o cuáles fueron sus beneficios. Sí sabemos que, contando con buena información y un poco de suerte, los especuladores pudieron obtener cuantiosas ganancias en la década de 1870, como lo señalan varios ejemplos citados por el *Standard* en los artículos mencionados más arriba. Pero la información de que disponemos no parece sugerir que se transfirieran a Argentina con este propósito montos importantes de capital británico, aunque algunos miembros de dicha comunidad en Argentina fueron muy activos en la especulación inmueble. Más aún, después de 1870 no se produjeron nuevas inversiones por parte de compañías públicas inglesas hasta el fin de la década. Por otro lado, como ya hemos señalado, aquellos que ya habían invertido en empresas de colonización tuvieron en la década de 1970 más problemas que beneficios.

En la década siguiente, esta situación se revierte. Hemos visto cómo un incremento espectacular de los precios de la tierra permitió ganancias muy significativas a las compañías que retuvieron sus propiedades durante la primera y difícil etapa. Y cuando el futuro de estas empresas comenzó a parecer más brillante y la República Argentina

---

[198] Sobre la legislación provincial y las ventas de tierras en este período, véase Cárcano, *Evolución histórica...*, pp. 193-260, que incluye un análisis de las provincias de Buenos Aires, Entre Ríos, Córdoba, Corrientes y Santa Fe.

comenzó a ser mejor conocida como área de inversión en la *city* de Londres, muchos más comenzaron a interesarse en las posibilidades que ofrecían sus tierras. Ello coincidía con una nueva tendencia general en el mercado de capitales londinenses, que manifestaba mayor interés por tierras y otras actividades vinculadas a estas. En su estudio sobre la formación de empresas públicas por acciones en Londres, Shannon menciona un

> *boom* en tierras y minas extranjeras, que comienza en 1880, crece rápidamente en 1881 y es todavía fuerte en 1883. Este se hallaba constituido mayormente por tierras y minas de oro y plata, con algo de interés por el plomo y el cobre. Las tierras y plantaciones, en especial *ranchs*,[199] reunieron 46 compañías efectivas y 30 proyectos abortados entre 1881 y 1883 inclusive.[200]

Entre 1883 y 1885, el total de las compañías mineras y de tierras alcanzó 304 empresas, de las cuales 36 eran privadas y 268 públicas.[201]

Simultáneamente, el mercado de tierras argentino se vio activado por la incorporación de grandes extensiones de tierras no ocupadas después de la campaña militar contra los indígenas en 1879.[202] Más aún, la gran expansión del sistema ferroviario en la década de 1880 facilitó el acceso y proveyó de transporte económico a extensas regiones, y así hizo posible su incorporación a la actividad económica. Por otro lado, el proceso de colonización de Santa

---

[199] Palabra inglesa que se utiliza para la gran explotación agraria, especialmente ganadera, en América del Norte y Australia. Por extensión, suele aplicarse a las haciendas y estancias latinoamericanas y a otras grandes explotaciones rurales en distintos lugares del mundo.
[200] H. A. Shannon, "The Limited Companies of 1866-1883", en Carus y Wilson (comp.), *Essays in Economic History*, Londres, 1954.
[201] *Ibid.*
[202] La acción militar también elevó el precio de la tierra en zonas próximas a la antigua frontera indígena que antes se hallaban amenazadas por los malones, tales como los casos ya mencionados de Fraile Muerto y Bahía Blanca.

Fe, que había comenzado hacía ya casi 30 años, se hallaba plenamente consolidado y se expandía hacia las provincias vecinas. Por último, una activación de la demanda en el mercado interno y de exportación estimuló cambios en la estructura productiva agraria, que resultaron en una tendencia creciente en los precios de la tierra. Todos estos elementos contribuyeron a acelerar el constante proceso de expansión agraria de Argentina, y así se reabrieron nuevamente oportunidades de inversión en esta área.

La formación de empresas de tierras británicas en la década de 1880

La creciente solidez del mercado de tierras argentino lo hizo más respetable entre quienes formaban la opinión del público inversor europeo. El *South American Journal,* nueva nomenclatura del antiguo *Brazil and River Plate Mail,* al que viéramos en una actitud cautelosa sobre la inversión en especulación agraria en su polémica con el *Buenos Aires Standard,* publicó a comienzos de los años ochenta una serie de entusiastas artículos sobre las oportunidades que ofrecía este campo.[203] Uno de ellos cita el ejemplo de una compañía de Liverpool que compró una estancia de 72 leguas cuadradas en diciembre de 1880, la subdividió en unidades menores y las vendió en £ 72.000 cuatro meses más tarde, obteniendo una ganancia equivalente al 350% anual sobre el capital invertido. El editor concluye diciendo:

---

[203] Véase *South American Journal* (en adelante *S. A. J.),* 31/3/1881, pp. 10 y 13; 23/6/1881, p. 9; 1/3/1882, pp. 10-11; 16/7/1882, pp. 15-16; 7/3/1883, p. 7; 1/3/1883, pp. 10-11 y 27/3/1884, pp. 12-13.

Esta operación indica que no hemos incurrido en exageración alguna al afirmar, como lo hemos hecho con tanta frecuencia, que ningún país del mundo ofrece mayores ventajas al capital extranjero que la República Argentina.[204]

La escasez de información hace que resulte imposible saber con precisión cuánto capital británico ingresó al país para realizar operaciones de corto plazo de este tipo o cuál es el monto exacto de las inversiones provenientes de Reino Unido en empresas privadas de colonización. Circunstancias fortuitas nos han dejado referencia a unos pocos ejemplos, tal como el mencionado por el *South American Journal*. Pero la formación de varias compañías públicas y privadas, y los ejemplos conocidos de las inversiones de particulares o empresas privadas, reflejan el creciente interés de los inversores británicos por el mercado de tierras argentino. Una de las primeras y más grandes de estas empresas fue la Santa Fe Land Company, creada en 1883 para hacerse cargo de las tierras concedidas a J. M. Murrieta and Company, una firma bancaria londinense, en pago de una deuda del Gobierno de Santa Fe. Volveremos a esta compañía para estudiarla con mayor detalle más adelante.

Otras compañías se formaron en las tierras conquistadas a los indígenas en 1879. Dada la importancia de las empresas británicas en esa región y ciertas particularidades en sus características generales y su evolución, las que se crearon en los Territorios Nacionales del Sur serán tratadas en un capítulo aparte. Sin embargo, podemos señalar aquí que importantes extensiones de tierra fueron adquiridas en esta región en la década de 1880 con el propósito de colonizarlas. Al mismo tiempo, se formaron otras compañías de este tipo en los territorios nuevos incorporados a

---

[204] *S. A. J.*, 14/4/1881. Véase tambien Ferns, *Gran Bretaña y Argentina...*, p. 393.

la provincia de Buenos Aires o en los partidos vecinos más antiguos que se beneficiaron de la seguridad lograda por la supresión de los indígenas.

En 1881, se crea la Argentine Pastoral Association, una compañía privada, para hacerse cargo de 11 leguas cuadradas de los nuevos territorios de la provincia de Buenos Aires, pertenecientes a J. W. Ricketts -a quien ya mencionamos como administrador de estancias en Uruguay y especulador de tierras en Argentina-. Este adquirió la propiedad de acuerdo con los términos estipulados por la Ley de Crédito de Guerra de 1878, por la cual un bono de $ 400 fuertes podía intercambiarse por una legua cuadrada de tierra.[205] Para Ricketts el costo total de la tierra había sido entonces de $ 4400 fuertes (el equivalente a £ 880). El precio abonado por la compañía fue de $ 120.000 papel de la provincia de Buenos Aires por las cuatro leguas mejores y $ 90.000 de la misma moneda por las siete restantes, un total equivalente a $ 41.109 oro, o £ 8.220. Así, en el breve período que va desde la compra de los bonos en 1878 y la transferencia de la propiedad a la compañía en 1881, Ricketts obtiene una ganancia de £ 7560, es decir casi diez veces la cifra invertida. La nueva empresa tenía un capital autorizado de £ 100.000, pero sólo se emitió la mitad de ese monto. Ricketts, uno de los directores, era también gerente de la empresa con un salario anual de £ 500. Por tratarse de una compañía privada, no disponemos de información sobre sus operaciones o la trayectoria económica de la empresa pero, dado que para 1888 había liquidado sus propiedades y cerrado sus operaciones, pareciera tratarse de

---

[205] Ley 947 de 1878 y su ley complementaria, la 1018 de 1879; A. L. A., I, 1171 y 1186. Por esta ley se autorizaba al ejecutivo a emitir dos millones de pesos fuertes en bonos de $ 400 cada uno; lo recaudado debía utilizarse para financiar la campaña contra los indígenas. Después de la campaña, los bonos podían intercambiarse por una legua cuadrada de las tierras conquistadas.

un consorcio formado con el único propósito de especular con la venta de las tierras. Sin embargo, el total del capital emitido superaba en más de £ 40.000 lo necesario para la compra de la propiedad y los gastos de formación de la empresa, por lo que parece probable que la compañía haya efectuado cierto desarrollo de la tierra, ya que no existe referencia alguna a otras operaciones inmuebles a las que pueda haberse destinado ese monto. Por último, al haber realizado su propiedad antes o durante 1888, el año de precios más altos del período, y al haber así evitado que sea afectada por la drástica caída que acompañó (y en alguna medida precedió) a la crisis Baring, es muy probable que el consorcio haya logrado un beneficio substancial, por encima de las ganancias individuales que obtuvo Ricketts con su formación.[206]

La Anglo Argentine Land Company, registrada en 1883, fue otra compañía privada formada en Londres para adquirir una propiedad perteneciente a Ricketts. Se ajusta exactamente al mismo modelo que la anterior. El capital emitido en este caso fue de £ 38.000. También en este caso se vendió toda la tierra y se liquidó la empresa para 1888.[207] Otra compañía, la *Buenos Aires Land and Cattle Company*, fue creada en 1882 para hacerse cargo de una propiedad de unos 100.000 acres próxima a Bahía Blanca. Sin embargo, la operación nunca se concretó y la compañía se liquidó en 1884. De todas maneras, parece probable, según la información existente, que el propietario del establecimiento, que recibiría como parte principal de pago una emisión de

---

[206] Sobre esta compañía, véase P. R. O., BT31, 2866/15805.
[207] Aparte de Ricketts uno solo de los inversores en la *Argentine Pastoral Association*, W. Rodger, poseía también valores de la *Anglo-Argentine Land Company*. Sobre esta última empresa, véase P. R. O., BT31, 3175/ 18430.

valores de la empresa por £ 50.000, haya sido un residente en el Reino Unido, con lo cual, pese a no efectuarse la venta, estaríamos frente a una inversión británica.[208]

Probablemente, la especulación más grande y atrevida en la provincia de Buenos Aires en el período fue la efectuada por E. Casey con 111 leguas cuadradas de tierras muy ricas en el sur de la provincia, base de la *Compañía de Tierras Curumalán*. En principio, esta operación fue emprendida exclusivamente por miembros de la comunidad anglo-argentina en Buenos Aires, dirigidos por Casey, pero llegó eventualmente a involucrar capital británico por un millón de libras, y fue uno de los factores –aunque menor– que contribuyeron a dificultar la posición de la Casa Baring en 1890, lo que precipitó la crisis, como veremos en un análisis de esta empresa que incluimos más adelante en este capítulo.

La Western Buenos Aires Land Company, registrada en 1883, fue una empresa privada que ya hemos mencionado en relación con la estancia *La Germania*. La compañía se creó en Londres en 1882 con el propósito de adquirir para colonizar varias propiedades pertenecientes a tres belgas que habían residido en la Argentina (H. Konigs, Charles Gunther y M. Kandel), cuyo capital estaba distribuido entre estas tres familias. Los tres socios principales, en particular Gunther, poseían amplias vinculaciones con las empresas británicas en el Plata, y cuando la empresa se formó en 1883 se había retirado a Londres. Konigs y Kandel figuran entonces con domicilios en Amberes, pero para 1896 prácticamente todo el capital de la empresa se hallaba en manos de personas residentes en el Reino Unido. Las propiedades se encontraban en el extremo oeste

---

[208] P.R.O., BT31, 3014/17024. También *Stock Exchange Official Intelligence* (en adelante *SEOI*), 1883, p. 617 y 1884, p. 1274.

de la provincia de Buenos Aires, sobre el límite con Santa Fe y Córdoba, y abarcaban incluso tierras en esas provincias. El cuadro XV muestra la composición y extensión de esas tierras.

Konigs y Gunther recibieron de la empresa en pago de sus tierras £ 146.270 cada uno, y Kandel £ 6200, todo en acciones de la compañía; las acciones restantes hasta completar un capital de £ 300.000 se emitieron a nombre de otros miembros de estas familias y a testaferros con propósitos administrativos. Las tierras fueron beneficiadas tempranamente con la construcción del ferrocarril Pacífico, que las atravesaba, y la intención de la empresa era aprovechar esta circunstancia para hacer de sus campos un centro de colonización.

Por tratarse de una empresa privada, no disponemos de mucha información sobre el desarrollo de sus actividades. Sabemos sí, como lo señaláramos en el primer capítulo, que en 1899 la porción de tierra que formaba la estancia *La Germania* fue vendida nuevamente a la familia Gunther, que formó una nueva empresa independiente de la anterior; esto sugiere que parte de las tierras de la compañía se operaban como estancias ya antes de esa fecha. Después de la venta de *La Germania*, la Western Buenos Aires continuó con la realización de su activo; para 1908 se había vendido toda la propiedad inmueble y la empresa fue disuelta.[209]

---

[209] Puede hallarse información sobre esta empresa en *P. R. O.*, BT31, 3242/19103. Véase también *S. A. J.*, 28/8/1884 y Crossley, "Location and Development...", p. 166.

Cuadro XV. Propiedades pertenecientes a la Western Buenos Aires Land Company

Propiedad	Hectáreas	Precio pagado por la compañía (£)
1. 63 leguas cuadradas en Buenos Aires y Santa Fe, que eran parte de una concesión de 80 leguas cuadradas a F. Brizuela y a C. Bouquet, adquiridas por Konigs, Gunther y Kandel en 1875. No se transfirieron las 17 leguas restantes por un conflicto con el Gobierno.	170.000	224.000
2. 12 leguas cuadradas métricas en Buenos Aires adquiridas al Gobierno en 1883.	30.000	
3. 120 ha en Buenos Aires, que eran un "sobrante", adquiridas al Gobierno en 1884 (2 y 3 forman la estancia *La Germania*).	120	
4. 605 ha en Córdoba adquiridas al Gobierno provincial en 1884.	605	74.920
5. 4 leguas cuadradas en Córdoba (4 y 5 forman la estancia *La Atlántica*).	11.023	
6. 6 leguas cuadradas, parte en Córdoba y parte en Buenos Aires (estancia *La Rhenania*).	16.496	
7. 24 ¾ leguas cuadradas, que eran parte de una concesión al Gobierno provincial de Córdoba, de la cual se vendieron 8 leguas a A. Oostendorp, de Buenos Aires.	61.875	
Total	290.219	298.920

Fuente: *Public Record Office* (Londres), BT31, 3242/19103.

En 1887, la legislatura provincial de Buenos Aires, tratando de promover un proceso de colonización agrícola similar al que tenía lugar en ese momento en Santa Fe, promulgó la Ley de Centros Agrícolas. Esta ley ofrecía considerables ventajas –crédito barato, exenciones impositivas y una reducción de las tarifas ferroviarias– a los propietarios rurales que crearan centros de colonización en sus tierras, además de prever la formación de "centros" por parte del Gobierno. La ley entró en vigor por dos decretos reglamentarios de 1887 y 1888, y se formaron numerosos centros agrícolas en este último año y el siguiente.[210] Entre ellos, encontramos algunos formados por propietarios residentes en el Reino Unido, tal como el *Centro Agrícola Dos Amigos,* perteneciente a J. Fair, que incluía los pueblos de Espartillar (que recibiera su nombre de la famosa estancia que poseía su creador en el partido de Chascomús) y Junbill, ubicados en el partido de Adolfo Alsina. La mayoría de los terratenientes, sin embargo, parecen haber estado más interesados en sacar ventaja de los beneficios que ofrecía la ley –en particular de las facilidades crediticias– que en la formación genuina de asentamientos agrícolas; y cuando en 1890 la crisis detuvo el progreso de colonización, la formación de la mayoría de los centros no se había concretado, entre ellos el *Dos Amigos.* En la mayoría de los casos, las tierras fueron arrendadas bajo el sistema rotativo que terminaba con el alfalfado de los campos, y eventualmente llegaron a transformarse en modernas estancias.

---

[210] Sobre la ley de centros agrícolas puede verse Cárcano, *Evolución histórica...*, pp. 255-60, y también dos investigaciones sobre el tema: Noemí Girbal de Blacha, *Los Centros Agrícolas de la Provincia de Buenos Aires,* Buenos Aires, F.E.C.Y.C., 1980 y Carmen Sesto, "Implementación de la política estatal ganadera. Ley de Centros Agrícolas (1887)", *Investigaciones y Ensayos,* 32, enero-junio de 1982, Buenos Aires, Academia Nacional de la Historia.

Otro ejemplo de una operación particular en tierras por parte de un ciudadano británico es citado por el Vice-Cónsul Mallet de Rosario en 1883:

> Puedo mencionar a un ciudadano inglés que ha estado visitando recientemente esta zona, adquiriendo alrededor de 30 leguas de tierra sobre el límite de esta provincia: se afirma que con el propósito de colonizarlas.[211]

Los proyectos de colonización no se hallaban restringidos a la Pampa Húmeda y a los Territorios del Sur en los años ochenta. La provincia de San Luís fue teatro de un intento de este tipo, esta vez por parte de una compañía pública. La Buena Esperanza Company fue registrada en Londres en 1884, emitiendo un capital de £60.000. Su propiedad consistía en 104 leguas cuadradas en el departamento de General Pedernera. La intención original de la empresa era traer sus pobladores de Holanda, tras habilitar una oficina en Rotterdam para contratar a los colonos: esta recibiría el 5% de las ganancias de la empresa. No sabemos en qué medida progresó el proyecto de colonización, aunque la pobreza de las tierras puntanas y la ausencia de un desarrollo efectivo de la colonización agrícola en la región sugieren que, aun en la próspera década de 1880, sus logros no pueden haber sido muy significativos. Pese a ello, la compañía pudo distribuir un dividendo del 4% en 1886 y un 5% al año siguiente. A partir de entonces, cesaron los pagos de dividendos y, al igual que muchas de las empresas colonizadoras formadas en los años ochenta, las actividades de *La Buena Esperanza* tomaron un nuevo rumbo en la década siguiente. 211.611 hectáreas de la propiedad original, que ya habían sido transformadas en una estancia, se hallaban aún en manos de la compañía hacia

---

[211] *Parliamentary Papers* (en adelante *P. P.*), 1884, LXXX, p. 10.

1902. La distribución de ganancias se había reiniciado en 1898 con el pago de un dividendo del 5%. Para 1902, la compañía había acumulado una reserva de $ 178.770 m/n, seguramente por venta de tierras, pero carecemos de información sobre la evolución de la empresa posterior a esa fecha.[212]

Otros proyectos de colonización británicos tuvieron lugar en la región noreste del país, también librada del peligro de ataques indígenas a comienzos de la década de 1880. Colonia Florencia, por ejemplo, era una empresa privada localizada en lo que había sido la estancia *Tapernaga* en el Gran Chaco. La propiedad, que comprendía 80.000 hectáreas, pertenecía a E. H. Longworthy, residente en Londres. En 1887, se formó una compañía privada, la Chaco Company, para adquirir la propiedad: la sra. Longworthy recibió £ 75.000 en acciones preferenciales de la compañía como pago por la tierra, y esta fue la totalidad del capital emitido. La compañía fue disuelta en 1889, probablemente debido a la muerte de la propietaria.[213]

La Anglo Paraguayan Land Company, registrada en 1888, surge del pago mediante tierras públicas de una deuda de más de 1,5 millones de libras en títulos emitidos en Londres por el Gobierno paraguayo. Además de sus extensas propiedades en Paraguay, la empresa poseía 112.000 acres en el territorio argentino del Chaco, donde puso en marcha un proyecto de colonización conocido como colonia Gandolfi. La Anglo Paraguayan, cuyas operaciones se centraban en la propiedad en el país vecino, tuvo una larga

---

[212] *Argentine Year Book,* 1902, p. 339.
[213] *P. R. O.,* BT31, 3845/24204.

trayectoria de fuertes pérdidas para los poseedores de los títulos emitidos por el Gobierno de Asunción, y finalmente fue disuelta en 1909.[214]

Por último, en Santa Fe, la zona más tradicional de colonización, se formó cierto número de importantes compañías públicas siguiendo el modelo de su predecesora local, CALCo. ALICo., como ya hemos mencionado, fue creada en 1888 para continuar y extender las actividades de la anterior. La Santa Fe and Cordoba Great Southern Land Company, formada ese mismo año, se hallaba estrechamente vinculada con el ferrocarril de igual nombre. La Argentine Colonization and Land Company, también creada en 1888, era una empresa totalmente independiente también formada con la intención de participar del proceso de colonización que se operaba en Santa Fe. Volveremos a estas tres compañías al analizar con mayor cuidado algunos ejemplos de las empresas británicas de tierras formadas en esta época, al final del capítulo. Por último, la Argentine Republic Land and Trust, formada en 1889, fue un proyecto frustrado. Tenía un capital de £ 100.000, pero sólo se emitieron algo más de £ 60.000. Este capital fue utilizado para la adquisición de tierras próximas a las ciudades de Rosario y Santa Fe, pero poco después de que comenzara sus operaciones se desencadenó la crisis Baring y la empresa debió cesar sus actividades. Las tierras que habían sido adquiridas a los elevados precios que predominaban en 1889 sólo podían venderse ahora con graves pérdidas debido a la caída de precios agrarios que acompañó a la crisis. Hacia fines de la década de 1890,

---

[214] *S.E.O.I.*, 1890, pp. 990-1; 1894, pp. 195 y 1933; 1895, p. 1268; 1897, p. 1568; 1899, p. 1716; 1905, p. 1140 y 1909, p. 1090. También *Stock Exchange Year Book* (en adelante *S.E. Y.B.*), 1890, p. 527.

sin embargo, la compañía logró desembarazarse de todas sus propiedades, y entró en un proceso de liquidación que dejó pérdidas poco cuantiosas a sus accionistas.[215]

Aparte de las empresas de tierras orientadas hacia la colonización, se crearon en Londres otras compañías durante el período del *boom* de 1880 relacionadas con el sector inmueble en Argentina. La Argentine Commanditary, registrada en 1883, fue creada como medio de financiación de las actividades especulativas de los hermanos escoceses R. J. y C. Hardy. El capital, que consistía en £ 21.000, fue provisto por la misma familia Hardy en Gran Bretaña. La compañía operó hasta 1895, pero no poseemos mayor información sobre sus actividades.[216] El Pilcomayo Syndicate, con un capital de tan sólo £ 6000, fue creado con el propósito de realizar exploraciones en el Gran Chaco, en las riberas del río Pilcomayo, con vistas a la explotación de los recursos naturales hallados en la zona. Pero no se encontraron en el Chaco recursos aptos para ser explotados en esa época, y el hecho de que la compañía fuera creada en 1890, a comienzos de la crisis, limitó también sus posibilidades de éxito.[217] Otro intento fallido fue el de la South American Land, Colonization and Construction Company. Este ambicioso proyecto, cuyo principal objetivo era la especulación inmueble, fue creado, sorprendentemente, en 1891, un punto álgido de la crisis. Como podía preverse, la compañía nunca llegó a operar efectivamente, y finalmente fue disuelta en 1911.[218]

Existió, por último, otra actividad vinculada con una forma particular de "tierra" argentina, que atrajo una considerable inversión de capital británico. En la eufórica

---

[215] *S.E.O.I.*, 1890, p. 590; 1892, p. 1150 y 1901, p. 1339.
[216] Véase *P. R. O.*, BT31, 3099/17754.
[217] *P. P.*, 1890/1, LXXVII, p. 578.
[218] Véase *P. R. O.*, BT31, 4956,33092.

atmósfera de los años ochenta, cuando las nuevas tierras del mundo –el Oeste Norteamericano, Canadá, Australia, Nueva Zelandia, amplias zonas de Sudamérica y, para algunos, también de Sudáfrica–[219] ofrecían todo tipo de riquezas, parecía inconcebible que un territorio de la amplitud del de la República Argentina careciera de abundantes recursos minerales. Tanto el Gobierno argentino como los inversores extranjeros estaban convencidos de la existencia de estas riquezas; lo único que hacía falta era hallarlas y explotarlas. Publicaciones especializadas como el *Board of Trade Journal* y el *Mining Journal* publicaban artículos en los que destacaban las posibilidades mineras que ofrecía la Argentina,[220] en tanto que las autoridades argentinas estimulaban constantemente el ingreso de capital a la República para el desarrollo de sus recursos minerales. Por lo tanto, no es sorprendente que se formara un importante número de empresas británicas en este período para adquirir derechos de explotación y concesiones mineras en ciertas regiones del país. En el período que concluye con la crisis Baring, hemos podido individualizar 14 empresas de este tipo. Las ocho empresas de las que disponemos de información totalizan un capital accionario de £ 716.757, al que se suma la emisión de obligaciones acompañada por una muy magra dotación de minerales

---

[219] La historiografía económica moderna ha llamado "tierras nuevas" en este período a dichas regiones. Si no todas lo eran en cuanto a su ocupación por el hombre blanco –y mucho menos por el aborigen–, sí eran nuevas en cuanto a su participación activa en el mercado mundial, señalando algunos autores ciertas características comunes, que son las que dan lugar a la denominación. Véase por ejemplo, Robert Baldwin, "Patterns of Development in Newly Settled Regions", en *The Manchester School of Economic and Social Studies*, mayo de 1956, pp. 161-179.

[220] Véase, por ejemplo, *Mining Journal*, 8/6/1878 y 25/2/1882; *Board of Trade Journal* (en adelante *B. T. J.*), X (1891), 458; también *S. A. J.*, 7/3/1891. En el trabajo de T. Jones, E. A. Warburton y E. Kingsey, *A. Bibliography on South American Economic Affairs. Articles in 19th. century periodicals*, Minneapolis, 1955, p. 44-45, puede verse una larga lista de artículos sobre minería en Argentina.

aptos para ser explotados con provecho en aquella época; y magros también fueron los resultados obtenidos por la mayoría de estas empresas. No entraremos aquí en el análisis de la evolución de los proyectos mineros, pero sirva al menos la referencia al ímpetu de este proceso, en un país que no había mostrado hasta entonces ninguna evidencia significativa de contener riquezas minerales, como testimonio del entusiasmo que todo tipo de inversiones en tierras argentinas creaba en la *city* de Londres en la febril década de 1880.[221]

Colonización, especulación y mercado de tierras en la década de 1880

Retomando la actividad más característica de las compañías formadas en este período, la colonización, trataremos de ver algunas de las características de su evolución en la década en cuestión. En la primera parte de este capítulo, hemos visto el *modus operandi* de CALCo. y Alejandra en la década de 1870; pero los años ochenta trajeron una mejora en las condiciones generales para la colonización que se tradujo en mayores facilidades para las empresas que encaraban esta actividad. En primer lugar, si bien es cierto que el Gobierno siempre tuvo la intención de promover la colonización, en la década de 1880 se hallaba en condiciones mejores para hacerlo que anteriormente. La Ley Avellaneda de 1876, que entre otras cosas creaba la Oficina de Tierras y Colonias, proveyó una base legal y administrativa para la participación del Estado en la promoción de las colonias. Al mismo tiempo se habilitaron oficinas de inmigración en Europa para promover la llegada de nuevos habitantes a la República y facilitar las cosas

---

[221] También podría utilizarse como ejemplo la inversión en solares urbanos. La información encontrada sobre este rubro sugiere que también allí era importante la inversión británica. Véase, por ejemplo, *P.P.*, 1893/4, XCII, 171.

a los potenciales colonos, incluyendo el pago de pasajes a Buenos Aires. Una vez allí, el Hotel de los Inmigrantes les ofrecía un lugar donde alojarse hasta que encontraran trabajo y vivienda. La acción oficial garantizaba así el flujo de inmigración, y les evitaba a las compañías el tener que reclutar sus propios colonos en Europa.[222] Más aún, mediante la campaña militar de 1879 contra los indígenas, el Gobierno erradicó uno de los principales problemas para el asentamiento en áreas nuevas, lo que contribuyó, además, a mejorar considerablemente la imagen de la Argentina como área de colonización en Europa.[223]

Por otro lado, los desarrollos de la década anterior crearon los canales financieros y comerciales necesarios para el desarrollo independiente de los colonos, y aliviaron así, hasta cierto punto, la necesidad por parte de los empresarios colonizadores de promover sus asentamientos mediante la oferta de facilidades –fundamentalmente crediticias– a los recién llegados. Más aún, a medida que progresaba el proceso de colonización había un creciente número de chacareros que disponían de cierta experiencia y capital, y se hallaban deseosos de adquirir nuevas tierras o de trasladarse a nuevas colonias a probar fortuna, y se generaba una demanda de tierras por un tipo de colono mejor provisto que el habitual de la década anterior. Aun así, en 1879 el Cónsul Egerton podía señalar:

---

[222] En relación a la participación del estado en la promoción de la inmigración en la década de 1880, véase por ejemplo B. T. J., VI (1889), 681.
[223] Como hemos visto, los ataques indígenas habían sido una de las principales causas de la actitud negativa del Cónsul Macdonell respecto a la inmigración británica a la Argentina. Otros informes sobre inmigración redactados por cónsules británicos a comienzos de los años ochenta, con una actitud mucho más positiva, resaltan el hecho de que este problema ya no existía. Véase P. P., 1881, LXXXIX, pp. 140-57; 1884, LXXX, pp. 3-12.

> Tengo serias dudas sobre si, como regla general, sobre todo en las colonias privadas, el inmigrante no paga mucho más por sus tierras en estas colonias que lo que haría si se dirigiera al mercado abierto. Ofrecen, sin embargo, facilidades para el ignorante y el desvalido.[224]

Como hemos visto en el caso de CALCo., esto no implicaba necesariamente grandes ganancias para las compañías colonizadoras en los años setenta ya que el costo de las "facilidades para ignorantes y desvalidos" era con frecuencia mucho mayor que los beneficios obtenidos por los precios más altos. Pero en las nuevas condiciones que prevalecerían en la década siguiente, y al acelerarse el ritmo de crecimiento de los precios de la tierra, la diferencia entre los precios ofrecidos por las compañías de colonización y los del mercado abierto tendió a decrecer, al mismo tiempo que aumentaban las ganancias de las empresas colonizadoras. Una vez más, CALCo. ofrece un claro ejemplo de este proceso.

Vemos así que, salvo las empresas que operaban en regiones remotas –la mayoría de las cuales no tuvieron éxito en la formación de colonias–, la colonización presentaba muchas menos dificultades en la década de 1880 que antes. Se requería, entonces, muy poco capital más allá del necesario para adquirir la tierra misma. Sólo era necesario inspeccionar y hacer una mensura de la propiedad, escoger una sección adecuada para un pueblo y dividir el resto en secciones de 20 cuadras cada una. Estas chacras se ponían entonces a la venta a un precio que doblaba o triplicaba el valor de la tierra antes de su subdivisión; y el precio continuaría aumentando de acuerdo con la tendencia general de los precios inmuebles en el período. En general, se ofrecían facilidades de pago de hasta tres y cuatro años,

---

[224] *P. P.*, 1881, LXXXIX, p. 157.

y se cobrara un interés del 10% sobre los saldos. Otra posibilidad era arrendar la tierra a una tasa anual que variaba entre el 5% y el 10% de su precio de venta.[225]

Las ventajas que ofrecía este tipo de operación, junto al creciente rendimiento de las estancias por las mejoras en sus condiciones productivas, contribuyeron a aumentar rápidamente el valor de la propiedad inmueble, lo que a su vez estimuló la especulación en tierras. Los precios de las tierras y la especulación, que generalmente marchan al unísono, aumentaron rápidamente en los primeros años de la década, perdieron luego algo de su ímpetu entre 1883 y 1885 bajo la sombra de una limitada crisis financiera, agravada por malas cosechas, para volver a su plenitud en los años siguientes y llegar a su punto más alto del siglo en 1888-1889.

La mayoría de los observadores contemporáneos, así como los investigadores y estudiosos posteriores, atribuyen esta tendencia alcista principalmente a la especulación y a las facilidades de crédito que brindaban las cédulas hipotecarias. Pero las altas ganancias obtenidas por las estancias en operación a comienzos de la década y la expansión continua de la producción, aun después de declarada la crisis, sugieren que, excepto el desenfrenado período especulativo de 1888-1889, el aumento en el precio de la tierra responde a un aumento de su valor productivo. De hecho, en un período de expansión agraria como este, parecería que la tendencia era más bien a que los precios estuvieran algo retrasados respecto a la creciente productividad de la tierra; y, por lo tanto, las ganancias en la inversión en tierras eran efectivamente mayores que en otros sectores de la economía.

---

[225] Muchas fuentes contemporáneas describen este proceso. Véase por ejemplo *P. P.*, 1883, LXXI, pp. 187-205.

Un artículo de *The Economist* aparecido a comienzos del año 1890 señalaba que

> el valor de la tierra, estimulado quizá por una especulación excesiva, puede ser exagerado; aun así, tierras tan ricas deben redituar una buena ganancia sobre el capital invertido.[226]

Este paradójico comentario (¿por qué habrían de considerarse "exagerados" los precios de la tierra si redituaban aún "una buena ganancia sobre el capital invertido"?) era probablemente demasiado optimista cuando fue escrito, pero, en cambio, reflejaba adecuadamente la tendencia que había prevalecido en el período anterior.

En los últimos dos años de la década, existió efectivamente una inflación artificial de precios; y es cierto que fue estimulada por las facilidades crediticias y otras políticas extremadamente ambiciosas (cabría llamarlas "desarrollistas") de la administración Juárez Celman. Pero la profundidad de la crisis subsiguiente –una crisis que el *boom* especulativo, sin duda, contribuyó a precipitar–, se entiende mejor en términos de una conjunción de las tendencias de largo plazo de la balanza de pagos con factores financieros de corto plazo, más que como el simple resultado de un *crash* financiero especulativo.[227]

Pero si durante la mayor parte de la década el aumento del valor de la tierra puede ser considerado más como el resultado de una mejora en las condiciones de producción que de la mera especulación, no existe duda alguna de que se generó efectivamente un mercado muy especulativo, en

---

[226] *The Economist, Monthly Trade Supplement,* 12/4/1890.
[227] En este sentido, adherimos a la interpretación de A. Ford de la crisis de 1890 como una crisis de desarrollo, más que a la interpretación tradicional que la atribuye a la exuberancia y la corrupción de la administración Juárez Celrnan. Véase A. Ford, "Argentina y la crisis de Baring de 1890", traducido en Giménez Zapiola (comp.), *El Régimen Oligárquico,* pp. 116-141.

el que pudieron lograrse cuantiosas ganancias, y, eventualmente, luego de 1890, cuantiosas pérdidas. Durante esta década, los especuladores adquirieron grandes extensiones de tierra –con frecuencia tierras fiscales en la nueva zona de frontera– y las vendieron luego con grandes beneficios a otros especuladores, a estancieros o a empresas de colonización.[228] En otros casos, el especulador formaba una compañía, ya fuera en Buenos Aires o en Londres, para que se hiciera cargo de la tierra. La nueva empresa pagaba por la tierra una parte en efectivo y otra parte mediante la emisión sin costo a favor del propietario de una porción de su capital accionario. El especulador podía, así, obtener un beneficio líquido en la operación, manteniendo aún una participación en la propiedad, de la que podía obtener futuras ganancias.[229] Fuera de los ejemplos británicos que ya mencionamos, se formó un importante número de compañías de tierras argentinas de esta u otras formas similares, particularmente en el período del *boom* de 1888-1889.[230]

Por otro lado, la colonización misma en los años 1880 no era mucho más que una especulación en tierras. Las ganancias obtenidas se vinculaban principalmente con el aumento del precio de la tierra. Sin embargo, en la medida en que el aumento del valor inmueble reflejaba mejoras en la productividad de la tierra, estas operaciones tenían una base genuina y sólida, ya que, pese a los elevados precios de la tierra, el nivel medio de ganancias de los colonos era suficiente como para permitirles hacer frente a sus obligaciones respecto al pago de los saldos sobre el precio de la

---

[228] Varios ejemplos citados en *S.A.J.*, 19/9/1884, p. 8, que contiene un adecuado resumen sobre la situación del mercado de tierras en Buenos Aires.
[229] Como veremos más adelante, este procedimiento también se utilizó con frecuencia en los Territorios Nacionales del Sur.
[230] Véase *The Statist*, 2/2/1889, también *P.P.*, 1893/4, XCII, pp. 29-<16.

tierra o su arriendo.[231] Cuando el precio de la tierra aumentaba demasiado rápido y ejercía una presión excesiva sobre los costos de los colonos (quienes entre otras cosas, se hallaban muy afectados por los costos del crédito y los fletes, que compartían una tendencia decreciente ante una mayor competencia de oferta en este período), el proceso de colonización se desaceleraba; lo mismo ocurría con la demanda de tierras y su precio –lo que ocurrió, por ejemplo, durante la limitada crisis de mediados de la década–.

El impacto de la crisis Baring

Estrictamente en términos de la evolución del mercado de tierras, la crisis de 1890 puede ser interpretada de igual forma. Durante el *boom* especulativo de los últimos años de la década anterior, los precios de la tierra alcanzaron un nivel considerablemente más alto que su capacidad rentística. Eventualmente, como se vería con la nueva alza de precios de la primera década de nuestro siglo, la continua expansión de la producción agraria que se da por la introducción de mejoras técnicas y organizativas, haría que el valor de la tierra ascendiera a cifras aún mayores que las alcanzadas en 1888-1889. Pero no existe duda de que los precios de esos años se hallaban muy por encima de la capacidad productiva contemporánea de la tierra, y que son, por lo tanto, puramente especulativos.

Sin embargo, la severidad de la crisis que se desencadenó no fue principalmente producto de este factor. De hecho, como ya hemos señalado, aunque la crisis repercutió en toda la economía, fue esencialmente una crisis financiera, que no revirtió la tendencia expansiva del sector agrario, pese al giro negativo en los términos de inter-

---

[231] Cálculos sobre las posibilidades de ganancias por parte de los colonos pueden verse en *P.P.*, 1881, LXXIX, 150-7 y 1884, LXXX, 3-12.

cambio para los productos agrícolas en el mercado internacional que dominó en la última década del siglo XIX.[232] Más aún, la caída del valor del peso papel que acompañó a la crisis tuvo efectos positivos para los productores rurales. En tanto que productores para un mercado dominado por los precios internacionales, sus ingresos eran en moneda fuerte o su equivalente, mientras sus costos –particularmente los del trabajo, que era el más caro en términos relativos– caían debido a la depreciación del papel moneda. Este efecto fue menos sentido por las empresas británicas que debían traducir sus ganancias a libras esterlinas para distribuir dividendos. Pese a ello, como hemos visto en nuestro primer capítulo, la crisis no fue acompañada por una caída dramática de las ganancias en las empresas dedicadas a la explotación directa de sus propiedades.

Para los especuladores en tierras y las compañías de colonización, el efecto fue bastante más grave. En primer lugar, la crisis financiera originó un serio problema de iliquidez que se reflejó agudamente en el mercado de tierras. Acuciados por urgencias financieras, muchos empresarios capitalistas con inversiones en diversos sectores de la economía, que habían recurrido con frecuencia a créditos hipotecarios sobre sus estancias para destinar el dinero a la especulación inmobiliaria o financiera, se veían forzados a vender sus propiedades. Por otro lado, la restricción del crédito que acompañó a la crisis y las altas tasas de interés resultaron en una aguda caída de la demanda. Así, pese al alto premio al oro, el precio de la tierra en papel permaneció relativamente constante, lo que implica una baja en términos reales.[233] Los especuladores,

---

[232] *B. T. J.*, X.IX (1895), pp. 156-60.
[233] *P. P.*, 1893/4, XCII, 267. Sobre la evolución del mercado de tierras cf. Gallo, "Agricultural Colonization...", p. 86; también Cortés Conde, *El progreso argentino*, pp. 149-76.

particularmente aquellos que habían adquirido la tierra en el período de precios más altos en 1888-1889, se encontraron en posesión de propiedades por las que había poca demanda, a pesar de la aguda caída de precios. En los casos en que habían tomado créditos en pesos papel, como ocurría con la mayoría de las emisiones de las Cédulas Hipotecarias, los efectos de la crisis eran disipados, en buena medida, por la caída del valor de la moneda fiduciaria. Pero si habían contraído compromisos en oro o en moneda extranjera, la situación monetaria tendía a jugar en su contra causando muchas dificultades y quiebras entre los especuladores.

Aparte de la repercusión directa en el capital invertido en la especulación, este proceso afectó de otra forma a las inversiones británicas en tierras en Argentina. Durante los años 1880, los especuladores argentinos y anglo-argentinos habían obtenido créditos de instituciones británicas en Argentina o directamente en el mercado financiero de Londres –especialmente de compañías de crédito hipotecario inglesas que operaban en Argentina, pero también de bancos y mediante la emisión de valores en la bolsa de Londres–. En muchos casos, las quiebras de los especuladores dejaban a sus acreedores en posesión de extensas propiedades, tal como ocurrió con varios de los créditos que había otorgado ALICo. luego de su reorganización en 1888 y con *La Curumalán*.

El efecto de la crisis sobre las compañías de colonización no fue quizá tan severo como para los especuladores, pero afectó, sin duda, muy profundamente sus operaciones, al causar eventualmente un cambio en el uso que hacían de sus tierras. Una de las formas en que la crisis restringió las posibilidades de las empresas colonizadoras fue la desaceleración de la expansión del sistema ferroviario. En realidad, durante el período 1890-1895 se produjo una extensión considerable de las vías férreas, pero esto se debió por entero a la continuación de proyectos que habían sido aprobados y habían reunido su capital en los años previos. No se concedieron –ni de hecho se solicitaron– concesiones para la construcción de nuevas líneas, y en algunos casos se abandonó la instrumentación de proyectos existentes de ampliación de redes. Así, muchas compañías que contaban con que sus tierras dispondrían de comunicación ferroviaria en un breve lapso, como ocurrió con algunas de las mencionadas más arriba en este capítulo u otras que analizaremos en nuestra sección sobre los Territorios Nacionales del Sur, debieron aguardar un largo período antes de tener acceso a un medio de transporte que era absolutamente esencial para el desarrollo de las colonias agrícolas.

Otro efecto de la crisis fue una caída aguda de la inmigración. Esto puede atribuirse, en parte, al efecto negativo que la información de la situación económica general en Argentina pudo haber tenido en Europa sobre los posibles inmigrantes, pero también a la caída en el salario real que acompañó a la devaluación del peso papel y a las crecientes dificultades de los nuevos colonos para adquirir propiedades inmuebles.

Este último factor, a su vez, proviene de distintas causas. En primer lugar, la caída del salario real implicaba una mayor dificultad para los inmigrantes recién llegados, que no disponían de capital para ahorrar los fondos necesarios para iniciar una actividad agrícola independiente. La limitación y el costo del crédito también tuvieron un efecto negativo sobre los posibles colonos. Por último, los cambios de política con que las empresas colonizadoras respondieron a la crisis agudizaron el problema. La caída de los precios de la tierra en términos reales y la devaluación de la moneda redujeron considerablemente las ganancias de estas empresas, muy particularmente de las británicas. Bajo estas circunstancias, las compañías prefirieron evitar las pérdidas relativas que implicaban las ventas a bajos precios, aun a costa de su reducción.[234] Se fijaron, entonces, precios de venta en valores oro, y se los mantuvo constantes pese a la declinación general del mercado inmueble, mientras se esperaba la recuperación de la economía. Asimismo, se redujeron las facilidades crediticias. Con la conjunción de todos estos factores que dificultaban el acceso de los nuevos colonos a la propiedad de la tierra, junto a la reducción de la llegada de nuevos inmigrantes (como es bien sabido, 1891 fue el único año de saldo inmigratorio negativo en muchas décadas, en tanto que el balance total de la década de 1890 fue muy exiguo), no resulta sorprendente encontrar un notable estancamiento del mercado de tierras en las colonias.[235]

Esta drástica caída de la demanda de tierras en las colonias dificultó más la posición de las compañías de colonización. Pero, como ya hemos mencionado, la crisis fue en realidad acompañada por un aumento y no una caída de la producción cerealera. Esto se explica por un cambio en la forma de tenencia de la tierra. La pequeña propiedad (pequeña en términos relativos, claro está) y el arrendamiento coexistieron en las colonias en el período previo, pero tanto el esfuerzo de los terratenientes como el de los colonos se había orientado fundamentalmente hacia la compraventa de las chacras, más que a su arriendo. Esto es particularmente evidente durante la mayor parte de la década de 1880, como surge del análisis del caso de CALCo. en la primera parte de este capítulo. Con la restricción del mercado de venta de chacras, las empresas colonizadoras dirigieron sus operaciones al arriendo de

---

[234] Véase, por ejemplo, ALICo., I. A., 1890 y 1891.
[235] Cf. Gallo, "Agricultural Colonization...", pp. 79 y 85-87.

sus propiedades. El presidente de la Argentine Land and Colonization Company expresa en forma muy clara este cambio de orientación forzado por las circunstancias:

> Durante la actual crisis, que no puede prolongarse, debemos mantenernos tal cual estamos. Mientras tanto arrendaremos nuestras chacras por una participación en la cosecha, de lo que esperamos obtener buenos dividendos sobre nuestro dinero. Pero cuando se supere la crisis tendremos, gracias a la inteligente administración de nuestros representantes locales, una situación tan favorable en nuestras propiedades que nos permitirá realizar ventas en todos nuestros campos como lo hemos hecho hasta el presente.[236]

Las compañías arrendaban ahora sus tierras tras fijar una renta en especie como porcentaje de la cosecha. De esta forma, tanto la compañía como el colono evitaban el problema de la fluctuación de la moneda corriente, y el chacarero evitaba también las dificultades que una renta en moneda (particularmente en pesos oro) podía significar en el restringido mercado financiero del período.

Este análisis sugiere que la causa inmediata para el cambio del sistema de ventas al de arriendo por parte de las compañías consistió en las condiciones creadas por la crisis. Aunque esto es esencialmente cierto –y las compañías de colonización británicas mismas explicaron su cambio de política de esta forma–, existen tendencias de más largo plazo que subyacían a este proceso. Hemos mencionado el hecho de que la diferencia entre el precio de la tierra que ofrecían las empresas colonizadoras y el mercado abierto tendía a disminuir en los años 1880. Esto puede atribuirse a diversas causas. En primer lugar, había un aumento en el valor relativo de las unidades mayores

---

[236] *Ibid.*, p. 88, citando al *S. A. J.*, 6/6/1891. ALICo. tenía una política similar; véase, por ejemplo, los I. A. de 1890 y 1891.

debido al aumento de su productividad y por la expectativa de una renta especulativa debida al aumento del precio de la tierra. Había también una competencia creciente entre las mismas empresas colonizadoras en su oferta de chacras a los colonos. Por último, la existencia de un sistema crediticio más amplio y, en muchos casos, la acumulación previa de capital y experiencia en los trabajos agrícolas permitieron que los colonos escogieran sus tierras, lo que disminuyó las ventajas relativas ofrecidas por las grandes empresas colonizadoras, que se veían así forzadas a ajustar sus precios relativos para mejorar su posición competitiva.[237]

Esta contracción de las diferencias de precios entre las propiedades grandes y pequeñas significó una reducción de las ganancias que se podían lograr de la subdivisión de grandes propiedades en chacras. Al mismo tiempo, la productividad creciente de las propiedades mayores y la expectativa de mayores ganancias por el aumento del precio de la tierra estimuló la acumulación de tierras por parte de los grandes propietarios rurales. El último de estos elementos, por ejemplo, fue el principal argumento esgrimido por el grupo de inversores de CALCo. que ya a comienzos de la década de 1880 pregonaba una política de reducción de ventas mediante la restricción de facilidades crediticias y el aumento de precios. En su opinión, se obtendrían mejores ganancias mediante el arriendo de la tierra, que se beneficiaría del alza de precios, que las que se lograrían mediante una realización inmediata de la

---

[237] Este proceso tiende a coincidir con la teoría general que sostiene que en un mercado de tierras subdesarrollado existe una "función de demanda" discontinua en relación al tamaño de la propiedad. Una evolución hacia un mercado capitalista más clásico tendería a disminuir la importancia de esta brecha. Debo agradecer a J. J. Guida por llamar mi atención sobre este punto.

propiedad. Como hemos visto, estas políticas fueron parcialmente adoptadas cuando la compañía fue reorganizada en 1888.

Por otro lado, el aumento efectivo del precio de la tierra implicó una mayor dificultad para que los nuevos colonos tuvieran acceso a ella. Más aún, el aumento del costo de factor de la tierra disminuyó las ganancias relativas de los colonos y mermó su capacidad de ahorro, lo que dificultó la acumulación de tierras por parte del pequeño propietario y el acceso a la propiedad de los arrendatarios.

En esencia, muchos de estos cambios pueden atribuirse fundamentalmente a una causa. Durante la primera etapa del proceso de colonización agrícola, la diferencia de productividad entre las toscas y poco sofisticadas estancias de cría de ganado criollo para el mercado saladerista y la exportación de cueros y sebo y las nuevas unidades agrícolas era enorme. Esto es particularmente cierto para la provincia de Santa Fe, donde aún predominaba la estancia de viejo tipo, en tanto que en la provincia de Buenos Aires, la actividad lanera ya había aumentado notoriamente la productividad rural en el tercer cuarto del siglo, y le restaba así estímulo a la actividad colonizadora por parte de los propietarios rurales. Los precios de la tierra, claro está, constituyeron la principal cadena de transmisión a través de la cual las estructuras productivas se transmitieron a las formas de tenencia de la tierra.[238] Esta diferencia de productividad, entonces, dio ímpetu al establecimiento de colonias y facilitó el acceso a la propiedad de la tierra a los nuevos colonos. Cuando la mejora de las técnicas

---

[238] Esto puede contribuir a explicar las diferencias entre la Santa Fe colonizada y la Buenos Aires fundamentalmente ganadera. Este tema surgió como duda en un grupo de trabajo que integré en Buenos Aires en 1979 junto con Diego Armus, Mirta Lobato y Juan Zuriano. Agradezco el hecho de que nuestras discusiones me hayan puesto en el camino de la línea de análisis que aquí presento.

productivas y una mayor inversión en la calidad del ganado en las estancias, cuya producción se orientaba cada vez más hacia el mercado de exportación –cambios facilitados, a su vez, por la ampliación de las facilidades crediticias para los grandes propietarios– aumentó la productividad de las grandes unidades, las ventajas relativas de la colonización disminuyeron y, con ellas, el acceso de los colonos a la tierra.

Existió otro factor que contribuyó a este proceso. En la década de 1890, el cambio de la venta a los arriendos en las compañías de colonización fue acompañado por un aumento general en los arriendos, aun dentro de los establecimientos ganaderos, lo que constituye un importante elemento en la expansión de la producción agrícola en el período. La razón para este cambio no se halla vinculada centralmente a la crisis. Por un lado, el perfeccionamiento constante de la ganadería requería mejores pasturas. Por el otro, el valor de la tierra alcanzado a fines de la década de 1880 presionaba a los propietarios a perfeccionar sus técnicas productivas y la organización del trabajo en la unidad de producción, con el propósito de mantener un alto nivel de rendimiento de la inversión. La respuesta a esta situación fue el arriendo de la tierra bajo el sistema rotativo que culminaba con alfalfa. Así, el aumento de la superficie de tierras asignadas a la agricultura en las áreas de antiguo asentamiento no se realizó a costa de las dedicadas a la actividad ganadera, sino más bien por el surgimiento de una forma de combinación de ambas actividades. Finalmente, otro factor técnico que opera en contra de la parcelación en pequeñas unidades agrícolas es el mayor grado y sofisticación en el empleo de maquinaria agrícola. Este proceso de tecnificación disminuyó, en parte, la ventaja comparativa de la pequeña unidad basada principalmente en el aporte de trabajo familiar –aunque esta forma de trabajo seguirá siendo de gran importancia– en favor de unidades mayores que ofrecían una escala más favorable para el uso de mayor tecnología.[239]

Tomando en cuenta todos estos elementos, podemos concluir que, en el proceso de evolución de la década de 1880, existía ya una tendencia hacia la restricción de las oportunidades de los colonos para tener acceso a la tierra y hacia la expansión del arrendamiento como forma de tenencia. La crisis dio un giro dramático a la situación, al producir una brusca suspensión de las ventas en las colonias ya existentes y al hacer virtualmente imposible la formación de nuevas.[240] Sin embargo, es a las tendencias de más largo plazo a las que debemos atribuir el hecho de que después de la recuperación de la crisis, hacia fines de la década de 1890, no se volviera al fraccionamiento y a la venta de pequeñas propiedades en la Pampa Húmeda. Para las compañías inglesas creadas en los años ochenta con el propósito de comprar tierras para revenderlas a colonos, esto significó que las medidas adoptadas para superar las dificultades creadas por la crisis resultarían eventualmente en un cambio completo de su *modus operandi*.

A comienzos de los años 1890, la situación de la mayor parte de las empresas era muy poco satisfactoria. Hemos visto ya que la primera reacción a la crisis fue establecer los precios de la tierra en oro y, al caer las ventas, aumentar el número de arriendos tomando los cánones en especie. Pero pese a estas medidas, las actividades y los

---

[239] Debo agradecer al Dr. E. Gallo el hecho de llamar mi atención sobre este punto.
[240] Ejemplo de ello es el fracaso de Napostá, un intento de formar una colonia británica próxima a Bahía Blanca en 1889-1891. Véase *B. T. J.*, X (1891), p. 532. También Platt, "British Agricultural...", pp. 17-19. Existen también excepciones, claro está, siendo la más llamativa de ellas la formación de las colonias de la *Jewish Colonization Association*, pero estas se vieron favorecidas por condiciones muy particulares, a las que haremos referencia más adelante.

ingresos de la mayoría de las empresas fueron muy escasos. Refiriéndose a la provincia de Santa Fe, el Vice-Cónsul británico Mallet, residente en Rosario, comentaba en su informe de 1892:

> Varios millones de pesos oro de capital británico han sido invertidos en amplias extensiones de tierras vírgenes en diversos lugares de la provincia, perteneciendo a compañías formadas en Londres durante el período del *boom*. Una gran parte de esta tierra, aunque fértil y muy apta para la agricultura, se halla sin uso, proveyendo poca o ninguna ganancia sobre el dinero invertido.[241]

Y si esto ocurría en la bien desarrollada Santa Fe, era mucho más cierto aun en las regiones de poblamiento más reciente.

Al advertir que el congelamiento del proceso de colonización iba a perdurar por algún tiempo, la mayoría de las empresas comenzaron a buscar un uso alternativo para sus propiedades. Muchos optaron por una explotación directa de sus tierras, invirtiendo el poco capital del que disponían en la formación de estancias. En el caso de los establecimientos ubicados en las zonas más alejadas, tales como la Santa Fe Land Company, o los que poseían tierras en los Territorios Nacionales (generalmente extensiones inmensas y desocupadas), parte de la propiedad se dedicaba a la formación de una estancia, en tanto que el resto era arrendado en grande secciones para pastoreo. En el caso de los campos de "adentro", generalmente toda la propiedad era explotada por la compañía, que arrendaba secciones de tierra dentro de las estancias bajo el sistema rotativo para obtener pasturas de alfalfa. Tal fue el caso, por ejemplo, de

---

[241] *P. P.* 1893/4, XCII, p. 230. También *B. T. J.*, XIV (1893), 578.

la propiedad de la Santa Fe and Cordoba Great Southern Land Company y de muchos de los proyectados centros agrícolas de la provincia de Buenos Aires.

Las compañías que poseían colonias bien establecidas –principalmente ALICo.- continuaron operando como empresas colonizadoras, pero los arriendos se hicieron mucho más frecuentes que las ventas de terrenos. Eventualmente, luego de la superación de la crisis, se obtuvieron importantes ganancias mediante ventas, pero se efectuaban en grandes secciones a estancieros más que a pequeños productores agrícolas. Por último, algunas compañías que poseían bosques, como la Santa Fe Land Company y ALICo., podían obtener algunas ganancias mediante su explotación.

La evolución de las ganancias de las empresas varía considerablemente de acuerdo con la posición de la compañía en el momento de desatarse la crisis y la localización de sus tierras. En el caso de tierras bien ubicadas que ya habían sido desarrolladas antes de la crisis –como ALICo. o Curumalán–, existió una significativa caída de las ganancias, particularmente si tomamos los valores en libras esterlinas, pero aun en los peores años se lograron pequeños márgenes favorables. Más aún, cuando la economía argentina comenzó a recobrarse, la posición de estas empresas mejoró rápidamente. En cambio, en los casos en que las propiedades no tenían una localización tan favorable o no contaban con un desarrollo previo a la crisis –por ejemplo la Santa Fe Land Company o la Santa Fe and Cordoba Great Southern Land Company–, transcurrió un período bastante largo antes que los inversores llegasen a recibir ganancias líquidas. Si no se desprendían de sus propiedades (y muy rara vez lo hicieron), eventualmente se beneficiaron del rápido aumento del valor de la propiedad inmueble a comienzos del siglo XX, y obtenían así ganancias muy significativas sobre su inversión original.

La década de 1890 fue testigo de una transformación en las operaciones de las compañías de tierras británicas que funcionaban en Argentina. Pero, como podía esperarse en un período de crisis, existió muy poca inversión nueva en tierras en Argentina durante esos años. En realidad, como señalaron algunos observadores contemporáneos, la caída del peso papel y la disminución relativa de los precios de la tierra, en un contexto de aumento de la productividad, ofrecían una buena perspectiva para los inversores.[242] Pero aunque hoy, con el beneficio del conocimiento del desarrollo posterior, resulta evidente que se podrían haber logrado muy buenas ganancias con una inversión de este tipo, sería irrealista esperar que los capitalistas británicos de entonces arriesgasen su dinero en Argentina bajo las lúgubres circunstancias que prevalecían en la República a comienzos de esa década. Es posible, sin embargo, que aquellos que se hallaban estrechamente vinculados al mercado de tierras en Argentina hayan estado dispuestos a invertir algún capital en tierras en forma privada.[243] Más aún, sabemos que ALICo., que había desarrollado actividad de préstamos hipotecarios desde su formación en 1888, adquirió varias propiedades en este período por ejecución de las prendas de deudores insolventes, y lo mismo ocurrió con otras empresas británicas

---

[242] Véase, por ejemplo, *P. P.*, 1893/1894, pp. 253-314; también *B. T. J.*, XVII (1894), pp. 277-280 y XIX (1895), pp. 156-160.

[243] Hemos visto al menos un ejemplo de esto: la compra de W. Walker de la estancia *25 de mayo* en 1891.

de crédito hipotecario.[244] Eventualmente, la realización de estas propiedades a comienzos del siglo XX les permitiría recobrar su dinero obteniendo buenas ganancias.

Después de la crisis: una nueva expansión de inversiones

Pero fue sólo en la primera década del siglo XX que las inversiones británicas en Argentina en general y en tierras en particular volvieron a cobrar ímpetu. Argentina pudo resolver las mayores urgencias de la crisis con relativa rapidez. Un aumento de las exportaciones agrícolas, la caída de las importaciones y una reducción del gasto público le permitieron restablecer su posición financiera en pocos años. El período más agudo de la crisis fue entre 1890 y 1894 (los años 1891 y 1893 fueron los más dramáticos), pero para 1895 se veían ya claros indicios de una recuperación, y hacia 1898, dos años antes de lo establecido por los acuerdos con el Comité Rothschild, Argentina había podido saldar su deuda exterior atrasada. La media anual de premio al oro tuvo su pico máximo en 1891, y aún era muy alta en 1895; a partir de entonces, cayó en forma bastante pronunciada, hasta que en 1899 se estableció una nueva paridad fija, principalmente con el propósito de proteger al sector agrario del efecto de la valuación del papel moneda.

De esta forma, para comienzos de siglo la economía argentina había recuperado su solidez. La revaluación del peso papel, el alza de los precios agrícolas, una mejora en las condiciones técnicas para la exportación de las carnes vacunas argentinas y la expansión de la producción agrícola, junto a una mejora general de la economía y a un mercado financiero más sólido, resultaron en un alza de los precios de la tierra. A comienzos de la década de 1900,

---

[244] Por ejemplo, *The Australian Mortgage Land and Finance Company*, que había extendido sus actividades a la Argentina.

estos alcanzaron nuevamente el nivel del período pico del siglo anterior; y, en la década siguiente, siguieron ascendiendo más rápidamente aún hasta alcanzar cifras a veces cuatro o cinco veces más altas, hasta que una limitada crisis financiera en 1913 y más tarde la Gran Guerra, produjeron un nuevo estancamiento del mercado. Durante este nuevo ciclo alcista, ingresó al país una nueva oleada de capital británico, parte del cual fue invertido en la adquisición de estancias. En realidad, durante este período se formaron en Londres nuevas compañías públicas y privadas para administrar este tipo de establecimientos. La mayoría de ellas, como ya hemos visto, eran empresas familiares, resultado de un largo proceso que había comenzado en los años sesenta o setenta del siglo pasado, pero otras surgieron de la compra por parte de grupos inversores de Londres de establecimientos en marcha con el propósito de obtener ganancias a través de su funcionamiento habitual y, más aún, de beneficiarse del aumento constante de los precios de la tierra. Este fue el caso, por ejemplo, de la Argentine National and Provincial Land Company, registrada en 1911 con el propósito de adquirir una propiedad de 3721 hectáreas en la provincia de Córdoba, o de Estancia Guaviyú Limited, registrada en 1900 para operar una estancia en Entre Ríos.[245]

La actividad colonizadora disfrutó también de un segundo período expansivo. Cuando las tierras de "adentro" se hicieron demasiado costosas para que los colonos tuvieran acceso a ellas, se abrieron algunas posibilidades de desarrollo agrícola en regiones más apartadas, cuya conexión por medio del ferrocarril a los centros de consumo y exportación las hicieron factibles como áreas de colonización. Se formaron, así, algunas empresas británicas

---

[245] Véase respectivamente *S. E. Y. B.*, 1920, p. 774 y *Argentine Year Book*, 1902, p. 397.

para operar en forma similar a como lo habían realizado las compañías de Santa Fe en los años 1880. Entre ellas podemos mencionar la Argentine Eastern Land Company, registrada en 1910 para operar en Entre Ríos, y la Guatraché Land Company, registrada en 1912, que invirtió < 500.000 en la compra y desarrollo de 18 leguas cuadradas en la región noreste de La Pampa.[246] La parcelación de la tierra para su venta a colonos nunca recuperó la importancia que había tenido antes de la crisis, pero dados los precios mucho más elevados de la tierra, las cifras invertidas en esta actividad eran bastante significativos. Nótese, por ejemplo, cómo la Guatraché Land Company, que poseía una propiedad mucho más reducida que la que en su momento poseyó CALCo., ubicada en tierras más pobres y alejadas de los principales puertos y ciudades, emitió un capital accionario superior no sólo al capital original de esta empresa, sino también su aumento cuando su transformación en ALICo. en 1888 (en un período en el que no existió una significativa inflación monetaria de la libra esterlina).

Al referirnos al capital británico invertido en colonización durante este período, no podemos dejar de mencionar a la Jewish Colonization Association. Esta empresa, registrada en Londres en 1892 con un capital de dos millones de libras, era por mucho la mayor empresa dedicada a la financiación de proyectos de colonización de Argentina con sede en el Reino Unido. Pero no se trataba de un

---

[246] Ver respectivamente *S.E.O. I.*, 1913, pp. 962 y 1000. El *Salta (Argentina) Syndicate* se creó en 1913 como intermediario para una concesión de 22 leguas cuadradas otorgada por el gobierno provincial. El sindicato se comprometía a formar una compañía pública con un capital de £ 300.000, que debía cumplir ciertas obligaciones respecto a la colonización de la tierra. El desarrollo de esta empresa, así como el de la *Argentine Colonization and Development Company*, registrada al año siguiente, fue interrumpido por el comienzo de la guerra. Véase *P. R. O.*, BT31, 15150/130626 y 22079/134166.

consorcio comercial. La asociación se formó sobre la base de una donación de la familia Rothschild con el propósito de adquirir tierras en Argentina y destinarlas a la formación de colonias para el asentamiento de refugiados judíos de Europa del Este. Los inmigrantes debían pagar por sus tierras precios muy poco más bajos que los de mercado y debían reintegrar los préstamos recibidos de la asociación en términos similares a los de las compañías de colonización británicas de la década de 1870. Los ingresos de la compañía debían servir para continuar con su actividad colonizadora. Sin la presión por obtener ganancias y disponiendo de un enorme apoyo de capital, el proyecto resultó bastante exitoso –como lo testimonian las numerosas colonias judías creadas en ese período en la Argentina–, pese a haber sido iniciado en el punto más álgido de la crisis.[247]

Pero si la colonización y las estancias volvieron a absorber importantes cantidades de capital británico durante los años de auge de comienzos del siglo XX, la especulación en tierras se convirtió rápidamente en una de las actividades más atractivas para los inversores británicos. En 1910, C. Ogilvie, una de las figuras más prominentes del grupo de propietarios de tierras argentinas en Londres, escribió:

> Se escucha con frecuencia la pregunta "¿resulta seguro comprar tierra en Argentina?" Pero el verdadero sentido del interrogante es más bien uno de interés propio; en otras palabras, lo que realmente se quiere preguntar es "¿puedo yo especular en tierras sin riesgos?"[248]

---

[247] Véase *Financial News*, 17/11/1891; *The Times*, 26/10/1892; P.P., 1893/4, XC, pp. 29-46 y 1898, XCII, pp. 561-80.

[248] C. P. Ogilvie, "Argentina from a British Point of View", en *Journal of the Royal Society of Arts*, LIX, (2/12/1910), p. 58.

La actitud que refleja era sin duda real. Con un aumento constante del precio de la tierra, y cuando algunas operaciones exitosas borraron los amargos recuerdos del período de la crisis, las inversiones británicas en la Argentina se multiplicaron. Muchas compañías públicas y privadas se crearon en Londres con ese propósito y se realizaron también muchas operaciones individuales en tierras en Argentina, entre las cuales las del mismo Ogilvie no fueron las menores. Entre las empresas públicas, podemos destacar la Argentine Northern Land Company, registrada en 1905, que analizaremos más adelante en este capítulo; la British Argentine Corporation, creada con un capital de £ 250.000 en 1906 con el propósito, *inter alia,* de "obtener opciones sobre propiedades y empresas y formar compañías subsidiarias para desarrollarlas (una forma bastante frecuente de especulación en Argentina en ese período), y la Development Company of Santa Fe, registrada en 1909. Esta última empresa operaba en el norte de Santa Fe, y en 1912 poseía 416.789 acres, además de 18.607 acres en Córdoba. El capital emitido era de £ 400.000. Parte de las tierras se destinaban a la cría de ganado, pero su objetivo principal era la reventa de las propiedades, especulando con un aumento de precios.[249]

En cuanto a compañías privadas, un importante número de estas operaba en diversos lugares de la República. A modo de ejemplo, podemos mencionar la Argentine Railways Concessions and Land Company, registrada en 1905 con un capital de £ 150.000 y con el propósito de combinar la construcción de un ferrocarril en la provincia de Buenos Aires con la especulación en tierras en las proximidades de la línea. La Argentine Real Estate and Finance Corporotion, registrada en 1910 con un capital de

---

[249] *S. E. O. I.*, 1910, p. 1059 y 1914, p. 1012.

£ 50.500, operaba en tierras en el norte de la provincia de Buenos Aires, cerca del límite con Santa Fe, y la Buenos Aires City and Suburban Land Company, registrada en 1914, también con un capital de £ 50.500, trataba en tierras sobre la línea del ferrocarril Gran Sur de Buenos Aires, al sur de la ciudad.[250]

Buscando buenas oportunidades de inversión, el capital británico en este período se extendió más allá del área tradicional de inversión –la Pampa Húmeda y los Territorios Nacionales– para penetrar en regiones que hasta entonces no habían recibido inversiones externas. Encontramos, así, la Jujuy Land Syndicate, registrado en 1910 con un capital muy modesto pero actuando como intermediario en una gran operación de tierras para un grupo de inversores londinenses; la Corrientes Concessions, registrada en 1912, que realizaba operaciones similares en la provincia litoral, y la Catamarca Development Syndicate, registrada en 1905 con un capital de £ 15.000 para participar en el mercado de tierras de la provincia del Noreste.[251]

Los resultados de estas operaciones, como podía esperarse, fueron muy variados y difíciles de evaluar. Hacia 1914, cuando cerramos nuestra investigación, la mayoría de las compañías públicas no había realizado aún todas sus propiedades –en algunos casos ni siquiera había iniciado las ventas–, por lo que los resultados de las operaciones no eran aún claros. Muchas de las empresas privadas se habían formado sólo como instrumentos de otras operaciones. Estas firmas, con un capital accionarlo reducido, adquirían opciones sobre ciertas tierras revendiéndolas

---

[250] Sobre estas compañías, véase respectivamente P. R. O., BT31, 11007/34302; 19657/111830 y 22139/134620.
[251] Véase sobre estas compañías P. R. O., BT31, 19667/111966; 13999/ 124847 y 11065/84156.

después a terceros. Son, por lo tanto, meros indicadores de transacciones en tierras argentinas efectuadas en Londres, pero no nos proveen de mayores detalles sobre la evolución de la empresa.

En general, parece posible suponer que quienes compraron tierras con sensatez, particularmente en los primeros años del siglo, debieron obtener amplios beneficios dado el aumento general de precios del período. Cuando la adquisición, en cambio, se efectuó hacia el final de la primera década o a comienzos de la siguiente, cuando los precios ya habían alcanzado niveles muy altos, la operación no debió haber sido muy fructífera. Esto resulta particularmente cierto, dado que la Gran Guerra primero y la crisis mundial de 1920 después, produjeron un estancamiento del mercado de tierras y los inversores debieron esperar hasta mediados de la década de 1920 para poder vender sus propiedades con ganancias. Para quienes invirtieron en regiones más remotas el riesgo era mucho mayor. Podemos recordar el comentario de Zimmerman a Walker sobre el "clavo" que vendieron, refiriéndose a la propiedad de San Luís,[252] y parece bastante probable que inversores que adquirían tierras desde Londres o durante una breve visita a Buenos Aires hayan caído en errores similares. En general, sin embargo, dado el hecho de que la tendencia general hacia la expansión agrícola duró en la Argentina hasta la gran depresión de los años treinta del siglo XX y que la mayoría de las inversiones británicas en Argentina, particularmente las más importantes, fueron llevadas a cabo por un grupo de empresarios que conocían bien el mercado de tierras en Argentina, no parece muy aventurado suponer que la inversión especulativa media tuvo

---

[252] Véase capítulo I, primera parte.

resultados relativamente buenos para los inversores, aunque sin duda no tan brillantes como los que esperaban obtener los más eufóricos de ellos.

Integración vertical: la adquisición de tierras en combinación con plantas de procesamiento

Otra forma de inversión que adquirió considerable importancia en este período fue la explotación de tierras en combinación con plantas de procesamiento industrial. Los costos industriales eran más elevados en Argentina que en Europa en esa época: los salarios reales eran más altos,[253] el combustible y el equipo industrial debían ser importado del Viejo Continente, con el consiguiente aumento de precios por el transporte y, en el caso de algunos equipos (el combustible estaba exento), por las tarifas aduaneras argentinas. Por último, también el capital era más caro en Argentina. Es cierto que podía obtenerse en las plazas europeas, pero en compensación por el riesgo mayor de una inversión externa debía ofrecerse una tasa de interés más alta que la que predominaba en el mercado del país prestatario (o en el caso de inversiones directas, una perspectiva de mayores dividendos). Por otro lado, si la producción industrial se orientaba hacia el mercado externo, el producto final debía obviamente producirse a menores costos que productos sustitutos o competitivos en los mercados a los que se destinaba. Si, en cambio, la producción se orientaba al mercado interno, podía recibir cierta protección de los costos de transporte, las tarifas aduaneras o la tasa cambiaria. Sin embargo, en un mercado esencial-

---

[253] Véase L. Geller, "El crecimiento industrial argentino hasta 1914 y la teoría del bien primario exportable", en Giménez Zapiola, *El régimen oligárquico;* y Cortés Conde, *El progreso argentino*, pp. 211-239.

mente condicionado por el libre comercio y, durante largos períodos, el patrón oro, la forma más efectiva de protección eran los costos de transporte.

En estas condiciones, el crecimiento de ciertas industrias se halla determinado casi inevitablemente por una disponibilidad abundante y poco costosa de materia prima superior a la de los países centrales. Y como los costos manufactureros eran más altos en Argentina que en Europa (indudablemente la principal metrópoli manufacturera y el principal mercado de Argentina), la única condición que podía hacer remunerativa la instalación de establecimientos industriales con miras a la exportación en el Río de la Plata era que los costos de transporte de estas materias primas a Europa para su procesamiento fueran mayores que la diferencia entre los costos industriales entre Europa y Argentina.[254] A fines del siglo XIX y comienzos del XX, existieron algunos productos que cumplían estos requisitos y se instalaron plantas de procesamiento para elaborarlos en función de su exportación o su venta en el mercado local. Pero lo que resulta evidente por el análisis anterior es que el elemento clave en la rentabilidad de estas actividades era la disponibilidad de insumos a bajo costo. Las ganancias provenían esencialmente de las ventajas comparativas en la producción de materia prima y no del procesamiento industrial. No resulta, por lo tanto, sorprendente que muchas de las compañías que se encontraban en esta posición extendieran su actividad a la adquisición de tierras y la producción, en parte o en todo, de su propia

---

[254] Expresado de otra forma, Tmp > Pa - Pe + Tpa; en la que Tmp es transporte de materia prima, Pe es procesamiento industrial en Europa, Pa es procesamiento industrial en Argentina y Tpa es el transporte del producto acabado. Una buena discusión sobre las precondiciones para el desarrollo de industrias en Argentina en ese período puede hallarse en Geller, "El crecimiento industrial...". Véase también E. Gallo, "Agrarian Expansion and Industrial Development in Argentina" en *Oxford Economic Papers,* XXXIII (1970).

materia prima, para evitar así el problema de tener que disputar con el productor primario la participación en el margen de beneficios.[255]

El primer establecimiento europeo que efectuó este tipo de integración en el Río de la Plata fue Liebigs Extract of Meat Company.[256] Esta firma fue creada en Londres en 1865 con el principal propósito de producir extracto de carne por el método ideado por el barón Von Liebig, aunque también procesaba y vendía otros productos subsidiarios de los animales que faenaba. Ya para la Gran Guerra, Liebig exportaba del Río de la Plata una amplia gama de alimentos procesados (caldos deshidratados, carnes enlatadas, *corned beef*, etcétera) y otros productos derivados del procesamiento del ganado (sebo, cueros, fertilizantes). Las actividades de la compañía habían comenzado con la compra y adaptación de un saladero en Fray Bentos, sobre la ribera este del río Uruguay, al que se agrega poco después un nuevo establecimiento en Entre Ríos. Este último, sin embargo, es vendido poco más tarde, en 1873, y se concentra la producción en la Banda Oriental. Junto con

---

[255] El precio de la materia prima, por ser el elemento más elástico, determinaba la distribución de ganancias entre el productor primario y el manufacturero. Por lo tanto, la integración de ambas actividades evitaba las fluctuaciones que podían ocasionar variaciones de precios debidas a competencia de demanda de estos insumos. Para el manufacturero, aunque la producción de sus propiedades no cubriera su demanda total de materia prima, reforzaba considerablemente su capacidad de negociación frente a otros productores.

[256] Jack Colin Crossley ha realizado un prolijo estudio de la Liebigs Extract of Meat Company ("Location and Development of the Agricultural and Industrial Enterprises of Liebigs Extract of Meat Company in the River Plate Countries, 1865-1932", tesis doctoral inédita de la Universidad de Leicester, 1973, 2 tomos), adaptando un modelo creado por D. S. Dunn (The *Location of Agricultural Production*, Gainsville, 1954), en el cual interpreta la rentabilidad de la empresa también en función de su acceso a materia prima a bajo costo. Estudia, por lo tanto, con cuidado, el problema del aprovisionamiento de ganado para las plantas procesadoras, la lucha de Liebig por un control "semimonopólico" (semimonopsónico) del mercado de ganado en su área de influencia y la expansión de su actividad como productora ganadera. La mayor parte de la información sobre Liebig que aquí presentamos proviene de dicha fuente.

su saladero uruguayo, Liebig adquirió una estancia vecina de 10.000 hectáreas. Hacia fines de la década de 1870, la empresa adoptó una política de compra y arrendamiento de tierras para asegurarse el suministro de ganado a sus plantas. De esta forma, a fines de la década siguiente, Liebig poseía o arrendaba una considerable extensión de tierras en el Uruguay.

Sin embargo, no fue hasta que una crisis en el suministro de ganado creara serias dificultades en las plantas industriales a comienzos de los años noventa, que la compañía se decide a extender sus actividades a la Argentina. La primera adquisición (1893) fue un lote de terreno de 1600 acres en Ramallo, con frente sobre el Paraná. El propósito original era construir allí una planta de procesamiento, pero el proyecto fue más tarde descartado y se vendió la tierra. Más importante y duradera fue la inversión realizada ese mismo año en Entre Ríos; se destinaron £ 30.000 a la adquisición de una estancia de 12 leguas cuadradas, a las que se añadieron por arriendo otras 17 leguas contiguas.

Hacia fines de 1890, la compañía decidió expandir aún más su inversión en la cría ganadera. Duplicó su capital accionario (llegando a un millón de libras), utilizando los fondos recaudados para una amplia política de compra de tierras. La mesopotamia argentina ofrecía en ese momento mejores condiciones para las actividades de Liebig que Uruguay, por lo que se instaló una fábrica en Colón, sobre la ribera oeste del río Uruguay. En 1900, se continuó la política de compras mediante la adquisición de 20 leguas cuadradas en el Territorio de Misiones, en tanto que continuaban las compras en Uruguay. En los años siguientes, se efectuaron nuevas compras y arriendos, mayormente en Argentina, y hacia 1912 la compañía poseía 56.826 hectáreas en Entre Ríos y 250.062 en

Corrientes, en tanto que arrendaba 112.839 hectáreas en la primera y 79.774 en la segunda, además de poseer y arrendar otras tierras en Misiones y, fuera de la Argentina, en Paraguay, Uruguay y el sur de Brasil.[257] La extensión de las propiedades y arriendos de Liebig antes de la guerra justifican al Dr. Crossley al considerarla "la mayor empresa de cría de ganado del mundo".

La propiedad territorial de Liebig era tan vasta que la compañía debió considerar si debía seguir explotándola tan sólo como una fuente de materia prima para sus fábricas o si debía ser administrada en forma independiente de acuerdo con sus propias conveniencias. Finalmente, una parte importante de las tierras fueron transferidas a una subsidiaria, la South American Cattle Farms. Esta empresa operaba sus tierras buscando la maximización de sus ganancias, combinando distintas actividades de acuerdo a sus posibilidades productivas y las condiciones del mercado, más que por la conveniencia de las plantas industriales. La South American Cattle Farms continuó, sin embargo, aportando una parte substancial de los requerimientos en ganado de las actividades de procesamiento de Liebig.

De esta forma, en la década de 1910, Liebig había llegado a ser una empresa de máxima jerarquía, en posesión de extensísimas propiedades territoriales en Argentina. Era también una empresa muy exitosa. Entre 1867 y 1874, se distribuyeron dividendos que en promedio alcanzaron el 8%, aumentaron al 10% entre el último año y 1883, para seguir trepando a casi un 18% de promedio entre entonces y 1896. Finalmente, entre 1897 y la Gran Guerra, el promedio de dividendos anuales llegó al 22%. Además de esto, la

---

[257] Crossley, "Location and Development...", p. 233. Más detalles sobre las compras de tierras por Liebig pueden verse en los cuadros III.8; V.2; V.7 y VI.2; y los gráficos III.1; IV.5; V.1; V.16 y V.18, además de muchas otras referencias a lo largo del trabajo de Crossley.

compañía había distribuido bonificaciones entre sus inversores a través de la emisión *pro rata* gratuita de acciones, lo que hacía que las ganancias fueran muy superiores aun a los dividendos mismos.[258] Como hemos indicado, una parte substancial de estas ganancias eran derivadas, o al menos hechas posibles, por su extensa actividad pastoril.

Liebig no fue la única empresa británica que aprovechó la oferta de carne a bajo costo existente en la Argentina para elaborar productos de exportación a Europa. Sólo una de sus competidoras, sin embargo, logró un nivel de desarrollo considerable y una expansión significativa de su actividad ganadera. Esta empresa fue Argentine Estates of Bovril, compañía que surge de un modesto origen a comienzos de 1870 bajo el nombre de The Lawson Johnson Company, dedicada desde entonces al procesamiento industrial de carnes en la Argentina para el mercado de exportación. En 1909, la empresa atraviesa un proceso de reorganización y recibe el nombre de Bovril. Para ese entonces, poseía dos plantas de procesamiento, una en Santa Fe y otra en Entre Ríos, y varias estancias que comprendían en total 438.000 acres, y poseía más de 100.000 cabezas de ganado.[259] Además de estos dos gigantes, podemos mencionar entre las empresas británicas de procesamiento de carnes en Argentina a Delacre's La Plata Extract of Beef Company y la River Plate Pressure Meat Presserving Company, entre otras, pero todas ellas fueron de corta vida, ya fuera que desaparecieran por falta de éxito comercial o por ser absorbidas por las empresas mayores. El desarrollo del comercio de carnes congeladas y enfriadas también atrajo un volumen muy considerable de capital extranjero, principalmente británico y norteamericano. Este comercio pronto se concentró en unas pocas manos y

---

[258] Más detalles en Crossley, "Location and Development...", cuadros III.3 y V.1.
[259] *S. E. Y. B.*, 1911, p. 1913.

dio origen a verdaderos gigantes del comercio internacional de carnes, pero estos poseían suficiente control sobre el mercado interno de ganado como para poder influir sobre los precios sin necesidad de participar directamente en el proceso productivo.[260]

El procesamiento y exportación de carnes no fue la única actividad en la que se operó un proceso de integración vertical. Otra esfera en la que se combinó el procesamiento industrial con la producción rural, y que atrajo a los inversores británicos aun antes de la crisis de 1890, fue la producción azucarera. En este caso, se trata de una actividad orientada fundamentalmente hacia el mercado interno, que se benefició generalmente de tarifas aduaneras proteccionistas. Esto se debe a que, por encima de los altos costos industriales, y en contraste con lo que ocurría con otras producciones rurales, Argentina debía competir aquí en el mercado internacional con otras áreas del globo mejor dotadas para el desarrollo de plantaciones de caña de azúcar. Sin embargo, y bajo las condiciones generadas por la protección aduanera, la producción de azúcar llegó a ser una importante y remunerativa actividad en el norte argentino.

La primera inversión inglesa en este área data de 1883, con la creación de la Argentine Sugar Estates and Factories. Esta empresa, que emitió acciones por un valor de £ 130.000, se formó con el propósito de adquirir un ingenio azucarero próximo a la ciudad de Santiago del Estero y una propiedad territorial adjunta con una extensión de 630.000 acres, de los cuales 580 se hallaban cultivados con caña.[261] Al año siguiente, la Santiago (Argentina) Estates

---

[260] Véase G. Hanson, *Argentine Meat Trade and the British Market,* Stanford, 1938 y Peter Smith, *Politics and Beef in Argentina: patterns of conflict and change,* Londres/Nueva York, 1969.

[261] *S. E. Y. B.*, 1885, p. 560; *S. E. O. I.*, 1886, p. 636.

and Sugar Factories Limited se formó en Londres como una empresa privada con un capital de £ 300.000, también con el propósito de adquirir una planta de procesamiento y una plantación de caña en Santiago del Estero.[262] Ambas empresas resultaron un fracaso y habían desaparecido antes de la crisis.

A comienzos del siglo XX, encontramos una nueva área de producción de azúcar en la región chaqueña. También en ella hallamos capital británico, a través de la familia Hardy, inversores en el ingenio Las Palmas. Sabemos que esta fue una empresa de éxito, que se transformó en un polo de desarrollo de la joven zona chaqueña, pero por tratarse de una actividad privada carecemos de información económica precisa sobre ella.

Pero sin duda la operación de mayor envergadura de este rubro fue la formación en Salta de la compañía pública Leachs Argentine Estates, con un capital accionario de £ 1.052.500 y £ 700.000 en obligaciones con un 5,5% de interés. Esta empresa se creó en 1912 con el propósito de adquirir el ingenio y los campos pertenecientes a la familia Leach, que continuó, sin embargo, en posesión de una porción importante de los valores de la empresa. La propiedad territorial consistía en 185.000 acres, dedicados principalmente a la producción de caña de azúcar. La compañía poseía también una opción sobre otros 312.580 acres, que fue utilizada en 1914, abonando £ 500.000 por esas tierras. Además de la producción de azúcar, Leach llevaba a cabo también explotaciones de las maderas de los bosques de sus propiedades y cría de ganados; sus instalaciones incluían un aserradero y una curtiembre.

---

[262] *P. R. O.,* BT31, 3408/20470.

La explotación forestal fue otra actividad que dio lugar a la inversión de un monto importante de capital británico en tierras en Argentina: tierras destinadas a proveer de materia prima a plantas de procesamiento (aserraderos y fábricas de tanino). La inversión británica en esta área se inició, de acuerdo con la información de que disponemos, con la Lingham Timber Company of South America en 1898, que en 1901 cambió su nombre por The River Plate Timber Company. Esta empresa privada poseía bosques y un aserradero en el Chaco Argentino, pero nunca logró progresos significativos, y fue disuelta en 1905. Ese mismo año se formó en Londres la compañía que llegaría a ser la mayor explotación forestal de la Argentina, la Forestal Land, Timber and Railway Company. Esta empresa adquirió más de un millón de hectáreas de bosques en el norte de Santa Fe y el Chaco, donde operaban aserraderos y plantas de extracción de tanino de la madera de quebracho. Poseía, además, extensos establecimientos de cría de ganado. La compañía exportaba el tanino y los troncos de quebracho, llegando a poseer en poco tiempo un control mundial sobre estos mercados, y el tanino fue particularmente importante por su extendido uso en el curtido de cueros. Para evitar la competencia, la Forestal absorbió a la mayoría de las empresas de la región dedicadas a esta actividad, adquiriendo o arrendando los bosques que las proveían de quebracho. En otros casos, efectuaba acuerdos sobre precios y cuotas de producción con alguno de sus competidores más pequeños. De esta forma, la Forestal fue construyendo un gran imperio que, al desatarse la Gran Guerra sería, junto con Liebigs, el más importante terrateniente extranjero en la Argentina.

El considerable poder político internacional e interno de la compañía, su control cuasi omnímodo sobre una extensa región de la República, las profundas huellas que su paso dejó sobre la estructura económico-social, y aun la geografía y la ecología de la región que controló, sumado a una negra historia sobre las condiciones de trabajo y vida de sus obreros y hacheros (sea verídica o exagerada), han dado lugar a una extensa literatura polémica sobre la historia de esta empresa, que es uno de los blancos preferidos de ataque de la historiografía nacionalista. Dada la amplitud y la orientación de nuestro trabajo, no es nuestra intención agregar una nueva postura ante esta polémica. Cabe señalar, sin embargo, que desde un punto de vista estrictamente económico, la Forestal parece comportarse con una lógica propia del tipo de explotación que realizaba. Su lucha por un control monopólico de la producción y la comercialización del tanino, su falta de preocupación por la renovación de los recursos naturales en su área de influencia y el uso de su poder e influencia política para asegurarse las condiciones más favorables y autónomas dentro de la Argentina corresponden estrictamente a las prácticas habituales de las grandes empresas en ese período y a una lógica de maximización de los beneficios que no habría por qué esperar fuera diferente. En cuanto a los relatos más sombríos sobre la sobre-explotación y control de la fuerza de trabajo, parecen exagerados. Es muy probable, sin embargo, y así se desprende de las fuentes más serias al respecto,[263] que en la medida en que la empresa hacía uso de fuerza de trabajo muy poco calificada y con un muy bajo nivel de organización, le fuera posible imponer condiciones de labor muy duras, apelando en ocasiones a diversas formas de coacción (pago con vales, colaboración por parte de las autoridades locales, etcétera). Esto se vio favorecido, sin duda, por tratarse de una de las pocas fuentes laborales de la región, que creaba una especie de

---

[263] Véase el informe presentado por Biallet-Massé, *El estado de las clases obreras argentinas a comienzos de siglo,* Universidad de Córdoba, 1968.

monopsonio regional del trabajo. Por otro lado, esto parece aplicarse sólo a los niveles inferiores de la organización laboral, ya que a medida que ascendemos en ella, la empresa se ve forzada a competir por un tipo de trabajador con cierto grado de preparación, cuyas posibilidades exceden el marco del mercado de trabajo regional, lo que hace que sus condiciones de contratación deban ajustarse más a las existentes en el mercado de trabajo nacional.

Este enfoque, a nuestro entender, señala una de las limitaciones más frecuentes en la literatura sobre la Forestal. El análisis sobre el sistema productivo y de comercialización de la empresa y sus consecuencias económicas, sociales y ecológicas debería ser completado con uno sobre los condicionamientos económicos y políticos que confieren a la empresa el grado de poder y libertad de la que parece gozar (lo que no intentaremos aquí por requerir una minuciosidad en el estudio de las situaciones locales y nacionales que exceden los límites de este trabajo, de carácter más general). En última instancia, más que las operaciones de la empresa, cuya lógica resulta bastante evidente, lo que parecería requerir una explicación son las condiciones que las hacen posibles y los límites a su libertad de acción. Esto no constituye una defensa de la empresa. Su actuación puede haber tenido resultados económicos perjudiciales (o al menos, menos ventajosos de lo que era dable esperar en otras condiciones) inmediatos para el país y la región en que operaba, y consecuencias sociales y ecológicas negativas de larga duración. Sólo tratamos de sugerir que esto es sólo una cara de la moneda, cuyo anverso es la conjunción de condicionantes e intereses de los grupos de poder locales y nacionales que hacen posible esta forma de operación.[264]

Además de la Forestal, existieron otras empresas británicas dedicadas a la explotación maderera. La Argentina Timber and Estates Company fue creada en 1909 con el propósito de adquirir una concesión del Gobierno de Jujuy por 193 millas cuadradas de bosques, y la Argentine Hardwoods and Land Company fue creada en 1910 para adquirir 137.000 hectáreas de bosques en Salta y Jujuy. Ambos establecimientos poseían pequeños ferrocarriles para el transporte de troncos dentro de su propiedad, además de aserraderos. Pero el costo de transporte de la madera por ferrocarril desde los alejados bosques del noroeste a los principales mercados en la Pampa Húmeda parece haber sido demasiado elevado y ninguna de las dos empresas logró un progreso significativo; ambas se vieron obligadas a vender sus propiedades en la década de 1920, luego de haber sufrido pérdidas considerables.[265]

Existieron otras áreas en que hubo inversión de capital británico en tierras en relación con procesos industriales. En Mendoza se realizaron inversiones de dicho origen en la industria vitivinícola, en bodegas que poseían viñedos

---

[264] De la literatura que trata el tema de la *Forestal* hacemos referencia sólo a tres trabajos que resultan particularmente valiosos por una razón u otra. Ellos son la historia oficial de la empresa de A. H. Hicks *The Story of La Forestal,* Londres, 1956, que es una muy útil fuente de información sobre sus actividades; M. Trumper, "Efectos económicos y poblacionales de la explotación del quebracho colorado: el caso de La Forestal en el Chaco Santafecino", informe de investigación. (Programa para la Formación de Investigadores en Desarrollo Urbano y Regional, 1975-6, Buenos Aires, Centro de Estudios Urbanos y Regionales (CEUR) e Instituto Torcuato Di Tella). Es un serio trabajo de investigación sobre el tema G. Gori, *La Forestal,* Ed. Proyecciones, Buenos Aires, 1974; retoma alguno de los aspectos más polémicos del tema, especialmente desde el punto de vista social.
[265] Véase *S. E. O. I.,* 1911, p. 543; 1915, p. 537 y *S. E. Y. B.,* 1922, p. 675; *S. E. O. I.,* 1911, p. 543 y 1920, p. 499 respectivamente.

propios. Así, encontramos emisiones de obligaciones en Londres en favor de las bodegas Innes, Buerley, Escorihuela y en la muy importante Bodega Tomba, en tanto que la Bodega La Germania era una compañía radicada en Gran Bretaña.[266]

La Martona, la tan conocida empresa láctea argentina, poseía una importante estancia en la provincia de Buenos Aires que centraba su actividad en la producción tambera para proveer de materia prima a su usina láctea; parte de estas propiedades se hallaban desarrolladas gracias a una emisión de obligaciones por valor de £ 130.000 en Londres en el año 1900.[267] Años antes había tenido lugar un intento de formar una empresa láctea con capitales exclusivamente británicos. Se trata de la Anglo-Argentine Butter Company, creada en 1898, pero la empresa resultó un fracaso y fue disuelta en 1904.[268]

Una forma de inversión más original fue el intento de producir un forraje industrial mediante el procesamiento de la alfalfa. Esta empresa fue llevada a cabo por el Argentine Patent Fodder Syndicate, registrada como compañía privada en 1903, pero también este proyecto fracasó.[269] El algodón es otro producto que puede dar lugar a una integración vertical. Esta actividad fue desarrollada por la Anglo-Argentine Cotton Company, que erigió una planta industrial próxima a Resistencia para el procesamiento de la fibra y la semilla de algodón. La compañía adquirió también tres leguas cuadradas de tierra en Vedia, próximas al

---

[266] Véase *P. P.*, 1914, LXXXIX, p. 428. Sobre bodegas Tomba también *S. E. O. I.*, 1910, p. 1023.
[267] *S. E. O. I.*, 1905, p. 846.
[268] *P. R. O.*, BT31, 7881/56056. Cuando se disuelve en Londres la empresa, el gerente en Argentina se hace cargo de la compañía.
[269] *P. R. O.*, BT31, 10415/78461.

límite con el territorio Nacional de Formosa, para cultivar algodón, ya fuera directamente por la compañía o a través de contratos con colonos.[270]

Finalmente, otra actividad que posee ciertas similitudes con los cultivos industriales, aunque no implica necesariamente una manufactura, fue la plantación de frutales con miras a la exportación, ya fuera de fruta fresca o envasada. Existieron dos compañías inglesas que operaban de este modo en la zona de Tigre, la Fruit Argentina Forest Company, que poseía cerca de 1000 hectáreas de frutales, y la Tigre Fruit Packing Company.[271] Otra empresa creada con el propósito de participar en la producción y comercialización de frutas fue la Argentine Fruitland Syndicate a la que nos referiremos en nuestro capítulo sobre Territorios Nacionales del Sur.

Como puede apreciarse, esta combinación de actividades se hallaba muy difundida a comienzos del siglo XX y atraía importantes sumas de capital británico. Sus resultados fueron muy desiguales de acuerdo con las condiciones que debió enfrentar cada empresa, pero cierto número de ellas –particularmente Liebigs, Bovril, Leachs y Forestal– surgen como muy poderosas empresas en posesión de extensas propiedades territoriales e importantes instalaciones industriales. En todos estos casos, la tierra era utilizada primordialmente para asegurarse la provisión de materia prima para las plantas industriales y fortalecer la capacidad de regulación del mercado de la empresa frente a otros proveedores. También desarrollaron otras actividades subsidiarias para asegurarse el uso pleno de los recursos de que disponían. Finalmente, en la mayoría de los casos, las empresas que encararon esta forma de inte-

---

[270] *P. P.*, 1908, CXXII, p. 8. Véase también *P. P.*, 1914, LXXXIX, p. 564.
[271] Sobre la primera de estas empresas, véase *Anuario Edelberg*, Buenos Aires, 1923; sobre la segunda, *P. P.* 1914, LXXXIX, p. 431.

gración vertical no sólo mejoraron la eficacia de su aprovisionamiento y las ganancias de sus plantas industriales, sino que, al igual que otras empresas agrarias en Argentina, obtuvieron un plus de ganancias gracias al aumento del precio de la tierra.

Otras formas de inversión en tierras a comienzos del siglo XX

Para completar este panorama de las inversiones británicas en tierras a comienzos del siglo XX, podemos mencionar la creación, al igual que a fines de la década de 1880, de una variedad de empresas que buscaron diversas formas de aprovechar la renovada expansión de la República mediante inversiones en tierras. La minería atrajo una vez más un monto considerable de capital hacia la Argentina, pero con resultados tan exiguos como los del período anterior. Una forma más llamativa de inversión fue la llevada a cabo por el Argentine Development Syndicate. Esta compañía, registrada en 1908, actuaba como promotora de la formación de otras compañías de tierras británicas en Argentina, y recibía a cambio participación en las nuevas empresas.[272] Otras empresas se formaron para operar en la compra-venta de ganado, como por ejemplo, la Argentine Cattle Agency Company, registrada en 1905,[273] que adquiría o arrendaba fracciones de campo relativamente modestas para mantener el ganado por períodos breves durante el desarrollo de sus operaciones. El espectro de estas formas de inversión no tradicional es amplio y sus resultados, dispares. Algunas lograron ganancias considerables, en tanto que otras resultaron un total fracaso. Pero en definitiva, dado que las cifras invertidas en estas actividades nunca fueron de importancia en relación con los rubros

---

[272] *P. R. O.*, BT31, 18311/96171.
[273] *P. R. O.*, BT31, 6401/45197.

más frecuentes de inversión (estancias, colonización, especulación e integración vertical), sus resultados afectan sólo de forma marginal las características generales del conjunto de las inversiones en el sector agrario.

Algunos ejemplos de compañías británicas de tierras entre 1880 y 1914

Dada la diversidad de las empresas estudiadas en este capítulo y las particulares circunstancias en que debieron operar, resulta imposible presentar ejemplos tan precisos de su actividad como lo hacemos con las estancias, las compañías de colonización y las estancias laneras de los Territorios Nacionales del Sur. Por otro lado, sus operaciones, como estancias o como compañías de colonización, no son muy distintas de las que hemos visto en otros capítulos, en tanto que las transacciones de los especuladores en tierras eran más sencillas que las otras dos actividades y se hallan descriptas a través de varios ejemplos en esta obra. Por lo tanto, para ilustrar el proceso que hemos venido analizando, hemos seleccionado algunas de las empresas ya mencionadas y trataremos de reseñar sus principales características y las transformaciones que en ellas se operaron durante el período que estamos considerando.

Incorporación de tierras en la frontera norte: la Santa Fe Land Company

La Santa Fe Land Company surge del pago de una deuda contraída en 1872 por el Gobierno provincial de Santa Fe con la firma bancaria inglesa M. M. de Murrieta y Compañía. En 1880, la Legislatura provincial dictó una ley autorizando al Ejecutivo a vender tierras fiscales en Inglaterra o en otro país de Europa a fin de recaudar los fondos requeridos para saldar la deuda. Las tierras referidas se hallaban en el norte de la provincia y se había establecido un precio de $ 1500 fuertes por legua cuadrada. Al año siguiente, M.

M. de Murrieta y Compañía tomó algo más de 650 leguas cuadradas de estas tierras como pago por la deuda,[274] y en 1882 vendió la mitad de ellas a la firma londinense M. M. Kohn, Reinach y Compañía. Pero en 1883 las dos empresas se unen en la formación de una compañía independiente para que se haga cargo de la propiedad. Se registra entonces en Londres la Santa Fe Land Company como compañía pública con un capital de £ 875.000. El precio que la nueva empresa abona a sus creadores por la propiedad es de £ 1050 por legua, lo que habría implicado una ganancia considerable a Murrieta sobre el costo original (aproximadamente £ 300 por legua). Pero las tierras otorgadas por el Gobierno tenían fama de ser de muy baja calidad, por lo que le resulta muy difícil a las firmas promotoras colocar los valores de la nueva compañía, y en buena medida estos permanecen en su propiedad.

A través de la emisión de acciones, se recaudan casi £ 200.000 más que la cifra requerida para el pago de la tierra, suma que se destina a la formación de colonias y al establecimiento de una estancia que, junto con la explotación de los abundantes bosques que cubrían las tierras de la compañía, fueron sus principales actividades. Se fundaron tres colonias en esta propiedad: Santurce, en 1886, Puerto Gallete y Alcorta, ambas en 1887. Los proyectos de colonización se desarrollaban en forma similar a lo que había realizado CALCo. en los años setenta. La infraestructura básica de la colonia era construida por el aporte de la empresa y se concedían amplias facilidades crediticias para el pago de las parcelas permitiendo el pago en un plazo de siete años con un interés del 8% anual. El progreso de las colonias se vio facilitado por la construcción de dos líneas de ferrocarril que atravesaban la propiedad

---

[274] Un relato más detallado del pago de la deuda puede encontrarse en Trumper, "Efectos económicos...".

de la empresa; la Compañía Ferrocarrilera de Santa Fe y Tucumán se extendía hasta los crecientes ingenios azucareros de esa provincia norteña, en tanto que la otra era un ferrocarril provincial que unía la Capital con el norte de Santa Fe.

La conducción de las actividades de la Santa Fe Land Company durante este temprano período fue llevada a cabo por la River Plate Trust, Loan and Agency Company, cuya administración favorecía una política de importantes inversiones en el desarrollo de la propiedad. Esta política fue resistida por el Directorio de la Santa Fe Land Company en Londres, que en 1888 decide nombrar un gerente en Argentina, retomando así el manejo de los negocios de la empresa en Argentina por sí misma. Siguiendo la estrategia adoptada por CALCo., ese mismo año la compañía aumentó los precios de venta de sus chacras a costa de una disminución de estas, especulando con un aumento del precio de sus tierras. Esta decisión, unida a la crisis subsiguiente, detuvo las ventas. Pese a ello, el Directorio tardó en readaptar su estrategia de operaciones a las nuevas condiciones, lo que puso a la compañía en severas dificultades a comienzos de la década de 1890. Finalmente, se adoptó una nueva política en 1895, siguiendo el ejemplo de otras empresas colonizadoras. La compañía pasó a arrendar buena parte de sus tierras, en parte en chacras a colonos, pero principalmente en grandes secciones como tierras de pastoreo.[275] Se redujo entonces la importancia de la actividad colonizadora, que sólo será retomada en forma limitada bajo las condiciones favorables de comienzos del presente siglo.

Entretanto, la compañía creó una importante estancia, *Ñanducita,* en la parte sur de su propiedad, establecimiento que se especializó en la cría de ganado vacuno cruza. Para 1888

---

[275] Sobre la administración de la *River Plate Trust, Loan and Agency,* véase C. Jones, "British Financial Institutions...", p. 149; sobre el cambio de política, Gallo, "Agricultural Colonization...", p. 87.

su desarrollo había insumido £ 60.000, pese a lo cual fue poco lo producido por esta actividad antes de 1890, en parte por el retraso habitual en la obtención de ganancias líquidas de una empresa de cría en sus comienzos, y en parte debido a la escasez de demanda de ganado cruza en la región. La terminación de la línea ferroviaria a Tucumán en 1891 abrió un nuevo mercado para el ganado de la empresa, que era enviado por ferrocarril para satisfacer la demanda de carne de los trabajadores de los ingenios azucareros, lo que produjo los primeros ingresos significativos de esta rama de la actividad de la empresa. A partir de entonces, se mejoró la calidad del ganado y se sembraron 2000 acres con alfalfa para engordar los animales que serían enviados a Tucumán. Más tarde, en 1897, la compañía arrendó una estancia de 8000 acres, llamada *Santa Catalina*, ubicada en el sur de Santa Fe, también con el propósito de dedicarla al engorde de sus ganados, pero en este caso con miras a ubicarlos en el mercado de abasto de la creciente ciudad de Rosario. La estancia adquiere, así, mayor importancia, y la empresa dedica una porción mayor de sus tierras a ella. A comienzos del siglo XX, la cría de ganado era un aspecto muy remunerativo de las actividades de la empresa.

La Santa Fe Land Company, como señalábamos, también llevó a cabo una explotación directa de sus riquezas forestales, que se vio facilitada por la existencia de transporte ferroviario, pero hasta mediados de los años 1890 el costo relativo del flete, que la compañía de ferrocarriles establecía para productos con mayor valor por unidad de peso que la madera, era demasiado elevado para que la actividad resultara remunerativa. La empresa decidió, entonces, modernizar su actividad mediante la construcción de plantas para la extracción de tanino de la madera de quebracho, y logró así un producto de mucho mayor valor que podía absorber los fletes ferroviarios. Esto, junto con una reducción de las tarifas y un aumento del precio de la madera, incrementó las ganancias que esta actividad proveía a la empresa. Ya en el siglo XX, al aumentar la demanda de tanino en Europa –particularmente en Alemania–, la explotación de sus bosques pasó a ocupar un lugar central en las actividades de la Santa Fe Land Company. En 1906, sin embargo, luego de la formación de la Forestal, todos los bosques e instalaciones de la compañía fueron arrendados por el nuevo gigante del tanino, y en 1914 la Santa Fe Land Company fue totalmente absorbida por la Forestal.

El cuadro que insertamos a continuación nos muestra la evolución financiera general de la Santa Fe Land Company hasta su fusión con la Forestal. (Ver Cuadro XVI).

Cuadro XVI. Trayectoria financiera de la Santa Fe Land Company, 1883-1914

Año	Capital nominal emitido (£)	Dividendo nominal (%)	Monto requerido para dividendo (£)	Capital recaudado (£)	Monto del dividendo sobre capital recaudado (%)
1883	875.000	0	0	875.000	0
1884	875.000	0	0	875.000	0
1885	875.000	0	0	875.000	0
1886	875.000	0	0	875.000	0
1887	875.000	0	0	875.000	0
1888	875.000	0	0	875.000	0
1889	875.000	0	0	875.000	0
1890	875.000	0	0	875.000	0
1891	875.000	0	0	875.000	0
1892	875.000	0	0	875.000	0
1893	875.000	0	0	875.000	0

1894	875.000	0	0	875.000	0
1895	875.000	0	0	875.000	0
H96	875.000	0	0	875.000	0
1897	875.000	0	0	875.000	0
1898	612.500	0	0	875.000	0
1899	612.500	0	0	875.000	0
1900	612.500	1,5	9.188	875.000	1,05
1901	612.500	1,5	9.188	875.000	1,05
1902	612.500	1,5	9.188	875.000	1,05
1903	612.500	2	12.250	875.000	1,40
1904	612.500	3,5	21.438	875.000	2,45
1905	612.500	5	30.625	875.000	3,50
1906	766.500	6,5	49.822	1.106.500	4,50
1907	812.500	8	65.000	1.175.000	5,53
1908	812.500	10	81250	1.175.000	6,91
1909	974.108	11,5	112.022	1.399.412	8,00
1910	983.927	12,5	122.921	1.414.140	8,69
1911	983.927	12,5	122.921	1.414.140	8,69
1912	1.005.085	12,5	125.636	1.445.877	8,68
1913	1.005.085	7,75	77.894	1.445.877	5,38
1914	1.005.085	4,5	45.229	1.445.877	3,12
Total			892.584		
Promedio		3,48	27.893		2,77

Fuente: *Stock Exchange Official Intelligence*, 1886, p. 799; 1890, p. 1071; 1895, p. 1373; 1900, p. 1857; 1904, p. 1212; 1907, p. 1229; 1910, p. 1128; 1912, p. 1026 y 1914, p. 1073.

La reducción de capital que observamos en 1898 se debió a una devaluación de la propiedad después de la crisis, que tuvo por objeto ajustar el balance de la empresa para poder distribuir dividendos en el futuro inmediato. Los aumentos de capital que se registran a partir de 1906 se debieron a la emisión de nuevas acciones que fueron colocadas en el mercado a un precio del 15% de su valor de tapa. Por ello, las cifras de la cuarta columna, que indican el volumen de capital efectivamente ingresado en la compañía, aumentan en mayor medida que las de la primera columna. La quinta columna indica el porcentaje de la columna tres respecto a la columna cuatro, lo que representa el dividendo pagado, respecto del verdadero costo de la compañía, a los inversores.

Como puede apreciarse en el cuadro, la compañía no dio ganancias a sus accionistas en el siglo XIX, lo que puede en parte atribuirse a las políticas empresariales que dirigieron la compañía antes de 1895, pero también al período de desarrollo que requieren tan amplias extensiones de tierras vírgenes sobre los límites de la frontera económica antes de llegar a ser rentables. Por supuesto, el impacto de la crisis de 1890 fue también un factor fundamental. Sin embargo, hacia mediados de los años noventa, las distintas actividades desarrolladas por la compañía evolucionaban favorablemente y la empresa, para 1900, ya estaba en condiciones de distribuir su primer dividendo. Más aún, el hecho de que las nuevas emisiones de acciones después de 1906 se realizaran a un 50% por encima de su valor nominal sugiere que el activo de la empresa había aumentado su valor considerablemente en el siglo XX. Para entonces, la empresa rendía beneficios aceptables a sus inversores. Tomando el promedio de dividendos distribuidos al finalizar su existencia independiente en 1914, sin embargo, la media anual es relativamente baja debido al largo período durante el cual no se obtuvieron ganancias. Las ganancias provenientes de la valorización de la tierra no pueden evaluarse con exactitud porque la fusión con la Forestal se efectuó mediante un intercambio de acciones que no implicó una evaluación explícita de la propiedad. Podemos señalar, sin embargo, que desde el punto de vista del inversor individual, una participación en una empresa tan importante y exitosa como la Forestal era una culminación muy satisfactoria para la Santa Fe Land Company.

Especulación y desarrollo de tierras en el sur de Buenos Aires: el caso de La Curumalán

El caso de la Curumalan Land Company es un reflejo del espíritu especulativo que prevaleció en Buenos Aires en los años ochenta del siglo pasado, el impacto de la crisis subsiguiente y la rápida recuperación posterior. Más aún, la evolución de esta empresa es un factor que tiene alguna influencia directa en este proceso, ya que su relación con Baring Brothers, aunque no haya sido un elemento crucial, contribuyó a agudizar las dificultades en que se vio envuelta la casa bancaria londinense en 1890.

La historia de la empresa comienza en 1882 cuando, en una operación característica del período y de sus propias actividades, Eduardo Casey, un hiberno-argentino que se constituyó probablemente en el más grande especulador de la década de 1880, adquirió una concesión de 111 leguas cuadradas de las tierras incluidas bajo la Ley de Crédito de Guerra de 1878, ubicadas al norte de Bahía Blanca.[276] Dos años más tarde, Casey formó una compañía en Argentina, la Sociedad Anónima Curumalán, para que

---

[276] Sobre E. Casey, véase M. Sáenz Quesada, "Eduardo Casey", en G. Ferrari y E. Gallo (comps.), *Argentina del ochenta al centenario,* Buenos Aires, Sudamericana, 1980, pp. 541-553.

se hiciera cargo de la propiedad. El capital total de la nueva empresa era de cuatro millones de pesos oro. Casey poseía acciones por valor de $ 3.710.000 y las restantes se hallaban distribuidas entre miembros de la familia Casey y otros prominentes terratenientes en Argentina, mayormente de origen británico, tales como Mulhall, M. Duggan, E. Thomson, etcétera. Casey era presidente del directorio y gerente general de la empresa, y disponía de amplios poderes en el manejo de sus negocios.

En 1885, se vendieron 10 leguas cuadradas de tierras de Curumalán en grandes secciones a estancieros y se tomó un crédito hipotecario por 1,6 millones de pesos moneda nacional del Banco Hipotecario de la Provincia de Buenos Aires por el sistema de cédulas hipotecarias; mediante estas dos operaciones se logró el capital necesario para el funcionamiento de la empresa y el desarrollo de la propiedad. Una línea troncal construida por el Gran Ferrocarril del Sur atravesaba la propiedad de la compañía, lo que facilitaba sus operaciones y mejoraba el valor de sus tierras. Se establecieron colonias y estancias, que lograron un rápido progreso dada la excelente calidad de las tierras.

Casey, sin embargo, se hallaba más interesado en una operación con rápido giro de capitales que en una inversión sólida de largo plazo. Esperaba obtener en forma inmediata ganancias de Curumalán –que era una de sus inversiones de mayor importancia– para reinvertirlas en sus otras operaciones especulativas. Por otro lado, como hemos señalado en otros casos, la obtención de beneficios líquidos de las empresas de colonización, y particularmente de las estancias, era un proceso que requería un desarrollo previo de varios años. La formación de la compañía anónima Curumalán y la transferencia de la propiedad a esta pudo haber sido una forma de lograr beneficios líquidos inmediatos de la operación, pero este no parece haber sido el caso, dado que Casey conservó la propiedad de la mayor parte del capital accionario. Es posible que, luego de la formación de la empresa, Casey haya vendido parte de sus acciones en la bolsa, pero parece haber conservado un interés mayoritario que le permitió, como veremos, realizar una operación aun más aventurada.

Efectivamente, en 1888 Casey se asegura un importante manejo de fondos a través de *Curumalán*. Cancela con recursos propios la deuda que la compañía mantenía con el Banco Hipotecario, y acredita a su nombre en los libros el monto total de la compañía (1.6 millones de pesos). Pero la deuda podía ser saldada en cédulas hipotecarias que podían ser adquiridas en el mercado a un precio inferior al de su valor de tapa, y que el banco acreditaba por su valor de emisión, lo que posiblemente permitió a Casey saldar la deuda a un costo bastante inferior al que acreditó a su favor en los libros. Liberada la tierra de hipotecas, Casey negoció a través de S. B. Hale y Compañía, una casa comercial norteamericana que operaba en Buenos Aires, la emisión por Baring Brothers en Londres de medio millón de libras en bonos con un interés del 7% y con garantía hipotecaria de primera opción sobre la propiedad de Curumalán. Hale adelantó el efectivo a Curumalán en Buenos Aires, posiblemente con un cierto descuento, recibiendo luego el pago de Baring, una vez que los bonos fueron emitidos. Con los ingresos de esta operación, Casey se cobró el 1.6 millón de pesos que le adeudaba Curumalán por el pago de la deuda con el Banco Hipotecario, y logró así una ganancia considerable, que pudo haber sido aumentada mediante la manipulación del cambio de moneda.

Más aún, el efectivo que ingresó de esta forma a Curumalán podía ser apropiado por Casey de otra forma. Hasta 1890, cuando Baring pasa a controlar la administración de la compañía, los balances anuales de las estancias incluían un importante crédito en la cuenta de ganancias y pérdidas por aumento del número y valuación del ganado. Este incremento de valor era sin duda real, pero su inclusión como ganancia líquida, cuando se trataba en realidad de una ganancia "reinvertida" como capital, daba lugar a confusión. Durante este período, la Curumalán distribuyó un dividendo muy alto (el 17% en 1889 y 1890, que son los años para los que disponemos de información precisa) a sus accionistas (es decir, principalmente a Casey), contando para ello con el saldo favorable de la cuenta de ganancias y pérdidas, saldo que provenía totalmente de la revaluación del ganado. De esta forma, la compañía distribuía como dividendo lo que en realidad constituía un aumento del capital invertido; el efectivo para efectuar estos pagos provenía del capital operacional de la empresa, provisto primero por la venta de tierras y el crédito hipotecario de 1885 y más tarde por la emisión de bonos en Londres.

Así, Casey logra canalizar una importante porción de los ingresos por la emisión de bonos de 1888 hacia sus recursos personales por medios que no eran, *prima facie*, ilícitos.[277]

Pero al mismo tiempo, Casey se compromete pesadamente, junto con Duggan –vicepresidente de Curumalán–, A. Aguarra y E. Bunge en la formación del Banco Nacional del Uruguay. Cuando comienzan a manifestarse

---

[277] Estrictamente hablando la operación de Casey no era anómala, ya que la distribución de ganancias no se efectuaba en perjuicio del activo de la empresa; si bien esta perdía su capital operacional, ello se compensaba por el aumento de valor de su *stock* ganadero. Esto llevaba, sin embargo, a un ahogo financiero y, como consecuencia, a un endeudamiento excesivo. Es por ello que, como se observa en varias de las empresas analizadas en esta obra, la fórmula habitual consistía en transferir la ganancia proveniente por revaluación del *stock* a la cuenta de capital y, en todo caso, distribuirla entre los accionistas mediante una emisión de nuevos valores. La avidez de Casey por obtener ganancias líquidas restará a la empresa buena parte del capital que requería para el desarrollo de sus operaciones, produciendo un pesado endeudamiento. A esto se sumará, como veremos, una operación aparentemente mucho menos regular.

los primeros signos de la crisis, la debilidad del proyecto uruguayo se hace patente: cada vez se requiere más capital para tratar de salvar la nueva entidad. Casey recurre, entonces, a una segunda emisión de bonos en Londres por parte de Curumalán, también esta vez por medio millón de libras, contando como garantía el ganado, las construcciones y otras mejoras en la propiedad, y una hipoteca de segunda prioridad sobre la tierra. Nuevamente, los bonos son emitidos por Baring y el dinero adelantado por Hale. En esta oportunidad, Casey, necesitado desesperadamente de capital, parece haberse apropiado directamente de los nuevos recursos.[278]

Estas circunstancias salieron a la luz en 1890, cuando la Curumalán no pudo hacer frente a los intereses sobre los bonos emitidos. Luego de una serie de enfrentamientos entre Hale y Baring, los principales acreedores de la compañía, se decidió finalmente que la firma londinense, que era quien había sufrido pérdidas más fuertes en la operación (se había hecho cargo de los intereses sobre los bonos que había garantizado, estando además cargada de bonos por los que habían adelantado el pago y que no había logrado colocar en el mercado, bonos que luego de la crisis carecían prácticamente de valor), se haría cargo de la administración de Curumalán hasta que se completara el pago de la deuda. Durante la década de 1890 se pagó una parte muy escasa de los intereses sobre la primer emisión de bonos y nada sobre la segunda, ya que la crisis afectó muy seriamente los ingresos de la Curumalán, especialmente los contabilizados en libras, que era la moneda en que se había contraído la deuda.

---

[278] Véase Sáenz Quesada, "Eduardo Casey", sobre la posición financiera de Casey.

Como vemos, la compañía se hallaba en una situación financiera muy comprometida debido a los manejos de Casey; pero ¿cuál era la posición de su actividad como empresa colonizadora y de sus estancias? La respuesta contrasta notoriamente con lo anterior. Pese a la inversión de fondos hacia otras actividades, Casey había realizado la inversión requerida para el desarrollo y el acondicionamiento de la propiedad. Para 1888 existían en ella tres colonias y dos estancias. Las colonias progresaban rápidamente y recibían, al igual que las de CALCo. en la década anterior, un fuerte apoyo de la empresa. Más aún, los resultados de este avance beneficiaron a la empresa en forma mucho más inmediata que lo que lo habían hecho con su predecesora santafecina, en parte debido a una serie de buenas cosechas de trigo y en parte a que las condiciones para la colonización en los años ochenta eran mucho más favorables que las existentes en la década anterior. La tierra se vendía a los colonos a buenos precios, y gracias a las buenas cosechas estos últimos podían hacer frente a sus obligaciones.

Las dos estancias creadas por la compañía, *La Curumalán* y *La Cascada,* lograron también rápido progreso antes de la crisis. Hacia 1890 el recuento de hacienda indicaba 42.524 cabezas de ganado bovino, 17.425 de equino y 198.333 de ovino, además de 6090 porcinos; su valuación total era de $ 2.984.827 m/n (£ 231.382). Contaba también con la infraestructura esencial de un establecimiento de primer orden y con planteles de reproductores finos para mejorar la calidad del ganado. Las ventas anuales de animales y lana otorgaban un aceptable margen de ganancias sobre el capital invertido, aunque este sólo se hizo presente en los últimos años de la década y es muy lejano al 17% de dividendo que distribuía la compañía.

La crisis afectó severamente las operaciones de la empresa. La actividad colonizadora decayó en forma dramática y se redujeron los nuevos contratos casi exclusivamente a arriendos, que por lo demás no alcanzaban a ocupar toda la tierra disponible. La empresa incurrió también en considerables pérdidas por el incumplimiento de pagos por parte de los colonos. Los ingresos de las estancias también fueron afectados, y de manera más marcada que en otras empresas similares, ya que la estancia *La Curumalán* se había especializado en la cría de caballos de carrera y, bajo la situación de crisis, prácticamente desapareció la demanda para este tipo de producto.

Pese a ello, las estancias lograron siempre obtener alguna ganancia efectiva, la que bajo la nueva administración controlada por Baring era remitida a Londres para el pago de los intereses sobre los bonos de la primera emisión. El medio millón de libras de la segunda emisión, y su acumulación anual de intereses, se debitaban en una cuenta a nombre de Casey, abierta con este fin en los libros de la compañía, pero sus cifras aumentaban constantemente sin perspectivas de ser saldadas, por lo que eventualmente se las descontó como pérdida.

Hacia mediados de 1890, las remesas anuales a Londres eran suficientes para el pago de los intereses sobre los bonos de la primera emisión, realizándose también en 1898 un pago pequeño sobre los de la segunda. Simultáneamente, Baring había adoptado la decisión de adquirir todos los bonos posibles de ambas emisiones (los que se sumaban a los que no habían podido colocar antes de la crisis); para 1900 contaba con una mayoría de dos tercios que le permitía renegociar la situación de la empresa, registrando una compañía pública en Londres para que tomara propiedad del activo de la Sociedad Anónima Curumalán y también de su pasivo. Todas las acciones de la nueva empresa británica se hallaban en manos de Baring. La nueva compañía, denominada Curumalan Land Company, continuó con el servicio de ambas emisiones de bonos y para 1902 había puesto al día el pago sobre los primeros y reducido, por medio de la recuperación de ellos, el monto de la deuda a £ 459.000. En ese año, los representantes de Baring en Buenos Aires llegaron a un acuerdo con Ernesto Tornquist y Compañía, la poderosa banca belga-argentina, para la venta de la propiedad de Curumalán. Baring recibiría £ 300.000, mitad en efectivo y mitad en acciones de la nueva empresa que se constituiría en la Argentina. A cambio, Baring debía abandonar todo reclamo por la deuda contraída por la segunda emisión de bonos. La compañía argentina, Estancias y Colonias Curumalán, asumía el pago sobre la deuda de los bonos de la primera edición.

La empresa argentina resultó un éxito total. Continuó operando las estancias y logro´ ganancias considerables; la mayor parte de las tierras restantes fueron vendidas en grandes fracciones, y se beneficiaron notoriamente del nuevo *boom* del precio de la tierra en la primera década de este siglo. Hacia 1905, la deuda hipotecaria había sido saldada; Estancias y Colonias Curumalán pagó cada año un dividendo equivalente al 7% de su capital accionario ($ 1.710.000 oro), y había acumulado un millón de pesos oro que figuraba como dividendos no distribuidos, y $ 156.000 como fondo de reserva. En los años siguientes se distribuyó la suma de $ 2.054.000 oro entre sus accionistas, de los ingresos provenientes de la venta de tierras, y quedaba aún un balance favorable de $1.086.000. Aparte de ello, permanecían aún en propiedad de la empresa 88.000 hectáreas (35 leguas cuadradas) de excelentes tierras.

La evolución de la Curumalán a partir de 1891 nos muestra cómo, pese a la pesada carga financiera que implicaba el millón de libras de deuda en que Casey había sumido a la empresa y pese a las dificultades que acarreó la crisis de 1890, la compañía logró eventualmente saldar sus deudas y proveer de una buena ganancia a sus propietarios. Cabe señalar que la existencia de una garantía hipotecaria fue el factor determinante que permitió a Baring recuperar una porción considerable del capital de las emisiones de bonos de que Casey se había apropiado.

Los términos de la venta de 1902 a Tornquist no fueron favorables para Baring. Por esta operación la firma londinense perdía £ 200.000 de capital, la diferencia entre el precio de venta de Curumalán y el valor de los bonos de la segunda emisión, que fueron destruidos de acuerdo con los términos del contrato, además de una cifra considerable en intereses sobre estos últimos. Es cierto, por otro lado, que obtuvieron una ganancia muy considerable de sus acciones en la compañía creada por Tornquist, pero sus ganancias hubieran sido mucho mayores si no hubieran enajenado las tierras en bloque como lo hicieron en 1902. En realidad, Tornquist obtuvo una ganancia notable a través de esta compañía mediante una inversión muy baja. Es probable que la decisión de vender tomada por Baring se debiera al deseo de deshacerse de una propiedad que le había ocasionado bastantes dificultades, aun si la operación no se realizaba en los términos que le resultaran más favorables.[279]

---

[279] La información utilizada para esta breve historia de la empresa proviene de una colección de documentos sobre ella que se encuentran en los archivos de la casa Baring Brothers, bajo los números de referencia HC4.1.141 a 190. Han sido particularmente valiosos los informes anuales de las sucesivas empresas (HC4.1.161). En dos ocasiones en 1978, Baring me ha permitido acceder a esta

De compañías de colonización a estancias: la Santa Fe and Cordoba Great Southern Land Company y la Argentine Colonization and Land Company

Los primeros casos estudiados pertenecen a compañías que poseían enormes extensiones de tierras compradas al Gobierno en regiones hasta entonces deshabitadas por el hombre blanco. Los dos ejemplos siguientes, la Santa Fe and Cordoba Great Southern Land Company y la Argentine Colonization and Land Company, ambas constituidas en 1888, son empresas formadas para operar en la bien desarrollada región del sur de Santa Fe y Córdoba. La primera de estas compañías se creó en conjunción con una empresa ferroviaria de igual nombre que corría entre Villa Constitución, al sur de Rosario, pasando por Melincué y Venado Tuerto en el sur de Santa Fe, hasta La Carlota al sur de Córdoba. Su propósito era la adquisición de tierras a lo largo del trazado de la vía férrea, particularmente en las cercanías de los lugares donde se establecerían estaciones ferroviarias. Su intención era operar como CALCo., lo que era señalado explícitamente en el prospecto que anunciaba la emisión de acciones, utilizando el ejemplo de la decana de las compañías de tierras británicas en Argentina para mostrar las posibilidades que se ofrecían a las empresas colonizadoras en Santa Fe. Las tierras adquiridas, a diferencia de las recibidas por CALCo. en 1870, se hallaban en uso como campos de pastoreo de ganado ovino y bovino. De acuerdo con las estimaciones, se esperaba que el transporte ferroviario facilitara el avance de la colonización agrícola en el área y se anticipaban cuantiosas ganancias a través de la subdivisión de las propiedades y la venta de chacras a colonos.

---

documentación, pero posteriormente decidió autorizar sólo la consulta de los informes anuales impresos hasta tanto se escriba la historia oficial de la empresa.

La Argentine Colonization and Land Company fue creada con igual propósito, pero se trataba de una empresa totalmente independiente que tenía la intención de adquirir tierras allí donde le pareciera posible realizar operaciones provechosas, sin tener vinculación particular con un trazado férreo. También en este caso, el modelo de actividad a realizar era tomado de CALCo., y se hacían abundantes referencias a dicha compañía en el prospecto de lanzamiento de sus acciones con el propósito de destacar la potencialidad de la nueva empresa. En su primer año de operaciones, la empresa adquirió 96.744 acres, distribuidos en varias propiedades en el sur de Santa Fe y Córdoba, y comenzó inmediatamente su subdivisión y la venta de parcelas a colonos.

Las perspectivas de ambas empresas parecían buenas en los años ochenta; poseían tierras de primera calidad, muy aptas para la colonización, y sus actividades comenzaron con éxito. Pero el repentino estancamiento del proceso de colonización que produjo la crisis llevó a una detención total del progreso de las empresas, que se vieron obligadas a reorientar sus actividades. Debieron recurrir, entonces, al arriendo en lugar de la venta de sus tierras, y el producto de las rentas se destinó a la formación de estancias. Una vez que estas se hallaban en marcha, se entregaban en arriendo porciones de tierra bajo contratos que incluían el sistema de rotación para obtener prados alfalfados, que serían destinados a pasturas de estancias ganaderas. Hacia fines de siglo, las dos compañías eran propietarias de establecimientos bien desarrollados y en plena operación. Los cuadros insertos a continuación muestran la evolución financiera que acompañó este proceso de transformación de las empresas.

Si observamos el cuadro XVII, vemos que la Argentine Colonization and Land Company comenzó con la distribución de dividendos a partir de sus primeras ventas de tierras en 1889. Pero el estancamiento del mercado de tierras que acompañó a la crisis hizo desaparecer las ganancias; los dividendos de 1890 y 1891 se debieron principalmente a recaudaciones de ventas realizadas con anterioridad. En 1898, se redujo el capital emitido mediante un descuento del 20% del valor de tapa de las acciones. Esto se llevó a cabo con el propósito de eliminar de la cuenta de ganancias y pérdidas un saldo negativo de £ 20.000 que se había producido durante el período en que la compañía había carecido de una fuente regular de ingresos. Tras haberse descontado esta pérdida, la compañía pudo comenzar a distribuir dividendos de las ganancias obtenidas por sus estancias, lo que comenzó a hacerse a partir de 1898. La interrupción de los dividendos entre 1901 y 1903 debe atribuirse a los bajos precios del ganado en esos años, en tanto que el alza de las ganancias de 1904 refleja la recuperación de dicho mercado. Las propiedades de la empresa fueron vendidas al año siguiente y se redistribuyó el capital accionario a los inversores y se cerraron así las operaciones de la compañía. Lamentablemente, no poseemos información precisa sobre los términos de la venta y tampoco sabemos si se efectuó una distribución extraordinaria de ganancias con el producto de la venta, además de la devolución del capital. Parece, sin embargo, muy poco probable que por la venta de las valiosas propiedades del sur de Santa Fe se haya recaudado tan sólo el dinero requerido para la devolución del capital de la empresa, dados los elevados precios alcanzados por esas tierras en 1905.

Cuadro XVII. Trayectoria financiera de la Argentine Colonization and Land Company, 1888-1904

Año	Capital nominal emitido (£)	Dividendo nominal (%)	Monto requerido para dividendo (£)	Capital recaudado (£)	Monto del dividendo sobre capital recaudado (%)
1888	100.000	0	0	100.000	0
1889	100.000	5	5.000	100.000	5
1890	100.000	2,5	2.250	100.000	2,5
1891	100.000	2,5	2.250	100.000	2,5
1892	100.000	0	0	100.000	0
1893	100.000	0	0	100.000	0
1894	100.000	0	0	100.000	0
1895	100.000	0	0	100.000	0
1896	100.000	0	0	100.000	0
1897	100.000	0	0	100.000	0
1898	80.000	1,25	1.000	100.000	1
1899	80.000	2	1.600	100.000	1,6
1900	80.000	2,25	1.800	100.000	1,8
1901	80.000	0	0	100.000	0
1902	80.000	0	0	100.000	0
1903	80.000	0	0	100.000	0
1904	80.000	5	4.000	100.000	4
Promedio		1,23	1.000		1

Fuente: *Stock Exchange Official Intelligence,* 1890, p. 991; 1895, p. 1269; 1900, p. 1781; 1905, p. 1141.

Cuadro XVIII. Trayectoria financiera de la Santa Fe and Córdoba Great Southern Land Company, 1888-1913

Año	Capital nominal emitido (£)	Dividendo nominal (%)	Monto requerido para dividendo (£)	Capital recaudado (£)	Monto del dividendo sobre capital recaudado (%)
1888	188.700	0	0	188.700	0
1889	188.700	0	0	188.700	0
1890	280.000	5	14.000	280.000	5
1891	280.000	0	0	280.000	0
1892	280.000	0	0	280.000	0
1893	280.000	0	0	280.000	0
1891	280.000	0	0	280.000	0
1895	280.000	0	0	280.000	0
1896	280.000	0	0	280.000	0
1897	280.000	0	0	280.000	0
1898	280.000	0	0	280.000	0
1899	280.000	0	0	280.000	0
1900	140.000	0	0	280.000	0
1901	140.000	0	0	280.000	0
1902	140.000	0	0	280.900	0
1903	140.000	5	7.000	280.000	2,5
1904	140.000	6	8.400	280.000	3
1905	140.000	7,5	10.500	280.000	3,75
1906	140.000	10	14.000	280.000	5

1907	140.000	12,5	17.500	280.000	6,25
1908	140.000	12,5	17.500	280.000	6,25
1909	175.000	17,5	30.625	280.000	10,93
1910	175.000	20	35.000	280.000	12,5
1911	175.000	20	35.000	280.000	12,5
1912	183.750	20	36.750	280.000	13,12
1913*	1.200.000	6	72.000	280.000	25,71
Promedio		5,26	12.360		4

* Cambio de nombre: la compañía pasó a llamarse ese año "Cordoba Land Company".
Fuente: *Stock Exchange Official Intelligence*, 1890, p. 1071; 1895, p. 1375; 1900, p. 1851; 1905, p. 1235; 1910, p. 1128 y 1914, p. 1073.

Por otro lado, la ganancia media sobre el capital invertido durante el período de operación de la compañía es tan insignificante, que si existió algún beneficio efectivo para los inversores, debió provenir de la venta de los inmuebles. Por último, aun cuando la compañía hubiere logrado algún beneficio de la venta, resulta claro que debido a los altos precios de la tierra en 1888, cuando se efectuaron las compras, y a las dificultades subsiguientes impuestas por la crisis, las ganancias de la compañía fueron muy inferiores a las expectativas de sus creadores, expectativas sin duda exageradas por el rápido éxito de CALCo. en la década de 1880.[280]

---

[280] La información sobre la *Argentine Colonization and Land Company* proviene de su prospecto de emisión de acciones, *The Times*, 14/7/ 1888; y del *S. A. J.*, 7/6/ 1890, el *Argentine Year Book*, 1902, p. 399 y de los informes anuales de la empresa.

La evolución de la Santa Fe and Cordoba Great Southern Land Company es muy similar hasta 1905.[281] También en este caso encontramos una temprana distribución de dividendos en 1890, producto de las primeras ventas y una interrupción hasta 1903, cuando la actividad como estancia comienza a rendir frutos. La reducción de capital de 1900 se debe a una reestimación del valor de las tierras, que llevó a descontar la mitad del valor de tapa de las acciones. El aumento del capital de 1909 y 1912 se debe a la distribución de un dividendo extraordinario por medio de la emisión de nuevas acciones para ser prorrateadas gratuitamente entre los accionistas, siendo una forma de transferir a la cuenta de capital las ganancias provenientes del aumento de la valuación del ganado.

La evolución de los dividendos, una vez que la estancia se hallaba operando a pleno, indican que *Los Alfalfares* –que era el nombre del establecimiento– era altamente rentable. En realidad, los ingresos obtenidos a partir de 1903 fueron suficientes para que al final del período considerado el promedio anual de dividendos sea bastante razonable, pese al largo período de depresión.

En 1913, la compañía atravesó un proceso de reconstrucción y recibió el nuevo nombre de "Cordoba Land Company". Se intercambiaron entonces las acciones de la antigua empresa por una emisión de valores de la nueva por 1,2 millón de libras esterlinas, sin requerirse nuevos aportes monetarios. Este aumento del capital se debe a una reestimación del valor del activo de la empresa que no parece exagerado, ya que ese mismo año esta se halla en condiciones de distribuir un dividendo del 6% sobre su nuevo capital. Si aceptamos, entonces, la valuación de

---

[281] La información sobre la *Santa Fe and Cordaba Great Southern Land Company* proviene de Crossley, "La Contribution Britannique...", pp. 448-450; S. E. O. I. y *S. E. Y. B.*, y los informes anuales de la empresa.

1913, en los 24 años que van desde la formación de la empresa hasta su cambio de nombre, el valor de su activo, en relación al capital efectivamente abonado por sus inversores, había aumentado a una tasa equivalente a algo más del 6% anual de interés compuesto. Esto indica que, aun si las audaces predicciones de fines de la década de 1880 no se efectivizaron debido a la interrupción del proceso expansivo que siguió a la crisis, la renovada tendencia positiva de comienzos del siglo XX permitió una buena ganancia sobre la inversión original.

Readaptación de una empresa antigua: la Argentine Land and Investment Company

En tanto que las compañías analizadas hasta aquí habían surgido en los años ochenta y no habían logrado un desarrollo pleno de sus actividades antes de la crisis, creemos que resulta de interés tratar ahora la evolución de ALICo., la sucesora de la decana de las compañías británicas de tierras, que para la crisis ya tenía una historia de veinte años y se hallaba en el punto más alto de su exitosa trayectoria. Cuando las tierras de la concesión original al ferrocarril comenzaron a escasear debido al aumento de las ventas, los inversores de CALCo. tomaron conciencia de que la compañía pronto desaparecería. Así, la creación de ALICo. en 1888 se propone extender las actividades de la empresa mediante la adquisición de nuevas tierras en las que se pudiera desarrollar un proceso de colonización similar al que había tenido lugar en las tierras del ferrocarril. Se efectuó, entonces, la compra de varios campos grandes en diferentes regiones de la Argentina. Estos incluyeron desde una propiedad en la que ya existía un proyecto de colonización, en la región relativamente bien desarrollada del sur de Santa Fe, hasta una concesión fiscal en las tierras deshabitadas de la Patagonia Andina.[282] Por otro lado, la compañía trataba de diversificar sus actividades operando como fuente de crédito hipotecario, lo que le ofrecía una forma de colocar los capitales obtenidos a través de sus operaciones inmobiliarias.

La crisis Baring significó un retroceso de ambas actividades. Por otro lado, varios de los tomadores de crédito quebraron, y la compañía cargó con una cantidad de propiedades que resultaba imposible colocar a un precio compensatorio en el duro mercado de tierras de los años noventa. El estancamiento del mercado de tierras afectó también las posibilidades de realización de las tierras adquiridas para la colonización en las zonas de mayor desarrollo, en tanto que el surgimiento de un mercado para las tierras más remotas se demoraría por lo menos una década.

La política adoptada por la empresa para sobrellevar la crisis consistió en cortar las operaciones de crédito hipotecario y las nuevas compras de tierras y tratar de arrendar la mayor proporción posible de sus propiedades. En la reconstrucción de 1888, la compañía había adquirido una amplia capacidad de crédito con el propósito de utilizarlo en la expansión de sus actividades. Con la crisis se revirtió la política expansiva, por lo que se decidió disminuir también la capacidad crediticia mediante la reducción del capital autorizado no emitido y una restricción a la emisión de obligaciones. Los ingresos por pagos sobre préstamos hipotecarios ya otorgados se destinaron a saldar los intereses y a redimir las obligaciones emitidas antes de

---

[282] Una lista de las propiedades adquiridas por ALICo., desde su formación a 1890 y su costo, puede hallarse en el *I. A.* de 1890. El relato sobre la evolución de la empresa se basa en los mismos informes anuales. Para el período anterior a 1900, cf. Crossley, "Contribution Britannique...", pp. 447-448. Sobre la formación de la empresa, véase la última sección de la primera parte de este capítulo.

1890. En sus colonias, la compañía arrendaba las tierras por un porcentaje de la cosecha y así evitaba las dificultades producidas por la fluctuación del premio al oro. No parece, sin embargo, que ALICo. haya empleado el sistema de rotación culminando en alfalfa, ya que no transformó en estancias sus colonias. Realizaba, en cambio, actividades productivas en las estancias que había recibido por incautación hipotecaria, así como también la explotación forestal de los bosques próximos a Río Segundo que formaban parte de la concesión original al ferrocarril, pero esta área de la actividad de la empresa no produjo nunca ingresos muy significativos.

Hacia fines de la década de 1890, ALICo. recomenzó a expandir sus actividades. Se volvieran a efectuar ventas de chacras en sus colonias, aunque con contratos más severos que en la década anterior, orientando las ventas hacia un mercado de compradores con mayores recursos. La compañía llevó a cabo también la venta de las propiedades incautadas por incumplimiento de préstamos hipotecarios, así como de algunas de las tierras adquiridas para desarrollar proyectos de colonización. Los ingresos por ventas se utilizaron para reiniciar las líneas de préstamos hipotecarios. Las tierras que no formaban parte de las colonias y que no fueron vendidas se hallaban bajo explotación directa de ALICo. o fueron arrendadas en grandes bloques, como ocurrió con la propiedad de Patagonia.

De acuerdo con el estatuto de la compañía, las acciones preferenciales de £ 4 que se distribuyeron a cambio de las acciones de £ 1 de CALCo. daban derecho a un dividendo anual acumulativo del 5%, equivalente al 20% sobre el costo de las acciones originales a los inversores en l870. La compañía emitió una cantidad igual de acciones ordinarias de £ 4, sobre las cuales sólo se recaudó una libra por acción. El valor de tapa de estas acciones fue reducido para hacerlo coincidir con el capital recaudado en 1895 cuando se limitó la capacidad crediticia de la empresa. Entre 1888 y 1890, la compañía pagó un dividendo del 5% sobre las acciones preferenciales, pero no dio ganancias a las acciones ordinarias. Durante el período de la crisis, ALICo. pudo distribuir pequeños dividendos todos los años, pero no llegó a cubrir el 5% anual acumulativo garantido. Así, hacia fines de la década, había acumulado un considerable atraso en el pago de dividendos a sus inversores preferenciales. En los primeros años del presente siglo, sin embargo, las ganancias de la compañía aumentaron con rapidez y, para mediados de la década de 1900, el pago de dividendos acumulativos se hallaba al día, y la compañía pudo distribuir ganancias entre los accionistas ordinarios. Hacia fines del período estudiado, ALICo. había recobrado la sólida posición que CALCo. tuviera a mediados de los años ochenta y distribuía cada año cuantiosas ganancias entre sus inversores.

El nuevo *boom* especulativo de comienzos de siglo: la Argentine Northern Land Company

Para concluir esta selección de ejemplos de compañías de tierras que operaban en el período, presentaremos una breve síntesis de las actividades de la Argentine Northern Land Company, una de las empresas creadas ya en el siglo XX con la intención de especular con tierras.

La compañía fue registrada en Londres en 1905; su propósito era comprar tierras principalmente a lo largo del Ferrocarril Central de Córdoba, una línea que unía Buenos Aires con las sierras de esa provincia. La empresa adquirió inmediatamente varias propiedades medianas, incluidas algunas en las proximidades de las ciudades de Buenos Aires y Rosario. La intención era establecer pueblos en las cercanías de las estaciones de ferrocarril, para luego vender parte de sus tierras como solares urbanos y las restantes como quintas y chacras en la zona circundante. Entre tanto, la compañía arrendaba sus tierras en chacras y utilizaba los ingresos para cubrir sus gastos operativos.

Hacia 1909, la empresa poseía 2689 acres de tierras bien ubicadas, incluidas amplias propiedades en San Isidro y Pergamino, donde ya se habían establecido trazas urbanas. Las ventas de terrenos habían comenzado recientemente, pero el Directorio podía jactarse de que "el dinero obtenido por la sección vendida de la propiedad *Las Violetas* (Pergamino) equivalía al monto abonado por la compañía por toda la propiedad"; *Las Violetas* constaba, cuando su compra, de 132,5 acres, de los cuales sólo se habían vendido 16.[283]

Pero cayendo en el mismo error en que habían incurrido otras empresas a fines de la década de 1880, no se aceleró el ritmo de ventas en los prósperos años que precedieron a la guerra. Especulando con un aumento aun mayor de los precios de la tierra, se retuvo la mayor parte de las propiedades, y fueron sorprendidos por la nueva caída de precios que se inició con los primeros indicios de una crisis en 1913 y que continuó posteriormente debido a la conflagración.

Dado que la mayor parte de la tierra no se había vendido antes de 1914, resulta difícil evaluar los resultados de las operaciones de la compañía en el período que nos ocupa. Hasta esa fecha, no se habían distribuido dividendos, pero las tierras en propiedad de la empresa, especialmente las adquiridas inmediatamente luego de su creación, habían aumentado su precio en forma considerable. Esto se refleja en el capital de la compañía, que fue aumentando por una adición al valor nominal de las acciones en un proceso de

---

[283] *I. A.* 1900. El análisis de esta empresa se basa en los I. A. y en los *S. E. Y. B.* y *S. E. O. I.*

reconstrucción de la compañía en 1908. Más aún, como en el ejemplo citado, las ventas efectuadas antes de 1913 habían dejado un margen de ganancias muy amplio que había sido reinvertido en la adquisición de nuevas tierras.

Así, la falta de dividendos era compensada por un incremento en el valor del activo de la empresa, lo que se refleja en la cuenta de su capital. Pero el hecho de que estas ganancias no se efectivizaran mediante ventas antes de la Gran Guerra limitó muy significativamente su rentabilidad. Eventualmente, se vendieron las propiedades en la tercera década del siglo XX y con el producto de esas ventas se pudo reintegrar, posiblemente con creces, el inflado capital de la empresa a su valor nominal (lo que de por sí hubiera significado una aceptable ganancia sobre la inversión). Pero la demora en la realización de la tierra hizo, sin duda, que las ganancias fueran muy inferiores a lo que podía haberse esperado a fines de la primera década o comienzos de la segunda del siglo XX.

3

Las compañías propietarias de grandes estancias en los Territorios Nacionales del Sur

La expansión de la frontera de 1879 y las campañas militares en Patagonia que la siguieron abrieron en pocos años enormes extensiones de tierras vírgenes. Menos de diez años después de la primera expedición, la mayor parte de las nuevas tierras ya había sido enajenada por los Gobiernos provinciales o por el Gobierno nacional. En realidad, de acuerdo con los términos del crédito de 1878 destinado a sufragar los gastos de la "conquista del desierto", buena parte de la tierra se hallaba ya comprometida como garantía suya y fue distribuida entre los tenedores de bonos en los años subsiguientes. En 1881, se interrumpieron las nuevas ventas bajo las cláusulas de la ley de 1878, pero las administraciones nacionales y provinciales continuaron con la enajenación de sus tierras como medio de equilibrar presupuestos deficitarios y de promover el desarrollo de sus territorios. Finalmente, en los umbrales de la crisis Baring, con la administración Juárez Celman en una desesperada búsqueda de fondos para sostener su cada vez más comprometida situación financiera, el Gobierno recurrió a un intento de venta en Europa de 24.000 leguas cuadradas de las tierras que aún le pertenecían en Patagonia. Con la crisis en ciernes, los resultados fueron virtualmente nulos.

Este período de grandes ventas de tierras coincide con el pico más alto de inversiones inglesas en la Argentina del siglo XIX, por lo que no resulta extraño que se formaran varias compañías de dicha nacionalidad para operar con ellas. El número total de empresas que surgieron de estas operaciones no fue muy grande; en cambio, las extensiones de tierras comprendidas fueron realmente importantes.

En los primeros dos capítulos de este trabajo, nos hemos interesado principalmente en empresas que operaban en la región más tradicional del desarrollo agrario argentino, la Pampa Húmeda. En la segunda parte del primer capítulo y la primera del capítulo dos, el análisis de casos particulares nos permitió estudiar en algún detalle las características básicas, los problemas y la evolución de estancias y compañías de colonización en esa región. Al hacerlo –y aunque es mucho lo que falta hacer en la historia agraria argentina–, hemos contado al menos con algunos trabajos muy competentes sobre el progreso de esta región en el período que estudiamos.[284] Lamentablemente, no podemos decir lo mismo respecto de los Territorios Nacionales del Sur. Hasta el momento,[285] conocemos muy pocos trabajos serios de investigación sobre la evolución económica de estas regiones, en las que la participación del capital británico fue muy significativa. Por ello, uno de los propósitos de este capítulo es mostrar algunos de los principales problemas y las características esenciales de las empresas rurales en estos territorios para posibilitar una comparación con lo que sabemos sobre las regiones centrales. Trataremos también de estudiar las ganancias que las empresas de este tipo podían lograr. En este sentido, en la medida en que nuestras fuentes nos lo permitan,

---

[284] Para mencionar sólo los más significativos, H. Giberti, *Historia Económica...* y *El desarrollo agrario argentino*, Buenos Aires, Eudeba, 1964; J. Scobie, *Revolución en las Pampas*, Buenos Aires, Hachette, 1970; E. Gallo, "Agricultural colonization..."; y R. Cortés Conde, *El Progreso Argentino* y varios artículos sobre diversos temas vinculados al desarrollo agrario.

[285] Esta afirmación corresponde a 1982, cuando se redactó el libro, y ya no es exacta.

trataremos de estudiar los ingresos en relación con el monto de la inversión y con la evolución de los precios de la tierra. Como veremos, una parte muy importante de las ganancias de algunas de estas empresas provienen del aumento de los precios de la tierra. Nuestro estudio sobre el progreso de las condiciones de producción tiende a indicar en qué medida la evolución de los valores hipotecarios se vinculaba con el desarrollo de la productividad. Este análisis se llevará a cabo principalmente a través del estudio de algunas de las compañías que operaban en la región, pero a través de él esperamos poder arribar a algunas conclusiones más generales.

Desarrollo temprano de La Pampa: la South American Land Company

Como podía esperarse, la incorporación al mercado de enormes extensiones de tierras vírgenes en forma tan abrupta dio lugar a un importante proceso de especulación. La Ley 1878 incluía algunas disposiciones que tenían por propósito tratar de evitarla, pero los especuladores pronto encontraron formas de burlarlas. Más aún, esto fue facilitado por otras regulaciones complementarias que modificaron la ley inicial.[286]

Las operaciones de los especuladores, entre quienes encontramos muchos con apellidos británicos e irlandeses, comenzaron con la compra, frecuentemente a valores muy depreciados, de los bonos del crédito de guerra de

---

[286] Véase, por ejemplo, E. M. Barba; M. C. Cano de Nogueira *et al.,* "La Campaña del Desierto y el problema de la tierra en la Provincia de Bue· nos Aires", en *Segundo Congreso de los Pueblos de la Provincia de Buenos Aires* (La Plata, 1974). También R. Gaignard, "Origine et évolution de la Petite Propriété Paysanne dans la Pampa Sèche", en *Les Problèmes Agraires de l'Amérique Latine,* Colloques Internationaux du Centre de la Recherche Scientifique (París, 1967), pp. 223-236.

1878 y, más tarde, de los certificados de premios militares por la participación en la campaña, que también eran intercambiables por tierras. Tras haber reunido una importante cantidad de bonos, los especuladores aguardaban la mensura y adjudicación de tierras y la entrega de los títulos de propiedad para luego realizar sus propiedades y obtener en el proceso cuantiosas ganancias. Pero a diferencia de lo ocurrido en la clásica frontera del Medio Oeste Norteamericano[287] o, más cercanamente, en la provincia de Santa Fe, no existió en este temprano período, en la mayor parte de las nuevas áreas, una demanda de pequeñas parcelas para la colonización agrícola –demanda que había constituido la principal fuente de ganancias de los especuladores en los casos señalados–. Las ventas, por lo tanto, debieron efectuarse en grandes extensiones, y generalmente eran adquiridas por los mismos terratenientes de las áreas de más antigua ocupación, quienes con frecuencia también las compraban con fines especulativos. Una variante de esta forma de especulación fue la formación por parte del propietario de una sociedad de consorcio, en la que en algunos casos participaba, para que adquiriera la propiedad y se encargara de administrarla, y obtuviera, por lo general, importantes beneficios en el proceso.

---

[287] Véase, por ejemplo, Alain y Margaret Bogue "'Profits' and the Frontier Land Speculator", en *Journal of Economic History*, XVII, n.° 1 (marzo, 1957); también Robert P. Swierenga, *Pioneers and Profits: Land Speculation on the. Iowa Frontier*, Ames: *Iowa* State University Press, 1968. Estos son sólo dos ejemplos de una extensa bibliografía sobre el tema.

Formación de la South American Land Company

Este último fue el caso de la South American Land Company (en adelante SALCo.). En 1881, Eduardo Casey[288] recibió del Gobierno argentino la enorme propiedad de Trenel, en la que se basará la compañía. Entró en contacto entonces con A. Henderson, del Ferrocarril Central Argentino y CALCo., quien se hizo cargo de la promoción del proyecto en Londres. Ese mismo año se lanzaron a la Bolsa de Valores de dicha capital las acciones de SALCo. La empresa incluía entre sus inversores a algunos de los más notables estancieros anglo-argentinos, tales como W. Wilson, C. Darbyshire y D. A. Shennan, a quienes ya hemos nombrado en relación con otras empresas de tierras británicas. El Directorio era presidido por J. Fair, propietario de la estancia *Espartillar.* Frank Parish, miembro de una de las familias británicas con más antiguos vínculos comerciales con la Argentina (incluida su participación en el primer proyecto de colonización británico en nuestro país, en 1824) y nieto del primer representante británico en el Río de la Plata, también formaba parte del Directorio. Con estos antecedentes y el clima favorable que reinaba en la *city* de Londres para empresas en Argentina, la nueva compañía tuvo una acogida favorable.

La propiedad consistía en 136 leguas cuadradas en el Territorio Nacional de La Pampa, en la región nordeste, no demasiado alejada del límite con la provincia de Buenos Aires, región que R. Gaignard describe como la pampa semi-húmeda. Esta es una faja de transición entre las feraces tierras de la Pampa Húmeda y los secos campos del sur y el oeste, que forman la Pampa Seca y la Patagonia, y

---

[288] Algunos datos biográficos de este gran especulador de tierras y empresario hiberno-argentino pueden encontrarse en el artículo ya citado de María Sáenz Quesada, "Eduardo Casey".

reciben precipitaciones anuales de entre 500 y 700 mm.[289] La intención original de la compañía era colonizar sus tierras siguiendo el modelo de la Compañía de Tierras del Central Argentino. Lamentablemente, no poseemos información sobre la actividad de la empresa en sus primeros años, pero comparando un mapa de 1884 con las tierras adjudicadas por los bonos del crédito de guerra de 1878 en la región de La Pampa[290] (las tierras de la concesión original aparecen bajo el nombre de Casey) y un plano de la propiedad publicado por el Directorio de SALCo. en 1893, veinte fueron vendidas en estos primeros años.[291] Eso explica por qué, en 1885, con un capital emitido de sólo £ 63.000 –el capital autorizado era de 10.000 acciones de £ 10 cada una, pero sólo se habían recolectado £ 6 y 6 chelines por acción– las restantes 116 leguas se hallaban valuadas, en los balances anuales a partir de 1885, al costo, en £ 68.258, lo que dejaba un saldo favorable de más de £ 37.000. Este se hallaba compuesto mayormente por pagarés de Loreto y Gainza, quienes adquirieron las tierras vendidas, y de un préstamo de la compañía a Eduardo Casey. Se habían invertido también aproximadamente £ 7000 en mejoras a la propiedad y £ 5000 habían sido depositadas en el Banco de Londres y Río de la Plata en Buenos Aires. Así, en 1885, la compañía pudo pagar un dividendo de 12 chelines por acción, y utilizó para ello £ 6000. Como puede apreciarse, la realización inmediata de parte de la propiedad permitió a SALCo. comenzar sus operaciones sobre una sólida base financiera.

---

[289] Gaignard, *op. cit.*, p. 229.
[290] Gaignard, *op. cit.*, p. 224.
[291] Lotes I A, 21 y 22; VII B, 25; I D, 5 y I C, 1, de la división catastral de tierras en La Pampa.

Sin embargo, contrariamente a las expectativas del Directorio y debido fundamentalmente a la distancia de los puertos y a la carencia de transporte ferroviario, no existió una demanda inmediata por parte de colonos para las tierras de la compañía. Si bien es cierto que durante la década de 1880 se produjo un rápido crecimiento de las colonias agrícolas en varias regiones de la República, eso tuvo lugar sólo en áreas favorecidas por transporte rápido, eficiente y económico a los puertos de embarque. La importante expansión ferroviaria del período no alcanzó a Trenel –región en la que se hallaban las tierras de la compañía– antes de 1890. La crisis Baring hizo que se abandonaran en ese año dos proyectos para la construcción de ferrocarriles que se hubieran aproximado a las tierras de la empresa. Debido a ello, la comunicación ferroviaria de la zona se vio demorada varios años. Pero este no fue el único efecto de la crisis. El flujo migratorio decayó notoriamente en los primeros años de la década de 1890 y lo mismo ocurrió con el precio de la tierra. De esta forma, las posibilidades de una rápida recuperación de la inversión por la venta del activo de la empresa parecieron más lejanas que nunca.

Sin embargo, SALCo. logró sobrellevar bien estas dificultades iniciales. Contando con inversores y directores con tan amplia experiencia en el mundo de los negocios en Argentina, particularmente en el sector agrario, pronto tomó las decisiones necesarias para hacer frente a la nueva situación. En realidad, previendo la posibilidad de una demora en la venta de la propiedad, el Directorio había decidido destinar parte de las tierras a la formación de una estancia, y para ello empleó las ganancias obtenidas de las primeras ventas. Se esperaba que esta medida tuviera un doble efecto: por un lado, proporcionaría un ingreso seguro en tanto se aguardaban condiciones favorables para la enajenación de la propiedad; por el otro, el desarrollo de parte de los campos aumentaría el valor de la tierra circundante y contribuiría al progreso general de la región, lo que aproximaría el momento en que la llegada de nuevos colonos permitiera a la compañía llevar a cabo su plan original.

Los directores consideraron que esta forma de utilizar las ganancias de la empresa tenía por efecto estimular el arribo de nuevos pobladores al distrito y aumentar el valor de la tierra. La permanente prosperidad del país y el gran número de inmigrantes que llegaban constantemente al Río de la Plata, junto a la extensión de los ferrocarriles, condujeron a los directores a la conclusión de que las tierras "de afuera"[292] debían aumentar su valor en relativamente poco tiempo, tras lo cual se consideraría conveniente la realización del capital destinado a la adquisición de las tierras.[293]

Sin embargo, en 1891, el Directorio debió informar a los accionistas que:

> Las alteraciones comerciales y financieras que aún existen en la República Argentina continúan afectando las operaciones en tierras de manera grave, retrasando las posibilidades de la compañía en el sentido de una venta de toda la propiedad o parte de ella, por lo que la idea de venderla debe ser dejada de lado por el momento.[294]

---

[292] *Outside lands* en el original. La expresión tierras "de afuera" era utilizada para referirse a tierras de ocupación reciente, en tanto que las "de adentro" eran aquellas que estaban sólidamente ocupadas con anterioridad a 1879.
[293] South American Land Company, Informes Anuales a los accionistas (en adelante SALGo. I. A.), pueden encontrarse en *Guildhall Library* (Londres), *Stock Exchanges Papers*, en los volúmenes titulados, *Financial, Land and Investment* de los años correspondientes.
[294] SALCo., I. A., 1891.

La primera etapa de la explotación y los problemas de comunicaciones

La formación de la estancia y, más adelante, el arrendamiento de parte de la propiedad permitió a la compañía mitigar el efecto negativo de la crisis, y proveyó ciertos ingresos hasta que mejoraran las condiciones para la venta de la propiedad. La idea de formar una estancia en tierras de la empresa había tomado cuerpo desde muy temprano. En el informe anual a los accionistas para el período 1885-1886 se lee que:

> El Directorio ha considerado aconsejable mantener el saldo favorable en Buenos Aires en lugar de incurrir en importantes pérdidas enviándolo a Londres bajo el alto premio al oro existente; en especial debido a que está considerando la posibilidad de invertir todo o parte de este dinero en la propiedad de la compañía.[295]

En 1887, se nombra a J. D. Lyon, un inglés con experiencia previa en esta clase de trabajo, administrador general de la estancia. Este, tras una inspección de la propiedad, escoge 6 leguas cuadradas para iniciar el nuevo establecimiento.[296] Se invierten entonces £ 3140 en alambrar la porción escogida y se adquieren 3000 vacas para cría, a un costo de £ 2228. Se realizan también inversiones menores en caballos, pozos, norias y otros implementos. Así, para 1888, la estancia ya estaba en funcionamiento.[297] SALCo. aún disponía de un cierto efectivo que iba ingresando a medida que se saldaban las deudas pendientes de Casey, Loreto y Gainza, que también fue destinado a mejoras en la propiedad y a la adquisición de ganado. La formación de la estancia requirió una importante inversión. Con

---

[295] *Ibid.*, 1886.
[296] Lote 8 y parte del lote 3 de la sección I, letra D.
[297] SALCo., I. A., 1888.

anterioridad a 1885, había insumido casi £ 7000 –mayormente para la mensura de la propiedad–. Para 1888 se habían destinado £ 17.135 a construcciones, alambrados, pozos, etcétera, y ganado bovino, equino y ovino. En 1889, la inversión total alcanzaba las £ 20.235 y £ 28.102 en 1891. Parecería que ese año el desarrollo de la propiedad había alcanzado los requerimientos esenciales para su funcionamiento y, a partir de entonces, el proceso de fijación de capital a la tierra se hizo más lento.[298]

Aunque las tierras escogidas para la estancia estaban entre las mejores que poseía la empresa, sus posibilidades de pastura eran notoriamente inferiores a las de las buenas tierras en la provincia de Buenos Aires. Lyon estimaba que tolerarían una carga de unas 1000 cabezas de vacuno por legua cuadrada, pero recomendaba una explotación combinada que permitiría agregar un considerable número de ovinos a esta cifra. El ganado mayor fue introducido primero con el propósito de "hacer disminuir la altura de los pastos para las ovejas". Los lanares, según Lyon, tenían buenas perspectivas en la región, que contaba con suficientes pastos tiernos durante todo el año, aunque en esta área los animales requerían una mayor superficie por cabeza que en las tierras "de adentro". Para alambrar la propiedad se utilizó alambre galvanizado importado y postes de caldén obtenidos de los montes que había en las tierras de la empresa. Estos últimos también fueron utilizados para la construcción del corral para el ganado. 1888 fue un año de sequías en el área, por lo que debió realizarse una importante inversión en pozos y así se logró evitar pérdidas muy cuantiosas.

---

[298] Véase Cuadro XXIV, primera columna.

Un problema de mayor gravedad para la empresa fue, como ya hemos señalado, la falta de transporte ferroviario. En su informe de 1888, el administrador de la estancia menciona la posibilidad de que se aproximen líneas ferroviarias a ella, particularmente una línea que uniría Mercedes (San Luis) con Bahía Blanca y que debía cruzar la propiedad en sentido norte-sur. Pero en ese momento el único medio de transporte existente desde Trenel a Buenos Aires era un camino de 116 millas construido por la compañía hasta Laboulaye y de allí el Ferrocarril Pacífico hasta la Capital.

Esto significaba una limitación considerable para la compañía. En 1889, por ejemplo, un año de abundantes lluvias, los caminos se volvieron intransitables y dejaron a la estancia aislada de sus mercados. En 1890, se habilitó una extensión del Ferrocarril Oeste de Buenos Aires a Trenque Lauquen. La distancia de esta estación a Trenel es similar a la de Laboulaye, pero ofrecía al menos una ruta alternativa a Buenos Aires a través de un camino que era considerado muy superior al otro. Al mismo tiempo, se inició, en 1890, la prospección para la línea de Mercedes a Bahía Blanca; incluso comenzaron a prepararse los terraplenes, pero el inicio de la crisis trajo un estancamiento del desarrollo ferroviario de esta región.[299] Las comunicaciones desde Trenel se vieron entonces reducidas a una diligencia a Trenque Lauquen, que la empresa debía subsidiar para que siguiera circulando.

---

[299] Como señalan los estudiosos del tema, la crisis no se tradujo en un cese inmediato de la construcción ferroviaria, ya que en los casos en que las concesiones se habían otorgado, el capital se había reunido y la obra había comenzado, la construcción no se detuvo. Pero en el área de Trenel los proyectos no estaban aún tan avanzados, por lo que la crisis detuvo efectivamente su concreción.

Cuando los efectos más severos de la crisis dejaron de sentirse, las compañías ferroviarias comenzaron a considerar la posibilidad de continuar el avance de sus líneas hacia los nuevos territorios. Esto produjo numerosas especulaciones y discusiones sobre el trazado de los nuevos ramales, en la medida en que los terratenientes hacían uso de todas sus influencias para tratar de asegurarse el trazado que les resultara más ventajoso. En 1895, por ejemplo, una extensión del Ferrocarril Oeste a Victorica, que debía atravesar las tierras de SALCo., fue abandonada en favor de una línea a Toay que sería designada nueva capital de La Pampa.

El administrador de la empresa informa que:

> La mayoría de los terratenientes del distrito, incluyendo esta compañía, han hecho fuertes presentaciones ante el gobierno en Buenos Aires cuestionando la decisión de sacrificar una ruta más sencilla a través de tierras superiores con el sólo propósito de acortar el camino.[300]

Un año más tarde, sin embargo, debía informar que:

> Es de lamentar que nuestras protestas por el cambio de Victorica a Toay no hayan sido escuchadas, ya que si el cruce con el ferrocarril de Bahía Blanca y el Noroeste fuese en el 36°, tal como se había planeado, nuestro porvenir estaría asegurado... los actuales conflictos con Chile pueden alterar las concesiones anteriores, y no debe perderse oportunidad para lograr una extensión que se aproxime a Trenel lo máximo posible.[301]

En su discurso a la asamblea anual de accionistas, el presidente de la empresa adoptó un camino alternativo:

---

[300] SALCo., I. A., 1894.
[301] SALCo., I. A., 1895.

El Directorio estaría dispuesto a hacer un generoso obsequio en tierras a los constructores ferroviarios y a ayudarlos en la medida de su capacidad, si se hallasen dispuestos a hacer llegar el ferrocarril a Trenel.[302]

Estos esfuerzos, sin embargo, no tuvieron mayor éxito, lo que se debió probablemente a que las relaciones con empresas ferroviarias que tenía el directorio de SALCo. no eran con las líneas que servían a la región en la que se hallaba la propiedad, y sus influencias en las esferas de Gobierno no eran suficientes para asegurar su apoyo.

Con el resurgimiento económico que marcó el fin del siglo XIX y la apertura del XX, las ferrovías volvieron a crecer con rapidez y varios ramales se aproximaron a Trenel. El Ferrocarril de Bahía Blanca y el Noroeste fue finalmente completado, pero sólo atravesó la propiedad en su vértice noreste, a considerable distancia de la estancia. En 1889, el ferrocarril del Pacífico construyó una extensión a Italó, al norte de las tierras de la compañía, y el del Oeste se extendió a Villegas, en Buenos Aires, al oeste de la propiedad. Posteriormente, se construyó una extensión desde Trenque Lauquen, que se adentraba en el territorio de La Pampa, cruzando la línea del ferrocarril de Bahía Blanca y el noroeste en General Pico, muy cerca del límite noreste de las tierras de la compañía. Finalmente, negociaciones directas entre los directores de SALCo. y el Ferrocarril del Oeste de Buenos Aires llevaron a un acuerdo para la construcción de una extensión a Trenel, pero esto tuvo lugar sólo en 1904, año en que se vendió la propiedad.

---

[302] SALCo., minutas de la Asamblea Anual de Accionistas (en adelante A. A. A.), 1895, p. 4.

Sin embargo, las dificultades del transporte no detuvieron el desarrollo de la estancia. En 1899, se sumaron tres leguas a la zona cercada; tres más fueron añadidas en 1890 y finalmente otras cuatro en 1891, lo que le dio a la estancia una superficie total de 16 leguas cuadradas, que sería su dimensión definitiva. Esta área se hallaba dividida en cuatro fracciones cercadas, que constituían potreros sin duda demasiado extensos para el manejo satisfactorio del ganado, por lo que se tuvieron que erigir nuevas alambradas para subdividir la tierra en fracciones más adecuadas. En esta temprana etapa, se aseguró también la provisión de agua para la estancia. La temporada lluviosa de 1889 formó lagunas en las zonas bajas, y el administrador expresó la esperanza de que se constituyeran en aguadas permanentes. No ocurrió así, y esto produjo nuevas dificultades para dar de beber al ganado en el cálido y seco verano siguiente. Se debió, entonces, perforar nuevos pozos en los potreros nuevos que carecían de aguadas y en algunos casos profundizar los existentes para encontrar agua. También fue necesaria la construcción de norias y abrevaderos, lo que ocasionó importantes gastos para la empresa. Esto contrasta con lo que ocurría habitualmente en la provincia de Buenos Aires donde, cuando se carecía de aguadas permanentes, el problema se solucionaba con la perforación de pozos superficiales. En Trenel, la solución final para el problema del agua sólo se logró mediante la perforación de pozos entubados profundos y la erección de molinos de viento, pero el costo de asegurar una provisión permanente de agua para el ganado fue siempre muy superior al de los campos de la zona de más antiguo poblamiento.

En cambio, una característica favorable de los campos pampeanos era la existencia de montes, principalmente de caldén, que proveían refugio para el ganado del abrasador sol veraniego, leña y postes muy durables.[303] Estos montes eran una continua fuente de preocupación para la administración de la estancia, que debía evitar los robos y los incendios. Estos últimos, en realidad, no sólo constituían una amenaza para los montes, sino también para alambrados y pasturas. Todos los años, en primavera, se quemaba una ancha faja de pastos alrededor del alambrado exterior de la estancia para evitar que los incendios penetraran en ella, pese a lo cual en más de una ocasión fueron arruinadas, por incendios estivales, varias leguas de pasturas dentro de la zona alambrada. Cuando esto se producía, si el otoño era húmedo y templado, el pasto volvía a crecer antes del invierno y el efecto no era tan devastador; pero si el otoño era seco o se adelantaban las heladas, las pasturas no se recuperaban a tiempo y podía producirse una aguda falta de alimento en el período invernal.

No sólo los incendios afectaban el crecimiento de los pastos en la región. Esta se veía sometida con frecuencia a sequías y, tras ellas, las variedades más duras de pastos solían prevalecer sobre los más tiernos. En 1894 y 1895 una plaga, descripta por Lyon como un gusanito blanco que luego se transforma en escarabajo, y que Charles Darbyshire, en una asamblea de accionistas, llamó "isoca", dejó yermas varias leguas

---

[303] En realidad, la venta de postes para alambrado fue la primera actividad económica de SALCo., aunque en una escala muy reducida. Véase SALCo., I. A., 1885-1886.

de pasturas. La adecuada provisión de pastos fue una constante fuente de preocupaciones para la administración de la estancia.

Cría de vacunos y problemas de mercados

Las dificultades señaladas se reflejan en la evolución del *stock* bovino en la estancia, como puede apreciarse en la tabla que insertamos a continuación.

Cuadro XIX. Evolución del ganado bovino en la estancia *Trenel* entre 1887 y 1904

Año	Terneros marcados	Toros comprados	Bovinos vendidos	Bovinos muertos	Bovinos faenados	Bovinos faltantes	Recuento total
1887	s.i.	67	s.i.	s.i.	s.i.	s.i.	3.067
1888	2.346	s.i.	s.i.	s.i.	s.i.	s.i.	5.443
1889	1.033	s.i.	s.i.	s.i.	s.i.	s.i.	6.366
1890	s.i.	s.i.	0	s.i.	s.i.	s.i.	9.541
1891	s.i.	s.i.	s.i.	s.i.	s.i.	s.i.	10.585
1892	1.656	s.i.	s.i.	s.i.	s.i.	s.i.	7.652
1893	1.787	s.i.	s.i.	s.i.	s.i.	s.i.	9.088
1894	1.820	30	1.742	412	224	47	8.513
1895	2.001	21	2.115	197	146	41	8.036
1896	3.294	15	23	132	101	0	11.089
1897	3.697	s.i.	s.i.	s.i.	s.i.	s.i.	13.011
1898	3.211	26	1.218	412	108	568+	15.078
1899	2.370	34	1.925	1.740	122	127	13.928
1900	2.328	0	681	493	75	46	14.968

1901	2.363	40	2.985	1.568	79	47	12.690
1902	3.495	12	1.328	416	84	23	14.375
1903	2.781	50	1.071	1.513	50	512	14.273
1904	1.895	109	1.152	1.981	126	365	12.893

s.i.: sin información.
+ : excedente sobre el recuento anterior.
Fuente: SALCo., I. A., 1888-1905.

Las cifras de la séptima columna muestran la rapidez con que creció el *stock* ganadero en la estancia. Esto se debió, por un lado, a la necesidad de preparar los campos para los ovinos mediante la introducción de vacunos y, por otro, a una preferencia de la administración por el ganado mayor en esta primera etapa. Vemos así que en 1887 se adquieren 3000 vacas para cría; 2000 de ellas eran criollas cruza con Durham y Hereford y las restantes criollas puras. Los toros eran, todos, tres cuartos o siete octavos Durham y uno o dos de pura raza. La primera parición en Trenel fue excelente, debido en buena medida a que las vacas habían sido servidas antes de ser adquiridas. Pero la dispersión del ganado en los grandes potreros de la estancia, junto al pobre estado de los animales después de la gran sequía de 1888, se tradujo en una brusca disminución de las pariciones del año siguiente. La temporada lluviosa de 1889 hizo mucho por la condición del ganado y el aumento alcanzó el 53% (un muy buen porcentaje si se tiene en cuenta que el *stock* incluía un importante número de novillos y vaquillonas aún no aptas para la reproducción).

El primer año en que se vendieron animales fue 1891, lo cual, junto a la disminución del porcentaje de pariciones, explica el relativo estancamiento del crecimiento hasta entonces experimentado. En 1892, aumentó considerablemente el número de ventas, incluidas las vacas más viejas, por la escasez de pasto. Esta misma causa obligó a poner a cierto número de animales fuera de la cerca exterior para aliviar la carga en las empobrecidas pasturas de la estancia, lo que se refleja en una disminución de las pariciones y en un aumento de los animales perdidos. Al año siguiente se mantiene estable el nivel del número de cabezas, aunque hay una importante cantidad de ventas, especialmente entre las vacas de peor calidad. Esto afecta el número de terneros nacidos cada año, pero la calidad del plantel va mejorando. En unos pocos años y sin efectuar compras importantes (sólo cierta cantidad de toros Durham para mejorar la raza), la estancia *Trenel* tenía un adecuado número de animales de buena calidad que se hallaban en condiciones de vender novillos todos los años.

Pero en este temprano período era difícil encontrar un mercado para el ganado en las zonas de ocupación nueva y, como las buenas temporadas se alternaban con las malas, el campo se vio sobrecargado, al menos en términos de su receptividad durante los peores años. Por ejemplo, durante la plaga de isoca en 1894-1895, murieron muchos animales por falta de pasturas, muchos debieron ser faenados por estar demasiado flacos, y era probable que muriesen de todas maneras, y otros debieron ser puestos a pastar fuera de la estancia, lo que ocasionó mayores pérdidas. En 1899, una sequía produjo una alta mortalidad, pese a que 2750 de los mejores novillos fueron llevados a campos de Venado Tuerto para evitar la sobrecarga. En realidad, como puede apreciarse en el cuadro XIX, el campo de Trenel no podía alimentar a los animales que sobre él se hallaban, salvo en las mejores temporadas, lo que se refleja en un alto número de animales muertos cada año. El porcentaje de terneros marcados anualmente es bajo, debido al pobre estado del ganado y a la extensión de los potreros en los que los animales se hallaban dispersos en busca de los escasos pastos.

La búsqueda de un mercado comenzó a ser considerada aun antes de que la empresa dispusiera de animales para vender, pero las perspectivas no eran buenas. En un informe de

1888, Lyon menciona la posibilidad de enviar novillos a Chile, ya que en ocasiones se presentaban troperos en la zona en busca de ganado para dicha plaza, pero esto ocurría sólo en forma esporádica y los precios obtenidos no eran buenos. En 1889, por ejemplo, se vendió una importante cantidad de animales con destino a Chile en el área de Trenel (no de la estancia), al abandonar los productores de la zona la cría de vacunos en favor de lanares, pero los precios obtenidos fueron de sólo $6 o $7 m/n por cabeza "al corte", y el máximo que podía lograrse por los mejores novillos de dos o tres años era de $8. Una alternativa era enviar el ganado a Buenos Aires, vía Laboulaye, pero arrear ganado gordo un trayecto tan largo antes de cargarlo en el ferrocarril era impracticable. La única posibilidad restante era vender novillos de invernada a los engordadores próximos a Buenos Aires, pero el costo de transporte de los animales a la capital era demasiado alto para permitir una adecuada ganancia a los precios que preponderaban hacia fines de la década de 1880 (entre $10 y $15 m/n, según el tamaño y la calidad del novillo). La compañía intentó una venta de novillos en los campos de invernada de Rojas, en Buenos Aires, pero al concluir la operación, el administrador señala que "los precios obtenidos, si tomamos en cuenta el costo de transporte, no condicen con los precios del mercado central, por lo que no obtenemos una compensación adecuada a nuestros tres años de trabajo".[304]

Más aún, cuando surgían dificultades para los invernadores, como ocurrió con la sequía de las tierras "de adentro" en 1893, estos transferían el problema a los criadores, lo que disminuía la demanda y hacía caer los precios, que en ese momento alcanzaron tan sólo $7 a $8,50 m/n por novillo. Se intentó, entonces, enviar ganado hacia el oeste para Mendoza y Chile, y se obtuvo así el razonable precio de $13 por cabeza. Al año siguiente, sin embargo, se halló una mejor solución. Inglis

---

[304] SALCo., I.A., 1892.

Runciman, representante de la compañía en Buenos Aires y poderoso hacendado, se hizo cargo de colocar el ganado en la zona de Venado Tuerto y se obtuvo precios de hasta $ 22 m/n por novillo, lo que mejoró así las perspectivas de SALCo. En 1898, se iniciaron pruebas con sembrados de alfalfa para engordar el ganado en Trenel, pero los precios obtenidos luego del largo viaje a Buenos Aires, no fueron del nivel esperado. Sin embargo, la mejora de la calidad del ganado y el acuerdo con los invernadores de la zona de Venado Tuerto permitieron a la compañía la venta de sus vacunos con mejores resultados durante los años finales del siglo XIX y los primeros del XX y sobrellevar la crisis producida por la clausura de los puertos británicos para el ganado argentino en pie con mejor suerte que los criadores y los engordadores de la provincia de Buenos Aires.

Simultáneamente, se siguió buscando una solución definitiva para el problema de la venta de ganado, para lo que se decidió la compra de un campo de invernada para engordar los animales propios. Tras más de un año de búsqueda, se acordó la compra de un campo de Henley, provincia de Buenos Aires, llamado *La Filadelfia*. El campo fue inmediatamente subdividido en potreros chicos, y se perforaron pozos y se erigieron molinos de viento. La empresa se hizo cargo de sembrar con alfalfa algunas parcelas y el resto fue arrendado a colonos. Los contratos establecían que el colono podía hacer uso de la tierra libre de renta durante un año a condición de que se sembrara alfalfa junto con trigo. Así, en poco tiempo la tierra estaba alfalfada y pronta para ser operada como campo de engorde. Sin embargo, la empresa nunca obtuvo el beneficio pleno de su inversión, ya que *La Filadelfia* fue utilizada por primera vez como campo de invernada en 1903, año en que una inundación impidió que se la utilizara a capacidad plena. Al año siguiente, SALCo. llegó a un acuerdo para la venta de su propiedad y su disolución.

El análisis de la actividad ganadera en Trenel muestra dos características importantes que contrastan con lo que sabemos sobre las tierras de Buenos Aires: el alto número de muertes cada año y las condiciones de mercado. La primera puede ser comprendida si se la relaciona con la segunda. En un área tan alejada de los principales mercados, el valor del ganado es muy bajo y, por lo tanto, no representa un capital significativo. En estas condiciones, la muerte de animales por sobrecarga de las pasturas no puede ser considerada una pérdida económica directa, ya que, como las posibilidades de comercialización eran limitadas, no existían mercados para esta sobreproducción a precios compensatorios. La decisión más racional, entonces, era retener todas las vacas y vaquillonas en el campo tratando de vender el máximo posible de novillos cada año. El alto número de animales de reproducción conllevaba el riesgo de que se produjeran pérdidas en los años malos, pero permitía ganancias altas en los años buenos por la venta de novillos. Más aún, los ingresos obtenidos por la venta de cueros en los años malos eran significativos y representaban al menos una compensación menor cuando las condiciones no eran buenas. Otra consecuencia de los bajos precios obtenidos por el ganado es que los ingresos de la estancia no se hallaban sometidos tan fuertemente a las oscilaciones de estos precios, como ocurría en las zonas más centrales. Más aún, parecería ser que estas oscilaciones eran menos bruscas en los mercados más alejados.

Cría de ovinos y comercialización de lanas

Como era habitual en las tierras nuevas, los lanares fueron introducidos poco después que los bovinos. Sin embargo, en un comienzo, se había priorizado la cría de los primeros sobre los segundos. El administrador señalaba que en la región se prefería la cría de ovejas, pero atribuía esto a que los pobladores de la zona eran mayormente pastores que habían sido medianeros en los campos de "adentro"; tras haber adquirido sus rebaños, les resultaba imposible hallar tierras adecuadas a precios razonables en Buenos Aires, por lo que debían desplazarse a las nuevas áreas.[305] Al poco tiempo, sin embargo, resultó claro que esta no era la única razón; en realidad, la zona era más apta para la cría de ovinos que de vacunos y la comercialización de la lana presentaba menos dificultades que la del ganado, por lo que la producción de la estancia fue reorientada, a favor de los lanares. Esto se tradujo en la compra de un gran número de ovejas (véase el Cuadro N.º XX).

Cuadro XX. Evolución del ganado ovino en la estancia *Trenel* entre 1888 y 1904

Año	Corderos marcados	Carneros comprados	Ovinos vendidos	Ovinos muertos	Ovinos faenados	Ovinos faltantes	Recuento total
1888	s.i.	s.i.	s.i.	s.i.	s.i.	s.i.	965
1889	332	58	s.i.	s.i.	s.i.	s.i.	2.140
1890	s.i.	s.i.	s.i.	s.i.	s.i.	s.i.	8.547
1891	s.i.	s.i.	s.i.	s.i.	s.i.	s.i.	14.470
1892	4.000	s.i.	1.190	s.i.	s.i.	s.i.	14.623
1893	2.861	s.i.	s.i.	s.i.	s.L	s.i.	15.364
1894	4.707	58	16	420	745	291	18.657
1895	8.099	11	1.811	393	1.016	356	23.201
1896	6.035	13	2.618	1.055	1.084	1.043	23.539
1897	7.720	s.i.	s.i.	s.i.	s.i.	s.i.	27.712
1898	8.915	2	2.298	970	1.743	815	30.983
1899	10.285	12	3.191	891	2.161	1.328	33.709

---

[305] *Ibid.*, 1888.

1900	9.319	16	76	1.428	2.417	2.478	36.645
1901	9.849	42	4.515	1.362	2.890	1.863	35.928
1902	11.849	39	2.643	1.424	2.705	1.435	39.609
1903	7.571	29	2.977	2.832	2.919	3.888	34.645
1904	10.009	242	1.606	1.844	2.903	1.783	36.812

Fuente: SALCo., I. A., 1888-1905.

El aumento de ovinos que se evidencia entre 1888 y 1889 se debió principalmente a la adquisición de 1184 animales; 4367 fueron adquiridos al año siguiente y nuevas compras se efectuaron en 1891. Las primeras compras fueron de ovejas criollas, con algo de sangre Rambouillet, pero cuando se le empezó a dar mayor importancia a esta actividad, se tendió a formar un plantel con animales de mejor tipo. La compra más importante, realizada en 1890, fue descrita como de "ovejas excelentes": se trataba de Rambouillet de buena cría. El mayor problema parece haber consistido, precisamente, en conseguir animales de buena raza. Los pastores de la zona estaban obteniendo buenos resultados y, como los campos estaban aún poco poblados con ovejas, había en La Pampa una demanda muy grande de animales de reproducción. Muchos productores que habían comenzado con la introducción de ganado mayor estaban tratando de deshacerse de los vacunos y concentrar su actividad en la cría de ovinos. Por consiguiente, los precios para las ovejas de reproducción en el área eran mucho más altos que en los campos de más antiguo poblamiento. Lo contrario ocurría con los capones, ya que su transporte a los mercados principales era muy costoso y no existía demanda para éstos en la región. En consecuencia, los rebaños incluían una importante cantidad de animales no aptos para la reproducción.

En general, el área de Trenel se adaptaba mucho mejor a la cría de ovejas que a la de vacunos. Las lanas crecían bien y relativamente limpias y las ovejas eran menos sensibles a las frecuentes sequías y a la escasez de pastos que el ganado mayor. Existían, sin embargo, algunas dificultades. Una de ellas era la sarna, que afectaba el volumen de la producción y la calidad de las lanas, pero podía ser controlada con un adecuado baño de los rebaños. Un problema más difícil de manejar era el que producía el pasto puna y las infecciones con gusanos, que ocasionaban fuertes pérdidas todos los años.[306] Otra importante causa de muertes de rebaños eran las lluvias frías en octubre o noviembre, inmediatamente después de la esquila. Al igual que en el caso de los bovinos, también la sobrecarga de los campos ocasionaba importantes pérdidas (particularmente luego del importante aumento del ganado menor en las postrimerías de la década de 1890), en especial entre los borregos, por falta de leche en sus madres. Todos estos factores explican el alto número de pérdidas anuales. Al respecto, cabe señalar que los animales incluidos en la columna de faltantes son mayormente corderos muertos entre pastizales altos, el valor de cuyos cueros no justificaba el esfuerzo requerido para encontrar sus cuerpos. Además del alto número de pérdidas anuales, puede observarse que el porcentaje de parición es bajo, lo que debe atribuirse a que los rebaños incluían un importante número de capones.

Un problema de otro orden planteado por la cría de lanares era la dificultad para encontrar pastores y esquiladores con experiencia. La producción ovina requiere mucho más trabajo que la bovina y en los campos "de afuera" resultaba difícil hallar trabajadores aptos. Al explicar

---

[306] Las semillas de pasto puna se adherían a la lana, perforando luego la piel de los corderos, lo que ocasionaba infecciones y eventualmente la muerte.

las pérdidas de corderos en 1894, Lyon comenta que estas se habían producido principalmente en algunos rebaños y no en otros, lo que él atribuía en parte a la desigualdad de las pasturas en distintos potreros, pero especialmente a la incompetencia de algunos pastores. Durante la esquila solían producirse serias dificultades. De la escasez de buenos esquiladores resultaba una innecesaria prolongación de la esquila y el deterioro de la condición de los rebaños.

En general, el ganado ovino aumentó rápidamente en los primeros años debido a las compras y más tarde por reproducción. Este aumento continuó hasta fines de la década de 1890; y al comenzar el nuevo siglo, la tierra se hallaba ocupada a plena capacidad. En ese momento, las pérdidas, que siempre habían sido significativas, llegaron a ser mucho más importantes, lo cual, junto la creciente faena de animales viejos –reemplazando el consumo de ganado mayor, que había llegado a ser demasiado valioso para este fin– hacía que los rebaños se mantuvieran a un nivel relativamente constante. El número anual de ventas no era grande, como tampoco lo era el precio obtenido. Esto se debía fundamentalmente a las dificultades de transporte y al hecho de que los Rambouillet no producen capones aptos para el mercado de exportación de carnes congeladas, que era la demanda más importante para los Lincoln de los campos "de adentro". Debido a ello, un alto número de capones permanecía en la estancia, con lo que se producía una sobrecarga de las pasturas. Pero el alto número de pérdidas, al igual que en el caso del ganado mayor, parece ser parte normal del *modus operandi* de la empresa. Dada la falta de mercados, un incremento anual relativamente bajo de los rebaños y pérdidas importantes cada año no eran elementos que tuvieran una incidencia económica real. La compañía trataba de vender cada año la mayor cantidad posible de capones y mantenía el resto en sus tierras. Si la temporada era buena, la esquila aumentaba; si era mala y las muertes numerosas, no existía pérdida económica real, ya que no existía un destino alternativo para el exceso de ovinos.

Por lo tanto, resulta obvio que el principal beneficio de las operaciones de la estancia se obtenía a través de la zafra lanera. El cuadro XXI muestra la evolución de la producción de lanas en la estancia.

Cuadro XXI. Producción lanera en la estancia *Trenel* entre 1894 y 1904

Año	Animales esquilados	Producción total	Rendimiento promedio	Precio promedio por 10 kg ($ oro)	Ingreso total (£)
1894	15.181	35.096	2.25	2.15	1.512
1895	17.246	51.739	3.00	1.84	1.906
1896	22.974	59.418	2.60	2.30	2.736
1897	23.974	54.648	2.30	2.54	2.767
1898	26.402	62.275	2.55	2.42	3.100
1899	31.884	92.555	2.86	2.10	3.877
1900	34.212	78.542	2.50	s.i.	s.i.
1901	35.831	82.076	2.30	s.i.	s.i.
1902	36.678	96.825	2.64	2.63	5.100
1903	35.695	90.924	2.53	3.22	5.875
1904	34.732	96.894	2.79	3.02	5.865

Fuente: SA.LCo., I. A., 1894-1905.

Como vemos, la producción lanera en *Trenel* era bastante buena.[307] En general, las variaciones en el rendimiento promedio se deben a condiciones climáticas. Durante las estaciones secas, tales como las de 1895-1896 y 1898-1899, aumentaba el peso promedio, pero esto se debía a que la lana contenía mayor cantidad de tierra que en otras temporadas, por lo que en general los rendimientos menores eran compensados por un aumento de precios.

Durante los primeros años de funcionamiento de la estancia, la lana se enviaba en consignación para su venta en Buenos Aires. Los precios eran buenos, pero los gastos de transporte y comercialización insumían hasta un 14% del ingreso bruto.[308] El factor más importante de estos costos era el envío en carro a la estación Laboulaye. Más tarde, la extensión a Trenque Lauquen y, después, la comercialización de las lanas a través del puerto de Bahía Blanca redujeron la incidencia de estos costos.

Mientras tanto, en la medida en que se incrementaba la producción, resultó conveniente enfardar la lana en la estancia y enviarla directamente a Europa para su venta. Más allá de la posibilidad de obtener mejores precios, los cuales, tras descontar los gastos adicionales de transporte, no parecen tener una incidencia muy significativa, existían otras ventajas en esta operación. No tenemos evidencia de que las lanas de SALCo. recibieran en Amberes –que era el puerto europeo al que eran enviadas– un tratamiento preferencial como el que sugiere Walker para otras compañías británicas en Liverpool (aunque teniendo en cuenta la composición del directorio, esto no es improbable). Pero, como explica el presidente del directo-

---

[307] Si comparamos estos datos con otros provenientes de la misma época de tierras "de adentro" (p.e., el Cuadro VII en la segunda parte del capítulo 1), vemos que el rendimiento promedio es más alto en *Trenel*, lo que debe atribuirse a la composición de la majada, en la que preponderaban los Rambouillet, en tanto que en Buenos Aires estos habían sido reemplazados por Lincoln y Romney Marsh.
[308] SALCo., I.A., 1890.

rio en el Informe Anual de 1891, "el traer las lanas a Europa es una forma de remitir parte del dinero que ingresa a través de la estancia".[309] De este modo, la compañía encontró una forma de realizar parte de sus ganancias en moneda fuerte, evitando pérdidas cambiarias en un mercado afectado por bruscas alteraciones en la prima al oro. Esta operación no se restringía a la lana producida en la estancia. El directorio indicó al administrador que efectuara compras de lanas en el distrito si podía conseguirlas a un buen precio y que las enviara a Europa junto con la producción de *Trenel*. Estas operaciones, sin embargo, se llevaban a cabo sólo cuando los precios locales eran muy bajos o el premio al oro muy alto, y las ganancias nunca fueron cuantiosas, como puede desprenderse del cuadro XXIII.

Otras actividades en Trenel

Considerando ahora el tercer tipo de ganado que existía en la estancia, el caballar, podemos ver en el cuadro N.º XXII que, al igual que en la mayoría de los establecimientos, tenía una importancia sólo secundaria.

Cuadro XXII. Evolución del ganado equino en la estancia *Trenel* entre 1888 y 1904

Año	Potrillos marcados	Reproductores comprados	Equinos vendidos	Equinos muertos	Equinos faltantes	Recuento total
1888	s.i.	s.i.	s.i.	s.i.	s.i.	71
1889	s.i.	s.i.	s.i.	s.i.	s.i.	88
1890	s.i.	s.i.	s.i.	s.i.	s.i.	196
1891	s.i.	s.i.	s.i.	s.i.	s.i.	273

---

[309] *Ibid.*, 1891.

1892	s.i.	s.i.	s.i.	s.i.	s.i.	346
1893	s.i.	s.i.	s.i.	s.i.	s.i.	400
1894	s.i.	s.i.	35	s.i.	s.i.	419
1895	71	0	3	13	5	469
1896	82	0	9	13	2	527
1897	s.i.	s.i.	s.i.	s.i.	s.i.	613
1898	138	1	22	9	2	719
1899	62	1	2	36	6+	751
1900	159	0	61	26	3	820
1901	115	0	48	20	0	880
1902	159	0	38	0	0	989
1903	149	0	107	62	14	968
1904	157	0	199	37	8	904

+ : no incluidos en recuento previo.
Fuente: SALGo., I. A., 1887-1905.

La tropilla estaba compuesta por animales de trabajo, yeguas para reproducción y algunos caballos enteros de buena raza. Durante los primeros años de funcionamiento de la estancia, se debieron adquirir algunos animales de silla para trabajar el ganado y otros de tiro para las norias y las carretas. Más adelante, cuando los potrillos nacidos en *Trenel* llegaron a la edad requerida para ser domados, la estancia comenzó a proveer a sus propias necesidades en este rubro. Las yeguas adquiridas originalmente eran criollas, pero los reproductores eran Clydesdale[310] y proveían excelentes animales de tiro. Más adelante, al aumentar el número de yeguarizos, pudieron efectuarse algunas ventas cada año. En realidad, la deman-

---

[310] Una raza muy grande de percherón inglés.

da general de caballos en la zona era muy escasa, pero los grandes potrillos descendientes de los Clydesdale, amansados para tiro, podían lograr muy buenos precios, dados los requerimientos del transporte a sangre antes de la llegada del ferrocarril.

También se desarrollaron ciertas tareas agrícolas en *Trenel*. En 1899, se sembraron cinco hectáreas con maíz y cuatro más con alfalfa, y se obtuvieron buenas cosechas de ambos cultivos. Al año siguiente, se añadieron otras cuatro hectáreas a la chacra, también con buenos resultados, por lo que se decidió seguir expandiendo cada año el área cultivada, aunque en una escala reducida. Las mayores dificultades eran comunes con las zonas agrícolas del oeste de la región pampeana, principalmente sequías y langostas, pero en las tierras más bajas siempre se obtenían buenas cosechas de alfalfa, lo que aseguraba cierta cantidad de forraje invernal para el ganado; en algunas ocasiones, se utilizaban los alfalfares como pasturas verdes para evitar la muerte de los animales más flacos en las peores temporadas. El maíz era más perjudicado por la langosta, pero las cosechas fracasadas eran en general compensadas por años buenos. Se realizaron también experimentos con trigo, cebada, avena y centeno, y se obtuvieron buenos resultados con casi todos los cultivos, pero sin intentarse la producción agrícola en gran escala en esta etapa.

En 1895, las dificultades para vender el ganado y la gran diferencia entre el precio del ganado de invernada y el ganado gordo sugirieron la posibilidad de plantar grandes alfalfares en *Trenel* para engordar los animales antes de venderlos. Aun teniendo en cuenta las dificultades de transporte, Lyon pensaba que el proyecto era posible. En realidad, no fue así (lo cual, como hemos visto, llevó eventualmente a la compra de un campo de engorde), pero igualmente se sembraron grandes extensiones con alfalfa y se obtuvieron buenos resultados. Esto fue complementado con el cultivo de *ray grass* en zonas más altas donde no se podía cultivar alfalfa, y se obtuvieron de él excelentes pasturas invernales, cuando la leguminosa no estaba en buen estado. También se realizaron experimentos con pasturas australianas *(australian salt bush)*, pero sin obtener resultados muy satisfactorios. Se amplió así la extensión sembrada con pasturas artificiales, especialmente cuando en 1902 se sembró una legua cuadrada completa de alfalfa, pero la estancia fue vendida antes de que se hiciera notoria la mejora en la capacidad receptiva de la tierra.

Como puede verse, al menos algunas secciones de Trenel eran perfectamente aptas para su cultivo, aunque las condiciones eran más duras que en las provincias de Santa Fe y Buenos Aires, con un clima más temperado. Pero el desarrollo agrícola se hallaba impedido por las dificultades de transporte. Pese al éxito de los experimentos con distintos cereales, especialmente con el maíz, la producción nunca pudo llegar a una escala significativa, ya que el costo de transporte hacía imposible su envío a los principales mercados. Al mismo tiempo, el desarrollo relativamente lento de las pasturas de alfalfa, debido a los altos costos, no podía ser promovido por el sistema de arrendamiento, como se hacía en los campos "de adentro", ya que resultaba imposible la instalación de colonos antes de la llegada del ferrocarril. Por lo tanto, la siembra de alfalfa en gran escala sólo fue posible cuando los precios del ganado fueron suficientemente altos como para compensar el gran costo de esta mejora, que se traducía en un aumento de la calidad y una reducción de las pérdidas de animales.

Evolución financiera de la estancia Trenel

El análisis de la formación y la evolución de la estancia *Trenel* muestra cómo, pese a las dificultades existentes en el territorio de La Pampa durante el cuarto de siglo posterior a su incorporación a la actividad económica, este establecimiento fue capaz de desarrollar un sistema de trabajo que le permitió operar en forma exitosa. El cuadro N.º XXIII muestra la evolución financiera de sus operaciones.

Los gastos que aparecen en la primera columna se deben principalmente a los costos de manejo del ganado mayor y menor y de comercialización de sus productos, a gastos de administración y salarios y a reparaciones y depreciación del capital fijo, en ese orden de importancia. Como puede apreciarse, existe una tendencia al aumento de costos que acompaña al crecimiento del *stock* ganadero y a su estabilización, una vez que este último alcanza un nivel regular. Pueden observarse, sin embargo, variaciones de importancia debidas a las condiciones climáticas y a cambios en los costos de manejo del ganado y sus productos, al peso de la esquila y a la compra de reproductores. Las columnas tres y cuatro muestran que la proporción de los ingresos de la estancia debidos a la venta de productos (lanas, cueros, etcétera) y a la venta de ganado en pie eran similares. Entre los productos, la lana constituía, por mucho, la porción más significativa. En los ingresos por venta de ganado, el vacuno tenía mayor importancia que el lanar, aunque la diferencia no era tan marcada. Como puede apreciarse, se producían importantes fluctuaciones en los ingresos por venta de animales, lo cual, durante los primeros años, debe atribuirse fundamentalmente al precio y más tarde a variaciones en el número de ventas. Puede señalarse, además, que en estas áreas remotas las fluctuaciones en el precio del ganado no se hacían sentir en forma tan aguda como en la provincia de Buenos Aires, como puede apreciarse por el escaso efecto que tiene la baja de precios ganaderos en los primeros años de este siglo sobre los ingresos de la estancia.

Cuadro XXIII. Gastos e ingresos de la estancia *Trenel* entre 1890 y 1904

Año	Gastos totales ($ oro)	Ingresos por venta de lana, etc. ($ oro)	Ingresos por venta de ganado ($ oro)	Ingresos por operaciones con lana comprada ($ oro)	Balance ($ oro)
1890	14.442	5.375	0	0	-9.047
1891	11.678	8.168		0	-4.812
1892	10.226	12.498	s.i.	0	s.i.
1893	10.200	9.141	508	596	46
1894	12.449	6.880	9.778	0	4.209
1895	10.781	11.463	7.402	0	2.270
1896	23.070	11.176	11.525	0	-369
1897	s.i.	s.i.	s.i.	s.i.	s.i.
1898	32.342	18.174	20.957	0	7.359
1899	44.733	25.562	31.198	0	12.127
1900	33.896	30.194	13.618	0	10.638
1901	42.192	22.976	51.587	0	32.643
1902	42.666	27.220	24.246	924	9.808
1903	42.680	32.782	22.900	3.844	16.669
1904	42.775	32.064	27.004	4.380	20.674
1905+	27.200	34.604	18.480	0	29.594

+ : Primera mitad solamente, antes de concretarse la venta. El balance incluye $ 3,605 por venta de productos agrícolas.
Fuente: SALCo., I. A., 1890-1905.

Por último, la columna de ganancias netas resulta bastante típica. Durante el período que va hasta 1896, mientras la estancia se encuentra aún en proceso de formación, sus operaciones anuales producían pérdidas o muy escasas ganancias líquidas. Sin embargo, las mejoras introducidas a la propiedad y el aumento del ganado implican una acumulación de ganancias que no se refleja en el balance monetario. En realidad, durante este período, para presentar a los accionistas una visión más saludable de las operaciones de la empresa, se incluyó cada año en el balance una valuación del aumento del *stock* ganadero en la columna de ingresos, por lo que esta nunca presentó perdidas. Esta práctica, más tarde abandonada, puede resultar engañosa, ya que el aumento del número de cabezas no es un ingreso efectivo hasta el momento de su realización; sí refleja, en cambio, cierta realidad en el sentido de que, aunque la estancia no estaba produciendo ganancias monetarias, tampoco padecía una pérdida efectiva de capital. Después de 1897, cuando el número de animales sobre el terreno alambrado alcanza un nivel adecuado de acuerdo con el sistema de trabajo de la estancia, esta comienza a producir una retribución aceptable de acuerdo con la inversión que había requerido. Esto es confirmado por el cuadro N.º XXIV.

Como hemos señalado, la depreciación del capital fijo se incluye entre los gastos de la estancia, por lo que la segunda columna refleja los beneficios netos. Si se tiene esto presente, puede apreciarse que, pese al aumento del capital fijo invertido en la estancia (construcciones, alambrados, pozos, etcétera), al promediar el período estudiado los ingresos anuales importan una ganancia aceptable sobre el capital invertido, si no se tiene en cuenta, por el momento, el valor de la tierra. Por otro lado, también puede verse que, como los años de mayor déficit en el balance de la estancia coincidieron con la pérdida de valor de la moneda circulante en Argentina, el exceso de gastos sobre ingresos nunca fue muy significativo en libras esterlinas.

En realidad, las estancias británicas se hallaban en una situación muy particular durante el período de alto premio al oro; al igual que las demás inversiones externas en Argentina, la depreciación del peso papel afectaba la repatriación de ganancias en forma negativa. Pero, en contraste, al igual que todos los productores de bienes primarios exportables en Argentina, se beneficiaban de la brecha existente entre los precios externos e internos. Más aún, como los ingresos de la estancia provenían mayormente de la venta de productos cuyos precios se fijaban o eran fuertemente influidos por el mercado internacional, los beneficios de la devaluación eran mayores que los perjuicios, como puede apreciarse por el uso que SALCo. hacía de la exportación de lanas como forma de remitir las ganancias. Al caer el premio al oro, la compañía se vio perjudicada por la depreciación de sus productos en relación con sus costos, pero una vez más este efecto se veía suavizado por la fortificación del peso m/n respecto a la libra esterlina.

Cuadro XXIV. Inversión y ganancias en la estancia *Trenel* entre 1891 y 1904

Año	Inversión total (£)	Ganancia neta (£)	% de ganancias sobre inversión
1891	28.102	-962	-3.42
1892	27.404	s.i.	s.i.
1893	28.293	9	0.03
1894	28.813	842	2.92
1895	28.960	454	1.56
1896	29.864	-74	-0.24
1897	s.i.	s.i.	s.i.
1898	34.246	1.472	4.30

1899	33.043	2.405	7.27
1900	35.080	2.127	6.07
1901	36.223	6.529	18.02
1902	37.242	1.962	5.26
1903	39.182	3.334	8.50
1904	41.961	4.135	9.85
Promedio:		22.233	5.01

Fuente: SALCo., I. A., 1891-1905.

Por otro lado, independientemente de las ganancias que aparecen en los cuadros XXIII y XXIV, la estancia proveía otros beneficios a la compañía. El gasto inicial de SALCo. en la compra de ganado, como hemos visto, no fue muy significativo, como tampoco lo fue el monto empleado en la compra de reproductores. Este rubro, por otro lado, se incluía en los gastos anuales de operación de la estancia. Por lo tanto, el aumento en el número y el valor de los animales representaba una ganancia muy significativa, que sería realizada en su totalidad en el momento de venta de la propiedad. Cuando esta tuvo lugar en 1904, el valor del *stock* ganadero fue estimado entre £ 40.000 y £ 50.000,[311] lo cual, si se descuenta la inversión original que no excedió en mucho las £ 5000, importaba una buena ganancia.

---

[311] En la A.A.A. de 1904, el presidente del Directorio estimaba que se podrían obtener entre £ 60.000 y £ 70.000 de la venta de *La Filadelfia* y el ganado. Descontando £ 20.000, que fue el precio obtenido por *La Filadelfia,* llegamos a la cifra mencionada. SALCo., A.A.A., 1904, p. 8.

El arrendamiento de parte de las tierras de SALCo.

Finalmente, una evaluación de la trayectoria financiera de la estancia *Trenel* debería tener en cuenta el valor de la tierra. Sin embargo, pensamos que es conveniente evaluar primero lo ocurrido con el resto de las tierras de SALCo., que no habían sido alambradas para formar parte de la estancia.

Ya en 1888 se otorgaron parte de estas tierras en arriendo a cánones muy bajos para atraer la atención del público hacia ellas y obtener de estas algún ingreso, al mismo tiempo que se introducían ciertas mejoras. En ese año, la superficie arrendada fue de seis leguas cuadradas. Los arrendatarios debieron cavar pozos e introdujeron mayormente ganado lanar. Los contratos eran de una duración de tres años y empezaban a correr a partir de la finalización del pozo, que era un requisito indispensable para la ocupación de las tierras. Lyon explica que podrían haberse hecho más arriendos, pero los propietarios de buena parte de las tierras del distrito no se preocupaban por estas lo que permitía la instalación de *squatters*,[312] que podían ocuparlas sin costo, aunque menciona también que esta situación se estaba revirtiendo. Al año siguiente, se habían arrendado 15 leguas más, 10 de ellas a $ 300 papel y las restantes a $ 350; estas tierras se hallaban ocupadas por pastores vascos. La propiedad, sin tener en cuenta la estancia, contenía unas 50.000 ovejas y unas 2500 cabezas de ganado mayor y algunos de los colonos estaban sembrando chacras con maíz y alfalfa, lo que mejoraba su valor.

En los años subsiguientes, la mayor parte de las tierras de la compañía fue tomada en arriendo. La ocupación comenzó en las secciones más bajas, hacia el este, donde podía encontrarse agua más cerca de

---

[312] Colonos intrusos.

la superficie, y avanzaba luego gradualmente hacia el oeste. La compañía desarrolló una política de arriendos bajos, particularmente en las tierras altas, para atraer a los arrendatarios y lograr así la perforación de pozos sin costo directo. Como señalaba el administrador: "si bien es cierto que los arrendamientos actuales son bajos, la compañía obtiene el beneficio del desarrollo de sus tierras sin costo alguno".[313] En el caso de las tierras más pobres, hacia el oeste, donde en ocasiones era necesario perforar hasta 240 metros para obtener agua, se ofrecían tierras en forma gratuita por un año o 18 meses a condición de que se perforaran los pozos y se introdujera el ganado.[314] Una vez que estos primeros colonos cumplieron sus contratos y que las tierras estaban provistas de agua, se podrían realizar nuevos contratos con cánones más altos. Más aún, se esperaba que la introducción de ganado, que en 1899 había alcanzado unas 200.000 ovejas y 10.000 cabezas de vacuno, incrementara el valor de la tierra, lo que parecía deducirse, según el administrador, de la venta de otros lotes de la región.[315]

Se fue así tomando en arriendo toda la tierra disponible de SALCo. y los cánones siguieron en alza. En 1894, se pedían $ 700 m/n ($ 195,5 oro) por legua cuadrada por año en las tierras bajas, y $ 600 ($ 167,6) en las secciones más altas; en ambos casos se trataba de tierras que ya habían sido ocupadas.

En 1895, la renta llegaba a $ 800 ($ 232.6) y $ 1000 ($ 290.7) por las mejores tierras, y tres años más tarde se alcanzaba la cifra de $ 1200 ($ 467) por estas

---

[313] SALCo., I. A., 1890.
[314] *Ibid.*, 1894.
[315] *Ibid.*, 1890.

tierras, aunque algunas secciones en la parte oeste de la propiedad aún se otorgaban sin renta o a un canon de tan sólo $ 350 ($ 136,2) por año.

El cuadro N.º XXV muestra la evolución de los arrendamientos de la compañía entre 1888 y 1904. La tercera columna de la tabla indica el monto total del dinero ingresado en concepto de arriendo a la compañía, en tanto que la segunda señala el monto que debía ingresar de acuerdo con los contratos. La diferencia entre ambas denota la deuda en la que incurrieron los arrendatarios. La quinta columna indica el rendimiento medio de la tierra arrendada (el cociente de la cuarta columna sobre la primera).

Como puede apreciarse, hay un aumento gradual tanto en la cantidad de leguas arrendadas como en la renta por hectárea hasta 1899, que no parece haber sido afectado mayormente por la crisis Baring. La única excepción a esta tendencia es la caída en la renta promedio de 1893 y 1894, lo que debe atribuirse al arriendo de las tierras altas del oeste, que producían un ingreso muy bajo por legua cuadrada. Lo que en cambio llama poderosamente la atención es la brusca caída, primero en la cantidad de leguas arrendadas y más tarde en el rendimiento por hectárea, después de 1899. Esto puede atribuirse, en primer lugar, al efecto negativo que tuvo la caída del premio al oro para los productores laneros, a lo que se sumó una baja en el precio de este producto. El efecto de estos factores se ve retardado debido fundamentalmente a la duración de los contratos, lo que también explica por qué la caída en el número de leguas arrendadas precede a la declinación del monto de los arriendos. Al quedar la tierra desocupada, puesto que la compañía no podía encontrar arrendatarios que mantuvieran el nivel de la renta, se vio forzada a reducir los cánones, lo que se refleja en los años subsiguientes. Lo que resulta hasta cierto punto desconcertante es que esta caída de los arriendos parece tener poca relación con lo que sucedía simultáneamente con los ingresos de la estancia. Esto puede atribuirse a la combinación de ganado mayor y menor que había en esta última (en tanto que los arrendatarios concentraban su actividad en el lanar), a ciertas ventajas de la producción a mayor escala o a un deterioro de la receptividad de las tierras arrendadas durante varios años, sometidas al pastoreo depredador de los ovinos y cuyos usuarios prestaban poco cuidado a la evolución de sus pastos.

Cuadro XXV. Arrendamiento de las tierras de SALCo. entre 1888 y 1904

Año	Tierra arrendada (leg2)	Monto total según contratos ($ m/n)	Monto recolectado ($ m/n)	Monto recolectado+ (£)	Rendimiento medio (£)	
1888	8	s.i.	985	133	16.	12s.
1889	21	s.i.	2.853	317	15.	2s.
1890	42	s.i.	8.209	636	15.	3s.
1891	67	24.000	s.i.	s.i.	s,i.	
1892	64	27.300	s.i.	s.i.	s.i.	
1893	75.5	37.000	27.998	1.702	22.	18s.
1894	93	39.122	35.122	1.962	21.	2s.
1895	89	44.700	34.236	1.900	22.	8s.
1896	90	54.712	52.186	3.726	39.	4s.

1897	s.i.	63.410	s.i.	s.i.	s.i.	
1898	93.5	69.697	63.592	4.949	52.	18s.
1899	91	s.i.	70.520	6.268	68.	18s.
1900	72	64.308	60.523	5.380	74.	15s.
1901	67	49.483	43.550	3.871	57.	15s.
1902	63.5	48.191	47.473	4.219	66.	9s.
1903++	73.75	s.i.	42.795	3.804	59.	0s.
1904++	74.5	s.i.	52.908	4.703	63.	2s.

+: Convertido de $m/n a $oro al premio del oro promedio del año y a libras esterlinas a una tasa de 5 pesos oro por libra, excepto en 1888, 1889, 1890, 1903 y 1904, años en que los datos se hallan en libras en la fuente.
++: Datos en libras en la fuente, convertidos a $ m/n a un cambio de 11.25 pesos por libra.
s.: chelines.
Fuente: SALCo., I. A., 1888-1905.

Pese a esta caída de los ingresos en estos últimos años, el arrendamiento de tierras fue una fuente segura de ganancias para la compañía. A las rentas en sí, deben agregarse los beneficios obtenidos por la ocupación de la propiedad. Pueden surgir ciertas dudas respecto a esto último, dada la caída de los cánones, que, como señaláramos, podría estar indicando un deterioro de las tierras, pero la construcción de pozos fue, sin duda, una mejora y, si se produjo algún daño por la ocupación continua con lanares, este se subsanaría por completo dejando los campos sin carga durante 2 o 3 años.[316]

---

[316] Esta, al menos, era la opinión del administrador de SALCo., I. A., 1902.

Comparación del resultado de los arrendamientos de tierra y la rentabilidad de la estancia

Habiendo analizado los resultados obtenidos de los arriendos, podemos compararlos ahora con lo que hemos visto sobre los resultados financieros de la estancia. Si tomamos en cuenta los 13 años de los que tenemos información, el arrendamiento de tierras ocasionó un ingreso promedio de $ 18.402 oro por año, o $ 184 por cada una de las 100 leguas disponibles. Si se consideran los 14 años de los cuales tenemos información sobre la estancia, el establecimiento tuvo un rendimiento promedio de $ 9408 oro por año, o $ 558 por legua cuadrada de tierra alambrada.[317] La estancia, claro está, requirió una inversión adicional que no fue necesaria en las tierras arrendadas. Por lo tanto, si descontamos a las ganancias de la estancia un monto similar al ingreso medio que se obtuvo por cada legua disponible para su arriendo, multiplicado por el número de leguas destinadas a formar la estancia, encontramos que lo restante representa una retribución muy pobre sobre la inversión requerida por la estancia (poco más del 3%). Por otro lado, tomando en cuenta el aumento del valor del ganado en el momento de la realización de la propiedad, la tasa de ganancia aumenta en forma considerable. Debemos tener también en cuenta que en tanto que las rentas parecen tener una tendencia decreciente, las ganancias de la estancia iban en aumento. Existen también otros factores que deben ser considerados:

---

[317] Se podría objetar que los resultados pueden estar distorsionados, ya que la serie no es completa, pero ya que esta cubre la mayor parte de los años entre 1890 y 1904 y que las lagunas, salvo para 1892, son en los mismos años, consideramos que la comparación es adecuada.

1. Los campos destinados a la estancia estaban entre los mejores que poseía la compañía, por lo que su arriendo hubiera resultado más fácil y su canon más alto que el promedio.

2. Todos los costos de administración eran cargados contra los ingresos de la estancia, incluidos los de los arriendos (aunque estos últimos por sí mismos no hubieran importado una cifra muy significativa).

3. La existencia de una empresa importante como estancia Trenel debió, sin duda, tener una influencia positiva sobre el valor de arriendo de las tierras vecinas.

4. La estancia, con su personal, sus operaciones comerciales, etcétera, otorgaba a SALCo. una posición más sólida en Argentina que la que hubiera tenido si se hubiera limitado a arrendar su propiedad.

Tomando en cuenta todas estas consideraciones podemos llegar a la conclusión de que, desde un punto de vista estrictamente financiero, la tierra destinada a la estancia debe haber producido un ingreso similar, descontando los intereses sobre la inversión suplementaria que requirió, al que se hubiera obtenido si se la hubiera arrendado. Pero considerando una perspectiva más amplia, llegaremos a la conclusión de que existieron otros factores beneficiosos en la operación del establecimiento que, si bien no pueden ser expresados en cifras exactas, deben haber contribuido en buena medida al resultado final de la inversión.

Venta de la propiedad y evaluación del resultado financiero global de SALCo.

Como hemos visto, a comienzos del siglo XX tanto la estancia como los arriendos operaban con considerable éxito y proveían a la compañía de ingresos regulares, si no brillantes. Pero, como queda dicho, el propósito con el cual SALCo. fue creada era la reventa de la propiedad y no su explotación; y pese a la transformación que la empresa tuvo que emprender debido al cambio en las condiciones en la República, nunca desistió por completo de su propósito original. Los informes anuales a los accionistas hacían continuas referencias a la evolución del mercado de tierras en Argentina y señalaban la intención, en ocasiones explícita, del Directorio de realizar toda o parte de la propiedad no bien las condiciones fuesen favorables.[318] Por otro lado, los accionistas menores presionaban para que se adoptase esta decisión, lo que resulta poco sorprendente, ya que se trataba de una compañía que se había formado con el propósito de realizar una operación rápida y distribuir las ganancias y eventualmente se había transformado en un establecimiento pecuario, con gran parte de su capital atado en inversión productiva.

Sin embargo, y aun cuando el mercado de tierras en Argentina había mejorado considerablemente para mediados de la primera década de nuestro siglo, y la región de Trenel se había transformado, durante el cuarto de siglo en que operó la compañía, de un desierto estéril en un área poblada y productiva, todavía no había llegado la hora para la división de la tierra en chacras y su venta a colonos. La realización inmediata de la propiedad requería un comprador de otro tipo. La llegada del ferrocarril facilitó las cosas y mejoró las perspectivas de precios. Finalmente, en 1904, SALCo. recibió una oferta por toda la propiedad y se llegó a un acuerdo de venta que se concretó en julio de 1905. Las 116 leguas cuadradas de Trenel, con sus mejoras pero sin el ganado, se vendían a Antonio Devoto en £ 400.000, en tanto que se esperaba obtener entre £ 60.000 y £ 70.000 adicionales por la venta de *La Filadelfia* y el ganado.[319] Se decidió entonces la disolución de SALCo. y

---

[318] Véase, por ejemplo, SALCo., A.A.A., 1895, p. 7, o I. A., 1903.
[319] SALCo., A.A.A., 1904, p. 6.

que el producto de la venta fuese distribuido *pro rata* entre los accionistas. La posibilidad de reinvertir el capital en la Argentina fue planteada en la asamblea anual de inversores de 1904,[320] pero el Directorio consideraba que el precio de la tierra había aumentado demasiado en el Plata y que no ofrecía ya una buena oportunidad de inversión.

Hasta ahora hemos analizado los resultados de la explotación de SALCo. en relación con la superficie de tierras que ocupaba y con la inversión en la estancia. Antes de entrar en el análisis de las ganancias obtenidas por la venta de tierras, debemos considerar los dividendos distribuidos a los accionistas durante su período de operación. El cuadro siguiente muestra las variaciones en el monto de la inversión y los dividendos distribuidos por la compañía durante la mayor parte de su período de operación.

Cuadro XXVI. Distribución de dividendos por la South American Land Company entre 1885 y 1905

Año	Capital accionario (£)	Capital recaudado (£)	Montos distribuidos como dividendos (£)	Div. como % del capital recaudado (%)
1885	63.000	63.000	6.000	9,52
1886	63.000	63.000	0	0
1887	63.000	63.000	0	0
1888	63.000	63.000	0	0
1889	63.000	63.000	0	0
1890	75,000	75.000	0	0
1891	75.000	75.000	3.750	2,5

---

[320] *Ibid.*, p. 12.

1892	75,000	75.000	1.875	0
1893	100.000	75.000	0	0
1894	100.000	75.000	0	0
1895	100.000	75.000	2.500	3,33
1896	100.000	75.000	2.500	3,33
1897	100.000	75.000	2.500	3,33
1898	100.000	75.000	5.000	6,66
1899	110.000	85.000	6.600	7,76
1900	110.000	85.000	5.500	6,47
1901	120.000	95.000	6.000	6,31
1902	120.000	95.000	6.000	6,31
1903	140.000	115.000	7.000	6,08
1904	140.000	115.000	7.000	6,08
1905(½)+	140.000	115.000	7.000	6,08
Total			69.225	
Promedio				3,84

+: Primera mitad del año. Luego de esta, se concretó la venta de la propiedad.
Fuente: SALCo., I. A., 1885-1905.

La primera columna del cuadro indica el capital emitido por la compañía tal como figura en su balance anual, en tanto que la segunda presenta el capital que fue efectivamente requerido de los accionistas. El primer aumento de capital en 1890 se debió a requerimientos de inversión en la estancia. El segundo aumento de la primera columna, en cambio, fue sólo una operación contable que no implicó un ingreso efectivo de capital; y de allí la diferencia con la segunda columna. Como ya hemos señalado, hasta 1893 se incluyó una evaluación del aumento del ganado en las ganancias de la empresa. Esta cifra, junto a la diferencia entre el costo y la valuación de la tierra (que proviene de las ventas anteriores a 1885) y la inclusión en las ganancias netas de otras sumas que habían sido reinvertidas en el desarrollo de la estancia, resultan en el hecho de que una cifra importante que aparecía como ganancias líquidas en la cuenta de ganancias y pérdidas de la empresa consistía, en realidad, en capital invertido en la producción. Para solucionar este problema se emitieron y distribuyeronacciones, como dividendo extraordinario, por un valor de £ 25.000, y se transfirió una suma similar de la cuenta de ganancias y pérdidas a la de capital en los balances anuales. El aumento de capital accionario de 1899, en cambio, representó una contribución efectiva de los accionistas, que fue realizada a través de una distribución *pro rata* de nuevos valores de la empresa. La razón para ello fue que la compañía requería nuevos fondos, en especial para hacer efectiva la retribución a los miembros del Directorio, que nunca se había pagado. En 1900 y 1903, también se requirió nuevo capital de los accionistas, el que fue destinado a la compra de *La Filadelfia* y a realizar mejoras en ambas propiedades, en especial sembrar alfalfa en *Trenel.*

La tercera columna indica el dinero requerido para el pago de los dividendos declarados sobre el capital accionario existente; y la cuarta, el porcentaje que este representa sobre el capital efectivamente ingresado (columna 3 como porcentaje de la columna 2). A excepción de los dividendos de 1885, que fueron abonados con el producto de las operaciones en tierra anteriores a esa fecha, los otros montos distribuidos por la compañía provenían de la estancia y de los arriendos. Como puede verse, en relación con la inversión real que había requerido la empresa, los dividendos anuales que distribuía, particularmente a partir de 1898 (cuando la estancia llega a sus mejores condiciones de producción), pueden ser considerados adecuados, aunque distan de ser brillantes. Aun la ganancia media para los 20 años de los que tenemos información podía ser considerada en aquella época como una retribución aceptable sobre la inversión realizada.

Pero, como sucedía habitualmente en las compañías de tierras en Argentina a fines de siglo XIX, las ganancias más llamativas de SALCo. provinieron del aumento del valor de su activo. W. Wilson, al referirse a los directores de la compañía que habían fallecido, podía decir en 1904: "si hubieran podido prever el resultado de sus esfuerzos hubieran estado plenamente satisfechos".[321] Wilson opinaba que la venta de la tierra era una buena operación, como lo fue eventualmente su adquisición:

> al igual que todas las compras de tierras en la República Argentina; algunas personas pueden haber hecho adquisiciones desatinadas, pero quienes se aferraron a sus propiedades, al final han obtenido buenas ganancias.[322]

Un cuidadoso análisis de la compleja evolución financiera de SALCo. demuestra que, al menos en este caso, tenía razón. El contrato de venta estipulaba el pago por giros sobre Londres: £ 200.000 en el momento de la transacción, £ 100.000 a dos años y otras £ 100.000 a cuatro, con garantía hipotecaria y un interés anual del 6% sobre saldos. *La Filadelfia* fue vendida en subasta y, aunque el monto exacto de la operación no se halla consignado en los informes anuales, de los balances se puede deducir que se obtuvieron aproximadamente £ 20.000, parte al

---

[321] *Ibid.*, p. 14.
[322] *Ibid.*

contado y parte en una hipoteca a cuatro años con un interés anual del 7%. El ganado se vendió al mismo tiempo que la estancia, en 1905, y se obtuvieron £ 40.000. Ahora bien, si consideramos una inversión de £ 63.000 durante 20 años (1885-1904), £ 12.000 durante 15 años (1890-1904), £ 10.000 durante 6 años (1899-1904), £ 10.000 durante 4 años (1901-1904) y finalmente £ 20.000 durante 2 años (1903-1904), a una tasa de interés compuesto del 9% anual, la cifra obtenida será algo más de £ 450.000, que es aproximadamente el monto obtenido por la venta de las propiedades y el ganado de la compañía.[323]

Lamentablemente, no tenemos información sobre el período anterior a 1885. De referencias en documentos más tardíos[324] se desprende que, aparte del capital que fue eventualmente destinado al desarrollo de la estancia, las ventas de tierras de los primeros años redujeron otras ganancias que fueron utilizadas para devolver a los inversores parte del capital desembolsado inicialmente. Esto explicaría la diferencia entre el capital invertido y el costo de la tierra, según aparece en el balance de 1885. Sin embargo, aun considerando el capital accionario de 1885 como invertido en 1881 y sin que hubiera producido ganancia alguna con anterioridad a los dividendos distribuidos en ese año (véase cuadro XXVI), la tasa de

---

[323] Las cifras corresponden a las distintas inversiones de capital por los accionistas, según se desprende del Cuadro XXVI. Con ellas elaboramos la fórmula: 63.000. $(1 + 0.09)20 + 12.000. (1 + 0.09)15 + 10.000. (1 + 0.09)6 + 10.000. (1 + 0.09)4 + 20.000. (1 + 0.09)2 = 450.880$. Esta, a su vez, deriva de la fórmula de monto más interés a tasas compuestas, que es: p. (1- I)n, en la que "p" es el monto original, "I" el interés anual a la tasa propuesta (9% en este caso) por cada unidad de capital y "n" es el número de años en que el capital está invertido. Una reflexión sobre este método de evaluar las ganancias de la inversión en empresas agrarias puede verse en E. Míguez, "Rentabilidad de la inversión agraria; problemas en torno a su evaluación. El caso de la *South American Land Company*", en *Terceras Jornadas de Historia Económica Argentina*, Universidad Nacional del Comahue, Neuquén, 1981.

[324] SALCo., A.A.A., 1904, p. 6.

interés compuesto sobre el conjunto de la inversión en el momento de la venta sería de poco menos del 8%. Por lo tanto, si agregáramos el porcentaje anual de dividendos a esta ganancia media del capital invertido en tierra,[325] obtendríamos una ganancia anual equivalente a un 13% de interés sobre el capital invertido, o casi un 12% de interés anual si la compañía no hubiera distribuido dividendos antes de 1885.

De los datos presentados se desprende en forma bastante clara que la venta de *Trenel* fue la culminación de una empresa exitosa. Aun así, cabe preguntarse si la venta de 1904 fue realizada en términos favorables para la compañía. En primer lugar, resulta difícil juzgar si las condiciones de ella fueron óptimas, ya que no poseemos suficiente información sobre el mercado de tierras de La Pampa en el período. Si la opinión de los hombres que conocían bien el mercado inmobiliario argentino, por tener una larga experiencia en él y por estar relacionados con la compañía, puede servirnos de guía, ellos parecían satisfechos con los términos de la operación.[326] Si consideramos la venta de la propiedad en el contexto de los ingresos ocasionados por los arriendos y por la estancia, llegaremos a la conclusión de que la operación fue muy conveniente, ya que, si bien los dividendos anuales no resultaban inadecuados en relación con el capital invertido, no guardaban relación con el valor de mercado del activo de la empresa en el momento de su venta. Podemos agregar que, pese al valor más alto de las tierras de la estancia, con importantes mejoras, estas parecen tener una rentabilidad superior a las

---

[325] Esta operación, si bien no es del todo precisa, ya que en un caso se trata de una tasa compuesta y homogénea y en el otro del promedio de pagos distribuidos desigualmente a lo largo del período en cuestión, puede darnos al menos una idea aproximada de las ganancias totales de la empresa.
[326] SALCo., A.A.A., 1904.

tierras arrendadas. Por último, podemos preguntarnos qué hubiera sucedido si la compañía hubiese conservado la propiedad durante más tiempo. Una respuesta exhaustiva a esta pregunta requeriría un análisis de Estancia y Colonias Trenel, la compañía argentina que formó Devoto con las tierras adquiridas, lo que escapa a nuestro tema actual. Sabemos, sin embargo, que Estancias y Colonias Trenel fue una empresa exitosa. La llegada del ferrocarril posibilitó el desarrollo de la colonización agrícola en el Noreste de La Pampa, lo que permitió a la compañía argentina llevar a cabo el programa de colonización para el cual había sido formada su predecesora británica.[327]

Resumiendo, entre 1881 y 1885, SALCo. logró reunir suficiente capital mediante la venta de parte de sus tierras para desarrollar una sección de su propiedad y retribuir en parte la inversión realizada. Más tarde, al no surgir nuevas oportunidades para efectuar ventas en condiciones favorables, la compañía continuó con la explotación directa de una parte de la propiedad y el arrendamiento del resto, lo que mejoró así su valor y le permitió obtener al menos un modesto beneficio sobre su inversión, en tanto aguardaba condiciones favorables para la realización de su propiedad. Finalmente, cuando los efectos de la crisis dejaron de hacerse sentir y el restablecimiento de la confianza en el futuro de la República se tradujo en una nueva alza del precio de la tierra, la compañía tuvo la oportunidad de vender su propiedad y obtener un importante incremento sobre su capital.

Este proceso, salvando ciertas peculiaridades, tiene significativas coincidencias con la experiencia de otras empresas inglesas en los territorios incorporados por la campaña militar de 1879, en la región pampeana. Se rela-

---

[327] Gaignard, *op. cit.,* pp. 231-35.

ciona particularmente con el caso de la Pampa Estancia Company, propietaria de la estancia *Trebolares*, en el límite de La Pampa con la provincia de Buenos Aires.[328] En este caso, el capital utilizado para desarrollar la estancia fue obtenido por la colocación de obligaciones, por lo que todas las ganancias líquidas anteriores a 1902 fueron absorbidas por los intereses sobre aquellas. Con posterioridad a esa fecha, la estancia comenzó a producir mayores beneficios, lo que posibilitó la distribución de dividendos entre sus accionistas. Pero, al igual que SALCo., aun cuando estos dividendos no eran despreciables con relación al capital invertido, eran muy bajos con relación al ingreso que produjo la venta de la propiedad en 1905. Finalmente, dada la similitud en el tamaño y la ubicación de las dos estancias y el hecho de que varios de los inversores en una de ellas formaran parte del directorio de la otra, parece posible suponer que las formas de operación de estancia *Trenel* y *Los Trebolares* hayan sido bastante similares.

Expansión a la Patagonia

Participación británica en la ocupación del nuevo territorio

A diferencia de las ricas tierras de la Pampa Húmeda, y aun de las menos fructíferas del noreste de La Pampa, las tierras de la meseta patagónica ofrecían escasas ventajas y opciones para su incorporación a la vida económica. Sin embargo, no todas las tierras al sur del Río Negro presentan las mismas condiciones de esterilidad. Los vientos húmedos producidos por el anticiclón del Pacífico Sur pierden temperatura y descargan su humedad al elevarse para transponer la barrera andina, transformándose así

---

[328] Véase el capítulo I, primera parte, sección sobre la compañía Las Barrancas.

en las frías y violentas ráfagas típicas de aquellas tierras australes, en su camino al Atlántico Sur. Este proceso da lugar a un área de abundantes precipitaciones en el sur de Chile y en la región cordillerana argentina, cuyo nivel pluviométrico decrece rápidamente al dirigimos hacia el oeste. Así, en la ladera este de los Andes y en el extremo oeste de la meseta –la región argentina que se beneficia de la influencia humectante del Pacífico– encontramos una angosta faja cubierta por bosques y prados, con abundante agua en arroyos, ríos y lagos, que constituye la región más apta para la producción agraria en la región austral.

En la Patagonia Norte, las aguas de la vertiente andina son recogidas por los ríos Neuquén y Limay, que se unen para formar el Negro. En su recorrido hacia el Atlántico, el río Negro ha horadado un angosto valle en la meseta, que al recibir sus aguas se convierte en una rica faja de tierras cultivables. En la Patagonia central, parte de las aguas andinas han horadado su cauce a través de la cordillera yendo a desaguar en el Pacífico, por lo que el flujo de los ríos Chubut y Deseado es muy inferior al del Negro. Pese a ello, los valles que rodean sus cursos son las únicas tierras de esta región con un suministro regular de agua. En el extremo sur y en Tierra del Fuego, como las montañas son menos altas y el continente es más angosto, la influencia beneficiosa de los vientos húmedos del Pacífico se hace sentir con mayor intensidad.

Las restantes tierras de Patagonia, secas y ventosas, presentan una típica vegetación xerófila, mayormente chirca, chañar y otros arbustos pequeños, que por lo general sólo pueden dar sustento a los guanacos o a rebaños de cabras u ovejas si se mantienen los campos muy poco poblados.

La Patagonia tuvo una población muy escasa durante casi todo el siglo XIX. En contraste con los belicosos indígenas de la región pampeana, y con la excepción de algunos grupos más próximos a los Andes, los aborígenes de la región eran en general más pacíficos. Así, la única población blanca anterior a la campaña del general Roca, las colonias galesas en la desembocadura del Chubut, no debieron hacer frente a la hostilidad indígena. Estas colonias fueron fundadas a comienzos de la década de 1860 y tuvieron que soportar graves penurias durante este temprano período. Finalmente, con apoyo del Gobierno argentino, lograron cierto desarrollo, como agricultores dedicados mayormente a la producción de trigo. Pero las colonias galesas no fueron la vanguardia de la ocupación blanca de estos territorios; se trató más bien de un pequeño grupo aislado asentado en el bajo valle del Chubut, cuyo único contacto con el mundo exterior era por mar, aprovechando las ventajas naturales del Golfo Nuevo (Puerto Madryn). Por otro lado, esta colonización no aportó capital a la Argentina, ya que incluso la tierra para su asentamiento fue provista gratis por el Gobierno. Tampoco tenemos referencias de un número significativo de egresos del país de estos inmigrantes, que pudiera implicar una salida de capitales. Y como los colonos galeses trataron de mantenerse aislados de la sociedad argentina durante un largo período, ya que uno de los principales motivos para emigrar de su país natal fue el intentar preservar su lengua y su cultura amenazadas por el avance de la cultura inglesa, no parecen haber afectado en forma significativa la circulación de capitales entre Gran Bretaña y Argentina.[329]

---

[329] Las colonias galesas de Patagonia han sido objeto de varios ilustrativos trabajos. Entre ellos podemos mencionar: J. E. Baur, "The Welsh in Patagonia, an example of nationalist migration", en *H.A.R.H.*, 34 (1954), pp. 468-492; E. G. Bowen, "The Welsh in Patagonia 1865-1885: a study of historical geography", *The Geographical*

En realidad, no fue hasta después de que la "Conquista del Desierto" abriera la ruta terrestre a Patagonia y las campañas militares posteriores eliminaran en la región a los grupos indígenas belicosos –lo que se consolidó para mediados de la década de 1880– que el área comenzó a ser de interés para la colonización y la inversión del hombre blanco. Aun entonces el desarrollo fue lento. La eliminación de la frontera indígena abrió tierras mucho mejores y más accesibles en la región pampeana, por lo que en una primera etapa se brindó muy poca atención a las desoladas tierras al sur del río Negro. Fue sólo a fines de los años 1880, cuando la casi totalidad de las tierras pampeanas habían sido apropiadas privadamente y una especulación frenética había elevado sus precios a niveles muy altos para la época, que la atención del público y del Gobierno –en busca de una nueva fuente de ingresos para hacer frente a un déficit cada vez mayor– se volvió hacia los Territorios del Sur. Existía otra razón para el creciente interés en estas tierras. En 1891, un artículo del *Board of Trade Journal* comentaba que en la medida en que las tierras más aptas de la Pampa Húmeda se dedicaran a la agricultura, las tierras marginales –y la Patagonia entre ellas– la reemplazarían en la cría de ganado.[330] Esto sería al menos parcialmente cierto, porque aunque la Patagonia nunca llegó a ser un centro de cría de vacunos, pronto se transformó en la principal región lanera del país.

Journal, 132, parte 1 (1966), pp. 16-32; L. Jones, *Una Nueva Gales en Sudamérica* (Buenos Aires, 1970); B. Martinez Ruiz, *La Colonización galesa en el valle del Chubut,* Buenos Aires, 1977; G. Williams, "Welsh Contribution to Exploration in Patagonia", en *Geographical Journal,* 135, parte 2 (1969), pp. 213-217 y *The Desert and the Dream,* Cardiff, 1979. Sus características la hacen marcadamente distinta de la inmigración británica de otro origen (inglés, escocés, irlandés) que, como vimos en el primer capítulo, sí afectó la circulación de capitales entre ambos países.

[330] B.T.J., 10 (1981), pp. 229-231.

Entre los primeros pobladores de la Patagonia, una amplia proporción fue de origen británico. Ya hemos mencionado el temprano caso de un inglés que llegó a Santa Cruz en 1886 sin capital alguno y que volvió a Gran Bretaña ocho años más tarde con una pequeña fortuna de £ 26.000 obtenida en la cría lanar.[331] William Walker, nuestro conocido estanciero escocés, comenta a su amigo R. Wendelstadt, en 1889, la reciente llegada y la instalación en el Sur de un compatriota; concluye diciendo: "y no me cabe duda de que en poco tiempo llegará a ser un importante terrateniente en las ventosas planicies desiertas de Patagonia".[332]

Por su lado, Darbyshire nos relata la experiencia de un británico llamado Penton que, en 1894, arrendaba 24 leguas de tierras fiscales en el Sur, donde tenía más de 20.000 ovejas Lincoln y exportaba, a través de Punta Arenas, carne congelada y lanas.[333] Otro ejemplo llamativo es el de J. Hamilton y J. Saunders, dos súbditos británicos que llegaron a la Patagonia en 1888 con un capital de £ 500 cada uno. Se asociaron en la compra y el arriendo de tierras del Gobierno y se dedicaron a la cría de ovinos. Todas las ganancias de sus primeras ventas de lanas fueron reinvertidas en ovejas y tierras. En la temporada de 1892, sus rebaños sumaban 42.000 animales y eran propietarios de 58 leguas cuadradas. Sólo por venta de lanas su ganancia neta ese año fue de $ 42.000 oro.[334] Hacia 1910, Hamilton y Saunders eran propietarios de *Morro Chico, Pali Aike, Los Frailes* y *Punta Loyola,* todas importantes estancias de

---

[331] Ver capítulo 1, primera parte.
[332] A.W.; A. Walker a R. Wendelstadt, 23/8/1889.
[333] Este caso se refiere a tierras ubicadas en Chile, cuyo desarrollo fue similar al de las argentinas. Darbyshire, *My Life...*, p. 139.
[334] R. Spears, *The Gold Digging of Cape Horn,* Londres, 1895, p. 216.

la zona de Río Gallegos.[335] Para entonces, habían registrado en Londres una compañía privada, la Hamilton Saunders Company Ltd., con un capital de £ 400.000, cifra que refleja magramente el valor de sus extensas propiedades y majadas.[336]

Al extremo sur de Patagonia arribaron muchos pobladores británicos provenientes de las Islas Malvinas que llevaron consigo una raza de ovejas que se conoció como "malvinera", la cual se hizo bastante común en el sur argentino. Esta corriente inmigratoria fue iniciada por las familias Scott, Halliday y Rudd, que llegaron a la Argentina entre 1885 y 1887.[337] Además de la malvinera, otras razas de ovejas fueron traídas a Río Gallegos por mar, o por tierra a través de una larga y dificultosa ruta que atravesaba casi toda la Patagonia. Algunos apellidos británicos, tales como MacClain, Hamilton y Saunders y Jamieson, se hallan vinculados a los más importantes de estos arreos.[338]

Pero esta primera inmigración no activó el mercado de tierras en la medida requerida por un Gobierno muy acuciado por dificultades financieras. Así, desde la presidencia de la República, Juarez Celman intentó paliar sus problemas presupuestarios mediante una venta en mayor escala de tierras patagónicas en Europa. Su intento, sin embargo, no tuvo respuesta por parte de los inversores europeos. Más aún, el proceso de ventas internas decayó durante la recesión de los años 1890, pese a que la crisis no repercutió en Patagonia con la misma intensidad que en otras áreas del país.

---

[335] M. H. Helman, *Explotación del ganado lanar en la Patagonia*, Buenos Aires, 1950, p. 26. También P.P. 1893/1894, XCII, p. 267; y Spears, *The Gold Digging...*, p. 220.

[336] A. B. Martínez, "Consideraciones sobre el censo de valores mobiliarios" en *Tercer Censo Nacional, 1914*, Buenos Aires, 1917, vol. X. p. xxx.

[337] Helman, *Explotación del ganado...*, p. 26 y ss.

[338] *Ibid.*, p. 28.

Por la Ley 3053 de 1893, el Gobierno, aún interesado en la venta de las tierras del Sur, otorgó una concesión a A. Grunbein de cuatro millones de hectáreas en Santa Cruz y Chubut, que este debía vender a mil pesos oro la legua cuadrada. Se vendieron, así, 2.517.274 hectáreas, y entre quienes las adquirieron se encuentra un importante número de apellidos británicos, que incluye a varios de los más poderosos y más antiguos pobladores de la Patagonia.[339]

Superada la crisis, la expansión en Patagonia de pobladores y capitales británicos continuó desarrollándose a ritmo aún más rápido. Gran parte de esta actividad, como ocurriera en otras regiones argentinas en las que había existido colonización británica, fue llevada a cabo por individuos que adquirían tierras en forma particular. Entre ellos, encontramos muchas familias inglesas acaudaladas de las regiones de más antigua colonización, que también habían adquirido tierras en las regiones de frontera más próximas. Hubo, además, un importante número de pobladores nuevos que, al igual que sus antecesores 30 o 40 años antes en Santa Fe, Entre Ríos y Córdoba, o aún antes en Buenos Aires, invirtieron pequeñas sumas de capital y mucho trabajo en la formación de importantes establecimientos laneros en los territorios del Sur. Por otro lado, como ocurriera con los campos del norte, muchas de estas estancias fueron eventualmente transferidas a propietarios en el Reino Unido. Es así como se crean en Londres empresas privadas, tales como la Cullen Station Ltd. (que poseía 62.000 ha en Tierra del Fuego), la Heill Heaton Livestock Society (30.121 ha en Santa Cruz),

---

[339] A.L.A., tomo III, p. 273 y O. Bayer, *Los Vengadores de la Patagonia Trágica*, Buenos Aires, 1974, tomo 1, p. 38. El listado completo de los nombres británicos puede verse en la versión original inglesa de la tesis del autor, p. 239.

la Lai Aike Sheep Company (97.005 ha en Santa Cruz), la Monte Dinero Sheep Company (26.192 ha en Santa Cruz) y muchas otras.[340]

Junto a ellas, un elemento característico de los nuevos territorios fue la adquisición de extensas porciones de tierras vírgenes por parte de compañías públicas británicas. Ya hemos analizado el caso de SALCo. en La Pampa, y también la compra por parte de ALICo., en 1880, de dos extensas secciones de tierras fiscales en Río Negro. Por su parte, el New English Bank llegó a poseer 35.000 ha mediante la adquisición de certificados militares.[341]

Pero la primera compañía formada especialmente con el propósito de adquirir tierras en Patagonia, y la mayor de todas las empresas británicas que operaron en el área, fue la Argentina Southern Land Company (en adelante ASLCo.), creada en 1889. Esta empresa, que analizaremos más adelante en mayor detalle, subdividió posteriormente su propiedad y dio origen a otras dos compañías, Port Madryn (Argentina) Company (PMACo.), en 1906, y Río Negro (Argentina) Land Company (RNALCo.), en 1907.

Entre tanto, en 1892 se formó la Santa Cruz Sheep Farming Company, para operar una estancia en la Patagonia sur,[342] y en 1897 la Patagonia Sheep Farming Company se

---

[340] Debo agradecer al Sr. K. F. Sugget, director-administrador de la Argentine Southem Land Company, por la información sobre la primera de estas empresas, así como por su amabilidad al facilitarme material para la elaboración de buena parte del presente capítulo. La información sobre las empresas restantes proviene de Martínez, "Consideraciones sobre el censo...", p. xxx.

[341] Existen al menos dos leyes que autorizan al Poder Ejecutivo a emitir estos certificados: la Ley 1618 de 1885 (A.L.A., Tomo II, p. 177) y la Ley 2295 de 1887 (A.L.A., Tomo II, p. 437). Por ellas los militares que participaron en las campañas contra los indígenas recibirían certificados intercambiables por tierras de acuerdo con su rango. Como los certificados se hacían al portador, fueron objeto de considerable especulación. Sobre las tierras adquiridas de esta forma por el banco, ver *Diario de sesiones de la Honorable Cámara de Diputados de la Nación, 1911*, tomo III, p. 781.

[342] P.R.O., BT31, 5441/37594.

registró en Londres para hacerse cargo de los establecimientos de Waldron Wood Ltd., una empresa familiar con propiedades en Chile y Argentina.[343] Ese mismo año se creó la Lochiel Sheep Farming Company, que adquirió 25.000 ha en Chubut. La San Julian Sheep Farming Company fue otra empresa británica, formada a comienzos del siglo XX, que poseía 141.921 ha en Santa Cruz.[344] En 1907, se formó la Argentine (South) Development Company para operar en tierras en Patagonia; y en 1910 se lanzan al mercado de Londres los valores de otra importante empresa patagónica, la Tecka (Argentina) Land Company.[345] La Southem Argentine Sheep Farming Company, que también poseía tierras en Argentina y Chile, data de 1912; por último, en 1913 se funda la Argentine Fruitland Syndicate para adquirir tierras y participar en la nueva actividad frutícola en el valle del Río Negro.[346] Existían otras compañías de tierras británicas operando en Patagonia a comienzos del siglo XX, tales como Segard & Company, que poseía la estancia *Huemules*; Hobbes & Company, propietaria de *Lago Posadas*; y El Ghio, Douglas Station Ltd. y Port San Carlos Ltd., pero no hemos podido obtener información sobre la fecha de formación de estas estancias ni sobre la ubicación exacta de sus propiedades.[347]

---

[343] *S.E.Y.B.*, 1910, p. 2210.
[344] La información sobre estas empresas me fue proporcionada por el Sr. Sugget. También hemos encontrado referencias en Martínez, "Consideraciones sobre el censo...", p. xxx, si "Sockid Scheeps Forming Co." puede ser identificada como la Lochiel, lo que en vista de los frecuentes errores en la lista que nos presenta parece bastante probable. Para la San Julián, véase también O. Bayer, *Los Vengadores...*, tomo I, pp. 44 y 66.
[345] Ver los informes anuales de la Río Negro (Argentina) Land Company de 1908-1914 y el prospecto de Tecka Argentina Land Company y sus informes anuales, ambos en la colección de documentos que conserva en sus archivos ASLCo.
[346] *S.E.O.I.*, 1915, p. 893 y *P.R.O.*; BT31. 21746/131437 respectivamente.
[347] Sobre las primeras dos empresas, ver Bayer, *Los vengadores.:.*, tomo I, pp. 35 y 38. Las otras dos son mencionadas en la correspondencia de ASLCo.

Estas empresas, más allá de su número, eran importantes por la extensión de sus tierras. Su superficie agregada abarca millones de hectáreas y, si bien estas tierras eran mucho menos valiosas que las de la Pampa Húmeda, buena parte de ellas se encontraban en las mejores regiones de Patagonia y disponían de una considerable capacidad productiva.

Como puede apreciarse, la extensión de la propiedad agraria británica en el Sur argentino era muy importante. Por lo tanto, no resulta sorprendente hallar en un informe consular británico de 1906 el siguiente comentario referido a Santa Cruz: "Los principales terratenientes de este distrito son ingleses, e incluso en algunas regiones se emplea corrientemente moneda británica".[348] La primera parte de la frase es confirmada por una lista de miembros de la Sociedad Rural de Río Gallegos a mediados de la década de 1910, en la que casi la mitad de los participantes, incluidos los propietarios de los establecimientos de mayor importancia, son británicos.[349] Lamentablemente, carecemos de estadísticas precisas sobre la proporción de propiedad británica en el área, pero podemos realizar una estimación de su importancia en base a las existencias de ganado ovino en Patagonia –sin duda la principal actividad productiva– que nos proveen los censos: 1.790.941 en 1895; 11.251.326 en 1908 y 10.366.535 en 1914.[350] Podemos estimar que la mitad de estos animales (quizás una proporción aún mayor en 1895) se hallaban en establecimientos de propiedad de súbditos británicos, en tanto que la mitad de estos –una cuarta parte del total– eran propiedad de personas residentes en el Reino Unido.

---

[348] *P.P. 1907*, tomo LXXXVIII, p. 46. Un comentario similar en *P.P. 1908*, tomo CIX, p. 25.
[349] Bayer, Los *Vengadores*..., tomo I, p. 55.
[350] Helman, *Explotación del ganado*..., p. 29.

La Argentine Southern Land Company: formación de la empresa

Dentro de este conjunto de empresas, ASLCo. se destaca por ser la más antigua y más grande de las compañías británicas de la región y uno de los establecimientos más importantes de Patagonia de esa época. Es por ello que la historia de su desarrollo ilustra bien el proceso de incorporación de la región patagónica a la vida económica de la República. La compañía fue creada en el período de auge de las inversiones de la *city* de Londres en Argentina, a comienzos de 1889, por miembros del núcleo de inversores que años más tarde el *Daily Mail* llamaría el "Argentine land group".[351] Los promotores, una sociedad denominada "Chubut Company Ltd." creada para actuar como concesionaria y contratista del Ferrocarril Central de Chubut, recibieron del Gobierno, como parte de la concesión ferroviaria, aproximadamente 28 leguas cuadradas de tierra en una faja de una legua a cada lado de la línea que unía Trelew con Puerto Madryn.[352] También habían adquirido concesiones por un total de 298 leguas cuadradas en los territorios de Chubut y Río Negro, de acuerdo con las condiciones de la Ley Avellaneda de 1876. Aquellas debían ser escogidas en bloques de 16 leguas cuadradas, cada uno dentro de una vasta área indicada por el Gobierno. Las concesiones y las tierras próximas al ferrocarril debían transferirse a la nueva empresa por un precio de £ 220.000, de las cuales £ 93.000 serían en acciones de ASLCo. y el resto en efectivo. Desconocemos el monto abonado por la Chubut Company por las concesiones, pero sabemos, en cambio, que ALICo. pagó £ 6.637 por dos concesiones que totalizaban 54 leguas colindantes con las mejores tierras

---

[351] *Daily Mail*, 3/12/1903, p. 4.
[352] Véase *P.R.O.*, BT31, 3691/22952; también Spears, *The Gold Digging...*, p. 179; y Zalduendo, *Libras y Rieles*, p. 349.

adquiridas por la nueva empresa.[353] A un precio similar, el costo total para los concesionarios originales alcanzaría £ 36.626, lo que dejaría un muy jugoso margen de ganancia respecto al precio de reventa a ASLCo.

La extensión de las concesiones excedía el límite establecido por la Ley Avellaneda, que había sido originalmente de 80.000 ha y posteriormente fue extendido a 360.000 por la administración Juárez Celman.[354] Para salvar este problema algunas concesiones fueron obtenidas en nombre de la Chubut Company y otras en el de C. Krabbe, miembro del "Comité Local" de ASLCo. en Buenos Aires; una vez adjudicadas fueron transferidas a la compañía de tierras. Esta forma de acumular extensiones mayores que las permitidas por la ley no era, sin duda, infrecuente en el período; y en general se realizaba con la connivencia de las autoridades argentinas, como lo señala la Investigación Parlamentaria sobre concesiones de tierras en Patagonia realizada en 1911.[355]

El primer directorio de la empresa refleja bien su importancia. Incluye a tres socios de importantes casas comerciales británicas que operaban en Buenos Aires, R. Huxman, A. Wellesley Watson y H. Stokes –quien también era director de la Union Marine Insurance Company–, William Rodgern, miembro del directorio del English Bank of the River Plate, y el coronel L. Heyworth, miembro del directorio del Ferrocarril Central Argentino. El Comité Local de Buenos Aires también estaba compuesto por figuras de relieve: Asahel P. Bell, cabeza de una de las familias de terratenientes anglo-argentinos de mayor importancia,

---

[353] ALICo., Informe Anual, 1888.
[354] Cárcano, *Evolución Histórica...*, p. 276.
[355] *Diario de sesiones de la Honorable Cámara de Diputados de la Nación 1911*, tomo III, pp. 649-843; "Informe de la Comisión de Investigaciones de Tierras y Colonias".

C. Lockwood, un importante terrateniente con inversiones particulares en la Patagonia y miembro del directorio de la Santa Fe and Cordoba Great Southern Land Company, y, como ya señaláramos, Charles Krabbe, socio de una de las casas comerciales más grandes y antiguas de Buenos Aires, miembro del directorio local de la City of Buenos Aires Tramway Company y, como podría preverse, dueño de una importante propiedad rural en la provincia de Buenos Aires.

El capital autorizado de la compañía era de £ 280.000, del que £ 93.000 se emitieron a nombre de la Chubut Company como parte de pago de las tierras y lo restante salió a la venta en la bolsa de valores de Londres. Esta emisión tuvo una acogida favorable en la *city* y los organizadores pronto recibieron un gran número de solicitudes de acciones.[356]

La intención de los creadores de la compañía era operar en forma similar a la mayor parte de las empresas de tierras angloargentinas formadas en esa década, es decir, siguiendo el ejemplo de CALCo. En realidad, ASLCo. se hallaba vinculada a la empresa decana, contando con el coronel Heyworth en el Directorio, al que se unirían más tarde Henderson y Augier, ambos de ALICo. –como se recordará, nuevo nombre de CALCo. en 1888–. El folleto que acompañó la emisión de acciones señala que:

> El principal propósito de la compañía será subdividir la tierra en chacras para colonos, y ofrecer incentivos a los inmigrantes para que se establezcan en sus tierras. La radicación de unas pocas familias prósperas y trabajadoras alentará a otras a adquirir chacras de la compañía, lo que aumentará considerablemente el valor de las tierras.

---

[356] *The Globe*, 7/8/1889.

Se planea también formar una estancia para ganado mayor, ovejas, etcétera, de la que se proveerá a los nuevos pobladores. Se anticipa un comercio lucrativo de ganado con Chile, donde existe un buen mercado para los vacunos que puede ser provisto en condiciones tanto o más ventajosas desde esta región que desde cualquier otro punto de la República Argentina.[357]

La similitud de este proyecto, en especial su primera parte, con el de la Compañía creada con las tierras de la concesión al Central Argentino es evidente. Pero, como vimos al analizar la experiencia de aquella empresa, un elemento esencial para el desarrollo de sus actividades era la existencia de transporte rápido y económico a los puertos de embarque. Los creadores de ASLCo. tenían conciencia de ello y su intención original era que el Ferrocarril Central de Chubut, con el que tenían un acuerdo, extendiera su línea a través de la Patagonia siguiendo el valle del río Chubut, hasta alcanzar las tierras de ASLCo. al pie de los Andes. Por otro lado, una extensión del Ferrocarril del Sur de Buenos Aires que llegaría a Neuquén era, en su visión, otra posible base para el desarrollo de la región.[358] Madryn se hallaba vinculado al mundo exterior a través de un barco a vapor mensual a Buenos Aires, que operaba para el Ferrocarril Central de Chubut bajo contrato y con subsidio del Gobierno Nacional, y por los vapores de la Gulf Line, que unían Liverpool con Valparaíso, usando el Golfo Nuevo como puerto de reabastecimiento.

---

[357] ASLCo., prospecto. p. 2.
[358] La posibilidad de usar la navegación en el Chubut y el Negro como medio de transporte también fue considerada por las autoridades argentinas, pero fue descartada. El Chubut no tenía suficiente caudal para este propósito, particularmente durante algunos períodos del año, en tanto que el Negro, si bien podía ser –y eventualmente sería– utilizado para este fin, requería importantes inversiones en dragado y canalización.

Como en el caso de SALCo., la crisis de 1890, junto a la alejada ubicación de las tierras, hizo imposible el desarrollo de ASLCo. como empresa de colonización. El receso de la inmigración europea, pese a los esfuerzos en este sentido de la compañía, no pudo ser compensado con inmigrantes provenientes de Chile.[359] Por otro lado, es muy dudoso que aun las mejores tierras de la compañía fueran aptas para la colonización agrícola en ese momento, y no cabe duda de que la mayor parte de ellas sólo podían ser utilizadas como campos de pastoreo, como no tardaron en comprender los directores.[360] Por último, la recesión de los años noventa demoró en diez años la concesión de la extensión del Ferrocarril del Sur a Neuquén y por un período aún mayor la construcción de una línea que cruzara la Patagonia.

Esto puso a la compañía en una situación muy comprometida. De acuerdo con la Ley de Colonización e Inmigración bajo la cual se habían otorgado las concesiones, la compañía había contraído ciertas obligaciones sobre radicación de colonos que eran imposibles de cumplir bajo las nuevas circunstancias que atravesaba el país. En realidad, ni el Gobierno ni los concesionarios habían tenido una noción precisa sobre la calidad de las tierras, pues la inspección y mensura fue efectuada por la empresa una vez que las concesiones ya habían sido en principio acordadas.

---

[359] ASLCo., *Informe Anual*, 1891, p.2, señala la intención de la compañía de utilizar inmigrantes chilenos para la colonización de sus tierras, pero los informes subsiguientes muestran su fracaso.

[360] La impracticabilidad de la agricultura en gran escala en las tierras cordilleranas se debía más a las desventajas comparativas de ubicación y clima respecto de las regiones agrícolas del norte que a una imposibilidad ecológica. La evaluación de esas tierras por el Directorio puede verse en el discurso del presidente de ASLCo. a la Asamblea Anual de Accionistas, en *Financial Times*, 10/12/1892, p. 3.

Más aún, el proceso indirecto mediante el cual la compañía había adquirido las tierras tenía dos consecuencias negativas: había aumentado su costo para la compañía, que se veía así comprometida con una inversión considerable en propiedades que aún no habían demostrado su potencial productivo, y colocaba a la empresa en una posición delicada en relación con el Gobierno. Esto último era tanto más difícil dada la inestabilidad política de la Argentina a comienzos de la década de 1890 y el hecho de que ASLCo. había obtenido las concesiones de la muy desprestigiada administración Juárez Celman. Por otro lado, tampoco era cómoda la posición del Gobierno frente a los concesionarios de tierras de fines de la década de 1880, ya que debía afrontar el hecho de que, bajo las condiciones económicas prevalentes, era imposible llevar a cabo las obligaciones asumidas por aquellos y que buena parte de las tierras que se habían destinado a la colonización no eran aptas para dicho fin.

La solución vino a través del dictado de una nueva ley de tierras en noviembre de 1891.[361] Por ella se dispensaban las obligaciones de colonización y se otorgaba la tierra en propiedad plena y libre, a condición de que el concesionario regresara una cuarta parte de la superficie recibida y llevara a cabo una cierta inversión de capital en las tierras restantes. El Directorio de ASLCo. resolvió acogerse a la nueva ley. La compañía logró un acuerdo con el Gobierno por el cual, en lugar de devolver una cuarta parte de la extensión de cada una de las secciones recibidas tal como se desprendía del texto de la ley, renunciaba a una de cada cuatro concesiones adquiridas en 1889. La concreción del acuerdo con el Gobierno se realizó en 1895 y, según señalan los directores, suavizó las relaciones con las autoridades,

---

[361] *A.L.A.*, tomo III, p. 248. Ley 2875 de 1891.

lo que facilitó negociaciones posteriores.[362] Fue así como la transferencia de los títulos de propiedad a la empresa, pese a las demoras y los gastos habituales, no implicó dificultades serias, lo cual, además del acuerdo logrado, debe atribuirse a la actuación del influyente "comité local" de Buenos Aires. Para 1891, las tierras cedidas al Ferrocarril Central del Chubut ya habían sido transferidas y se habían levantado y presentado al Gobierno los planos de siete de las otras secciones, restando aún mensurar las demás. La adopción de las regulaciones de la nueva ley demoró los trámites, pero luego del acuerdo se volvieron a encarrilar, y para 1898 todas las propiedades se hallaban en manos de la empresa.

El período de formación de la empresa fue de mucha inquietud para los accionistas. Pese a las reiteradas referencias del directorio al antecedente de CALCo., que debió soportar siete años de continuas pérdidas antes de lograr cuantiosas ganancias y una sólida base, la solicitud de nuevos fondos en momentos en que las perspectivas comerciales de Argentina no eran nada halagüeñas produjo en los accionistas la impresión de que dedicaban mucho capital a una empresa cuyo futuro era bastante incierto.[363] Más aún, esto se unía al hecho de que, dada la forma y el momento en que se habían adquirido las tierras, estaban pagando por ellas un precio muy superior al de su valor de

---

[362] Minutas de la octava Asamblea Anual de Accionistas de ASLCo., en *Financial Times*, 23/12/1896, p. 3. En una de las secciones devueltas, sobre el lago Nahuel Huapi, se habían efectuado ya algunas mejoras, pero, como ocurría con cierta frecuencia, el Gobierno la había adjudicado a dos concesionarios distintos. ASLCo. decidió renunciar a esa sección y la incluyó en las que devolvía, decisión que, según lo expresado por el Directorio, contribuyó a mejorar las relaciones entre la compañía y el Gobierno.

[363] Las referencias a CALCo. en las minutas de la Asamblea Anual de Accionistas de ASLCo., en *Financial Times*, 10/12/1892, p. 3. Respecto de los fondos, originalmente sólo se habían recaudado £ 3 por cada acción de £ 10. Los restantes fueron solicitados en varias ocasiones sucesivas en los años siguientes.

mercado, pese a lo cual, hasta 1895, la propiedad se hallaba sujeta a difíciles condiciones. Estas inquietudes llevaron a la formación de un comité de accionistas nombrado en 1892 para revisar la política de la empresa: sus conclusiones, en general, avalaron las decisiones adoptadas por el Directorio, fundamentalmente el acogimiento a la ley de 1891 y las nuevas recaudaciones de capital, parte del cual debía destinarse a la adquisición de ganado, ya que:

> en este momento debemos operar como grandes estancieros, y a medida que crezca nuestro *stock* vacuno, ovino y caballar crecerán también nuestros dividendos.[364]

La única innovación sugerida por el comité de accionistas fue reemplazar el "comité local" por un representante en Buenos Aires tan pronto las tierras se hubieran transferido a la compañía, como forma de reducir los gastos fijos.

Las tierras finalmente transferidas a la empresa consistieron en 14 secciones, diez de ellas de exactamente 16 leguas cuadradas cada una y otras cuatro que, por usar formaciones naturales como parte de sus límites, eran algo mayores, lo que daba un total de aproximadamente 234 leguas. Dos de estas secciones (Canu Lafquen y Sierra Colorada) se hallaban en la región central del territorio de Río Negro, una zona de tierras muy pobres, sólo aptas para la cría lanar. Otras seis (Rucu-Luan, Renangueyen, Neluan, EpuLafquen y Huanu-Luan) se encontraban más hacia el oeste, también en Río Negro y sobre la meseta patagónica, pero abarcaban una suave depresión con un sistema de arroyos en los que generalmente podía hallarse agua. Las seis restantes, incluidas las de mayor extensión,

---

[364] Informe del Comité de Accionistas de ASLCo. en *Financial Times,* 10/12/1892, p. 4.

se hallaban en los contrafuertes andinos: una en Río Negro, cerca del Limay y del Nahuel Huapi (Pilcañeu), y las restantes (Esquel, Lepa, Fofo-Cahuel, Leleque y Cholila) en el territorio de Chubut. Las 28 leguas entre Trelew y Puerto Madryn recibidas por la concesión del ferrocarril eran extremadamente pobres; su mayor valor radicaba en que comprendían los asientos de los pueblos de Puerto Madryn y Trelew. El resto sólo podía albergar un *stock* ganadero muy liviano para abastecer al puerto y las colonias.

Los comienzos de la actividad ganadera

Aun antes de llegar a un acuerdo con el Gobierno, y por consejo del comité local, el Directorio decidió poblar las tierras (que todavía no le pertenecían) con ovinos y bovinos, y comenzó las compras de ganado en 1890. Esta disposición para iniciar de inmediato la explotación de sus propiedades, que indica a las claras que la empresa no tenía un fin meramente especulativo, contribuyó a la buena disposición de las autoridades nacionales para lograr el acuerdo de 1895. Pero la tarea de establecer una empresa ganadera en la Patagonia a fines del siglo XIX y comienzos del XX era mucho más difícil de lo que podían anticipar quienes habían adquirido su experiencia rural en la expansión de la frontera sur más próxima, luego de la campaña de 1879. En contraste con el rápido crecimiento de un área en la que el transporte ferroviario y el control gubernamental no se hicieron esperar, e incluso con la evolución algo más lenta de los establecimientos que operaban en los límites de ese nuevo mundo económico (tal el caso de SALCo.), el desarrollo patagónico requirió una buena dosis de ese espíritu pionero que caracterizó la expansión de la frontera norteamericana como empresa privada, y que en la Argentina sólo había estado presente en alguna medida en los asentamientos de frontera anteriores a 1879.[365] Por otro lado, la mera extensión de la propiedad, las enormes distancias a través de territorios inhóspitos que debían recorrerse para llegar a estas tierras o para ir de un grupo de secciones a otro, la escasez de población e incluso las condiciones ecológicas, mucho menos favorables que en la región pampeana, fueron todos fuertes factores en la limitación del desarrollo de las propiedades.

Estos problemas se hicieron evidentes tan pronto como se comenzó con el poblamiento de la tierra. La primera compra de ganado comprendía 12.000 vacunos, pero el recuento del año siguiente señala la existencia de tan sólo 6500. Las enormes pérdidas fueron explicadas a los accionistas en forma un tanto lacónica:

> cierto número de los animales adquiridos, mencionados en el informe anual pasado, se perdieron en el camino al arrearlos a la concesión de la compañía en Nahuel Huapi ... esperamos poder encontrar algunos de los animales faltantes.[366]

De acuerdo con el recuento de 1892, no fueron muchos los animales recuperados, pese a lo cual se pudo efectuar una primera venta de animales a Chile de algo más de 1000 cabezas. En los años siguientes, el Directorio trató de aumentar al máximo posible el *stock* ganadero, pero se hallaba limitado por la escasez de fondos. Se vieron, así, obligados a requerir nuevos ingresos de capital de parte de los accionistas, de forma tal que para 1897 la

---

[365] Un buen relato de algunos aspectos de esta temprana ocupación de la Patagonia puede hallarse en las memorias de A. Abeijón, *Memorias de un carrero patagónico,* Buenos Aires, 1973, y *Los recién venidos,* Buenos Aires, 1977. La impresión que nos transmite Abeijón es confirmada por múltiples referencias en el archivo de ASLCo. y por otros trabajos sobre Patagonia, como los citados en referencia a las colonias galesas, o J. M. Barrero, *La Patagonia Trágica,* Buenos Aires, 1962; Bayer, Los *vengadores...,* especialmente tomo I, caps. 2 y 3; etc.

[366] ASLCo., Informe Anual de 1891.

empresa había recaudado el valor completo de sus acciones. Para entonces, habían surgido otras dificultades. En 1893, el administrador informa que, pese a disponer de fondos para la compra de ganado, "no podía lograr los progresos deseados porque tenía muchas dificultades para encontrar hombres aptos para conducir los animales tan al sur",[367] y esta era su primera referencia al problema de la escasez de mano de obra, que sería una preocupación constante para la empresa durante toda su temprana existencia.

También debió abordarse el problema del mercado para la venta de novillos. Una distancia de más de 3000 km. hasta la cabecera ferroviaria más próxima hacían inaccesibles para la compañía los mercados del Norte; y la demanda local en la deshabitada Patagonia era prácticamente inexistente, por lo que Chile parecía el único mercado posible para el ganado. En 1892, el administrador logró encontrar un buen paso a través de la Cordillera y logró colocar, como señaláramos, más de mil cabezas en aquel mercado. Al año siguiente, la compañía ya contaba con un agente de ventas en Santiago, pero en 1894 se haría presente un problema que sería recurrente de allí en más: un considerable aumento en el número de ventas fue acompañado por una evolución cambiaría desfavorable a la moneda chilena, lo que disminuyó notablemente las ganancias de la empresa. Una dificultad aún más seria, y con efectos más duraderos, se haría presente en 1898. El Gobierno chileno estableció un impuesto sobre la importación de bovinos y ovinos en pie. Una confusión sobre su pago resultó en una larga demora de un arreo en la frontera con pérdida de muchos animales. Esto, a su vez, dejó a los estableci-

---

[367] *Ibid.*, año 1893.

mientos de Patagonia en una comprometida situación de escasez de circulante, lo que por otro lado dio lugar a un largo y estéril enfrentamiento con el Gobierno chileno.

Como resultado de este episodio, y estimulada por la extensión del ferrocarril al río Neuquén a 450 millas de Leleque (principal sección ganadera), la compañía comenzó a hacer esfuerzos para ubicar sus reses en los mercados del Norte. El fracaso de esta tentativa, sin embargo, se refleja en el bajo número de ventas de 1899. Estas fueron realizadas en el sur de la provincia de Buenos Aires, pero los poco alentadores resultados hicieron abandonar el proyecto. Para 1900, la compañía había reiniciado sus operaciones con Chile, pero utilizando una forma distinta de comercialización. El ganado se vendía en efectivo a compradores chilenos en las estancias argentinas; si bien los precios logrados eran notablemente más bajos, se evitaban los mayores riesgos. Entretanto, la crisis financiera resultante del problema de 1898, junto con un constante déficit de capital para el desarrollo de una propiedad tan extensa, decidieron al Directorio a la emisión en Londres de obligaciones por un valor de £ 15.000 y con un interés del 6% anual.

Ya para entonces la compañía contaba con un buen desarrollo de su *stock* ganadero. En 1894, se había realizado una segunda compra importante de ganado mayor y, sobre esta base, por crecimiento natural, para fines de siglo las manadas alcanzaban un número muy significativo, como puede apreciarse en el cuadro N.º XXVII.

Cuadro XXVII. Evolución del *stock* ganadero en las estancias de ASLCo. entre 1890 y 1917

Año	Pariciones	Compras	Muertos, perdidos, faenados	Ventas	Recuento anual
1890	0	12.000	s.i.	0	s.i.
1891	s.i.	0	s.i.	0	6.500
1892	s.i.	0	s.i.	1.056	7.705
1893	s.i.	0	s.i.	1.300	8.386
1894	3.372	s.i.	s.i.	3.043	14.787
1895	3.342	150	s.i.	3.131	15.132
1896	5.028	0	s.i.	2.162	18.001
1897	4.811	0	717	2.052	20.043
1898	s.i.	0	s.i.	s.i.	23.879
1899	s.i.	0	s.i.	780	28.880
1900	s.i.	73	s.i.	3.781	30.164
1901	s.i.	0	s.i.	5.732	31.338
1902	s.i.	166	s.i.	7.146	31.865
1903	10.289	0	1.942	1.152	39.069
1904	11.654	0	1.817	8.691	40.215
1905	11.787	0	2.118	5.692	43.922
1906	11.365	414	3.424	7.219	44.644
1907	13.661	0	1.338	7.533	49.433
1908	s.i.	0	s.i.	10.725	50.223
1909*	s.i.	0	s.i.	3.982	s.i.
1910	6.385	0	s.i.	4.371	38.836

1911	9.325	0	4.002	3.231	40.945
1912	8.766	0	6.589	5.932	37.190
1913	7.787	0	4.950	6.782	33.345
1914	6.304	0	1.399	5.265	32.985

*Este año no se realizó el recuento anual debido a las condiciones climáticas.
Fuente: ASLCo., Informes Anuales y minutas de las Asambleas Anuales de Accionistas.

La intención de la compañía era no sólo aumentar el número sino también la calidad del ganado para lograr acceso a mercados más refinados y obtener mejores precios.[368] Se incorporaron al efecto toros de buena calidad –mayormente Durham, pero también algunos Polled-Angus– al plantel, y de allí las compras de 1895, 1900 y 1902.

En realidad, hasta 1905 la compañía concentró su producción en el ganado mayor, particularmente en las secciones más ricas de la Cordillera. Desde un punto de vista ecológico, esta decisión no era enteramente ilógica. Pese a la impresión de "extremo sur" que da la Patagonia, la latitud de Esquel, el punto más austral de las propiedades de ASLCo., es equivalente a la latitud norte de Roma y, si bien es cierto que su clima es mucho más severo debido a la altura y la distancia al mar, no es excesivamente más riguroso que el de las regiones de Inglaterra y Escocia de donde provenían las razas finas que se trataban de imponer. Es cierto que el sistema de cría extensiva utilizado en Argentina hacía que el ganado sufriera mucho más los duros inviernos que los cuidados animales europeos, pero el bajo valor del ganado hacía más fácil absorber cierto

---

[368] ASLCo., minutas de la Asamblea Anual de Accionistas, 1903, p. 5.

número de pérdidas durante los grandes fríos. En realidad, en las secciones de "Cordillera" (como eran llamadas por la empresa), donde el agua y los pastos eran muy abundantes en verano y en invierno, solían acumularse más de 60 cm de nieve, los vacunos soportaban mejor el clima que los lanares, ya que con frecuencia estos últimos eran sepultados por la nieve, y morían por sofocación o de inanición. La situación era inversa en la meseta patagónica: allí el agua era escasa, la dura vegetación xerófila ofrecía poco alimento a los vacunos y la precipitación de nieve en el invierno rara vez era muy elevada, por lo que los lanares eran la alternativa obvia.

Pero esta distribución ecológica no tenía en cuenta un factor económico que era igualmente importante para determinar la combinación productiva más apta: las posibilidades de mercado. Es así que durante los primeros 15 años de operaciones, las ganancias de la empresa por venta de ganado nunca fueron suficientes para generar la acumulación de capital requerida para llevar a cabo el programa de inversiones necesario para que la empresa desarrollara un sistema productivo adecuado que le permitiera obtener buenas ganancias. Sin embargo, hacia comienzos del siglo XX, las condiciones de venta de ganado de ASLCo. habían mejorado notoriamente.[369] Esto, junto con las ganancias obtenidas por la venta de lanas y las operaciones de los almacenes de las estancias, permitieron a la empresa comenzar a distribuir dividendos en 1904. Pero en contraste con lo que ocurriera en la mayor parte de los establecimientos que estudiamos al norte del Río Negro, y pese a haber recurrido en ocasiones a préstamos de capital, las estancias de ASLCo. no habían logrado alcanzar el nivel de desarrollo mínimo requerido por establecimientos de su

---

[369] *Ibid.*, pp. 9-10.

tipo. Un informe sobre las propiedades de la empresa confeccionado en febrero de 1905 indicaba que el único aspecto en que se había logrado una evolución adecuada era en el *stock* vacuno, y aun allí la mayor parte de los animales no reunía todavía las características necesarias para participar en el nuevo mercado de exportación a Europa.

Los únicos alambrados existentes cercaban dos potreros de 7000 ha cada uno en Leleque y uno más pequeño en Fofo Cahuel, en el cual había cuatro hectáreas alfalfadas. Aparte de ello, Leleque, donde estaba el principal casco de las estancias, contaba con varios edificios para vivienda o almacenamiento y algunas facilidades para el manejo del ganado (corrales, mangas, bañaderos, etc.). Maquinchao, en Epu-Lafquen, la cabecera de las estancias en la Patagonia central, contaba con instalaciones similares especializadas en ganado lanar, en tanto que en las secciones restantes sólo había algunos puestos y corrales.[370] Como se ve, todo el sistema productivo era aún extremadamente primitivo, incluso en relación con los métodos de cría extensivos que se utilizaban en Argentina en ese período.

Reorganización y desarrollo de las propiedades

Para 1905, sin embargo, parecía que el Directorio había tomado conciencia de que el desarrollo esencial de los establecimientos requería una inversión de capitales que no podía lograrse en un plazo razonable mediante la mera reinversión de ganancias. Esto era aún más evidente dado que no podía postergarse más el pago de dividendos, ya que los accionistas estaban ansiosos por ver los resultados de una inversión que no había redituado aún ganancias, pese a las frecuentes promesas del Directorio. Se llegó,

---

[370] Archivo de ASLCo., "Description of the property of the ASLCo. and other data in reply to Mr. Stuven's letter of 23rd. February 1905", Buenos Aires, 2/3/1905.

entonces, a la conclusión de que, para asentar la empresa sobre una base sólida, se hacía necesario poner las estancias en condiciones adecuadas de producción mediante una considerable inversión de capital.

Fue a este efecto que el Directorio solicitó del personal en Argentina la confección del citado informe, que contenía una evaluación del desarrollo de las propiedades y su posible capacidad productiva con introducción de mejoras, buscando al mismo tiempo la forma de obtener el capital requerido para llevar a cabo un programa de mejoras. Esto último se logró mediante el fraccionamiento de la propiedad con la creación de dos nuevas empresas: PMACo. en 1906 (que se hizo cargo de las tierras a lo largo del ferrocarril, de Canu-Lafquen y de Sierra Colorada, las dos secciones más orientales) y RNALCo. en 1907·(que comprendía las restantes secciones de la Patagonia central). Las nuevas empresas recaudaron su capital accionario en efectivo; y de lo obtenido pagaron a ASLCo. por sus tierras £ 52.000 y £ 115.000 respectivamente. Como la emisión total de acciones era de £ 140.000 y £ 210.000, ambas empresas nuevas contaban con un plus de capital suficiente para completar el desarrollo de las propiedades adquiridas. Por otro lado, el producto de la venta inmueble permitió a ASLCo. encarar su programa de mejoras.

En la emisión de acciones de las nuevas empresas se dio prioridad de compra a los accionistas de la empresa madre y, como el precio de transferencia de las tierras era considerado bajo, el Directorio recomendó a aquellos que suscribieran su alícuota de los nuevos valores. De esta forma, más que crear dos empresas totalmente nuevas, el resultado de la operación fue la formación de dos cuasi subsidiarias, que colaboraban, más que competían, con ASLCo. El principal argumento esgrimido por el Directorio para la subdivisión de la empresa fue facilitar la administración mediante unidades más pequeñas, próximas y homogéneas. Si bien hay bastante de cierto en ello, el motivo fundamental parece haber sido, más bien, la necesidad de una nueva recaudación de capital. Sin embargo, parte de lo ingresado por la venta de las tierras volvió al poco tiempo a los accionistas, ya que fue colocado en un fondo de reserva de dividendos y distribuido anualmente como ganancia extraordinaria hasta 1909; lo restante fue invertido en las estancias. Pero al agotarse el capital destinado a este fin se debió recurrir a un nuevo procedimiento financiero, la emisión de nuevas acciones de ASLCo., lo que se llevó a cabo en 1909 y 1912.

La disponibilidad del efectivo proveniente de las ventas de tierras y de las recaudaciones posteriores posibilitó una radical transformación de las propiedades aún en poder de ASLCo., que logró que en pocos años las estancias proveyeran anualmente una razonable ganancia sobre el capital invertido.

Uno de los rubros que requería una inversión cuantiosa era el de cercamiento. La extensión de las propiedades, aún después de la subdivisión, implicaba que tan sólo rodear su perímetro requería 400 km de alambradas, lo que a un costo de $ 3500 por legua[371] implicaba un gasto de $ 280.000 papel, o £ 25.000 aproximadamente, un costo estimativo utilizando postes y varillas del aserradero que había instalado la empresa, bajo concesión del Gobierno, en los bosques de Epuyén. Pero debido al alto costo del transporte terrestre, que debía efectuarse totalmente en carros y carretas, resultaba antieconómico utilizar estos postes en

---

[371] Archivo de ASLCo., correspondencia, "Cordilleras a Londres" (en adelante ASLCo., Crd. a Lond.), 24/9/1908.

Pilcañeu, por lo que en esa estancia los costos se incrementaban por el uso de postes y varillas de acero traídos de Gran Bretaña.[372]

El alto costo no era la única dificultad para alambrar. Como la mayor parte de las actividades en Patagonia, sólo se podía llevar a cabo en verano, un período durante el cual existía una intensa demanda de trabajo en todo el Sur, lo que hacía que el reclutamiento de las cuadrillas de alambradores fuera una preocupación recurrente para el administrador. Otro problema era el transporte de los insumos. La única forma de hacer llegar el material de alambrado a los establecimientos de la compañía era por barco a Puerto Madryn, y de allí en carreta. Esto último se hacía utilizando los 20 carros de mulas y cuatro carretas de bueyes de la empresa, pero implicaba un considerable desequilibrio entre la carga de y hacia el puerto. En 1907, por ejemplo, se llevaron 32 toneladas de productos de la estancia a Madryn, y se tuvieron que llevar de allí a la Cordillera 220 toneladas, en tanto que en 1909 las cifras aumentaron a 76 y 330 toneladas respectivamente, manteniéndose la desproporción.[373] Más aún, los carruajes no sólo se requerían para traer el material de Puerto Madryn, sino también dentro de las estancias para transportarlo largas distancias hasta el lugar donde se lo habría de usar, lo que hacía que muchas veces debieran suspenderse los trabajos por requerirse los carruajes para tareas más urgentes.

Por otro lado, el alambrado tenía una importancia fundamental para mejorar las condiciones de operación de las estancias. En primer lugar, disminuía el riesgo de robos, bastante frecuentes en Patagonia en ese período, a juzgar por las reiteradas quejas que aparecen en la corresponden-

---

[372] *Ibid.*, 26/2/1908.
[373] *Ibid.*, 26/12/1907 y 30/10/1909.

cia de ASLCo. También evitaba el ingreso de *squatters*[374] y de ganado ajeno, lo que aumentaba la capacidad de pastoreo de los campos y, al mantener fuera los toros criollos, contribuía al mejoramiento de los animales. Favorecía también la reducción del personal, ya que se podía dejar a las majadas libres en los potreros y eso requería menos cuidado de los pastores y evitaba la necesidad de poner cuidadores de límites.[375] Por último, facilitaba un aprovechamiento más adecuado de la tierra al posibilitar el confinamiento de los animales a determinados potreros o secciones de acuerdo a las condiciones climáticas prevalentes. Por lo tanto no es sorprendente que ASLCo. dedicara mucha atención al tendido de sus alambradas, pese a lo cual el proceso fue lento. En 1907, se acumuló en Leleque una importante cantidad de material; al año siguiente, se habían levantado 100 km de alambrados y 44 más se hallaban en ejecución, pero no fue hasta 1911 que se completó el alambrado perimetral. Hacia 1913, se estaban erigiendo subdivisiones internas; y aunque los inmensos potreros obtenidos de varias leguas cuadradas cada uno estaban muy lejos de ser los más apropiados, con ellos las estancias daban un importante paso al frente en el desarrollo de sus técnicas productivas.

Evolución de la ganadería bovina

El tendido de las alambradas tuvo una marcada influencia en la cría bovina en las secciones cordilleranas. En términos cuantitativos, como hemos visto en el cuadro XXVII, el *stock* se hallaba completo hacia mediados de la primera década de este siglo. La capacidad de carga de los campos y el número de animales no fueron afectados por la

---

[374] Ocupantes intrusos de tierras.
[375] ASLCo., minutas de la Asamblea Anual de Accionistas, 1913.

subdivisión de la empresa, ya que la mayoría del ganado bovino se hallaba en las secciones que permanecieron en poder de ASLCo. Las dificultades de comercialización de los animales, por otro lado, implicaron que hasta 1907 el crecimiento constante, y algo indiscriminado, del número de animales se hallara más determinado por las condiciones de mercado que por una decisión intencional de aumentar el *stock*. Así, cuando en 1908 y 1909 la Patagonia se vio afectada por una gran sequía, las pérdidas en las manadas fueron enormes.[376] Este problema, junto a las crónicas dificultades de comercialización, impuso un cambio de prioridades en la estructura de producción de la empresa. Se decidió entonces privilegiar al lanar sobre el vacuno, aunque el ganado mayor continuó siendo un rubro de actividad muy importante para la compañía hasta 1914. En este sentido, la terminación del alambrado perimetral en 1911 permitió el mantenimiento de una cantidad bastante elevada de vacunos sin afectar la posibilidad de aumentar notoriamente el número de ovejas.

En cuanto a la calidad del *stock,* y por las causas señaladas, las alambradas permitieron reforzar el proceso de mejora de los animales en el que la empresa se hallaba comprometida desde que comenzó a poblar sus campos. Esto se logró, fundamentalmente, mediante la formación de un plantel de animales finos destinado a producir mejores toros. Así, en 1906, cuando se inició la formación de la rudimentaria cabaña, y dada la falta de animales aptos en las manadas de la empresa, se decidió la compra de 400 vaquillonas siete-octavos Durham en Buenos Aires para cruzar con los 14 toros finos traídos de Escocia. El

---

[376] Fue imposible reunir el ganado para el recuento y yerra en 1909 debido a las condiciones climáticas; y cuando fue llevado a cabo al año siguiente, se encontró que se había producido la pérdida de 14.910 cabezas de ganado. ASLCo., Informe Anual, 1910.

transporte de los delicados y pesados animales escoceses desde Puerto Madryn a Leleque fue un problema considerable, y en las duras condiciones de Patagonia la muerte de los animales finos era un riesgo mucho mayor que en las cuidadas cabañas de la Provincia de Buenos Aires. Pero pese a esta dificultad, la compañía logró producir toros de suficiente jerarquía como para elevar la calidad de sus manadas en un período razonable. Esto se complementó con un proceso de selección y venta de vacas viejas y por la selección natural que se produjo durante la sequía de 1908-1909, que libró a las manadas de los animales más débiles y viejos. Así, a comienzos de la segunda década del siglo XX, ASLCo. producía un tipo de animal que, luego de un período de engorde en los campos del Norte, podía colocarse en el mercado de reses congeladas de tipo continental.[377] Sin embargo, como ocurría generalmente con las empresas de cría, era precisamente el momento de la comercialización el que determinaba, en buena medida, el éxito o el fracaso de la actividad.

La mejora en la calidad del ganado, junto a problemas de mercado y la tasa de cambios, hizo evidente que ASLCo. debía superar las condiciones que encontraba en Chile si esperaba lograr mejores resultados de esta actividad. Es así como, entre 1906 y 1912, la empresa comenzó a explorar otras posibilidades. Se realizaron nuevos intentos de enviar ganado al norte a través de la extensión del Ferrocarril del Sur a Zapala y se estudió la posibilidad de mejorar el sistema de comercialización en Chile. Hacia 1908, este último seguía siendo el principal mercado, pero la empresa

---

[377] El mercado de exportación de carnes se dividía en tres categorías básicas: enfriado, congelado para el Reino Unido y congelado para el continente. La primera incluía sólo a los novillos de primera calidad; en cuanto al congelado, el mercado continental tomaba reses más magras y de carnes más duras, para las que no había demanda en el Reino Unido.

era consciente de la necesidad de "un mercado alternativo que nos permita imponer precios a nuestros compradores chilenos".[378] Sin embargo, los resultados de los intentos de venta de ganado en el norte al comienzo no fueron en absoluto satisfactorios y, cuando las condiciones climáticas comenzaron a provocar fuertes pérdidas, el administrador de Leleque se vio obligado a informar que:

> Una caída de la tasa cambiaria dificulta mucho las ventas a Chile. Recibimos una oferta por novillos a $16 argentinos y debemos aceptarla... El precio, claro está, es muy bajo, pero tenemos que vender.[379]

En los años siguientes, se estudió cuidadosamente la posibilidad de arrendar tierras en Chile para invernar allí el ganado y venderlo luego con mayores ganancias. Tras una consideración de costos y precios, el administrador llegó a la conclusión de que "no existe la diversidad de opciones o abundancia de mercados de la Argentina, pero no veo razón alguna para no llevar a cabo esta actividad en Chile".[380] La propuesta, sin embargo, implicaba que la compañía debía asumir el riesgo de cruzar la frontera con los animales, algo que había tratado de evitar desde el incidente de 1896. Más aún, la construcción del Ferrocarril Trasandino de Mendoza a Santiago facilitó el acceso al mercado chileno de los productores del Norte, lo que creó una desigual competencia para ASLCo. En setiembre de 1910, el administrador informa desde Leleque que "ahora que el ferrocarril a Chile está en operación nuestras ventas de ganado pueden hallar mayores dificultades que en los últimos años".[381]

---

[378] ASLCo., Cord. a Lond., 31/10/1906.
[379] *Ibid.*, 26/2/1908.
[380] *Ibid.*, 3/9/1909.
[381] *Ibid.*, 3/9/1910.

Se intensificó entonces la búsqueda de nuevos mercados. Finalmente, la fórmula más ventajosa lograda por la empresa consistió en un sistema de participación con invernadores del norte. Se establecía un precio base bajo para el ganado de invernada y, cuando éste era vendido por el invernador, ASLCo. recibía este precio base más el 50% del precio de venta que excediera esta base. Los costos de transporte corrían por cuenta del criador y las pérdidas también, pero el dueño del campo de engorde se hacía cargo de los animales que llegaban a su propiedad. Los primeros resultados no fueron descollantes, en parte debido al alto costo de arreo y en parte por un alto número de muertes, ya fuera durante el arreo o por un exceso de pastoreo al soltar los magros novillos del Sur en los alfalfares de engorde. Por otro lado, el ganado de ASLCo. no tenía aún suficiente cruza para aumentar de peso en el tiempo requerido para un buen rendimiento en la invernada.[382] Pero en la medida en que el ganado fue mejorando y se fueron conociendo mejor los requerimientos de la actividad, los resultados fueron más favorables. Hacia 1910, se realizaron acuerdos con la Santa Fe and Cordoba Great Southern Land Company para enviar el ganado a engordar a *Los Alfalfares,* su estancia en Córdoba.[383] Más adelante, se arrendaron tierras en Buenos Aires para engordar los novillos de la compañía, y hacia 1912 el presidente del directorio podía informar a los accionistas que casi todas las ventas se efectuaban con éxito en la provincia de Buenos Aires.[384] Un alza en el precio del ganado de engorde favoreció a la compañía en ese año y el siguiente, y para 1914

---

[382] Cf. con capítulo 1, segunda parte.
[383] ASLCo., Cord. a Lond., 11/11/1910.
[384] ASLCo., minutas de la Asamblea Anual de Accionistas, 1912, pp. 5-7.

el sistema de ventas en el norte ya se halla consolidado; el mercado chileno había sido reemplazado. El presidente podía entonces afirmar:

> Esta empresa fue la primera en demostrar que ganado criado en Chubut puede ser arriado en grandes cantidades y vendido con provecho en la provincia de Buenos Aires.
> Nuestro éxito ha estimulado la competencia, y... existe un... aumento en el número de vacunos y ovinos que son traídos del Sur...

Y citando al presidente del Ferrocarril del Sur, agrega:

> por los menos 72 trenes ganaderos completos han sido despachados de Zapala y Senillosa y la extensión de Neuquén a la provincia de Buenos Aires, e incluso a Buenos Aires mismo, en los meses de enero, febrero y marzo pasados.
> Señores, el Gran Ferrocarril del Sur debe agradecer a esta compañía por una parte nada pequeña de ese tráfico.[385]

Sin embargo, no se puede afirmar que ASLCo. hubiera resuelto ya entonces en forma definitiva el problema de la venta de ganado. En realidad, una solución de este tipo parecía imposible hasta que se realizara una extensión ferroviaria hasta las proximidades de las tierras de la compañía. La construcción de un ramal entre San Antonio y Nahuel Huapi, que llegó a Maquinchao en 1912, no ofrecía aún una alternativa viable de transporte, porque aunque esta se hallaba más próxima a Leleque que Zapala, el camino a través de la meseta patagónica era mucho menos transitable por grandes arreos bovinos que el camino a lo largo del Limay; y el tramo de Maquinchao a Pilcañeu sólo estuvo completo en 1917.

Así, los ingresos netos de ASLCo. por venta de ganado fueron siempre bajos en este período. Por ello, la única forma de obtener un beneficio adecuado de esta actividad era minimi-

---

[385] *Ibid.*, 1914, p. 5.

zando los costos fijos e inversiones que, sin embargo, debían cubrir ciertos requisitos mínimos para evitar un número excesivo de muertes y mejorar la calidad de los productos. En resumen, se trataba de lograr un delicado equilibrio entre productividad y costos, en un contexto de bajo rendimiento marginal del capital. En la práctica, esto se logró mediante la reducción de los alambrados a lo esencial (subdivisión en potreros muy extensos), no realizando inversiones en suministros de agua y reduciendo las instalaciones para el manejo del ganado a lo estrictamente indispensable. Esto, junto a un uso limitadísimo del factor trabajo, fue la base de una actividad ganadera de bajo costo. De esta forma, y pese a que la cría vacuna nunca resultó para la empresa una actividad altamente remunerativa en el período estudiado, proveyó al menos un complemento razonable a los ingresos provenientes de la que pronto se constituyó en su principal actividad: la cría lanar.

El ganado lanar en las propiedades de ASLCo.

Durante la última década del siglo XIX, ASLCo. no mostró mayor interés por los ovinos y, aunque el *stock* aumentó rápidamente a partir de 1901, no fue hasta la reorganización de 1905-1907 que la cría lanar adquirió importancia en las secciones cordilleranas. Anteriormente, estas tierras sólo habían albergado unas pocas majadas, en tanto que la mayoría de las ovejas se hallaban en las secciones de la Patagonia central. Debido a ello, cuando estas propiedades fueron transferidas en 1907 a RNALCo., la compañía más antigua vio sus planteles muy menguados. Nuevas compras, sin embargo, pronto llevaron el número de lanares de ASLCo. a un nivel similar al que había tenido en 1907, su punto anterior más alto; y al año siguiente, la compañía contaba con más lanares en las secciones que aún le pertenecían que los que jamás había poseído antes de la subdivisión, como puede apreciarse en el cuadro N.º XXVIII.

Cuadro XXVIII. Evolución del *stock* ovino en las estacias de ASLCo. entre 1890 y 1917

Año	Paricio-nes	Compras	Muertos, perdidos, faenados	% de pérdidas sobre el total	Ventas	Recuento anual
1890	0	6.500	s.i.	s.i.	0	s.i.
1891	s.i.	s.i.	s.i.	s.i.	0	13.000*
1892	s.i.	0	s.i.	s.i.	0	16.201
1893	s.i.	s.i.	s.i.	s.i.	8.300	22.540
1894	725	s.i.	s.i.	s.i.	5.797	19.540
1895	3.847	0	1.815	7,76	5.575	15.971
1896	s.i.	0	s.i.	s.i.	0	18.452*
1897	5.385	s.i.	s.i.	s.i.	s.i.	19.773
1898	s.i.	s.i.	s.i.	s.i,	s.i.	19.898
1899	s.i.	0	s.i.	s.i.	21	19.333
1900	s.i.	0	s.i.	s.i.	672	20.802
1901	s.i.	0	s.i.	s.i.	30	26.285
1902	s.i.	0	s.i.	s.i.	3.153	26.007
1903	11.469	0	4.713	12,59	50	32.713
1904	12.030	0	4.939	11,03	322	39.482
1905	13.207	s.i.	5.038	9,56	2.643	45.008
1906	14.380	0	9.759	16,43	4.703	44.926
1907	18.066	14.000	4.654	7,38	5.031	67.307
1908	s.i.	s.i.	s.i.	s.i.	50.000	33.122
1909	8.000	30.000	2.272	6,68	2.612	65.938
1910	19.500	0	13.385	15,66	5.921	66.132

1911	27.655	0	s.i.	s.i.	s.i.	78.741
1912	29.251	0	14.881	13,77	9.497	83.614
1913	30.125	0	12.344	10,85	15.632	85.763
1914	31.156	25.357	4.780	3,35	26.882	102.857
1915	35.406	0	12.736	9,21	19.727	105.800
1916	34.232	0	12.627	9,01	19.157	108.248
1917	38.008	0	13.120	8,97	14.061	119.075

*Dato estimativo. No se efectuó recuento ese año.
Fuente: ASLCo., Informes Anuales y minutas de las Asambleas Anuales de Accionistas.

Cuando a fines de los años ochenta y en los noventa la Patagonia ingresó en la vida económica del país, resultó bastante natural que las ovejas tipo merino, desplazadas en el norte por ganado de carne –tanto bovino como ovino– constituyeran la principal actividad de la región, tanto por razones ecológicas como económicas. Los problemas que debió enfrentar ASLCo., como una de las pioneras en esta actividad, fueron los habituales: escasez de animales de cría, escasez de trabajo calificado e incluso del no especializado, y una demanda limitada o inexistente para capones en la región, todos agravados por el aislamiento en que se encontraba la Patagonia. Pero, como hemos visto en el caso de SALCo., una vez lograda la constitución de las majadas, la producción lanar se adaptaba mejor a estas condiciones que la de ganado mayor. Poblar los campos con buenos animales merino no era en absoluto una tarea sencilla, ya que casi no había oferta de ovejas en la Patagonia, y traerlas en arreos desde el norte presentaba serias dificultades.[386] Por otro lado, era difícil encontrar pastores experimen-

---

386 Abeijón, en *Los recién llegados*, relata las dificultades de uno de estos arreos.

tados que estuvieran dispuestos a ir con arreos tan al sur. Es por ello que la constitución de los planteles fue un largo proceso que sólo se completó después de la subdivisión de la empresa.

Si la escasez de animales de cría trabó el desarrollo de esta actividad en sus primeros años, la dificultad más persistente a que debió hacer frente la empresa fue la escasez de trabajadores. A diferencia de los resistentes bovinos de la sección cordillerana, las merino de buena raza de Patagonia central –que más tarde ocuparían también las tierras del contrafuerte andino– no podían dejarse pastar sin custodia en campos sin alambrar. Para su cuidado se constituían majadas de 1650/1800 animales, de los cuales 1050-1100 eran ovejas de cría, y se las ponía a cargo de un pastor. Pero los pastores, al igual que cualquier otro tipo de trabajador, no eran fáciles de encontrar en la Patagonia en ese período.

La falta de trabajadores es expresada en forma vívida por el administrador de ASLCo.: "el trabajo es escaso, malo, caro, difícil de conseguir y difícil de retener".[387] Las razones son las habituales en situaciones de frontera: la región estaba escasamente poblada y su dinámica y apertura ofrecían amplias oportunidades al recién llegado. Este no sólo podía elegir el tipo de trabajo que deseaba realizar y quién sería su empleador casi a voluntad, o preferir establecerse por su cuenta en las amplias tierras desocupadas; podía también mantenerse apartado del sector formal de la economía, viviendo como "chulenguiador" (cazador de guanacos), "nutriador", "tumbiador" (especie de vagabundo que realizaba ocasionalmente alguna tarea, pero que con mayor frecuencia vivía de la hospitalidad de puesteros y estancieros), cuatrero, o cualquier combinación de estas actividades.[388]

---

[387] ASLCo., Cord. a Lond., 10/2/1906. También pueden hallarse referencias a la demanda de trabajo en Patagonia en *B.T.J.* 49 (1905), p. 33.
[388] Abeijón, *Memorias...*, caps. 1, 3, 6 y 8.

ASLCo. intentó varias formas distintas de resolver el problema. Una de las más frecuentes fue la contratación de peones en el norte, generalmente en Entre Ríos. La cita que insertamos a continuación, de una carta escrita en Buenos Aires por el administrador de las estancias al directorio en Londres, no sólo nos muestra cómo se lleva a cabo esta operación, sino que apunta también a la inquietud que producía la escasez de trabajadores.

> El día 30 regresé de Entre Ríos trayendo conmigo 23 peones que fueron despachados ese mismo día a Maquinchao vía Roca. El domingo próximo Mr. Hachett (el subgerente) enviará de Entre Ríos otro gurpo de 17, incluyendo varios capataces. Estos últimos son mayormente casados y serán enviados por barco el día 8 vía Madryn. Parece haber una relativa abundancia de peones en Entre Ríos, por lo que aproveché para contratar un número mayor que el habitual. Tenemos abundante trabajo para ellos, y esperemos que resulten un éxito.[389]

Sin embargo, con frecuencia los peones llevados al sur por la empresa la dejaban en busca de un salario más alto. Lo mismo ocurrió cuando la compañía intentó contratar trabajadores directamente en Gran Bretaña. Al requerirse un mayor número de hombres por la reorganización de 1905-1907 y como no se podía contar con trabajo local, ASLCo. decidió contratar pastores y algunos otros trabajadores en su país de origen. Los contratos eran por cuatro años, con un salario anual de £ 45 y una bonificación de cuatro peniques por cordero parido, lo que daría un total promedio de £ 57. La empresa pagaba además el viaje de ida y vuelta de Gran Bretaña a la iniciación y finalización del contrato. Nueve pastores escoceses fueron contratados en un comienzo con este sistema, pero con malos resultados para la empresa. Dos de un primer grupo de tres pastores provenientes de Gran Bretaña abandonaron la

---

[389] ASLCo., Cord. a Lond., 2/8/1906.

compañía poco después de llegar, aduciendo que podían conseguir mejores salarios en otro lado; el hecho se repitió con el segundo contingente de seis pastores y con algunos carreteros llegados a Patagonia con un contrato similar. Por otro lado, los que permanecieron al servicio de la empresa parecen haber sido una constante fuente de conflicto. Luego de un tiempo de efectuado este primer ensayo, el administrador llegó a la conclusión de que "Nunca más querré volver a importar trabajadores de las Islas Británicas".[390][391]

Finalmente, y pese a la resistencia de la empresa a resignarse a un convenio que era considerado ampliamente favorable a los pastores, ASLCo. debió avenirse a efectuar contratos de aparcería para el cuidado de sus majadas por un tercio del producto. Las condiciones, idénticas a las utilizadas por RNALCo., eran las siguientes: las majadas se componían de 1100/1200 ovejas de cría y 600/700 capones. La liquidación de los haberes se llevaba a cabo en marzo. Al concluir el contrato, el pastor recibía una tercera parte de la lana, del aumento de la majada (corderos) y las pieles, y debían sin embargo vender los productos a la empresa a precios preconvenidos –que a $ 4 m/n los 10 kg de lana de 1909 parecen más bien bajos– y debían retirar de las tierras de la empresa su parte del aumento del número de animales inmediatamente de caducado el contrato. El pastor debía abonar a la empresa siete centavos por cada oveja esquilada y tres centavos por el baño antisarna; contribuía también con un tercio de los gastos de arreo y cuidado durante la esquila. La compañía aportaba $ 30 para un auxiliar durante el período de parición y prestaba gratuitamente los carneros para el servicio. Los caballos que utilizaba el pastor le pertenecían, pero la compañía ofrecía la venta de montas a crédito si

---

[390] *Ibid.*, 23/3/1909. Sobre el abandono de la empresa por los peones en general, ya fuera que proviniesen de otra región argentina o del exterior, ver Cord. a Lond., 26/2/1908.
[391] Hemos hallado una copia de estos contratos junto con la correspondencia de ASLCo., vol. Cord. a Lond. 1909.

el pastor lo requería. ASLCo. otorgaba, además, un crédito por $ 20 para compras en los almacenes de la compañía y adelantaba $ 15 en efectivo al iniciarse el contrato. Si se producía una violación del contrato por parte del pastor, podía ser despedido; si el recuento de la majada resultaba satisfactorio, recibía un salario equivalente a $ 40 por cada mes trabajado (62). Este tipo de arreglo, finalmente, permitió a la compañía obtener el número de pastores que requería para cuidar sus rebaños.

Pero las dificultades para conseguir trabajadores no concluían allí. Todos los años, en la época de la esquila, surgían problemas. En 1906, por ejemplo, no se pudo esquilar los corderos en Maquinchao por falta de esquiladores; con anterioridad, el administrador informó al directorio que:

> La esquila debía comenzar el 25, pero se debió postergar por una huelga solicitando salarios más altos. El año pasado cedimos; este año nos pusimos firmes y fueron ellos los que cedieron, comenzando a trabajar el 29.[392]

El problema fue disminuido mediante la instalación de maquinaria de esquilar, pero en general la escasez de trabajadores siguió siendo una de las principales dificultades a que debió hacer frente ASLCo. hasta fines del período que hemos estudiado.

El tercer problema al que nos hemos referido, el de la venta de capones, se hallaba en parte relacionado con el tipo de animal que criaba la compañía. Hasta 1906, se había especializado en animales netamente productores de lana y, por lo tanto, no había mucho incentivo para la venta de capones. Cada año, estos y las ovejas se ponían en oferta en Chile y Argentina. Las ventas nunca eran muy ventajosas, pero como el ingreso principal provenía de las lanas, su resultado no era decisivo para la marcha de los negocios. El aumento del comercio de

---

[392] ASLCo., Cord. a Lond., 31/10/1906.

exportación de carnes congeladas, que para el ovino se aleja de Buenos Aires, donde es substituido por los vacunos finos, llevó a la compañía a estudiar la posibilidad de introducir razas británicas en sus campos.[393] Se decidió, entonces, adquirir algunos carneros Romney Marsh en 1908. Esta mestización, sin embargo, no fue continuada, y tan sólo se logró mejorar un poco la constitución de los capones, sin cambiar las características principales de la majada. Esto no resulta llamativo ya que, si bien es cierto que resulta más fácil arrear ovejas que vacunos a través de las desoladas tierras de la meseta patagónica, los capones de invernada, criados a tanta distancia de las zonas de engorde, mal podían competir con los de las regiones más próximas a los puertos de salida. Sin embargo, hacia la segunda década del siglo XX, ASLCo. había hallado un mercado regular para sus capones merino, enviándolos al norte por ferrocarril –primero desde Zapala y más tarde desde Maquinchao– destinados probablemente al mercado local de Bahía Blanca, lo que puede apreciarse por las cifras del cuadro XXVIII.

Pero si antes de 1914 las condiciones de venta de los capones mejora, al menos en números, la evolución más llamativa se da en la producción lanera. La compañía siempre se había preocupado por la calidad de sus majadas, pero las dificultades de abastecimiento de buenos animales merino en Patagonia la habían forzado a adquirir algunos animales de calidad inferior. En 1894, sin embargo, se realiza una compra de animales finos para formar un plantel de reproductores; desde entonces la cabaña contribuyó a mejorar la calidad del *stock* ovino. Esta actividad fue reforzada en 1905 con la adquisición de carneros merino de primera clase en Australia y Nueva Zelandia. Como resultado, el servicio de las majadas estuvo a cargo de animales de muy buena calidad, lo que se tradujo en un crecimiento

---

[393] *Ibid.*, también ASLCo., minutas de la Asamblea Anual de Accionistas, 1904.

notorio del rendimiento medio de lana por animal, que hacia 1916 llega a la significativa cifra de cuatro kilogramos por cabeza, como se aprecia en el cuadro N° XXIX.

Cuadro XXIX. Producción lanera en las estancias de ASLCo. entre 1903 y 1917

Año	Ovejas esquiladas	Esquila total (kg)	Rendimiento medio (kg)	Ingreso total (£)	Precio por libra (peniques brit.)
1903	30.661	69.540	2,30	s.i.	s.i.
1904	33.485	92.398	2,72	s.i.	s.i.
1905	s.i.	111.608	s.i.	6.119	6
1906	s.i.	104.626	s.i.	7.146	7,5
1907	42.000	s.i.	s.i.	s.i.	10
1908	14.789	46.881	3,17	2.368	5,5
1909	s.i.	s.i.	3,62	s.i.	s.i.
1910	74.916	161.968	2,72	s.i.	s.i.
1911	s.i.	202.274	s.i.	s.i.	s.i.
1912	s.i.	264.054	s.i.	s.i.	s.i.
1913	77.498	281.334	3,63	18.715	7,2
1914	73.328	259.581	3,54	20.165	8,4
1915	91.075	316.941	3,48	s.i.	s.i.
1916	85.840	347.702	4,05	s.i.	s.i.
1917	93.770	414.281	4,41	s.i.	s.i.

Fuente: ASLCo., Informes Anuales y minutas de la Asamblea Anual de Accionistas, 1903-1917 (no disponemos de información para el período anterior a 1903).

Por otro lado, la venta de lanas presentaba muchas menos dificultades que la de animales. La escala de producción permitía establecer un circuito de comercialización propio, que comenzaba con la esquila a máquina en las cabeceras de estancia en Maquinchao, Leleque y Pilcañeu, el embalado a presión en las prensas de la empresa, envío por carreta a Puerto Madryn (y más tarde por ferrocarril a Bahía Blanca), y embarque a Amberes, donde el representante de la empresa procuraba obtener las mejores cotizaciones para sus lanas. Es cierto que, al igual que los demás productores, la compañía se hallaba sometida a amplias fluctuaciones en el precio del producto, pero gracias al buen rendimiento medio de sus majadas, las lanas pronto llegaron a constituir la principal y más segura fuente de ingresos de la compañía.

Otras actividades de ASLCo.

Debido al uso constante de carruajes, la cría equina adquirió en esta región mucha mayor importancia que en la mayoría de los establecimientos del norte. La compañía requería un importante número de mulas amansadas para el tiro de los pesados carros que utilizaba para el cruce de la Patagonia a Puerto Madryn, lo que hacía necesario tener cierto número de burros españoles como padrillos. También requería cierto número de caballos para el trabajo con el ganado ovino o bovino, por lo que se adquirieron también dos caballos enteros de buena raza para la cría de animales de silla. El número de caballos en las estancias de ASLCo. fue aumentando paulatinamente de casi 700 en 1891 a unos 3.500 en 1903; y desde entonces osciló entre esa cifra y poco más de 5.000 (1907), variando según las condiciones climáticas y las posibilidades de ventas. Estas comenzaron a efectuarse en número limitado en 1899 y estuvieron sujetas siempre a grandes oscilaciones, que van de unas pocas decenas hasta casi 500 animales en 1909.[394] Pese a estas ventas, la cría equina fue siempre una actividad orientada a satisfacer las necesidades de la empresa, pero existía cada año un cierto excedente de producción de mulas y caballos que obtenían buenos precios, dada la gran demanda de animales de este tipo existente en ese período en Patagonia.

La agricultura, por su parte, nunca llegó a ser una actividad importante para ASLCo. Los experimentos realizados con cereales y alfalfa entre 1906 y 1913 tuvieron en realidad resultados positivos, pero dada la escasez de mano de obra y las dificultades de transporte, la posibilidad de un desarrollo agrícola era remota. De hecho, la única producción digna de mención en las estancias eran unas pocas hectáreas alfalfadas, que ni siquiera eran suficientes para reemplazar a la "paja de mallín"[395] como principal forraje invernal.

Fuera de la actividad propiamente de estancia, ASLCo. obtenía anualmente un ingreso reducido pero regular de los almacenes de ramos generales que tenía en Leleque, Pilcañeu y Maquinchao. Cuando la compañía comenzó a poblar sus tierras en 1890, el establecimiento de almacenes se hizo una necesidad imperativa, ya que eran la única fuente de provisiones para su personal en cientos de kilómetros. Así, sin competencia alguna, los ingresos provenientes de esta actividad aumentaron de £ 350 en 1894 a £ 500 en 1903. El margen de ganancias era, por otro lado, favorecido por ser los puertos del Sur de entrada libre para

---

[394] Información más detallada sobre el *stock* y venta de equinos por ASLCo. en la tesis doctoral del autor, p. 270.

[395] La paja de mallín es un pasto alto y bastante duro que crece en los "mallines" o bañados de la región andino-patagónica y que se cortaba y secaba para producir un forraje invernal.

productos importados. Es así que una buena proporción de las mercaderías se enviaban a los almacenes directamente desde el Reino Unido.

Con el tiempo, sin embargo, comenzaron a notarse algunas señales de competencia (de allí la caída de ingresos por este rubro que puede observarse en 1904 en el cuadro XXX) y el Directorio comenzó a considerar la posibilidad de deshacerse de los almacenes como parte del proceso de reorganización de la empresa que tuvo lugar en esos años. Los argumentos contra esta medida esgrimidos por el administrador en Patagonia indican claramente que no eran las ganancias la única función de los almacenes para la empresa. El administrador argumenta que los almacenes proveían a la administración local de una fuente de efectivo por la clientela externa (como la mayor parte de los abastecimientos se efectuaban desde Inglaterra, los pagos se efectuaban directamente en Londres), mantenían una porción considerable de los salarios de los peones en las arcas de la empresa, el control de los almacenes por la compañía evitaba que se expendiesen en ellos bebidas alcohólicas y, lo que era más importante que todo lo anterior, se consideraba "vital tener almacenes en las estancias para proveer a los peones y mantenerlos en el lugar".[396] No existe, sin embargo, evidencia alguna de que la compañía utilizara el sistema de deudas para asegurarse su fuerza de trabajo, como había ocurrido con frecuencia en Argentina hasta poco tiempo antes, y se realizaba aún entonces en regiones marginales del país. El sistema de crédito de los almacenes y la permanencia física de los trabajadores en el establecimiento contribuían sin duda en forma significativa a la estabilidad laboral. Finalmente, la conclusión del administrador era que el sistema de almacenes no debía

---

[396] ASLCo., Cord. a Lond., 1/2/1906.

ser alterado hasta la llegada del ferrocarril, recomendación que fue aceptada por el Directorio. Desde el punto de vista estrictamente financiero, la actividad también era redituable. Los almacenes de Leleque y Pilcañeu –que permanecieron en poder de ASLCo. cuando Maquinchao fue transferida a *RNALCo*.– siguieron expandiendo sus operaciones y proveyeron un ingreso regular neto de entre 2000 y 3000 anuales hasta 1914.

Relación entre la compañía y las autoridades argentinas

Hemos visto cómo, durante el período de formación de ASLCo., sus relaciones con las autoridades argentinas fueron vitales, particularmente en torno a las dificultades que surgen de los términos de la concesión y su alteración por la ley de 1891. Una vez en pleno funcionamiento y con el antecedente favorable del acuerdo de 1895, ASLCo. mantuvo relaciones fluidas con las autoridades nacionales y locales. El administrador y el representante de la compañía en Buenos Aires tenían fácil acceso al nivel ministerial para tratar los problemas de la empresa. Ejemplo de ello son las negociaciones de la concesión forestal de Epuyén. Luego de varias entrevistas con el Ministro de Agricultura, este aseguró a la compañía que la autorización para operar un aserradero en los bosques fiscales sería renovada cada año, sin lograr, sin embargo, una concesión a largo plazo que era lo que la empresa buscaba.[397] El traslado de un encargado de correos que vendía bebidas alcohólicas a los peones desde una oficina próxima a Leleque también se logró mediante gestiones oficiales, aunque en este caso en un nivel más bajo.[398]

---

[397] *Ibid.*, 29/8/1906; 3/9/1908 y 24/9/1908.
[398] *Ibid.*, 1/10/1909.

En 1908, durante una visita del Gobernador del Territorio a los establecimientos de la empresa, esta logró un acuerdo de importancia: el nombramiento de un comisario de policía y de algunos hombres para que patrullaran la región, cuyos gastos serían sufragados a medias entre la compañía y el Gobierno. Esta fuerza no fue suficiente para controlar una banda de forajidos que asolaron la región en 1911 y el Gobierno envió refuerzos para capturar a los criminales. Una vez apresados, fueron retenidos en la estancia Leleque, donde, con la autorización del mayor a cargo de las fuerzas policiales y bajo el control de sus hombres, se obligó a los prisioneros a trabajar para la compañía.[399] Al año siguiente, desaparecieron más de 400 ovejas, lo que parecía deberse a un nuevo caso grave de cuatrerismo. El Gobierno envió nuevamente al mismo oficial, ahora con grado de coronel, pero esta vez con "el propósito de establecer un cuartel principal de policía de frontera (gendarmería) en las proximidades", algo que fue muy bien recibido por la empresa.[400]

Las buenas relaciones de ASLCo. con el Gobierno provenían de una comunidad de intereses. La década de 1880 había dado lugar en Argentina, en particular durante la administración de Juárez Celman, a una fuerte participación del Gobierno en la promoción del desarrollo. Sin embargo, esta política había caído en desgracia porque se la consideraba una de las causas principales de la crisis de 1890. Cuando Roca vuelve a la presidencia en 1898, tras haberse superado casi totalmente la crisis, la participación del Gobierno en la promoción del crecimiento volvió a incrementarse, pero no llegó a los extremos alcanzados hacia fines de la década anterior. Esto fue más evidente aún en Patagonia, donde la tradicional disputa con Chile tendió

---

[399] ASLCo., minutas de la Asamblea Anual de Accionistas, 1911, p. 10.
[400] *Ibid.*, 1912, p. 10.

a reforzar la actitud intervencionista del Estado. Y ello, por supuesto, benefició a los nuevos pobladores de Patagonia, entre quienes se hallaba ASLCo. Algunos ejemplos de esta política estatal son la liberación de impuestos aduaneros a los productos ingresados por los puertos de la región para ser consumidos en ella, el pago de subsidios a las empresas navieras que operaban con los territorios del sur[401] y la creación y subsidios a las autoridades administrativas locales destinadas a promover su desarrollo. Es cierto que esta política nunca llegó al punto de otorgar libremente concesiones ferroviarias en la región, como lo había hecho anteriormente el gobierno de Juárez Celman en el norte, pero ello fue hasta cierto punto compensado por la construcción y la reparación de caminos y por los subsidios a los servicios automotores.[402]

Esta coincidencia esencial de intereses y la importancia que a largo plazo tenía el hecho de mantener buenas relaciones con las autoridades argentinas, era bien entendida por ASLCo., que tenía en general una actitud positiva

---

[401] *B.T.J.* 63 (1908), pp. 216-217.
[402] La concesión de líneas ferroviarias que se internaran en Patagonia fue posiblemente el tema por el cual más presionó ASLCo. al Gobierno. Ejemplo de ello, como veremos más adelante, son las solicitudes del Ferrocarril Central de Chubut, empresa muy ligada a ASLCo. Sin embargo el Congreso –mucho más conservador en este aspecto que el Ejecutivo– temeroso de la liberalidad en las concesiones ferroviarias, dadas las desastrosas consecuencias que, en su opinión, había tenido la manía ferroviaria del ochenta, nunca hizo caso a las solicitudes. Véase ASLCo., minutas de la Asamblea Anual de Accionistas, 1906, p. 9 y 1907, p. 8. En 1908, sin embargo, se aprobó una ley que contemplaba la construcción de varias líneas férreas en Patagonia, algunas de las cuales se aproximaban mucho o cruzaban la propiedad de ASLCo. Su construcción fue, empero, demorada cuando se comprobó que las tierras que debían atravesar –cuya venta debía servir para financiar la construcción de la línea– eran de muy baja calidad. Véase *B.T.J.*, 63 (1908), pp. 216-217 y 70 (1910), p. 187. Respecto a la acción del Estado en caminos y transporte automotor, véase ASLCo., minutas de la Asamblea Anual de Accionistas, 1913, p. 8. También *B.T.J.*, 61(1908), p. 36 y *P.P. 1908*, tomo XC, pp. 78-9.

hacia ellas.⁴⁰³ Una buena expresión de ello puede hallarse en el discurso del presidente del directorio a la Asamblea General de Accionistas de 1914, en el que, al evaluar el papel de la compañía en el desarrollo de los Territorios del Sur, concluye diciendo:

> No creo estar exagerando si agrego que si nosotros nos hemos beneficiado del accionar del Gobierno Argentino, también éste, y el país, obtienen beneficios de nuestra presencia allí.⁴⁰⁴

Trayectoria financiera de ASLCo.

Vemos, así, que durante sus primeros 25 años, ASLCo. logró establecer un sistema de trabajo que le permitió desarrollar y operar sus enormes propiedades. Pero ¿cómo se refleja este proceso en la rentabilidad de los establecimientos? Esta pregunta generalmente compleja se hace aún más difícil de responder en el caso de ASLCo., dado el sistema empleado por la empresa para presentar sus balances anuales. En ellos incluye cada año en la cuenta de ingresos una revaluación del *stock* ganadero junto con los ingresos por venta de animales, haciendo aparecer como cobro efectivo lo que en realidad es un aumento del capital invertido. Por otro lado, hasta 1905 los únicos gastos de la estancia que aparecen en las cuentas de ingresos y egresos son los de mantenimiento y depreciación de edificios y equipos. Esto implica que los restantes eran deducidos de los ingresos antes de ser asentados en los balances. Pero como estos, a su vez, contenían una porción de ganancias puramente contables por la revaluación del ganado, se hace muy difícil estimar con precisión la estructura y el monto de las ganancias. A partir de 1906, cuando los gastos

---

⁴⁰³ Referencias a las autoridades argentinas en ASLCo., minutas de la Asamblea Anual de Accionistas, 1904, pp. 4-5; 1905, p. 3; y 1906, p. 3.
⁴⁰⁴ *Ibid.*, 1914, p. 12.

de las estancias aparecen discriminados en el debe de la cuenta de ingresos y egresos, y los ingresos brutos por la venta de productos –mayormente lana, pero también pieles y cueros– son asentados, se hace más fácil formarse una idea de qué ingreso neto producía en realidad la estancia y de qué actividad provenía. El cuadro N.º XXX muestra los ingresos y egresos de la compañía según lo que acabamos de señalar.

En el cuadro A, los montos bajo el rubro "venta y aumento de ganado" reflejan, en los primeros años, más el incremento del *stock* que ingresos reales por ventas. A partir de 1900, sin embargo, y excepto en 1903, el número de animales vendidos era considerablemente mayor que el aumento del *stock* –como se deduce del cuadro XXVII–, por lo que en esos años las cifras bajo este rubro contienen una cuota importante de ingresos efectivos. Los ingresos bajo el rubro "productos", si bien no son muy altos, indican que a la estancia siempre le resultó posible obtener alguna ganancia de este sector de su actividad y, al igual que en el caso del ganado, estos ingresos se incrementaron considerablemente en los primeros años del siglo XX. Los egresos estaban constituidos mayormente por gastos de oficina en Londres y Buenos Aires y depreciación y mantenimiento de las estancias, a lo cual se suman, a partir de 1900 aproximadamente, £ 1000 anuales por el pago de intereses sobre la emisión de obligaciones.

La columna de balance muestra una tendencia similar a la observada en otras compañías propietarias de estancias. Primero, un período de pérdidas, durante la consolidación de los establecimientos, que llegó luego a un equilibrio que pronto se transformó en saldos favorables para la empresa. Debe tenerse en cuenta, sin embargo, que dado el problema indicado de la valuación del ganado, los egresos monetarios hasta 1899 eran en realidad mucho mayores que lo que figura en los balances. Comparando la trayectoria de ASLCo. en este período con otras estancias, hallamos que la principal diferencia consiste en que, en tanto que los establecimientos del norte habían logrado consolidar sus inversiones productivas más urgentes durante su primera década de vida mediante sus ganancias anuales, esta empresa sólo había logrado hacerlo en lo referente al *stock* ganadero. Es por ello que no encontramos aquí cifras significativas destinadas anualmente a la inversión de capital (como se evidencia por el escaso monto del rubro depreciaciones y mantenimiento, que rara vez supera las £ 500*),* lo que desembocó en la necesidad del proceso de reorganización de 1905-1907.

Para el período que se inicia en 1906, las cifras bajo el rubro ganado deben atribuirse mayormente a ventas, y es significativa la participación de los lanares en 1908 y de 1912 en adelante. Sólo en el año crítico de 1909 (cuando la imposibilidad de realizar el rodeo y recuento de animales llevó a sobreestimar el *stock* existente), y en menor medida en 1911, el aumento de existencias tuvo un peso significativo en la cuenta de ganado. Las cifras de la segunda columna están compuestas por las ganancias netas de los almacenes, que aumentan de manera regular, como ya vimos, y por los ingresos provenientes de la venta de lanas. Estos últimos también aumentan en forma regular; y las oscilaciones de precios en general son compensadas por un aumento de la producción. Sólo en 1908-1909 las cifras decaen en forma notoria, lo que debe atribuirse al escaso número de ovinos existentes en los campos de ASLCo. luego de la subdivisión. Los egresos deben atribuirse mayormente a los gastos de operación de las estancias y la diferencia entre estos y el gasto total surge de las oficinas de Buenos Aires y Londres, la remuneración del directorio y el impuesto a los réditos británicos. Si nos atenemos a lo antedicho, vemos que, salvo en 1909, la columna "balance" refleja en forma bastante adecuada la posición de la compañía durante el año.

Cuadro XXX. Cuenta de ingresos y egresos de ASLCo. en libras esterlinas
A. 1891-1905

Año	Venta y aum. de ganado	Ganancias productos	Ganancias almacenes	Ingresos varios	Ingresos totales	Gastos totales	Balance
1891	0	0	0	284	284	4.456	-4.172
1892	648	923	28	232	1.840	7.310	-5.830
1893							
1894							
1895	4.276	995	353	83	5.707	5.114	591
1896	2.873	965	176	105	4.119	4.747	-627
1897	2.854	780	475	81	4.190	4.883	-666
1898	2.209	1.244	479	277	4.209	4.978	-769
1899	4.156	827	725	198	5.906	5.629	277
1900	5.021	1.343	1.251	472	8.087	6.255	1.832
1901	6.696	1.398	1.171	302	9.567	6.514	3.053
1902	10.097	2.760	1.348	228	15.244	6.330	8.912
1903	6.252	3.030	1.585	179	11.076	4.446	6.600
1904	13.765	4.584	1.376	290	20.015	5.321	14.694
1905	14.637		6.015	368	21.021	4.213	16.807

B. 1906-1917

Año	Venta y aum. de ganado	Ganancias productos	Ganancias almacenes	Ingresos varios	Ingresos totales	Gastos totales	Balance
1906	25.339	11.734	86	37.160	13.227	18.183	18.977
1907	30.706	11.155	797	42.659	18.944	23.633	19.026
1908	37.182	5.000	2.796	44.978	9.388	13.876	31.102
1909	40.524	3.644	2.688	46.857	19.956	26.371	20.486
1910	15.715	19.248	1.211	36.174	21.226	27.318	8.855
1911	12.842	17.665	454	30.961	13.824	19.174	11.787
1912	13.060	20.586	1.088	34.734	15.472	18.950	15.784
1913	23.246	20.594	1.844	45.585	15.429	18.734	26.951
1914	32.953	22.145	1.577	56.674	19.721	23.300	33.374
1915	17.523	21.346	1.055	39.925	22.290	27.569	12.354
1916	30.309	30.961	1.059	62.329	24.887	30.757	31.572
1917	24.937	55.978	2.840	83.756	38.685	44.726	39.031

Fuente: ASLCo., Informes Anuales,1891-1917.

El cuadro XXXI, que muestra la trayectoria financiera global de la empresa, nos permite apreciar en qué medida el funcionamiento de sus estancias hizo de ASLCo. una inversión rentable para sus accionistas.

La primera columna indica el capital emitido por la compañía a su valor de tapa. La reducción de 1901 se debe a una devaluación en los libros del activo de la empresa. Como vimos, ASLCo. realizó sus contratos para la adquisición de las tierras durante el período de precios altos de

1889. La crisis Baring, al generar un mercado más austero, hizo disminuir los precios a niveles mucho más acordes con el valor productivo efectivo de la tierra en ese momento. Esto se hará muy notorio en la Patagonia, ya que la capacidad productiva y las posibilidades de desarrollo de esta región habían sido totalmente sobrevaluadas en los alocados años previos a 1890, lo que había producido una gran inflación artificial de precios, una "burbuja" que "estalla" con la crisis. Es así que la reducción de capital de 1901 lleva el activo de la empresa a una cifra más próxima a su verdadero precio de mercado y su capacidad rentística.

Al atravesar Argentina un segundo y más sólido período expansivo a comienzos del siglo XX, y al incrementarse el valor de las propiedades de ASLCo. por la introducción de mejoras (los alambrados tan sólo insumieron no menos de £ 40.000, a lo que deben sumarse otras instalaciones y el aumento en número y calidad del ganado), el valor del activo de la empresa aumentó considerablemente, pese a la disminución de la extensión de la propiedad por las subdivisiones de 1906 y 1907. Es por ello que la emisión de acciones por un total de £ 70.000 en 1909, libres de cargos y como bonificación a los accionistas, no parece desvinculada de la realidad. Su propósito principal, sin embargo, era solucionar el problema planteado por las "ganancias" provenientes de la revaluación del *stock* ganadero. A esta emisión de valores sin recaudación de capital se agrega otra por acciones con un valor de tapa de £ 21.000 que son efectivamente lanzadas al mercado, y cuyo producto es destinado a nuevas inversiones; de allí que la cifra de valores emitidos alcance las £ 231.000 en 1909. Por otro lado, esta última emisión se colocó a un 250% de su valor nominal, lo que sirve de índice de la valorización efectiva del activo de la empresa. Una nueva emisión, en 1912, llevó el capital emitido nuevamente a la cifra original de £ 280.000. También en este caso su precio fue superior al valor de tapa, pero esta vez en sólo un 50%.

La cuarta columna muestra los montos que efectivamente ingresaron a las arcas de la empresa por venta de acciones. Las diferencias menores que se observan entre esta y la primera hasta 1899 deben atribuirse a un retraso en el pago del saldo por parte de los accionistas. En 1909, el aumento de £ 51.450 se debe en £ 21.000 al valor de tapa de las acciones lanzadas al mercado ese año; y las restantes £ 30.450, a la mayor cotización obtenida por ellas. En 1912, £ 49.000 se deben al valor de tapa de la nueva emisión; y £ 23.257, a su mayor valor de mercado.

La tercera columna refleja la capacidad rentística de las estancias de ASLCo. Estas comienzan a proveer ganancias líquidas en 1901; y hacia 1903 puede distribuirse un primer dividendo con lo acumulado. El gran aumento de dividendos entre 1906 y 1909 tiene un origen distinto; se debe a la venta de tierras a PMACo. y a RNALCo., parte de cuyos ingresos se colocaron en un fondo de reserva de dividendos, del cual se destinaron £ 14.000 en 1906 y 1908, £ 28.000 en 1907 y £ 23.100 en 1909 a la distribución de dividendos extraordinarios. Si dejamos de lado estas cifras, veremos que las estancias incrementaban regularmente sus ganancias, que decaen, sin embargo, durante la sequía de 1908-1909, para recobrarse satisfactoriamente con posterioridad.

Cuadro XXXI. Trayectoria financiera de ASLCo. entre 1890 y 1917

Año	Capital emitido (£)	Dividendo anual (%)	Monto dest. a dividendo (£)	Capital recaudado (£)	Dividendo como % del capital recaudado	Obligaciones emitidas (£)
1890	153.500	0	0	153.500	0	0
1891	242.600	0	0	239.637	0	0
1892	251.950	0	0	250.662	0	0
1893	270.650	0	0	260.085	0	0
1894	270.650	0	0	269.507	0	0
1895	270.650	0	0	269.767	0	0
1896	270.650	0	0	270.314	0	0
1897	280.000	0	0	279.286	0	0
1898	280.000	0	0	279.854	0	0
1899	280.000	0	0	280.000	0	15.000
1900	280.000	0	0	280.000	0	15.000
1901	140.000	0	0	280.000	0	15.000
1902	140.000	0	0	280.000	0	18.000
1903	140.000	4	5.600	280.000	2	18.000
1904	140.000	4	5.600	280.000	2	18.000
1905	140.000	5	7.000	280.000	2,5	18.000
1906	140.000	20	28.000	280.000	10	18.000
1907	140.000	30	42.000	280.000	15	18.000
1908	140.000	20	28.000	280.000	10	0

1909	231.000	10	23.100	331.450	6,96	0
1910	231.000	5	11.550	331.450	3,48	0
1911	231.000	5	11.500	331.450	3,48	0
1912	280.000	5	14.000	403,707	3,47	0
1913	280.000	7	19.600	403.707	4,86	0
1914	280.000	7	19.600	403.'107	4,86	0
1915	280.000	9	25.200	403.707	6,24	0
1916	280.000	10	28.000	403.707	6,93	0
1917	280.000	10	28.000	403.707	6,93	0
Total:			296.800			
Promedio:		4,68	10.600		3,49	

Fuente: ASLCo., Informes Anuales 1890-1917.

Para completar la evaluación de la trayectoria financiera de ASLCo., debemos considerar ahora la cuestión del valor de sus tierras. Como hemos señalado, el precio de compra convenido con los promotores en 1889 era excesivamente alto, particularmente en vista de la depresión subsiguiente. Esto se vio empeorado por el hecho de que, a través del acuerdo de 1895 con el Gobierno argentino, la compañía perdió una cuarta parte de su propiedad. Un artículo que analiza la situación del Chubut, aparecido en 1896, valoraba las tierras de ASLCo. en ese territorio en $ 2.500 m/n por legua cuadrada, lo cual, si asignamos un precio similar a las tierras de la empresa en otras regiones, pondría su valor total en £ 44.373 en ese momento.[405] Aun

---

[405] *S.A.J.*, 8/1896, p. 8.

cuando esto fuera una subvaluación, hay que tener presente que las tierras de Chubut eran las mejores que poseía la empresa, por lo que parece bastante seguro suponer que, a mediados de la última década del XIX, las tierras de la empresa no excedieran un valor de £ 50.000.

Sin embargo, los inversores en tierras en Argentina confiaban en que esta fuera una situación transitoria. Aun en el aciago año de 1891, un artículo titulado "Lands in Andine Patagonia" (Tierras en la Patagonia Andina), aparecido en el *Board of Trade Journal,* auguraba enormes beneficios para quienes intervinieran en el área. Al comentar la posición de ASLCo. señala: "si estos caballeros saben lo que les conviene, dejarán pasar algunos años sin recibir dividendos, conservando la tierra que poseen", vaticinando luego que la llegada del ferrocarril y de colonos harían eventualmente de la empresa un éxito rotundo.[406] Estas últimas predicciones, como vimos, no se cumplieron en la forma esperada, pero al retener su propiedad durante el período de la crisis, la compañía llegó en efecto a restablecer su posición. Para 1901, ASLCo. tenía suficiente fe en la posibilidad de operar en las tierras del contrafuerte andino patagónico en forma redituable como para firmar un contrato de renta de nueve años por dos secciones de 16 leguas cuadradas cada una, colindantes con las propias –Fitiriwin y Maiten– que pertenecían a ALICo. De hecho, durante el período de reorganización de ASLCo., en 1906, se sondeó a la empresa más antigua sobre la posibilidad de adquirir sus tierras. Sin embargo, esta, por consejo de Henry Darbyshire (como vimos anteriormente, hermano del presidente de esta empresa), quien poseía "tierras en las márgenes del Nahuel Huapi y sabe aproximadamente

---

[406] *B.T.J.,* 11 (1891), pp. 588-589. Por error en este artículo se confunde el nombre de ASLCo. con el de SALCo., pero es evidente que se refiere a la empresa patagónica y no a la pampeana.

cómo puede subir el precio de la tierra en los territorios del sur", decidió no vender.[407] El arriendo se renovó al expirar el contrato y se llegó a un acuerdo para que ASLCo. cercara la tierra, deduciendo parte de los costos de la renta.

Más adelante, ASLCo. consideró la posibilidad de efectuar otra compra, consistente en tierras que le fueron ofrecidas por una gran compañía que operaba en el área, la Cochamo Company (probablemente también inglesa, aunque carecemos de información sobre ella). Esta empresa poseía algunas tierras colindantes con las de ASLCo. y otras más al sur, y decidió efectuar una reorganización similar a la que había efectuado ASLCo., vendiendo parte de su propiedad. Pero finalmente optó por desprenderse de las tierras más alejadas y ASLCo. perdió interés en la operación. Esto dio lugar a la formación de otra compañía británica, la Tecka (Argentina) Land Company, creada por el mismo grupo que manejaba los negocios de ASLCo. –y de varias otras compañías británicas de tierras en Argentina– que adquirió la propiedad.

El precio abonado por Tecka por las 62 leguas cuadradas compradas en 1910 fue de £ 110.000, es decir, aproximadamente $ 20.000 papel por legua.[408] Se trataba de buenas tierras, ubicadas en el contrafuerte andino, similares a las mejores de ASLCo., pero no contaban con mejoras y que, como se hallaban más al sur, se encontraban a mayor distancia de las cabeceras ferroviarias. Sin embargo, si nos basamos en el precio de $ 20.000 papel por legua, las 106 leguas cuadradas aún en propiedad de ASLCo. tendrían un valor de $ 2.120.000, o aproximadamente de £ 188.445. Tomando en cuenta las construcciones,

---

[407] ASLCo., Cord. a Lond., 29/8 1906. Varias referencias a H. Darbyshire pueden verse en el capítulo 1, primera parte, de este trabajo.

[408] Tecka Argentina Land Company, prospecto. Copia de este en los archivos de ASLCo.

alambrados y otras mejoras, y la mejor ubicación de las tierras, podemos estimar el valor de las propiedades de esta empresa en 1910 entre £ 300.000 y £ 350.000. Si incluimos una valuación muy aproximativa del *stock* ganadero, implementos, maquinaria, carruajes, etc., podemos llegar a la conclusión de que, hacia fines del período estudiado, con un costo real del activo de la empresa de £ 403.707, su valor de mercado se hallaba probablemente algo por encima de esa cifra, pero no debió excederla en mucho. De esta forma, durante su primer cuarto de siglo de existencia, el aumento de valor del activo de la empresa había salvado la brecha inicial entre el costo original de las tierras y su valor real. Pero, a diferencia de lo ocurrido en otras estancias del norte, no constituyó un complemento a los ingresos generados por sus operaciones anuales.

Considerada en conjunto, la trayectoria financiera de ASLCo., en estos primeros años, fue más bien pobre. Hasta 1914 había distribuido entre sus accionistas £ 215.000 en total, es decir, un promedio anual equivalente a algo menos del 3% sobre el total del capital invertido por la compañía, y esto incluyendo los dividendos extraordinarios del período 1906-1909. Este opaco resultado debe atribuirse fundamentalmente a dos factores: un precio inicial excesivo de la tierra y la relativa lentitud del desarrollo patagónico en general y de la empresa en particular, debido a la coyuntura de crisis que siguió a su formación y a problemas de ubicación. En lo que respecta al primero de estos elementos, muy bien puede argumentarse que si no fuera por este precio excesivo –que aportó, como vimos, ganancias muy altas a los promotores de la empresa–, la compañía hubiera rendido frutos más generosos en relación con un capital más reducido. Mostrarlo fue precisamente una de las intenciones de la reducción de capital de 1901; y por ello las cifras de la segunda columna del cuadro XXXI reflejan hasta cierto punto la rentabilidad de la empresa en relación con un costo más ajustado. Más aún, si no hubiera sido por el excesivo gasto inicial en tierras, el aumento de valor del activo hubiera constituido una fuente extra de ganancias.

Por otro lado, la recuperación de la economía argentina a comienzos del siglo XX y la adaptación de las actividades de ASLCo. a las peculiares condiciones que predominaban en Patagonia hicieron posible que la compañía desarrollara un sistema de producción rentable. Así, para la segunda década del siglo, ASLCo. había alcanzado una posición relativamente sólida. Más aún, precisamente porque su forma de operación implicaba bajos costos fijos y el precio de la tierra en Patagonia era relativamente bajo, si tomamos en consideración los costos de oportunidad, ASLCo. redituaba ganancias mayores que compañías similares en el norte, lo que en parte se ve confirmado por el hecho de que ha sido una de las pocas compañías británicas de tierras (junto a otras empresas en Patagonia) que subsistieron hasta el momento de redacción de este texto.

Otras empresas británicas en Patagonia

La información de que disponemos sobre otras empresas británicas en la Patagonia tiende a confirmar el panorama que nos presenta ASLCo. De las dos ramificaciones de esta empresa, RNALCo., que poseía mejores tierras que PMACo., pronto llegó a desarrollar características similares a su empresa madre. El capital autorizado original consistía en 250.000 acciones de una libra cada una, de las cuales se emitieron originalmente 210.000, ingresándose el total de su valor. Con lo recaudado se abonaron £ 115.200 por la tierra –£ 200 por cada una de las 96 leguas cuadradas recibidas de ASLCo.–, y se destinó el resto a ganado y a mejoras.[409] Hacia 1909 se había invertido ya el total del dinero disponible, por lo que se emitieron las 40.000 acciones restantes y se las colocó a un 25% por sobre su valor de tapa, con lo que se recaudaron £ 50.000. También este capital fue prontamente consumido en mejoras, por lo que se realizó una nueva emisión a la par que se llevó el total recaudado por la empresa a £ 300.000 en 1914. Las inversiones realizadas produjeron una transformación total de las propiedades de la empresa. Se levantaron extensísimas alambradas, subdividiendo toda la propiedad en "potreros" (si cabe el término) de cuatro leguas cuadradas cada uno, algunos de los cuales fueron a su vez fraccionados. Se cavaron pozos, que contaban con molinos de viento y depósitos de agua (tanques australianos), se establecieron tres cascos principales, con maquinaria de esquilar, prensas de enfardar lana, viviendas, depósitos, galpones, bañaderos para ovejas y vacunos, etc.; la principal en Maquinchao, sección de Epu-Lafquen, y las otras en Huanuluan y Renangueyen. Se construyeron también otros pequeños cascos de menor importancia y puestos para los encargados de cuidar los límites de la propiedad y para pastores y encargados del ganado mayor. Algunas de las secciones más bajas fueron sembradas con alfalfa para asegurar el forraje invernal.

Con los animales adquiridos de ASLCo. en 1908, el *stock* alcanzó ese año 8728 cabezas vacunas y 63.908 ovinas. Dos años más tarde, tras haberse efectuado ventas reducidas, las cifras alcanzaban tan sólo 9546 y 66.757, lo que reflejaba un escaso aumento debido a la gran sequía. Para entonces, el Directorio había decidido centrar sus operaciones casi exclusivamente en los lanares, basándose para ello en la aptitud de las tierras y las condiciones

---

[409] *S.E.O.I.*, 1908, p. 1201.

de mercado. En los años siguientes, tras haber mejorado las condiciones climáticas, la compañía logró completar su *stock* ovino, mejorado notoriamente por la formación de una majada de *pedigree* de merinos australianos y la introducción de algunos carneros Romney Marsh.

Para entonces, la posición de la compañía había mejorado notablemente gracias a la llegada, en 1912, de la línea ferroviaria gubernamental que la ponía en contacto directo con el puerto atlántico de San Antonio y de allí, a través del Ferrocarril Gran Sur de Buenos Aires, directamente con la capital sin cambio de trocha. Este cambio en las facilidades de transporte hizo considerar la posibilidad de hallar un mercado para los capones en los nuevos frigoríficos establecidos en la costa atlántica. De allí la introducción de sangre Romney Marsh en las majadas. Sin embargo, si bien la comercialización de animales para carne efectivamente aumentó, el principal ingreso hasta 1914 siguió siendo la venta de lanas.

Si la comunicación ferroviaria directa fue una ventaja notoria para RNALCo., que le permitió ahorrar "algunos miles de libras en fletes cada año",[410] además de evitar los caros y riesgosos arreos y de aumentar el precio de sus tierras, en otros rubros debió hacer frente al mismo tipo de dificultades que ASLCo., y muy especialmente en lo referente a la escasez de mano de obra. Al igual que la empresa más antigua, también intentó la importación de trabajadores de Gran Bretaña, enviando 12 pastores escoceses al sur, pero con resultados tan poco afortunados como en la otra empresa. La compañía se vio así obligada a continuar

---

[410] RNALCo., minutas de la Asamblea Anual de Accionistas, 1909, p. 6.

con el sistema de encargar las majadas a tercianeros, pese a considerarlo "un tipo de operación insatisfactoria, especialmente con esta clase de gente".[411]

Respecto al valor de sus tierras, y gracias a un precio inicial bajo, con la llegada del ferrocarril y al progreso general de la Patagonia en los años inmediatamente anteriores a la Gran Guerra, RNALCo. se vio beneficiada por un considerable aumento durante sus primeros años de existencia. En 1911, el Gobierno vendió más de un millón de hectáreas que bordeaban la nueva ferrovía en subasta pública. Los precios obtenidos fueron de entre 4 y 16 chelines por acre, con un promedio de 7 chelines 8 peniques, lo que equivale a £ 2.380 por legua cuadrada de tierra sin mejoras.[412] Esto representa una notable mejora sobre las £ 1200 de costo original, particularmente si se tiene en cuenta que la tierra en 1907 ya contaba con algunas mejoras y que, habiendo sido escogida cuando la Patagonia se hallaba casi despoblada, estaba ahora entre las mejores de la meseta.

Además de la tierra, claro está, se deben considerar las cuantiosas mejoras introducidas, con un costo superior a las £ 150.000. Este gasto, sin embargo, parece quizás excesivo en relación con la capacidad de renta de las tierras de la meseta patagónica. Es cierto que con la subdivisión en potreros y la construcción de abrevaderos artificiales se podía aumentar considerablemente la producción, pero es dudoso que ello baste para que las ganancias aumenten lo suficiente como para representar un alto rendimiento del capital requerido para las mejoras. En otras palabras, parecería que una excesiva inversión en mejoras se tradujo

---

[411] *Ibid.*, 1908, p. 8. Como queda dicho, los contratos eran similares a los estudiados en el caso de ASLCo.
[412] RNALCo., Informe Anual, 1911.

en un bajo rendimiento marginal del capital. Si ello es así, es posible que el valor de mercado de la propiedad no creciera en proporción al capital invertido en su desarrollo.

Esta posible sobre-capitalización de RNALCo. en relación con la calidad de sus tierras parece confirmada por el nivel de ganancias obtenido por la empresa. Durante su primer año de operaciones, estas alcanzaron £ 10.459. No se distribuyeron dividendos ni en ese año ni en el siguiente, durante el cual las ganancias netas cayeron a £ 6069, como consecuencia de la sequía. Sin embargo, la acumulación de estos saldos permitió a la compañía distribuir dividendos del 5% en los dos años siguientes, pese a que las ganancias netas continuaron bajas por razones climatológicas, siendo de £ 3.679 y £ 7.434. Estos dividendos agotaron las reservas de la empresa, y como las desoladas tierras patagónicas tardaron bastante en recuperarse de la sequía, el bajo nivel de ganancias imposibilitó la continuación de los dividendos en el período 1912-1914. Finalmente, con condiciones climatológicas más favorables, y la gran alza de precios de la lana provocada por la guerra, RNALCo. pudo distribuir un dividendo del 4%, en 1915, y del 5% al año siguiente. Pero si tomamos en cuenta que las tierras fueron adquiridas como establecimientos ya en funcionamiento y no como campos vírgenes, que las dificultades climáticas son habituales en Patagonia y que la situación de los años de la guerra fueron particularmente favorables para los productores de lana, llegaremos a la conclusión de que, a largo plazo, el nivel de ganancias sobre las inversiones de RNALCo. no fue bueno, pese al bajo costo inicial de la propiedad.

La Tecka Land Company, como se hallaba en tierras más ricas, llegó a ser en poco tiempo una empresa más remunerativa. Contando con W. Higgins, H. J. Bell, J. C. Gibson y E. Butler Henderson, su Directorio incluía algunos de los nombres más importantes entre los inversores británicos en tierras en Argentina. El capital autorizado de la compañía estaba compuesto por 200.000 acciones de una libra cada una y fue recaudado *in toto* cuando la formación de la empresa. De él, £ 110.000 se destinaron a la compra de 155.000 hectáreas en los Andes Patagónicos, en el valle de Tecka, unos 200 km al sur de Esquel, y el resto fue reservado para la compra de ganado y la introducción de mejoras.[413] La intención de la empresa, de acuerdo con lo expresado por su presidente en la primera asamblea anual de accionistas era "seguir los lineamientos de otras compañías de tierras situadas en la región",[414] haciendo obvia referencia a ASLCo., empresa en la que tenían inversiones todos los miembros del directorio de Tecka. Aprovechando la experiencia de aquella empresa y sus subsidiarias, la nueva compañía pronto comenzó a poblar sus tierras con ovinos de tipo Merino, e introdujo, a la vez, sangre Romney Marsh para mejorar el porte de los animales. Las majadas se hallaban a cargo de tercianeros, y por otro lado se subdividían con alambradas toda la propiedad en potreros de una o dos leguas. Una vez completado el sistema de alambrados, fue posible dejar pastar los rebaños en los potreros sin mayor cuidado, y así se logró abandonar el sistema de aparcería que tanto disgustaba a las empresas británicas en Patagonia.[415]

Fue así como, en pocos años, Tecka había logrado un desarrollo global de su propiedad. Hacia 1914, había completado el sistema de alambradas; y contando con más de 100.000 ovejas, sus campos podían considerarse bien poblados. El número de bovinos fue siempre reducido –pese a que las condiciones ecológicas hacían posible

---

[413] Tecka Argentina Land Company (en adelante Tecka), Prospecto.
[414] Tecka, minutas de la Asamblea Anual de Accionistas, 1911.
[415] *Ibid.*

su cría– habida cuenta de la negativa experiencia de ASL-Co. en esta actividad. Para entonces, la compañía había alcanzado una posición que le permitía iniciar el pago de dividendos. En el año de operaciones 1914-1915, fue del 5%; al año siguiente, del 6%, y del 8% para el período que concluyó en junio de 1917. Para dar una idea del rápido éxito de esta empresa, aunque excedemos el período que nos concierne, podemos señalar que con la inflación de precios de la lana del período de la guerra, el beneficio neto para 1918 fue de £ 46.642, de £ 33.670 al año siguiente y de £ 57.702 para el período que cerró en junio de 1920. Esto hizo posible que la empresa distribuyera un dividendo anual del 10% en este período, más una bonificación del 5% en 1920, y que acumulara, a la vez, una cuantiosa reserva para asegurar la continuidad de los pagos. Como puede apreciarse, con una inversión de capital inicial relativamente escasa –sólo se había emitido el capital original de £ 200.000– y aprovechando la experiencia de otras empresas patagónicas y una coyuntura favorable, Tecka llegó a ser en poco tiempo una empresa exitosa que proveía una alta ganancia sobre su inversión.

La evolución de PMACo., el otro desprendimiento de ASLCo., fue distinta de la de los otros establecimientos que estudiamos. Aun antes de su formación como empresa independiente, J. Aungier, Presidente de ASLCo. y futuro presidente de PMACo., había realizado afirmaciones extremadamente optimistas sobre el futuro de estas secciones de la propiedad de la empresa. En 1904, por ejemplo, había afirmado:

Cuando se haga llegar agua a Puerto Madryn (refiriéndose al problema de asegurar la provisión de agua potable para el pueblo) se transformará en un pueblo de relativa importancia. Yo pienso, y hablo a título personal, que a su tiempo llegará a ser uno de los grandes puertos de la costa Este de Sud América.[416]

Y fue con esta perspectiva que se dirigieron los negocios de la empresa cuando su creación en 1906. A diferencia de las otras empresas estudiadas, cuyos resultados dependían de una actividad para entonces ya reconocida como remunerativa en la región, la cría lanar, PMACo. era más bien una apuesta sobre el desarrollo general de los territorios del Sur.

Las tierras adquiridas, dos secciones de 16 leguas cuadradas, cada una en la región central de Río Negro, y las 27 leguas cuadradas a lo largo del Ferrocarril Central de Chubut, eran sin duda las más pobres que había poseído ASLCo. El único factor de real valor era la inclusión de los pueblos de Puerto Madryn y Trelew. En el momento del traspaso de la propiedad, se trataba de localidades muy pequeñas, una el puerto y la otra el centro comercial de las colonias galesas. Pero dadas las ventajas de Bahía Nueva (o Golfo Nuevo) como puerto natural, se esperaba que, con el desarrollo general de la Patagonia, Puerto Madryn se transformara en vía de acceso a los nuevos territorios. Para asegurarse más firmemente esta posición clave, la compañía adquirió todo el capital accionarlo del Ferrocarril Central de Chubut y construyó un nuevo muelle para facilitar las operaciones en el puerto. Poseía también un muelle más antiguo, los remolcadores que operaban en el puerto y un frente de seis millas sobre el Golfo Nuevo, con el puerto en el centro.

---

[416] ASLCo., minutas de la Asamblea Anual de Accionistas, 1904, p. 6. Véase también las minutas de 1901, p. 5 y las de 1905, pp. 4-5.

Asegurar la provisión de agua potable a Madryn y Trelew requirió considerables inversiones. En realidad, las necesidades de entonces de los pueblos podían ser fácilmente satisfechas con pozos poco profundos, pero se consideraba que su desarrollo futuro requería una provisión más segura. Se destinaron entonces importantes sumas a una infructuosa búsqueda de fuentes artesianas;[417] pero ante este fracaso, debió buscarse otra solución. La provisión de agua de Trelew fue garantizada llevando aguas del río Chubut. Los estudios para hacer lo mismo con Puerto Madryn demostraron que las dificultades técnicas y los costos eran demasiado altos, por lo que se continuó con el aprovisionamiento mediante pozos de escasa profundidad y se tomaron medidas para evitar que se contaminaran.

Paralelamente, se fue desarrollando el aspecto agrario de la empresa. En 1901, se había cercado una extensión reducida de las tierras próximas a Puerto Madryn con el propósito de mantener unas pocas cabezas de ganado vacuno y una majada pequeña para el abastecimiento de los pueblos, las colonias y los navíos que recalaban en el puerto. La única inversión significativa fue en el alambrado y unos pocos pozos para asegurar la provisión de agua. Dada esta escasa capitalización, esta estancia había logrado salvar sus costos para el momento de la formación de PMACo. Pero con la creación de la nueva empresa y el predominio de una política de expansión, se decidió realizar una importante inversión en la propiedad. Todas las

---

[417] El descubrimiento de petróleo en Comodoro Rivadavia fue un incentivo adicional para la realización de perforaciones profundas en busca de aguas surgentes. En realidad, la posibilidad de utilizar el equipo de perforación adquirido por la empresa en la búsqueda de "minerales" es mencionado en el Informe Anual de 1907, pero cuando la empresa recibió una propuesta formal de otro grupo privado para asociarse en la búsqueda de yacimientos petrolíferos, el directorio decidió "no comprometernos en una actividad tan especulativa en la actual situación financiera", PMACo., minutas de la Asamblea General de Accionistas, 1912, p. 6.

tierras a lo largo de la vía férrea fueron cercadas, se cavaron numerosos pozos, se erigieron viviendas y depósitos, se construyeron bañaderos para el ganado mayor y menor, etcétera, con miras a operar con un gran número de animales. La compañía adquirió también dos chacras próximas a Gaiman, en el valle del Chubut, para producir forraje invernal. Se aumentó rápidamente el número de ovinos sobre los campos y se alcanzó las 20.136 cabezas en 1911. El número de vacunos era aún reducido, destinados tan sólo al abasto local a través de dos carnicerías de propiedad de la empresa, una en Puerto Madryn y la otra en Trelew.

También se intentó desarrollar las tierras de la compañía en Canu Lafquen y Sierra Colorada. Se erigieron alambrados y edificios, se cavaron pozos –imprescindibles en esta región cuasi desértica– y se introdujo un número considerable de ovinos y bovinos. Como podía esperarse en tierras que sólo reciben entre 125 y 150 mm anuales de precipitación,[418] los resultados fueron desastrosos. En la estancia de Puerto Madryn, el número anual de muertes era similar al de nacimientos y los costos eran tan altos que la estancia nunca logró un saldo favorable antes de 1914, absorbiendo además las pequeñas ganancias que producían los expendios de carne fresca. En Sierra Colorada, la cría ovina tampoco logró arrojar saldos favorables, en tanto que el ganado mayor se debilitó tanto que al poco tiempo resultó imposible arrearlos fuera del campo, además de no existir un mercado para colocarlos. Así, cuando la compañía decidió finalmente librarse de ellos, le resultó prácticamente imposible. Los pocos que aún podían marchar fueron llevados a engordar a Buenos Aires, en tanto que los otros fueron destinados a un providencial mercado local surgido por la demanda de carne de los trabajadores de

---

[418] Datos tomados de los informes anuales de la empresa.

la construcción del ferrocarril San Antonio-Nahuel Huapi. Aun así, un número muy elevado de animales murió o debió ser sacrificado en la estancia.

Entre tanto, continuó la venta de lotes urbanos en Puerto Madryn y Trelew, y se observó un considerable aumento de precios, aunque el volumen de las ventas siguió siendo reducido. En realidad, la compañía no hizo esfuerzo alguno por promoverlas, más bien lo contrario, ya que vendía sólo a condición de que el comprador se comprometiera a construir un edificio en el lote dentro de los seis meses siguientes a la operación. La intención era evitar la compra por especuladores, ya que la empresa quería asegurarse para sí las ganancias que provocaría una eventual alza de precios.

En realidad, el único aspecto de la actividad de PMACo. que proveía ganancias regulares era el Ferrocarril Central de Chubut. Luego de su adquisición por la compañía de tierras, esta empresa extendió su línea algunos kilómetros para alcanzar todas las colonias del valle del Chubut, se mejoraron los servicios portuarios y el número y calidad del material rodante, y se mantuvieron las vías en buen estado. Más aún, el Directorio trató por diversos medios, haciendo uso de sus contactos más influyentes, de lograr una extensión a Paso de los Indios (en el valle medio del Chubut, relativamente próximo a los Andes). Se esperaba que se abriera así al progreso la región interior de la Patagonia, como había ocurrido en Santa Fe en los años setenta, o en las nuevas tierras del sur de Buenos Aires en los ochenta, y que esto a su vez promoviera el desarrollo de la zona de Puerto Madryn. Pero conscientes de que este desarrollo, en el mejor de los casos, requería varios años antes de redituar frutos, la compañía sólo estaba dispuesta a realizar la extensión ferroviaria si el Gobierno incluía una donación de tierras en la concesión como reaseguro de ganancias, o bajo un acuerdo conjunto por el cual el Gobierno asumiera la mayor parte del riesgo. Pero en estas condiciones, el Congreso nunca aprobó los proyectos que le fueron presentados, y el Ferrocarril Central de Chubut siguió siendo una modesta línea local operando entre las colonias galesas y el puerto.

Pero si la Patagonia no disfrutó del desarrollo esperado por el directorio de PMACo., las colonias galesas sí prosperaron en su limitada escala. Ello incrementó gradualmente el tráfico en la línea férrea, así como las operaciones del puerto, que era también propiedad de la compañía ferroviaria. En consecuencia, esta empresa, que siempre fue administrada independientemente de las restantes operaciones de PMACo., pudo retribuir a la compañía madre el capital que esta le había prestado para la extensión de la línea, las mejoras portuarias, etcétera, y redituar además un cierto margen de ganancias, único ingreso efectivo de PMACo. en este período.

La extensión ferroviaria no fue el único intento de hacer de Puerto Madryn un centro de desarrollo. Al incrementarse las operaciones portuarias, incluyendo la llegada de embarcaciones de guerra argentinas para su reaprovisionamiento, y dado que la Armada Argentina se hallaba buscando un sitio donde instalar una base militar en el Sur, el Directorio consideró que, con sus ventajas naturales, el Golfo Nuevo ofrecía buenas perspectivas para dicho propósito. De inmediato, el influyente representante de la compañía en Buenos Aires, R. I. Runciman, comenzó las negociaciones con el ministro de Guerra. Al comienzo parecía que si la compañía aseguraba ciertas mejoras –transporte ferroviario directo a Buenos Aires y un adecuado aprovisionamiento de agua–, el ministro aprobaría el proyecto, pero eventualmente las negociaciones fracasaron.[419]

Otro largo enfrentamiento entre PMACo. (de hecho iniciado por ASLCo. cuando era propietaria de las tierras de Puerto Madryn) y las autoridades argentinas se produjo en torno al asiento de la capital territorial de Chubut. Dos localidades fueron consideradas al respecto, Trelew y Rawson, y las autoridades optaron por la segunda. Desde entonces, las compañías británicas intentaron utilizar diversas formas de presión para revertir la decisión, pero todos los intentos fracasaron y Rawson siguió siendo la capital del territorio.

En síntesis, vemos que para 1914 la actividad agraria de la empresa no había logrado avance significativo alguno y las perspectivas de un gran *boom* patagónico que tuviera en Puerto Madryn su cabecera seguían siendo remotas. Pese a ello, PMACo. había logrado distribuir reducidos dividendos a sus accionistas de las ganancias provenientes del ferrocarril –5% en 1910 y 11,4% en 1912, 1913 y 1914–[420] sobre un capital bastante incrementado (la emisión original de £ 40.000 fue aumentada a £ 250.000 para obtener fondos para la extensión del ferrocarril y el desarrollo de los pueblos y demás tierras). Para entonces, el Directorio decidió restringir su escala de operaciones. Las acciones de la empresa ferroviaria fueron prorrateadas entre los inversores de PMACo. y el capital de esta última fue reducido a £ 125.000; las operaciones de la compañía se centraron en sus modestas estancias y se mantuvo la venta de lotes urbanos en Trelew y Puerto Madryn como una reducida, aunque rentable, actividad subsidiaria.

---

[419] PMACo. Minutas de la Asamblea Anual de Accionistas, 1908, p. 16.
[420] *S.E.O.I.*, 1912, p. 1017; y 1917, p. 1078.

La Patagonia Sheep Farming Company y la Southern Patagonia Sheep Farming Company fueron otras dos compañías públicas británicas que operaban estancias en esta región sur. La primera fue creada en 1908 y era una reconstrucción de una empresa privada llamada Waldron Wood Ltd.; sus acciones se hallaban casi totalmente en manos de las familias Waldron y Wood, ambas propietarias de otras estancias en Patagonia. Las tierras de esta empresa se hallaban en Santa Cruz y Chile; y el capital emitido era de £ 180.000, además de £ 23.700 de obligaciones, pero no disponemos de información sobre las ganancias o la distribución de dividendos.[421] La segunda empresa mencionada también poseía y arrendaba tierras tanto en Chile como en Argentina. Hacia 1914, era propietaria de 121.500 hectáreas y arrendaba otras 133.500. Su capital emitido ascendía a £ 141.003 y, además, había colocado en el mercado obligaciones con un interés anual del 6% y garantía hipotecaria por un valor de £ 71.000. Además del pago de los intereses sobre las obligaciones, la compañía distribuyó dividendos del 6% desde su creación en 1912 hasta el comienzo de la guerra, y los incrementó luego debido al alza del precio de la lana. Existe muy escasa información sobre las otras empresas británicas en Patagonia, pero, por los datos con que contamos, parecería que, salvo la Argentine Development Syndicate, una pequeña empresa con base en Puerto Madryn creada con el propósito de especular en tierras, y que nunca logró mayor éxito, y la Argentine Fruitland Syndicate, se trataba de extensas estancias ovinas que operaban sobre bases similares a ASLCo. y las otras empresas de este tipo que hemos analizado hasta aquí.

---

[421] *S.E.Y.B.*, 1910, p. 2110; y 1917, p. 2088.

Conclusiones

En la introducción señalábamos que nuestro trabajo se centraba en dos ejes de interés: la circulación internacional de capitales y la forma de operación de las empresas agrarias británicas en Argentina. Al presentar nuestras conclusiones trataremos de agruparlas en torno a esos ejes. Sobre el primero, señalaremos las particularidades que dicha circulación adquiere en los distintos tipos de empresas estudiadas; posteriormente, valiéndonos de dicho análisis, intentaremos aproximarnos a una evaluación cuantitativa de conjunto de la inversión. En la segunda parte, trataremos de extraer ciertas conclusiones sobre los sistemas de producción empleados y, a través de estas, propondremos algunas reflexiones más generales sobre el sector agrario argentino en el período.

Circulación internacional de capitales

Características generales

Dada la disponibilidad de información, la mayor parte de los casos de estancias familiares que hemos estudiado fueron compañías públicas. Sabemos, sin embargo, que existieron muchas otras estancias de este tipo en propiedad de personas residentes en el Reino Unido, ya fuera bajo la forma de compañías privadas o simplemente como propiedad individual.[422] Según la escasa información que poseemos sobre estos dos últimos grupos de empresas, sus características generales no parecen discordar del modelo que surge de los casos estudiados en mayor detalle. En lo referente a la circulación internacional de capitales, nuestro análisis nos permite efectuar las siguientes observaciones.

No existió una gran transferencia de capitales de Gran Bretaña a Argentina bajo este rubro, pero se puede señalar que una transferencia reducida tuvo lugar en los casos de inmigrantes que trajeron consigo algún capital inicial para su empresa agraria. Por otro lado, existió una transferencia de fuerza de trabajo y capacidad empresarial que, junto al capital antedicho, llegó eventualmente a dar lugar a propiedades de considerable valor. Finalmente, la transferencia más significativa de capital monetario de Gran Bretaña a Argentina fue bajo la forma de préstamos, en particular obligaciones, tomados por estos empresarios en Londres, y que constituían una fuente de capital operacional de bajo costo relativo para los estancieros anglo-argentinos.

En contrapartida, existió una transferencia invisible de capital de Argentina a Gran Bretaña bajo tres formas distintas: la transferencia de propiedades de Argentina a Gran Bretaña debida al regreso de inmigrantes o a herencias, el aumento del valor de estas propiedades como consecuencia de la reinversión de ganancias y el incremento del precio de la tierra y el ganado en Argentina. Como consecuencia de estos fenómenos, una importante masa de capital invertido en empresas rurales argentinas era de

---

[422] Para mencionar tan sólo unas pocas: Estancia Calera Ltd., P.R.O. BT31, 10398/78315; Estancia Cerrillos Co., ibid., 15434/42651; Estancia Florencia Co., ibid., 12835/103835; Estancia La Amarilla Ltd., ibid., 10808/81905; Estancia Las Violetas, ibid., 18348/96705; Estancias Ltd., ibid., 22218/13529; Laguna Estancia Co., ibid., 11264/86095; Los Mirasoles Estancia Company Ltd., ibid., 18266/95569.

propiedad de personas residentes en el Reino Unido. La tercera forma por la cual las estancias familiares generaron una circulación de capitales de Argentina a Inglaterra fue la repatriación de ganancias. Esta podía llevarse a cabo de tres formas distintas: el regreso a Gran Bretaña de inmigrantes, que llevaban consigo el producto de la venta de sus propiedades agrarias; la remesa de ganancias líquidas, ya fuera en forma de dividendos de compañías o bien de ingresos privados en empresas de propiedad individual; y finalmente bajo la forma del pago de intereses sobre préstamos tomados en el Reino Unido.

En lo referente al nivel de estas ganancias, podemos señalar que un establecimiento bien desarrollado tendía a producir sólidos beneficios, aunque sujetos a variaciones. Antes de 1899, estas se debían, en primer lugar, a alteraciones en la paridad cambiaria y, en segundo lugar, a cambios en las condiciones de producción y mercado. Una vez restablecido el patrón oro en Argentina, sólo el segundo aspecto continuó afectando el nivel de ingresos netos. Por otro lado, al avanzar el período, las ganancias, en relación con el costo original de la propiedad (o a su valor cuando es transferida al Reino Unido), suelen ser bastante elevadas.

Una fuente adicional de beneficios fue el aumento constante del valor del activo de la empresa (principalmente por valorización de las tierras y mejoras). Pero precisamente como consecuencia de este aumento del valor del capital fijo, a medida que avanza el período, y pese al aumento de las ganancias, estas dejan de ser altas en relación con el costo de oportunidad que representa el valor de la propiedad. En general, puede afirmarse que las ganancias eran bastante buenas, aunque sujetas a notables variaciones de un establecimiento a otro, de acuerdo con la calidad de su tierra y ganado, con su situación geográfica y con la aptitud de su personal directivo para conducir las operaciones.

Si las estancias familiares fueron la primera forma de vinculación del capital británico con el sector agrario argentino y servían de incentivo para generar otro tipo de inversiones, con el tiempo existiría una considerable diversificación de estas estancias. Su desarrollo, empero, no fue lineal. Cuando a mediados del siglo XIX Argentina comenzó a atraer la atención de capitalistas extranjeros, la posibilidad de invertir en sus tierras fue considerada, pero sólo en 1870, con la formación de CALCo., esta forma de inversión comenzó a adquirir cierta importancia. El éxito de esta empresa dio comienzo a un período de expansión de la inversión inmueble que, interrumpido por la crisis de 1890, conoció un nuevo auge a comienzos del siglo XX, que se dilató hasta la Gran Guerra. Considerando los tipos de inversión agraria que atrajeron mayor cantidad de capital, podemos señalar las siguientes características.

La formación de empresas de colonización implicó, por lo general, una inversión efectiva de capital para la adquisición de tierras. Las empresas de colonización creadas en la década de 1870 y comienzos de la siguiente, en general adquirieron sus tierras del Gobierno a bajo precio. Más adelante, al hacerse la actividad más conocida por el público inversor británico, se formaron otras empresas para adquirir tierras en el mercado abierto con fines de colonización. Esta forma de operación se extendió en la década del 1880 a áreas nuevas del país, donde aún podían adquirirse extensas propiedades rurales a bajo precio. Pero estas últimas empresas rara vez tuvieron éxito en sus planes de colonización. Sólo con la extensión del ferrocarril a comienzos del siglo XX se propagó la agricultura a algunas áreas marginales. Por otro lado, en la etapa inicial existió una transferencia efectiva de capitales para el desarrollo de la infraestructura esencial en las colonias y para proveer de implementos de trabajo y crédito a los colonos durante sus primeros años. Posteriormente, se restringió este tipo de inversión y se liberalizó la capitalización de los colonos a los recursos que pudieran obtener localmente.

La inversión de capital británico en especulación inmueble también implicaba una transferencia efectiva de fondos para la adquisición de la tierra y, en algunos casos, para cierto desarrollo de ella. Esta actividad, sin embargo, tenía como propósito una realización rápida de las ganancias. Por consiguiente, si resultaba exitosa, el capital inicial y sus ganancias se retiraban de Argentina tras un breve período. Cuando las operaciones especulativas no lograron efectivizarse en un lapso corto –lo que fue bastante frecuente, en especial durante la crisis Baring–, las tierras solían ser puestas en explotación por sus propietarios y así adquirían características de empresas-estancia. En otros casos, quienes adquirieron tierras con propósitos especulativos hacia fines de la década de 1880, no habiéndolas realizado antes de la crisis, incurrieron en considerables pérdidas al efectuar ventas durante el período de precios bajos. Cuando esto ocurrió, parte del capital transferido para la compra de tierras no fue recuperado por la economía prestataria.

El capital invertido en la adquisición de estancias ya en funcionamiento tuvo las características típicas de la inversión extranjera, es decir, transferencia monetaria efectiva para la adquisición de la propiedad y circulación en el sentido inverso de parte de las ganancias, en tanto que las restantes eran reinvertidas en la Argentina. Las empresas de colonización o de especulación que se transformaron en estancias después de 1890 también adquirieron esta forma típica. Desde el punto de vista de las ganancias y su modo de operación, estas estancias no difieren en forma significativa de las empresas familiares. La adquisición de grandes extensiones de tierra como parte de un proceso de "integración vertical" implicaba en general una cuantiosa transferencia de divisas para la compra y desarrollo de las propiedades.

Al igual que para las estancias familiares, la tendencia general a un aumento de precio de la tierra implicaba una transferencia potencial de Argentina a Gran Bretaña por un incremento del valor del activo de las empresas. En el caso de las compañías de colonización, este capital se repatriaba como ganancia (diferencia entre el costo y el precio de venta de la parcela) en el momento de la venta de las chacras a los colonos.

En las empresas dedicadas a la explotación directa de sus tierras, la transferencia no se efectuaba hasta el momento en que decidieran realizar la propiedad, en tanto que en los casos de especulación, al igual que en la colonización, la valorización del inmueble era el origen de las ganancias de la inversión, siendo absorbida por la economía prestataria al concluir la operación. Es por ello que la compra y la venta oportuna de las tierras eran el factor determinante del nivel de ganancias que podían lograrse. Tierras compradas a precios bajos en los años setenta y comienzos de los ochenta, o en los años noventa y comienzos de la década siguiente, podían venderse en forma muy ventajosa a fines de la década de 1880 o de la de 1900. En cambio, los inversores que efectuaron compras en los años de precios altos, en especial durante el *boom* especulativo de 1888-1889, podían incurrir en serias pérdidas. Pero dada la tendencia permanente al aumento de precios que se registra en este período, quienes estuvieran en condiciones de retener sus propiedades en espera de condiciones favorables de venta podían salvar su inversión. Entre tanto, se podía lograr una fuente complementaria de ganancias mediante la explotación directa de la propiedad o mediante su arriendo. Sumando el total de los ingresos obtenidos (por medio del valor del inmueble y por su rendimiento anual), resulta bastante claro que en general las inversiones en tierras en Argentina solían resultar más rentables que otras formas alternativas de inversión. Pero la adquisición de tierras contenía un considerable factor de riesgo, especialmente si se trataba de tierras de bajo costo sobre la frontera económica. Por ello, muchas de las empresas formadas fuera de la Pampa Húmeda nunca lograron siquiera recuperar su inversión inicial, en tanto que otras, aun dentro de la región tradicional, tuvieron resultados muy poco satisfactorios para sus inversores.

Respecto del capital invertido en el desarrollo de colonias, hemos visto cómo, en el corto plazo, no parece haber sido redituable; era poco probable que los colonos estuvieran en condiciones de retribuir las facilidades que les ofrecían las empresas en los años inmediatos a su asentamiento. En el largo plazo, sin embargo, el empeño financiero de las empresas de colonización en el desarrollo de sus propiedades contribuía al progreso general de su área de influencia y, por ende, a la valorización de su propiedad. De esta forma, en definitiva, la empresa podía recuperar sus gastos a través de una mayor demanda de sus tierras.

A esta caracterización general de las inversiones británicas en el sector agrario argentino cabría agregar algunas observaciones particulares sobre las empresas formadas en los Territorios Nacionales del Sur, ya que, si bien en líneas generales no difieren de las demás, su apartada ubicación y su *tempo* de desarrollo distinto les confieren ciertos rasgos característicos.

Estas empresas implicaron una substancial transferencia de capitales hacia la Argentina. Las tierras fueron en general adquiridas directa o indirectamente al Gobierno, por lo que la suma por ellas abonada representaba un ingreso de dinero al país receptor. Una parte significativa del monto de la operación, sin embargo, solía ser apropiada por los intermediarios y promotores de la empresa. Estos podían residir en Argentina (por ejemplo, E. Casey, promotor de SALCo.) o en Gran Bretaña (los accionistas del Chubut Syndycate, intermediarios en la formación de ASLCo.), por lo que, en el segundo caso, esta porción de capital permanecía en la economía británica, pese a aparecer como capital invertido en la Argentina.

El desarrollo de la tierra y la formación del *stock* ganadero requirieron también una importante inversión. En las empresas de mejor ubicación, tales como SALCo. en La Pampa, al igual que aquellas de la Pampa Húmeda, los requerimientos de capital eran satisfechos en buena medida por la reinversión de ganancias. En Patagonia, en cambio, las desfavorables condiciones climáticas y de transporte hicieron que las mejoras en general debieran llevarse a cabo casi totalmente sobre la base de erogaciones del capital proveniente de Gran Bretaña. Pero dicho desarrollo de estancias requería una inversión considerable en bienes de importación (material de alambrado, animales finos de *pedigree*, abastos para almacenes de campaña, maquinaria agrícola o de esquila, etc.). Dadas las condiciones de transporte y las facilidades para la importación existentes en Patagonia, los gastos en productos de importación eran mayores aquí que en otras regiones de la República. Los materiales eran, en general, enviados directamente desde Londres por la casa central de la empresa, incluso cuando se trataba de productos que podían ser obtenidos de producción local en Buenos Aires. Otra parte del capital destinado al desarrollo de la propiedad se empleaba en la contratación de trabajadores, por lo que permanecía mayormente dentro de la economía argentina.

Al igual que en las empresas estudiadas en el norte, las grandes estancias del sur también ocasionaron una transferencia invisible de capital de Argentina a Gran Bretaña. Esta corriente se originó mayormente por el incremento del valor de sus activos (particularmente la tierra y el ganado) y también por la repatriación de ganancias y el pago de intereses sobre obligaciones y otros préstamos.

Una vez que una empresa había logrado poner en funcionamiento un sistema productivo que se adaptara a las condiciones prevalentes en la Patagonia, podía obtener una adecuada remuneración de su inversión. Debe señalarse, sin embargo, que las compañías que operaban en las nuevas regiones tuvieron considerables dificultades para desarrollar formas de producción adecuadas a sus extensas propiedades. Más aún, los resultados de las grandes compañías estudiadas no parecen justificar los optimistas comentarios de los observadores contemporáneos sobre la rentabilidad de la cría lanar en Patagonia. Por otro lado, el éxito de muchos empresarios individuales británicos en sus estancias del sur sí parece fundamentar dicho optimismo.

En realidad, la información disponible sobre las empresas familiares en la región patagónica parece sugerir que, salvando las diferencias en el sistema de trabajo atribuibles a cuestiones de ubicación y calidad de tierras, su evolución financiera fue bastante más parecida a empresas del mismo tipo en el norte que a las grandes compañías públicas de la región. Esto incluye un período de rápida acumulación de capital y altas ganancias, que en Buenos Aires fue muy intenso hasta la década de 1870, en Entre Ríos hasta poco después, en Santa Fe y el sur de Córdoba se extiende hasta fines de la década de 1880, y en Patagonia todavía era observable hasta comienzos del siglo XX. Este notorio éxito de las empresas familiares contrasta con la lenta y dificultosa evolución de las grandes compañías estudiadas.

Varias causas pueden dar cuenta de esta diferencia. En primer lugar, parecería que las condiciones del sur se adaptan mejor a empresas familiares, propietarias de grandes extensiones dedicadas exclusivamente a la cría del lanar, con muy baja capitalización y sin gastos de administración considerables. En segundo lugar, muchos de los empresarios individuales ingleses se establecieron muy temprano en Patagonia, comprando sus tierras al Gobierno antes del *boom* de precios de fines de la década de 1880 o durante el período de precios bajos de la década siguiente, período en el que no se produjeron inversiones por parte de compañías públicas. De esta forma, los inversores individuales se beneficiaron mucho más con la valorización de la tierra que las compañías formadas a fines de los años ochenta o a comienzos del siglo XX. Finalmente, un incremento notorio en la riqueza total de un poblador individual era un indicador inmediato de su éxito, en tanto que en las compañías públicas el aumento del valor de su activo sólo puede apreciarse plenamente en el momento de la realización de la propiedad. Nótese, pues, que la evolución de la empresa familiar, al igual que en el norte, va configurando un patrón de acumulación interno que, por el regreso del inmigrante a su país de origen o por la transferencia de la propiedad por herencia, se convierte eventualmente en una forma de transferencia de capital.

En general, vemos que en el largo plazo, en una región como La Pampa (SALCo.), las ganancias totales eran buenas, especialmente debido al incremento del precio de la tierra. Pero precisamente por ello, los ingresos netos anuales en relación con el valor de mercado de las tierras tienden a bajar con el tiempo. En la Patagonia, donde el precio relativo de la tierra fue incrementado por la especulación de los años ochenta más que en otras regiones, estos no se recuperaron tan rápidamente como en el norte.[423] Por ello, las ganancias provenientes del aumento del precio de la tierra eran relativamente menores. Pero los ingresos anuales de las compañías con relación al valor de mercado de sus propiedades eran con frecuencia mayores que en áreas de asentamiento más antiguo.

Volumen de las inversiones

Los problemas que plantea la evaluación del monto total de la inversión de capitales británicos en el sector agrario argentino son tan grandes que cualquier intento de precisión resulta imposible. Las estimaciones generales basadas en la emisión de valores en la Bolsa de Londres son deficientes porque no toman en consideración el importante volumen de inversiones que no se efectuó bajo la forma de compañías públicas y porque los montos de valores emitidos no representan el capital efectivamente invertido en la empresa por el público británico (lo que se puede apreciar, por ejemplo, en las diferencias que indican varios de nuestros cuadros entre el capital emitido y el efectivamente recaudado) ni el verdadero valor de mercado de los bienes en propiedad de la empresa.

Las cifras que nos ofrecen las fuentes contemporáneas no parecen más adecuadas. En una evaluación global de las inversiones extranjeras en Argentina en 1899 (de las cuales entre el 85% y el 90% eran consideradas de origen

---

[423] Al decir que su aumento relativo fue mayor que en otras regiones, nos referimos a que la especulación llevó su precio muy por encima de su renta real, es decir, a la relación precio/productividad.

británico) presentado en un informe consular, la cifra bajo el rubro "chacras, estancias, etc., pertenecientes a compañías" era calculada en $ 24.232.974 oro (£ 4.846.594), pero el autor admite que su cálculo "no incluye, claro está, el capital que aquí poseen muchas compañías privadas extranjeras y sociedades y personas individuales, cuyo monto resultaría imposible estimar".[424]

Un cálculo efectuado por Alberto Martínez sobre el capital extranjero en establecimientos agrícolas y ganaderos en el año 1900, nos da una cifra de 53 millones de pesos oro (£ 10,6 millones), y el autor considera que la cifra había aumentado rápidamente con posterioridad a esa fecha. Pero en un intento de cómputo total del capital emitido por las compañías de tierras británicas en Argentina en 1914, Martínez calcula que las inversiones en las provincias más antiguas son de tan sólo $ 51.372.022 m/n (£ 4.566.401). Menciona también la existencia de varias compañías en los Territorios Nacionales, pero no disponía de información sobre su capital. Martínez presenta, sin embargo, un cuadro que contiene la extensión de las propiedades y la valuación de las tierras para la contribución directa. De él se desprende que el total de estas es de 1.575.308 ha y su valuación de $ 8.916.568 m/n.[425]

La estimación de Martínez para 1914, sin embargo, puede desecharse de inmediato. La lista de empresas consideradas para la región más antigua consiste en diez empresas públicas y privadas cuya inclusión parece deberse a razones fortuitas, ya que, en realidad, como veremos, existía un número de empresas varias veces superior. El

---

[424] *P.P. 1900*, XCII, p. 140.
[425] Datos tomados de A. B. Martínez, "Los valores inmobiliarios de la República Argentina", en *Censo general de la ciudad de Buenos Aires* (1904), p. 497; y "Consideraciones sobre los valores del censo inmobiliario", en *Tercer censo nacional, 1914* (Buenos Aires, 1917), tomo X, p: XXX. Debo agradecer al profesor D. C. M. Platt por llamar mi atención sobre la existencia de estas cifras.

cuadro para los Territorios Nacionales es un poco más completo, aunque dista de ser exhaustivo. Más aún, se halla pleno de errores en cuanto a los nombres de las compañías y la extensión de sus propiedades, en tanto que la valuación de las tierras para la contribución directa parece no guardar relación con el valor de mercado de las propiedades. La cifra para 1900 parece más acertada, pero conociendo los defectos del cálculo de Martinez para 1914 debe ser tomada con sumo cuidado.

Nuestra propia investigación parece sugerir que la única forma de estimar la inversión externa en esta área con algún grado de certeza sería a través de un cuidadoso análisis caso por caso, del tipo del que hemos realizado con las empresas escogidas como ejemplos. Esto parece por el momento imposible, no sólo por la magnitud de la tarea, sino también porque en la mayoría de los casos carecemos de la información necesaria. Más aún, es dudoso que un cálculo tan preciso valga realmente el esfuerzo que requeriría. Sin embargo, a partir de los datos obtenidos en nuestra investigación, parece posible suministrar al menos una idea de la magnitud aproximada de las cifras que estamos tratando. Con este fin hemos dividido las inversiones en cuatro categorías que consideraremos en forma separada, de acuerdo con los problemas que presenta su evaluación, Cada una de estas categorías será estudiada desde dos puntos de vista distintos: la transferencia de capital de Gran Bretaña a Argentina y el valor de mercado de los bienes en propiedad de las empresas.

Compañías públicas

Pese a las limitaciones señaladas, el monto de los valores emitidos parece ser la única base posible para evaluar la inversión de las compañías públicas. Para el año 1890, el total del capital emitido por las trece compañías públicas que operaban con tierras en Argentina sumaba £ 3.626.970. Existía, además, una emisión de £ 160.150 de obligaciones (compuesta mayormente por el millón de libras de *La Curumalán*). Otras tres compañías, que sumaban un capital total de £ 4.883.600, tenían inversiones en tierras entre otras actividades.

En 1913, el total del capital accionario de las treinta compañías públicas de tierras que operaban en Argentina era de £ 15.918.141. Algunas de estas empresas –por ejemplo, Liebig, ALICo. y La Forestal– poseían también inversiones de otro tipo, pero para entonces la tierra constituía, sin duda, la mayor parte de su capital. Las inversiones indirectas totalizaban £ 4.267.767, constituidas mayormente por la emisión de obligaciones de estas mismas empresas. Por lo tanto, la emisión total de valores en la Bolsa de Londres de compañías que operaban en el sector agrario argentino era de £ 20.185.908.

Pero ¿qué es exactamente lo que estas cifras representan? En lo referente a transferencia de capitales, la emisión de debentures puede ser considerada, sin mayores riesgos, como un indicador adecuado. No se puede decir lo mismo, en cambio, de los valores accionarios. En los casos de formación de compañías públicas a partir de estancias familiares, en general se emitieron las acciones a cambio de una transferencia formal de la propiedad, y los receptores de los títulos eran los propietarios anteriores de la estancia, de forma tal que no existió recaudación efectiva de fondos ni transferencia de estos de Gran Bretaña a Argentina. También hemos visto casos en que, debido a la reducción del valor de tapa de las acciones o a la emisión de acciones por sobre su valor nominal –por ejemplo ASLCo.– el monto del capital que figura como emitido era inferior a la transferencia real. Finalmente, en otros casos –por ejemplo, SALCo.–, se emitieron nuevas acciones como dividendo extraordinario sin efectuarse recaudación efectiva alguna, o se aumentó el valor nominal del capital emitido a través de un proceso de reorganización de la compañía (por ejemplo, la transformación de CALCo. en ALICo.). En algunos pocos casos –como el de la Santa Fe and Córdoba Great Southern Land Company–, ambos procesos tuvieron lugar en distintos momentos de la historia de la empresa.

Tomando en cuenta estas consideraciones, en lo referente a la transferencia de capitales, las cifras de 1890 parecen algo superiores a la realidad debido al capital de estancias familiares y al incremento del capital accionario de algunas empresas a fines de la década de 1880 por la revaluación de su activo.[426] Por otro lado, posiblemente menos de la cuarta parte del capital de las tres grandes empresas cuyas inversiones en tierras argentinas eran sólo parte de su actividad se habían destinado a propiedades rurales. Si agregamos la emisión de obligaciones, una cifra más ajustada de las acciones y la porción correspondiente de las tres compañías recién indicadas, llegaremos a la conclusión de que la transferencia hasta 1890 por este rubro no debió exceder los £ 5 millones, y fue probablemente bastante menor.

Para 1913, los casos de emisión de valores por un aumento de la valuación del activo son superiores a los de reducción del capital, o emisión de acciones por sobre su valor nominal, por lo que la cifra de £ 20 millones parece sobreestimar el capital efectivamente transferido.

El cálculo del valor de los bienes presenta otro tipo de dificultades. En cuanto al momento del primer corte temporal, el problema consiste en si se deben tomar los valores

---

[426] La reducción del capital sólo fue frecuente durante el período de la crisis, en tanto que el lanzamiento al mercado de nuevos valores por sobre su valor de tapa fue más común a comienzos del siglo XX.

inmuebles anteriores o posteriores al colapso financiero de 1890. Ninguna de las dos opciones parece adecuada: la primera daría una cifra exagerada por el *boom* especulativo de 1888-1889, en tanto que la segunda estaría deprimida por las malas condiciones financieras. Ambas reflejarían entonces fluctuaciones coyunturales, en tanto que nuestro interés es formarnos una idea de la evolución a más largo plazo. Nuestra reflexión, por lo tanto, no se referirá a una circunstancia específica, sino a las tendencias generales en el período que concluye en 1890. Para él, parecería que el valor del capital emitido más la emisión de obligaciones son un indicador del valor del activo de las empresas. La mayoría de estas había adquirido sus propiedades en la década de 1880 y, por lo tanto, no eran tan antiguas como para haberse beneficiado con un sólido aumento del valor de sus tierras. Más aún, los casos en que esto pudo haber ocurrido se compensan con aquellos en que los costos fueron superiores al valor real de sus propiedades por haberlas adquirido durante el período de auge de precios de 1888. Por otro lado, por lo menos en un caso importante –ALICo.– una empresa antigua había revaluado su capital durante el período en cuestión.

En 1913, el problema es distinto. Para entonces, un buen número de empresas agrarias tenía una importante trayectoria y muchas no habían revaluado su capital a pesar del gran aumento de los valores inmuebles a comienzos del siglo XX. Una operación como la que dio origen a la Cordoba Land Company, en la que se incrementó el capital accionario de la empresa en 6,5 veces, sin incurrir aparentemente en una sobrevaluación del activo, es un claro indicador de la importancia de dicho aumento.⁴²⁷ Las cifras de 1913, sin embargo, incluyen muchas empresas que sí habían revaluado su capital accionario para ajustarlo al valor de mercado de sus propiedades. Más aún, hacia fines de la década de 1900 y comienzos de la siguiente, se efectuaron importantes inversiones; y en estos casos el valor de los activos no había cambiado en forma muy significativa hacia 1913. En general, parece posible suponer que el valor de la propiedad inmueble y demás bienes de estas empresas fuese algo superior a la suma del precio de tapa de sus valores en el mercado, pero en una proporción mucho menor de lo que las cifras de la Cordoba Land Company parecen sugerir –posiblemente entre un 50% y un 100%–.

Compañías privadas propietarias de estancias

La gran mayoría de las empresas incluidas en esta categoría eran estancias familiares. Por ello, según hemos argumentado, la transferencia efectiva de capital de Gran Bretaña a Argentina bajo este rubro fue muy reducida. En lo referente al valor de sus propiedades, el primer problema que debe enfrentarse para su evaluación es tomar conocimiento de la existencia de las empresas y adquirir cierta información elemental sobre ellas. A través de la búsqueda de las posibles palabras iniciales de los nombres de las estancias o compañías en el índice de Company House, estimamos haber hallado entre un 20% y un 30% de las empresas de este tipo que operaban en el período.⁴²⁸

---

[427] La empresa se creó como reconstrucción de la Santa Fe and Cordoba Great Southern Land Company y se emitieron las nuevas acciones sin exigir pago alguno. Ver capítulo 2, segunda parte.

[428] Company House cuenta con un catálogo con los nombres de todas las compañías públicas y privadas registradas por el *Board of Trade* británico en Londres. Lamentablemente, el único orden de este catálogo es alfabético, por lo que resulta imposible identificar a las empresas por actividad o área geográfica. Aun así, y gracias a que los nombres de las empresas-estancias suelen comenzar con

Un número similar de compañías fue localizado a través de otras fuentes y confirmado con el índice de Company House. Estas operaciones nos permitieron localizar ocho compañías privadas de este tipo que operaban en Argentina antes de 1890, cinco en la Pampa Húmeda y tres en los Territorios Nacionales. Al considerar estas empresas hay que dar escaso valor a la emisión de capital, ya que las acciones eran sólo una forma de distribuir proporcionalmente la propiedad, sin reflejar en realidad su valor. Es por ello que hemos priorizado la información sobre la extensión y la ubicación de sus propiedades, que puede sintetizarse de la siguiente manera:

Pampa Húmeda	
2 compañías:	superficie total, 40.176 ha.
2 compañías:	sin información sobre la extensión de sus propiedades.
1 compañía:	nunca operó.
Territorios Nacionales	
2 compañías:	superficie total, 340.000 ha.
1 compañía:	sin información sobre la extensión de su propiedad.
Total: 8 compañías.	

---

algunas palabras en particular (tales como "estancia", "los", "las", etcétera.), hemos podido identificar cierto número de empresas a través de este catálogo. En otros casos, los nombres de las empresas eran provistos por otras fuentes y el catálogo de Company House sirvió para obtener más información sobre ellas, ya que este índice refiere a legajos conservados en Company House misma o en el Public Record Office. Este problema heurístico es tratado en mayor detalle en el prefacio de nuestra citada tesis doctoral.

Para el período 1890-1913, hemos encontrado 43 compañías privadas propietarias de estancias:

Pampa Húmeda	
14 compañías:	superficie total, 220.030 ha. Promedio, 15.716,5 ha.
7 compañías:	sin información sobre la extensión de sus propiedades.
Territorios Nacionales	
8 compañías:	superficie total, 544.739 ha. Promedio, 68.092 ha.
8 compañías:	sin información sobre la extensión de su propiedad.
5 compañías:	sin información sobre la extensión o ubicación de sus propiedades.
1 compañía:	nunca operó.
Total:43 compañías.	

Las cifras para 1890 son tan poco significativas que, aun tomando en consideración la existencia de cierto número de empresas que no hemos podido identificar a través de nuestras fuentes, debemos llegar a la conclusión de que el valor total de los bienes pertenecientes a compañías privadas propietarias de estancias en Argentina antes de la crisis no era muy importante. Esto puede atribuirse principalmente a que el proceso de retorno de inmigrantes, transferencia de propiedades por herencia y formación de compañías privadas como forma de administración de estancias y de evitar el fraccionamiento de la propiedad, se hallaba sólo en sus comienzos para esa fecha. Esta situación había cambiado notoriamente para 1913. Parece posible suponer que el precio medio para esa fecha en la región de la Pampa Húmeda no era inferior a seis o siete libras esterlinas la hectárea.[429] A esta cifra habría que agregar un 50% en concepto de construcciones, otras mejoras y ganado. Tomando en cuenta esta valuación, las 220.030 ha en propiedad de las 14 compañías sobre las que disponemos de información representan un capital de £ 2,2 millones. Si este promedio puede extenderse a las siete compañías de las que no disponemos de información, el total alcanzaría a algo más de £ 3 millones.

El valor de las tierras marginales resulta más difícil de evaluar porque no existe información disponible al respecto y porque hay una variación mucho mayor en la calidad de las tierras en cuestión. Sin embargo, la información de la cual disponemos sobre las compañías públicas en Patagonia parece sugerir que un valor medio de una libra por hectárea no es exagerado.[430] Con un precio medio de la tierra tan bajo, y pese a que el desarrollo de las propiedades era en estas regiones mucho menor que en las áreas de asentamiento más antiguo y las tierras más ricas, la proporción de capital invertido en ganado, edificios, alambradas y otras mejoras y equipos era mayor en relación con el valor de la tierra que en las provincias centrales; y puede ser estimado en un 75% del valor del inmueble. Tomando en consideración estas cifras, las ocho compañías sobre las que disponemos de información poseerían un capital total de aproximadamente un millón de libras. Si extendemos su promedio a las ocho compañías restantes en tierras marginales, duplicaremos esa cifra.

Sumando entonces el capital de las compañías que operaban en la Pampa Húmeda al de las de tierras marginales y tomando en cuenta las cinco empresas cuya

---

[429] Cf. Cortés Conde, *El progreso argentino*, p. 168.
[430] Téngase en cuenta que la mayor parte de las estancias británicas del sur no se hallaban localizadas en la árida meseta sino en las tierras más aptas de la región andina y de Santa Cruz y Tierra del Fuego.

ubicación desconocemos, el valor total de los bienes en propiedad de las 42 compañías privadas sobre las que disponernos de información alcanzaría una cifra de entre £ 5,5 y £ 6 millones. Finalmente, cabe agregar que, sin duda, existió un alto número de empresas correspondientes a esta categoría que no nos ha sido posible individualizar. Es imposible tener certeza alguna sobre su proporción respecto a las conocidas, por lo que resultaría ilusorio aventurar una cifra, pero su existencia sugiere que los montos debieron ser bastante mayores que los cálculos que hemos realizado sobre las empresas identificadas.

Colonización, especulación y otras compañías privadas que operaban con tierras

Para 1890 hemos ubicado siete compañías que cabrían en esta amplia categoría. Cuatro de ellas se hallaban propiedad de una extensión agregada de 419.519 ha (de las cuales 290.219 pertenecían a *la Western Buenos Aires Land Company*). Otras dos, sobre las que no conocemos la extensión de sus tierras, habían emitido un capital total de £ 120.000, y carecemos de información sobre la restante. Para 1913 hemos localizado diez compañías de este tipo. En este caso, es más frecuente la información sobre el capital que sobre las propiedades. El capital accionario total de las siete empresas para las que contamos con información era de £ 2.469.190 (de los cuales dos millones pertenecían a la Jewish Colonization Association). A esto debemos agregar una cifra relativamente reducida por la emisión de obligaciones. En un caso en que no disponemos de información sobre el capital, sabemos que la empresa poseía 35.000 ha en la Pampa Húmeda; de las dos restantes carecemos de información acerca de su inversión.

Dada la forma en que operaban estas empresas (la mayoría de ellas eran empresas de colonización o de especulación agraria), la diferencia entre el valor de sus propiedades y el capital emitido no era tan pronunciada como en el caso de las estancias familiares. Por otro lado, el capital emitido parece reflejar mejor, en estos casos, el total de lo efectivamente invertido, ya que en la mayoría de los casos se trata de asociaciones puramente comerciales y no de subdivisiones del patrimonio familiar. Finalmente, dada la naturaleza de la actividad emprendida, es menos probable que empresas importantes de este tipo hayan pasado inadvertidas a nuestra pesquisa. Tomando todo esto en consideración, podemos señalar que hacia 1890, aun cuando las cifras correspondientes a este rubro no eran muy importantes en términos absolutos, tenían bastante peso con relación a las otras formas de inversión (especialmente debido a las compañías de colonización). Hacia 1913 el monto total del capital invertido era sin duda mayor, principalmente debido al alza del precio de la tierra. Pero si dejamos de lado el caso particular de la Jewish Colonization Association, vemos que la importancia relativa de este tipo de inversión parece haber caído respecto de 1890 y, sin duda, no tenía un peso muy significativo.

Inversiones individuales

Según hemos señalado a lo largo de nuestro trabajo, resulta prácticamente imposible detectar este tipo de inversión en forma sistemática. Sólo eventualmente hemos logrado localizar inversiones de este tipo que pueden servir a manera de ilustración. Por ejemplo, comparando una lista de nombres de muy conocidos inversores británicos en Argentina con una de propietarios rurales en la provincia de Buenos Aires en el año 1890, hemos constatado una serie de casos en que dichos inversores poseían tierras en forma individual en la región y otros en que tenían propiedades conjuntas con otros inversores británicos o con terratenientes locales. En algunos casos –por ejemplo, el Centro Agrícola Dos Amigos, en el partido de Adolfo Alsina, propiedad de J. Fair– carecemos de información sobre la extensión de sus propiedades, pero en otros contamos con información más precisa: en 1890, nueve de estas propiedades totalizaban 108.176 ha. Conocemos la existencia de otros casos en diversas regiones del país, tales como la propiedad de Paul Krell en Santa Fe, la de J. Aungier, también en dicha provincia, la de W. Wilson en La Pampa, las de Wood en Santa Cruz, etcétera. Estos datos fragmentarios no nos permiten intentar una aproximación cuantitativa, pero sí sugerir que la superficie de tierra en manos de propietarios individuales en el Reino Unido era bastante considerable.

Inversión total

Una estimación de la inversión total en cría bovina en Argentina (incluida la tierra) realizada en 1889, la calculaba en £ 100 millones.[431] La ganadería vacuna era la principal actividad en ese momento, por lo cual, si nos basamos en dicha cifra y tomamos en cuenta la cría ovina, la colonización agrícola y otras actividades de menor importancia, la inversión total en el sector agrícola antes de la crisis podría estimarse entre un 50% y 60% por sobre ella. Una evaluación más comprensiva de comienzos de la segunda década del siglo XX estima el total del capital en las empresas rurales en Argentina en £ 799.118.000.[432] De nuestros propios cálculos sobre la participación británica en dicha inversión surge como posible suponer que esta sería de

---

[431] *B.T.J.*, 6 (1889), p. 45.
[432] *P.P. 1912/3*, XCIV, p. 130.

entre el 5% y el 10% del total. Esta proporción era probablemente menor antes de la crisis de 1890 que después del resurgimiento de comienzos de siglo (aunque siempre dentro de los porcentajes señalados), debido a la extensión de la propiedad británica en los Territorios Nacionales del Sur y a que el proceso de transferencia de la propiedad a Gran Bretaña por regreso de inmigrantes o por herencia se hallaba más avanzado. Respecto de la transferencia efectiva de capitales de Inglaterra a Argentina para su inversión en el sector agrario, sin duda nunca llegó a superar la mitad del valor de las propiedades en manos de residentes en Gran Bretaña, y probablemente se trataba de una cifra bastante inferior a dicho 50%.

Finalmente, si comparamos nuestras cifras con los cálculos generales de las inversiones inglesas en la República, notamos que, tomando en consideración los valores de los activos empresarios, el monto de la inversión de dicho origen era bastante superior a lo que se había supuesto hasta el presente. Esta revaluación ubica las inversiones del sector agrario como la tercera área más importante de inversión, después de los ferrocarriles y el crédito público. Sin embargo, y dada la importancia porcentual de las dos áreas principales, el volumen total de la inversión no se ve modificado en forma sustantiva.[433]

---

[433] El profesor D. C. M. Platt ha planteado la necesidad de corregir las cifras de inversiones externas británicas y de disminuirlas en una tercera parte para 1913, debido a que, entre otras cosas, el carácter internacional del mercado de capitales de Londres implicaba que buena parte de los valores en él emitidos no eran adquiridos por británicos, "British Portfolio Investment Overseas Before 1870: Some Doubts", *Economic History Review* 2ª serie, XXXIII (1980), p. 16 y *passim*. Esta objeción afecta el volumen total de las inversiones en compañías públicas que hemos presentado, pero no su importancia relativa. Más aún, dado que todas las inversiones familiares eran, sin duda, británicas, esto tendería a hacer aumentar la importancia relativa del sector agrario frente a otras áreas de inversión.

La repercusión de este rubro de inversión en la economía argentina en general, dada su limitada importancia relativa, fue moderada. Cabe señalar, sin embargo, algunas de sus características principales.

En tanto que otras formas de inversión –ferrocarriles, servicios públicos– tenían, en el corto plazo, una fuerte influencia negativa sobre la balanza comercial por la gran proporción de insumos importados que requerían, esto ocurría en mucha menor medida con las empresas rurales. Las importaciones realizadas por estas empresas (material de alumbrado, ganado fino, maquinaria agrícola, etcétera) eran menos significativas, en tanto que su erogación principal (la adquisición de tierras) era un flujo neto de dinero a la economía receptora.

Por otro lado, la inversión en tierras tenía un efecto más inmediato sobre la producción de un excedente que otras formas de inversión. Este efecto era reforzado por la importación de trabajo y por la capacidad empresarial ligada a la formación de empresas familiares.

Por su parte, la inversión de capitales externos en la especulación con tierras tuvo un efecto negativo al producir una inflación artificial de los precios y el retiro de dicho capital del mercado argentino en los períodos de crisis, lo que agudizó los problemas de balanza de pagos. Pero el limitado volumen de capital existente en esta actividad no justifica su inclusión como un factor que tuviera una incidencia significativa sobre la evolución de la economía.

Finalmente, en el largo plazo, el aumento de la productividad de la tierra y de su precio implicó que la repatriación de ganancias y capitales tendiera a aumentar con el tiempo, lo que resultaba en un egreso mayor de capital desde Argentina hacia el Reino Unido. Si bien su incidencia sobre la balanza de pagos fue menor que el servicio de la deuda pública y los ferrocarriles, sin duda implicó un creciente egreso en concepto de ganancias y dividendos y, dado que la tierra fue un bien de valor bastante sostenido (en general con tendencia a un aumento de valor relativo) y de comercialización relativamente fácil (salvo particulares coyunturas de crisis), las empresas del sector contaban con mayores facilidades para la repatriación de su capital, en general incrementado por la valorización del activo empresarial.

Organización de la producción y el sector agrario argentino

Tiempo atrás, la literatura histórica solía considerar atrasado y conservador al sector agrario argentino, en algunos casos, feudal. Según esta forma de pensar, la "oligarquía" se había apropiado de la rica tierra de las pampas (más tarde formando "imperios" aún mayores en la Patagonia), la había ocupado con unos pocos animales que pastaban más o menos libremente y se había retirado a la ciudad o a Europa a vivir de rentas. Al mismo tiempo, estimulada por una política irracional de crédito (particularmente en la década de 1880), una especulación frenética había elevado el precio de la tierra muy por sobre su valor real. El crecimiento de la economía argentina que tuvo lugar en el último tercio del siglo XIX y el primero del XX fue, entonces, simplemente, el resultado de la enorme riqueza del país, logrado a pesar de su arcaica estructura agraria.

Más aún, este retraso era considerado una de las principales causas del fracaso de Argentina en conservar la posición mundial que había logrado a fines de la década de 1920.[434] A partir de fines de la década de 1960 esta posición

---

[434] Esta es, sin duda, sólo una versión extrema. Muchos historiadores y economistas, autores de valiosos aportes a nuestro conocimiento del pasado argentino, nos presentan un panorama mucho más matizado, pero aún teñido por esta

ha sido cuestionada sólidamente por algunos historiadores, y se inició entonces un modelo de interpretación sustitutivo.[435] La imagen que nos provee nuestra investigación difiere sustancialmente de la anterior. Vemos en el sector agrario un notable dinamismo, no sólo presente en la incorporación de nuevas tierras, sino también en la constante readaptación de los sistemas productivos en las áreas ya en explotación, en respuesta a cambios en la demanda interna y externa y al desarrollo de nuevas técnicas de conservación y transporte.

La impresión de retraso de la actividad rural surge en buena medida del uso de sistemas de producción extensivos y de la existencia de grandes propiedades rurales. El

---

interpretación. Entre ellos cabe destacar las obras de Cárcano, *Evolución histórica...* ; Ricardo Ortiz, *Historia económica de la Argentina,* Buenos Aires, 1955; Aldo Ferrer, *La Economía Argentina,* Méjico, 1963; Manuel Bejarano, *La política colonizadora de la provincia de Buenos Aires,* Buenos Aires, Facultad de Filosofía y Letras, 1962 (mimeo); Giberti, *Historia económica...*; Oddone, *La Burguesía Terrateniente Argentina.* También algunos valiosos aportes a la historia económica del país realizados fuera de la Argentina han sido influidos por esta interpretación, tales como Williams, *Argentina Trade...*; J. R. Scobie, *Revolución en las Pampas,* Buenos Aires, 1966; Ferns, *Gran Bretaña y Argentina...* Esta corriente interpretativa también se observa en trabajos tales como "La Generación del Ochenta y su proyecto: antecedentes y consecuencias" de O. Cornblit, E. Gallo y A O'Connell, "Las etapas del desarrollo económico argentino" de G. Di Tella y Manuel Zymelman, ambos en T. Di Tella, G. Germani y J. Graciarena, *Argentina Sociedad de Masas,* Buenos Aires, 1965; y R. Cortés Conde, "Algunos rasgos de la expansión territorial en la Argentina en la segunda mitad del siglo XIX", *Desarrollo Económico,* 29 (1968); y otros trabajos tempranos de estos mismos autores, quienes más tarde revisaron esta posición.

[435] Un trabajo que denota claramente un cambio de línea interpretativa es "Agrarian Expansion and Industrial Development in Argentina", documento de trabajo del Instituto Torcuato Di Tella, 1970, de E. Gallo, como así también la tesis doctoral citada del mismo autor, presentada ese mismo año. Más recientemente, Cortés Conde, en su *El Progreso Argentino,* ha producido la obra más comprensiva sobre el desarrollo agrario argentino que adopta esta nueva interpretación. J. C. Brown, *A Socioeconomic History of Argentina, 1776-1860,* Cambridge, 1979, ha tratado de extender la nueva línea de análisis a la primera mitad del siglo XIX; en tanto que Hilda Sabato, "Wool Production and Agrarian Structure in the Province of Buenos Aires, North of the Salado, 1840's-1880's" ha demostrado convincentemente que la racionalidad capitalista predominaba claramente en los establecimientos laneros de la zona que ella estudia.

estudio de las empresas que hemos realizado –y no sólo de las grandes compañías públicas, sino también de las empresas familiares, como el caso de las estancias Walker– sugiere una interpretación distinta. En ellas vemos que las grandes unidades de producción se combinan con una utilización plena de recursos y la más estricta lógica de maximización de ganancias, dentro de las condiciones que prevalecían en la economía argentina del momento. Durante el período de expansión que concluyó con la Gran Guerra, la tierra era el recurso relativamente más barato en la Argentina, en tanto que el capital, y particularmente el trabajo, eran escasos y caros. Estas condiciones dieron lugar al surgimiento de una particular combinación de factores de producción dentro de las estancias: uso extensivo de la tierra, uso limitado del capital (aunque se prefería un sistema más intensivo en el uso de capital que en el uso del trabajo, como lo demuestra el considerable nivel de tecnificación en la agricultura) y un uso restringido del trabajo. Esto se refleja en la constante preocupación de varias de las empresas estudiadas por obtener el capital necesario para operar sus propiedades, lo que las impulsaba, cuando era posible, a recurrir al mercado de capitales de Londres. En los casos de empresas familiares en que esto no era factible –recordemos lo dicho sobre Walker–, el déficit de capital producía constantes dificultades financieras, lo que impulsaba a recurrir a formas de crédito relativamente caras.

Hemos visto también que una característica muy común en la administración de estancias era que, debido a la limitación en la disponibilidad de capitales y a la escasez de trabajo, las mejoras se realizasen mediante contratos que incluían el trabajo como parte de la compensación por un arriendo. Walker, por ejemplo, intentó eludir este sistema mediante el uso de asalariados como mano de obra agrícola en *Nuevo Bichadero,* pero los altos costos lo forzaron a abandonar este sistema en favor de las prácticas de aparcería más usuales. Por otro lado, aquellas empresas que, por problemas de ubicación o transporte, no podían utilizar colonos para el laboreo de sus tierras, en general se vieron imposibilitadas de llevar a cabo la mejora extendida de sus pasturas. El convenio por el cual Walker logró la adecuación productiva de sus campos de Villegas tiene connotaciones similares. En este tipo de contrato, el estanciero utilizaba su recurso más abundante, la tierra, para obtener el capital y el trabajo que requería para las mejoras.

Ahora bien, en la medida en que la incorporación de la economía argentina al mercado mundial avanzaba, aumentó la potencialidad rentística de sus tierras y, con ella, su precio. Esta transformación requería una readaptación constante del sistema de trabajo en las unidades de producción. Así, una de las características más llamativas del proceso de desarrollo de las empresas agrarias que analizamos es su continua transformación mediante la introducción de mejoras, el refinamiento de sus planteles ganaderos y la introducción de nuevas actividades. Esta evolución tuvo un efecto notorio sobre la relación tierra-capital dentro de las estancias. Esta relación puede ser considerada desde dos puntos de vista distintos: la inversión de capital por unidad de superficie y la proporción de ésta respecto del valor de la tierra. La primera, en la medida en que aumentaban las inversiones fijas y el valor del ganado, fue aumentando gradualmente. La segunda, en cambio, influida por el incremento constante del precio de la tierra, tendió a mantenerse estable, e incluso en las coyunturas de gran alza de precios de la propiedad inmueble, esta debió incrementar su peso relativo.

La constante readaptación en la utilización de recursos tuvo también otro efecto significativo, que consistía en realzar la importancia de la dirección empresaria. En las empresas individuales, esta no sólo estaba a cargo de los propietarios –que en los casos estudiados parecen haber dedicado bastante mayor atención a la administración de sus campos que lo que la visión más tradicional de la "oligarquía agraria" parece sugerir– sino también por sus agentes y representantes. En las grandes compañías públicas, este papel se hallaba distribuido en una serie de funciones gerenciales, que van desde los administradores en las estancias –que, según hemos visto, solían tener participación en los beneficios– a los agentes y "comités locales" en Buenos Aires y los directorios de las compañías en Londres. La habilidad gerencial tenía también, como vimos, un importante papel en el proceso de realización del *stock* ganadero. La regulación de los envíos al mercado, que requería considerable habilidad en el manejo de la hacienda y abundante información sobre las fluctuaciones económicas y sus cambios de corto plazo, tenían una fuerte influencia sobre el nivel de ingresos de las empresas. Esto limitaba claramente la posibilidad de la inversión extranjera individual en pequeña escala en estancias, ya que si no era emprendida por alguien con un adecuado conocimiento del sector agrario argentino, implicaba un alto costo administrativo o el riesgo de pérdidas considerables por mala administración.

El estudio de las estancias Walker pone también de manifiesto una diferenciación en la estructura de inversiones de los campos de invernada respecto a los de cría. Según hemos visto, al intentar Walker reproducir las condiciones de trabajo de *Nuevo Bichadero* en la *25 de Mayo,* los resultados estuvieron lejos de compensar la importante inversión que implicaba la adquisición de valiosas tierras en el partido de Monte. La razón es evidente: los campos de invernada tenían entonces ciertos requerimientos –proximidad a los mercados, abundancia de pastos y abrevaderos, subdivisión en potreros relativamente chicos– que los hacían más caros y, por lo tanto, debían redituar una ganancia elevada por hectárea para remunerar adecuadamente la inversión. Esto sólo podía lograrse mediante una mayor inversión relativa de capital, lo que en un contexto de tasas de interés relativamente altas implicaba un considerable riesgo. Si los márgenes de ganancia caían por debajo de un cierto nivel, no sólo afectaban los beneficios sobre la inversión inmueble –que, como hemos señalado, debían ser elevados para equiparar el costo de oportunidad de la inversión– sino también los beneficios sobre el capital invertido. La combinación de campos de cría y de invernada en una sola empresa disminuía considerablemente estos riesgos, ya que la mayor estabilidad de la actividad de cría compensaba las fuertes fluctuaciones que solían producirse en las ganancias del engorde. Por otro lado, los riesgos de los invernadores eran transferidos a los criadores a través de bajas en el precio del ganado de invernada, algo que los criadores trataban de evitar adquiriendo sus propios campos de engorde. La integración de ambas actividades, que parece haber sido mucho más frecuente de lo que la literatura tradicional parece suponer, dio mucha mayor flexibilidad a las empresas para responder a las variaciones de las condiciones de mercado.

Finalmente, otro rasgo llamativo de las estancias británicas en el Plata fue su extensa interrelación dentro de un círculo de firmas e individuos del mismo origen nacional. Esto puede sugerir, hasta cierto punto, una economía de enclave. Este no era el caso, en realidad, ya que las estancias y otras empresas británicas operaban totalmente dentro de la sociedad y la ley argentinas, pese a hallarse totalmente integradas al mercado mundial. Sin embargo, gracias a la extensión de las inversiones británicas a muchos sectores de la economía argentina y al peso de la comunidad británica en la región, fue posible para los establecimientos e individuos de dicho origen nacional operar en buena medida entre ellos mismos. Este estrecho círculo sirvió, por otro lado, como cabecera de puente para el desarrollo de nuevas inversiones de capital británico y para la llegada de inmigración de británicos de clase media a la Argentina.

A estas reflexiones generales sobre el funcionamiento de los establecimientos rurales en la región pampeana cabe agregar algunas consideraciones más específicas sobre las grandes estancias de los Territorios Nacionales del Sur. Las primeras de estas empresas se formaron en la década de 1880 con la intención de seguir los lineamientos de las compañías de colonización que operaban en el norte. La evolución general de la economía y, en muchos casos, las condiciones naturales de las tierras, las obligaron a cambiar su actividad y así se transformaron en grandes estancias. Fue necesario, entonces, desarrollar formas de operación adaptadas a las condiciones que prevalecían en las regiones en que se hallaban localizadas y que eran totalmente distintas de las tierras interiores. Estas compañías debieron, por lo tanto, atravesar un período de adaptación antes de hallar un sistema productivo adecuado a sus circunstancias. Otras empresas de formación más tardía, creadas con el propósito de operar sus tierras como estancias, o aquellas que surgieron de explotaciones familiares, sufrieron menos las dificultades de adaptación que las primeras grandes compañías.

La característica principal del sistema productivo desarrollado por estas empresas en tierras marginales fue un muy bajo nivel de costos fijos, aun a costa de una relativa ineficiencia (es decir, gran número de pérdidas de animales en los malos años). En otras palabras, la tendencia observada en general a un uso extensivo del factor tierra y a la limitación del empleo de capital, y sobre todo de trabajo, es aquí más aguda aún. En los Territorios del Sur, donde las grandes desventajas climáticas y de ubicación resultaban en una menor productividad de la tierra, el nivel de inversión fija debía ser reducido al mínimo indispensable si se deseaba obtener una remuneración adecuada a la inversión.

Otra característica de estas tierras marginales era la dificultad de acceso -por problemas de transporte- a los mercados de ganado y de productos agrícolas. Por consiguiente, la producción debió orientarse hacia bienes de fácil transporte y un valor relativamente alto por unidad de peso, que pudieran absorber mejor altos fletes. De allí que la producción se especializara en razas ovinas productoras de lana fina. Con el desarrollo del sistema ferroviario, a comienzos del siglo XX, ciertas regiones de estos territorios llegaron a ser aptas para la cría de animales de carne y para la producción agrícola (el noreste de La Pampa, por ejemplo). La mayor parte de Patagonia, en cambio, siguió siendo, durante todo el período estudiado, una región fundamentalmente lanera.

También el problema de la escasez de mano de obra fue en los Territorios del Sur más agudo que en el resto del país. Como hemos visto, la única forma de resolverlo, al menos en parte, fueron los contratos de aparcería. Debido a ello, y siguiendo una tendencia común a las situaciones de frontera, la movilidad social se mantuvo bastante fluida en la Patagonia hasta comienzos del siglo XX, en tanto que, para entonces, la estructura de clases se había hecho más rígida en las regiones de ocupación más antigua.

La relación entre las grandes empresas británicas de tierras que operaban en el sur y las autoridades nacionales también merece una mención particular. Generalmente, las compañías que operaban en el sector agrario tenían menor dependencia del Estado que otros casos de inversiones externas, tales como los ferrocarriles o los servicios públicos. Pero algunas decisiones gubernamentales tuvieron un efecto muy notorio en la formación de las grandes estancias británicas en los Territorios –recuérdese que casi todas se crearon en forma directa o indirecta sobre tierras fiscales– y sobre su desarrollo posterior. En este sentido, el Gobierno adoptó una serie de medidas que tendían a promover el desarrollo del extremo sur del país y así compensaban hasta cierto punto sus desventajas naturales y de transporte.

Dentro de los Territorios Nacionales hubo claras diferenciaciones. Una comparación entre SALCo. en el norte de La Pampa y ASLCo. en la Patagonia permite apreciar algunas de ellas, a la vez que revela ciertos rasgos comunes, atribuibles a su condición de "tierras nuevas" y marginales al sistema de producción centrado en la Pampa Húmeda. Al respecto, puede señalarse que el desarrollo de la empresa más antigua antes de la llegada del ferrocarril guarda bastantes similitudes con el de la compañía patagónica y que el sistema de producción por ella utilizado entonces se asemeja bastante al que emplearía su símil más al sur unos años más tarde. Esto refuerza la idea de que es la llegada del ferrocarril lo que posibilita una transformación de la estructura productiva en estas áreas apartadas. Un punto de diferenciación bastante marcado, sin embargo, está dado por la incidencia del aumento del precio de la tierra sobre las ganancias totales de las empresas, que mientras en La Pampa sigue un patrón similar al de las provincias más antiguas, en la Patagonia es bastante menos claro.

SALCo. ofrece también una interesante comparación entre los resultados de dos opciones abiertas para las compañías propietarias de tierras sin desarrollar: su explotación directa o su arrendamiento. Aunque no es concluyente, su análisis sugiere que aunque la remuneración directa percibida en ambos casos era similar, la inversión por parte del propietario en el desarrollo de sus campos posiblemente tuviera, a la larga, un resultado más positivo que una actitud meramente especulativa.

Esto, así como el estudio realizado de las empresas de colonización y especulación, parece sugerir que, en contraste con lo que se suele suponer, el mercado de tierras tuvo una evolución bastante típica dentro de una estructura capitalista. El precio de la tierra, salvo en algunas circunstancias particulares, tendía a evolucionar en forma paralela al crecimiento de la productividad. El acceso a la propiedad inmueble parece limitado sólo por factores económicos y no por situaciones institucionales. Los terratenientes parecen en general actuar en busca de una maximización de sus ganancias. Por otro lado, las variaciones en las formas de tenencia de la tierra encuentran su explicación, al menos en los casos de las empresas británicas estudiadas, en factores claramente económicos. Si la posesión de propiedad rural era un elemento de prestigio en la sociedad argentina de fines del siglo XIX y comienzos del XX, esto no parece afectar el razonamiento económico de quienes operaban con ella. Puede, sin duda, argumentarse, claro está, que estas conclusiones se hallan condicionadas por tratarse del análisis de un segmento reducido del mercado de tierras argentino del momento –el vinculado al capital británico– y que es precisamente dicho sector el que más probablemente actuó en forma capitalista; sería, por lo tanto, peligroso tratar de extender estas conclusiones al conjunto del sector. Pero aunque la objeción indudablemente tiene validez, debemos señalar que no hemos encontrado evidencia alguna de que en general los terratenientes ingleses se comportaran en forma distinta que sus similares criollos. Más aún, las empresas británicas competían en un mercado dominado por inversores argentinos y la racionalidad capitalista parece dominar el conjunto del mercado y no sólo las empresas británicas que participaban en él.

Permítasenos, entonces, a modo de resumen final, insistir brevemente en algunas de las características generales más salientes del sector rural. Si bien la estructura agraria argentina estuvo, sin duda, dominada por la gran propiedad y los sistemas de producción extensivos, esta configuración parece responder a una lógica de maximización de los beneficios más que a una actitud conservadora o a falta de interés por parte de los terratenientes. Más aún, el desarrollo argentino durante este período se halla estrechamente vinculado a la participación de la República en el mercado internacional; y es precisamente el bajo y muy competitivo costo de su producción agraria lo que le permitió primero sustituir las importaciones y, más tarde, captar un importante sector del mercado mundial. Y como el capital y el trabajo eran más costosos en Argentina que en otras áreas del mundo, fue sólo el extensivo uso del factor tierra lo que permitió lograr costos de producción competitivos. Por ello, la estructura agraria, más conservadora, era un reflejo de las condiciones impuestas a su estructura productiva por el mercado internacional y los costos de factor.

Un significativo efecto colateral de esta particular conformación de costos factoriales fue la existencia de amplias oportunidades de movilidad social, particularmente antes de 1890 en la Pampa Húmeda y hasta el final del período en los nuevos Territorios Nacionales. El alto valor del trabajo y el precio relativamente bajo de la tierra hicieron posible que algunos trabajadores tuvieran acceso a la propiedad inmueble mediante la acumulación de capital por su participación de las ganancias (aparcería). En 1890, primero la crisis y luego el incremento de los precios relativos de la tierra limitaron el acceso a la propiedad inmueble en las áreas de asentamiento más antiguo. Pero, como ya señaláramos, este proceso no parece verse condicionado por factores extra-económicos que restringieran el acceso a la tierra a un determinado sector social; fue simplemente el resultado de cambios en la economía argentina. Más aún, después de que el acceso a la propiedad se hubiera dificultado en las provincias más antiguas, tuvo lugar el surgimiento de un sector medio rural de chacareros arrendatarios, más que a un gran aumento de los asalariados rurales.[436]

Volviendo al tema de la estructura de producción, vemos que, dentro de un contexto de uso extensivo de la tierra, existió una constante innovación de las técnicas productivas, e incluso de la estructura de inversiones (lo que es coherente con el hecho de que Argentina era una región en pleno desarrollo). Esto sugiere la existencia de una clase empresarial bastante dinámica más que la de una aristocracia feudal. En este sentido, pensamos que la concepción tradicional de la "oligarquía argentina" puede ser revisada.[437]

---

[436] Debe tenerse presente, sin embargo, que en la cría bovina la mano de obra asalariada siempre había sido la principal forma de trabajo, en tanto que la contratación de pastores por un sueldo había reemplazado ya definitivamente a la aparcería en las regiones de ocupación más antigua a partir de la década de 1880.

[437] Es necesario señalar que el énfasis que ponemos en la racionalidad económica de la estructura agraria que predomina en el período corre el riesgo de descuidar los aspectos negativos de sus resultados. Sin duda, tuvo consecuencias económicas, sociales y políticas que condicionaron el desarrollo posterior del país, lo que generó un crecimiento económico extremadamente sensible a los cambios en la demanda internacional de productos alimenticios y una estructura social que tendía a concentrar una fuerte dosis de poder en un núcleo reducido de grandes propietarios rurales. También estos aspectos requieren análisis y reflexión. El propósito de estas conclusiones, sin embargo, es sugerir que dicha

Finalmente, esta imagen de cambios tecnológicos y creciente productividad abre una nueva perspectiva sobre el problema de la especulación. En un proceso dominado por la expansión de la frontera y el incremento de los precios de la tierra era inevitable que existiera especulación; y la Argentina de fines del siglo XIX y comienzos del XX no fue, sin duda, una excepción. Pero el problema real consiste en saber si los precios de la tierra fueron inflacionados por encima de su valor productivo real debido a ello o si el aumento del precio era simplemente reflejo de un aumento de la renta agraria por mayor productividad. Durante el período estudiado –a excepción del *boom* especulativo de 1888-1889– parecería que la tierra generaba mayores ganancias que otros sectores de la economía. Esto, en realidad, sugiere que su precio marchaba por debajo, y no por encima, de las mejoras en su capacidad productiva. Hacia finales del período, sin embargo, existe una tendencia a una caída de las ganancias en relación con el costo de oportunidad representado por el precio de la tierra, lo que puede tomarse como un indicador de que la era de la expansión agraria estaba llegando a su fin.

---

estructura es más una consecuencia de la forma en que se operó la integración argentina a los mercados internacionales que el resultado arbitrario de la voluntad política de una clase detentadora del poder.

Bibliografía

Fuentes manuscritas

Argentine Southern Land Company, London Wool Exchange, Brushfield St., London E1.

1. Correspondencia Cordillera a Londres, 1906-1914.
2. Correspondencia Londres a Buenos Aires, 1911-1914.
3. Varios informes del administrador en Patagonia, copia de contratos con pastores, etc.

Baring Brothers, 88 Leadenhall Street, London EC3 3DT.
HC 4.1.141 a 190. Estancia Curnmalán.
Companies' House, 51-57 City Road, London EC1.

1. Catálogo: a) Fichero de compañías desaparecidas antes de 1862; b) Fichero de compañías desaparecidas después de 1862; c) Índice en microfilm de compañías existentes.
2. Legajos de compañías, con información sobre su registro, estructura de capital, etc., de compañías existentes:Argentine Southem Land Company (28827); The Cullen Station (68122); Estancia Bonnemet Ltd. (333755); Jewish Colonization Association (34786).

Dirección de Geodesia y Catastros, asesoría histórica. Ministerio de Obras Públicas de la Provincia de Buenos Aires, Calles 5 y 58, La Plata.

Catastro de la Provincia de Buenos Aires en 1890.
Instituto Torcuato Di Tella, 11 de Septiembre 2139, Buenos Aires.

1. Archivo Walker, catálogo de biblioteca N° 930.25; 338.93; A637; J; 1. a) Copiador de correspondencia de Walker, 1883-1894; b) Copiador de correspondencia de Walker, 1894-1895; c) Copiadores de correspondencia de Walker, Bird y otros administradores de *Nuevo Bichadero,* 1896-1916; d) Correspondencia recibida en *Nuevo Bichadero,* 1896-1908; e) Correspondencia de Farran y Zimmerman a Walker, 1897-1906; f) Correspondencia del administrador de *25 de Mayo* a Walker, 1900- 1904; g) Facturas de *Nuevo Bichadero,* 1901-1902; h) Libro de ganado de *Nuevo Bichadero,* 1900-1908; i) Libro diario y cuentas corrientes de *Nuevo Bichadero,* 1900-1914; j) Recortes de periódicos y notas técnicas sobre administración de estancias.
2. Registro gráfico de la propiedad de la provincia de Santa Fe, 1886.

Public Record Office, Kew Gardens, Londres.
Documentos del *Board Trade,* serie 31 (BT31). Legajos de compañías desaparecidas con información sobre registro, estructura del capital, etc.

Anglo-Argentine Association Ltd. (21394/128465).
Anglo-Argentine Butter Co. Ltd, (7881/56056).
Anglo-Argentine Founders' Syndicate. (12241/96290).
Anglo-Argentine Land Co. Ltd. (3175/18430).
Anglo-Argentine Tobacco Co. Ltd. (13652/116663).
Argentine and General Exploration Co. Ltd. (12329/97307).
Argentine and Uruguay Agency Company Ltd. (14121/129413).

Argentine Beef and Wheat Lands Co. Ltd. (13758/118785).
Argentine Cattle Agency Co. Ltd. (6401/45197).
Argentine Colonization and Development Co. Ltd. (22079/134136).
Argentine Commanditary Ltd. (3099/17754).
Argentine Contract Co. Ltd. (8312/60395).
Argentine Developmont Syndicate Ltd. (18311/96171).
Argentine Fruitland Syndicate Ltd. (21746/131437).
Argentine Jujuy Land Syndicate Ltd. (19667/111966).
Argentine Pastoral Association Ltd. (2866/15805).
Argentine Patent Fodder Syndicate Ltd. (10415/78461).
Argentine Produce Co. Ltd. (13374/111647).
Argentine Railway Concessions and Land Co. Ltd. (11097/84302).
Argentine Real Estate and Finance Corporation Ltd. (19657/111830).
Argentine (South) Development Co. Ltd. (old), (11873/92322).
Argentine (South) Development Co. Ltd. (new), (20777/122998).
Argentine Syndicate Ltd. (31919/84854).
Buenos Aires City and Suburban Lands Co. Ltd. (22139/134620).
Catamarca Development Syndicate Ltd. (11065/84156).
Chaco Co. Ltd. (3845/24204).
Chaco Indian Association Ltd. (11025/83795). Chaco (Paraguay) Land Co. Ltd. (30066).
Chaco Rhea Co. Ltd. (5167/34917).
Chubut Co. Ltd. (3691/22952).
Córdoba Land Co. Ltd. (1058/1876).

Corrientes Concessions Ltd. (13999/124847).
Estancia Británica Ltd. (1758/85507).
Estancia Calera Ltd. (10398/78315).
Estancia Cerrillos Co. (15434/42651)
Estancia Florencia Co. Ltd. (12835/103835).
Estancia Ghymen Hyke Ltd. (17562/85939).
Estancia Guaviyu Co. Ltd. (31739/64770).
Estancia La Amarilla Ltd. (10808/81905).
Estancia Las Violetas Ltd. (18348/86705).
Estancia Ltd. (10015/135291).
Estancias Ltd. (22218/135291).
Estancias Media Agua and San Patricio Ltd. (17144/79263).
Heytesbury Land Co. Ltd. (16972/76370).
La Cesarina Estates (Argentina) Ltd. (22466/137256).
Landsend Estates Co. (16972/76370).
Laguna Estancia Co. Ltd. (11264/86095).
Lingham Timber Co. of South America. (7567/53949).
Los Mirasoles Estancia Co. Ltd. (18266/955669).
Los Pinos Ltd. (22167/134871).
Maroma Estancia Co. Ltd. (12614/10081).
Rio Frio Syndicate Ltd. (13367/111534).
River Plate Estancia Co. Ltd. (5967/144131).
River Plate Timber Co. Ltd. (7567/53949).
Salta (Argentine) Syndicate Ltd. (14150/130626).
San Jacinto Estates (4773/31577).
San Juan Estancia Co. Ltd. (17893/90534).
Santa Adelina Estancia Co. Ltd. (16888/74857).
Santa Cruz Sheep Farming Co. Ltd, (5441/37594).
Santa Kilda Estancia Co. Ltd. (3159/18302).
Santa Rosa Estancia Co. Ltd. (18536/99387).
Santiago (Argentine) Estates and Sugar Factory Ltd. (3408/20470).

South American Land, Colonization and Construction Co, Ltd. (4956/33092).
United Estancia Co. Ltd. (8837/64892).
Western Buenos Aires Land Co. (3242/19013).
University College, Londres.
Archivo del Bank of London and South America: The London and River Plate Bank.
D1. Londres a Buenos Aires, confidencial, 1870-1900.
D35. Buenos Aires a Londres, confidencial, 1870-1900.

Fuentes impresas, información primaria

Periódicos, revistas, anuarios, series de informes

Anales de la Legislatura Argentina, Buenos Aires, 1954, vol. I-V.
Anuario Argentino de Fabricantes y Comerciantes Nacionales y Extranjeros, Buenos Aires, 1908-1920.
Argentina, The Year Book (en el que se han incorporado el "Anuario Pillado" y la "John Grant's Argentina Commercial Guide"), Buenos Aires 1902, 1903, 1909.
Argentine Colonization and Land Company, Informes Anuales 1888-1905.
Argentine Land and Investment Company, Informes Anuales y minutas de la Asamblea anual de accionistas, 1888-1915.
Argentine Northern Land Company, Informes Anuales, 1905-1920.
Argentine Southern Land Company, Informes Anuales y minutas de la Asamblea anual de accionistas, 1889-1917, en el archivo de la empresa, London Wool Exchange.
Board of Trade Journal, Londres, 1886-1914.
Burdett's Official Intelligence, Londres, 1880-1892.

Brazil and River Plate Mail, Londres, 1870-1878.
Central Argentine Land Company, Informes Anuales y minutas de las Asambleas anuales de accionistas, 1878-1888.
Córdoba Land Company, prospecto e Informes Anuales, 1912-1914 (en el archivo de la Argentine Southern Land Company).
Council of Foreign Bondholders, recortes de periódicos; Argentina, Miscellaneous (Guildhall Library, London).
Curumalan Land Company, Sociedad La curumalán, y *Estancias y Colonias Curnmalan,* Informes Anuales 1888-1907, en el archivo de Baring Brothers, Londres.
The Directory of Directors, London, 1880-1914.
The Economist, Weekly Commercial Times and Banker's Gazette, Londres, 1870-1914.
Parliamentary Papers, 1870-1914, Informes consulares de la Argentina.
Puerto Madryn (Argentina) Land Company, Informes Anuales y minutas de las asambleas de accionistas, 1906-1914, en los archivos de la *Argentine Southern Land Company.*
Register of Defunct and Other Companies, Londres.
Río Negro (Argentina) Land Company, Informes Anuales y minutas de las Asambleas anuales de accionistas, 1907-1914, en los archivos de la Argentine Southern Land Company.
Santa Fe and Cordoba Great Southern Land Company, Informes Anuales, 1888-1911.
Santa Fe Land Company, Informes Anuales, 1885-1912.
South American Land Company, Informes Anuales, 1885-1906.
Stock Exchange Official Intelligence, 1892-1914.
Stock Exchange Year Book, 1875-1914.

Tecka (Argentine) Land Company, prospecto e Informes Anuales, 1910-1918 (en el archivo de la Argentine Southern Land Company).

Memorias y otras obras contemporáneas

Abeijón, Ascencio, *Memorias de un carrero patagónico,* Buenos Aires, 1973.

—, *Los recién venidos,* Buenos Aires, 1973.

—, *Recuerdos de mi primer arreo,* Buenos Aires, 1977.

Alberdi, Juan Bautista, *La vida y los trabajos industriales de William Wheelwright en América del Sud,* París, 1877.

Avellaneda, Nicolás, *Estudio sobre las leyes de tierras públicas,* Buenos Aires, 1877.

Brassey, Thomas, *Voyages and Travels of Lord Brassey,* Londres, 1895.

Cámara de Diputados de la Nación (Diario de Sesiones), Buenos Aires, 1911, vol. III, "Informe de la Comisión de Investigación de Tierras y Colonias".

Castellanos, Aaron, *Colonización en Santa Fe y Entre Ríos y el Ferrocarril de Rosario a Córdoba,* Rosario, 1877.

Carrasco, Gabriel, *Estadística de la Provincia de Santa Fe,* Santa Fe, 1884.

Daireaux, Émile, "The Pastoral Industry in the Pampas of South America", en *Brazil and River Plate Mail,* 24 de Ago.; 8 y 23 de Sep., y 8 y 23 de Oct. de 1875.

Daireaux, Godofredo, "La Estancia Argentina", en *Censo Agropecuario (1908),* Buenos Aires, 1908.

Darbyshire, Charles, *My Life in the Argentine Republic,* Londres, 1917.

Ebelot, A., *Recuerdos y relatos de la frontera,* Buenos Aires, 1975.

Edelberg, Gregorio, *Guía de propietarios rurales de la Provincia de Buenos Aires,* Buenos Aires, 1923.

"An English Farm in Buenos Aires"; en *Graphic*, Londres, 3 de feb., pp. 104-107.
Flies, Alois, *La producción agrícola y ganadera de la República Argentina*, Buenos Aires, 1892.
Gibson, Herbert, *The History and Present State of the Sheep Breeding Industry in the Argentine Republic*, Buenos Aires, 1893.
—, *The Land We Live On*, Buenos Aires, 1914.
Goodwin, William, *Wheat Growing in the Argentine Republic*, Liverpool, 1895.
Hansen, Emilio, *Memoria presentada al Congreso Nacional por el Ministerio de Hacienda*, Buenos Aires, 1892.
Hutchinson, Thomas, *Buenos Aires and Argentine Gleanings*, Londres, 1865.
—, *Up the Parana and through some Territories of the Rio de la Plata District in South America*, Londres, 1868.
—, *The Parana with Incidents of the Paraguayan War and South American Recollections*, Londres, 1868.
Jurado, Jose María, *La estancia argentina*, Buenos Aires, 1874.
Koebel, W. H., *Modern Argentina*, Londres 1907.
—, *Argentina Past and Present*, Londres 1910.
La Argentina. Guía de estancieros de la República, Buenos Aires, 1902.
Larden, Walter, *Argentine Plains and Argentine Glaciers. Life on an Estancia and on an Expedition to the Andes*, Londres, 1911.
Latzinas, Francisco, *L'agriculture et l'élevage dans la République Argentine*, París, 1889.
—, "El comercio argentino de antaño y hogaño", en *Censo Agropecuario Nacional. La Ganadería y la Agricultura en 1918*, Buenos Alres, 1918, III, p. 586 y ss.
Lemme, Carlos, *Almanaque rural argentino*, Buenos Aires, 1889.

Lix Klett, Carlos, *Estudios sobre producción, comercio, finanzas e intereses generales,* Buenos Aires, 1900.

Macleod Clerk, Norman, "The Life of a Sheep-Farmer in the Argentine Republic" en *Good Word,* Londres, 12, 1871, pp. 712-722.

Madzen, Andreas, *La Patagonia vieja,* Buenos Aires, 1977.

Martínez, Alberto B., "Los valores mobiliarios de la República Argentina", en *Censo de la ciudad de Buenos Aires, 1904,* Buenos Aires, 1905.

—, "Consideraciones sobre el Censo de Valores Mobiliarios", en *Tercer Censo Nacional, 1914,* Buenos Aires, 1917. X.

Martínez, A. B., Lewandowski, *The Argentine in the Twentieth Century,* Londres, 1911.

Memoria de la Dirección de Comercio e Industrias, Tierras y Colonias, Agricultura y Ganadería e Inmigración, año 1899, Buenos Aires, 1900.

Memoria General de Tierras y Colonias, años 1907 y 1910, Buenos Aires, 1908 y 1911.

Memoria del Departamento de Tierras, Colonias y Agricultura, año 1894, Buenos Aires, 1895.

Memorias de la Oficina Central de Tierras y Colonias, años 1880 y 1881, Buenos Aires, 1881 y 1882.

Mulhall, Michael G., *The English in South America,* Buenos Aires y Londres, 1877.

Mulhall, Michael G. y E. T. Mulhall, *Handbook of the River Plate,* 1869, 1875, 1885, 1892, Londres y Buenos Aires.

Ogilvie, C. P., "Argentina from a British Point of View", *Journal of the Royal Society of Arts,* 59, 1910.

—, *Argentina From a British Point of View and Notes on Argentine Life,* Londres, 1910.

Polla, J. B., *La deuda argentina,* Buenos Aires, 1907.

Peyret, A., *Una visita a las colonias de la República Argentina,* Buenos Aires, 1887.

Seymour, Richard Arthur, *Pioneering in the Pampas, or the first four years of a settler's experience in the La Plata camps*, Londres, 1869
Spears, J. R., *The Gold Dig of Cape Horn, A Study of Life in Tierra del Fuego and Patagonia*, Nueva York, 1895.
Suárez Pinto, Arturo, *La Argentina rural*, Buenos Aires, 1913.
Terry, J. A., *La crisis: 1885-1892*, Buenos Aires, 1909.
Valliant, *Guía General de Comercio de la Ciudad de Buenos Aires*, Buenos Aires, 1883.
Wilcken, Guillermo, *Las Colonias. Informe General sobre el Estado Actual de las Colonias en la República Argentina*, Buenos Aires, 1872.
Zeballos, Estanislao, *Descripción amena de la RepúlAica Argentina*, Buenos Aires, 1883.

Fuentes secundarias

Álvarez, Juan, *Estudios sobre las guerras civiles argentinas*, Buenos Aires, 1973.
—, *Temas de historia económica argentina*, Buenos Aires, 1910.
Arcondo, A., "Tierra y política de tierras en Córdoba", *Revista de Economía y Estadística*, Córdoba, 15, 1969.
—, "Población y mano de obra agrícola", *Revista de Economía y Estadística*, 14, 1961.
Archetti, Eduardo y Stolen, Kristi Anne, *Explotaciones familiares y acumulación de capital en el campo argentino*, Buenos Aires, 1975.
Arias, Héctor, "Railways and the Transformation of the Argentine Economy", *Instituto Torcuato Di Tella*, mimeo, 1975.

Balan, Jorge, "Una cuestión regional en Argentina: burguesías provinciales y el mercado nacional en el desarrollo agroexportador", *Desarrollo Económico* 69, 1978.
—, "Migraciones, el problema de la mano de obra y la formación de un proletariado rural en Tucumán, Argentina, 1870-1914", *Instituto Torcuato Di Tella*, mimeo, 1974.
Barran, José Pedro y Nahum, Benjamín, *Historia rural del Uruguay moderno*, Montevideo, 1967, 4 vol.
Barba, E. M., Cano de Nogueira, M. C. *et al.*, "La Campaña del Desierto y el problema de la tierra en la Provincia de Buenos Aires", en *Segundo Congreso de los Pueblos de la Provincia de Buenos Aires*, La Plata, 1974.
Baur, John, "The Welsh in Patagonia: An Example of Nationalist Migration", en *Hispanic American Historical Reuiew*, 34, 1954.
Bayer, Osvaldo, *Los vengadores de la Patagonia trágica*, Buenos Aires, 1974.
Bejarano, Manuel, "Inmigración y estructuras tradicionales en Buenos Aires (1854-1930)", en T. S. Di Tella *et al.*, *Los fragmentos del poder*, Buenos Aires, 1968.
—, *La política colonizadora de la Provincia de Buenos Aires (1854-1930)*, Buenos Aires, 1962.
Bernstein, Marvin D., *Foreign Investment in Latin America*, Nueva York, 1966.
Bialet-Masse, Juan, *El estado de las clases obreras argentinas a comienzos de siglo*, Córdoba, 1968.
Billington, Ray Ailen, "The Origin of the Land Speculator as a Frontier Type", *Agricultural History*, XIX, 1945.
Blinn Reber, Vera, *British Mercantile Houses in Buenos Aires, 1810-1880.* (Cambridge, Mass., 1978).
Bogue, Allan y Margaret, Profits and the Frontier Land Speculator, *Journal of Economic History*, 17, 1957.

Borrero, Jose María, *La Patagonia trágica,* Buenos Aires, 1970.
Bowen, E. G., "The Welsh Colony in Patagonia 1365-1885: A Study in Historical Geography", *Geographical Journal,* 132, 1966.
Braun Menéndez, Armando, *Pequeña historia fueguina,* Buenos Aires, 1939.
Bridges, Lucas E., *El último confín de la Tierra,* Buenos Aires, 1952.
Brown, Jonathan C., *A Socio-Economic History of Argentina 1776-1860,* Cambridge, 1979.
Bunge, Alejandro, *Riqueza y renta de la República Argentina. Capacidad contributiva,* Buenos Aires, 1917.
—, *La economía argentina,* Buenos Aires, 1928.
—, "Los capitales extranjeros en la República Argentina", *Revista de Economía Argentina,* XX, 1928.
—, *Una nueva Argentina,* Buenos Aires, 1940.
Burgin, Miron, *Aspectos económicas del federalismo argentino,* Buenos Aires, 1975.
Cairncross, Alec K., *Home and Foreign Investment, 1870-1913,* Oxford, 1953.
Cárcano, M. A., *Evolución histórica del régimen de la tierra pública, 1810-1916,* Buenos Aires, 1917.
Carreño, Virginia, *Estancias y estancieros,* Buenos Aires, 1968.
Carretero, Andrés M., *Los Anchorena. La política y los negocios en el siglo XIX,* Buenos Aires, 1970.
—, *La propiedad de la tierra en la época de Rosas,* Buenos Aires, 1972.
Consejo Latino Americano de Ciencias Sociales (ed.), *Haciendas, latifundios y plantaciones en América Latina,* México, 1975.

Chiaramonte, José Carlos, "Efectos de la revolución industrial en Argentina y América Latina durante el siglo XIX y las primeras tendencias del industrialismo", en Facultad de Ciencias de la Educación, *Problemas del Europeismo en Argentina,* Paraná, 1964.

—, *Nacionalismo y liberalismo económico,* Buenos Aires, 1971.

Coni, Emilio, *Historia de las vaquerías en el Río de la Plata,* Madrid, 1930.

Comblit, Oscar, Ezequiel Gallo y Arturo O'Connell, "La generación del ochenta y su proyecto. Antecedentes y consecuencias", *Desarrollo Económico,* 4, 1961.

Cortés Conde, Roberto, Tulio Halperin y H. Gorostegui, *El comercio argentino. Exportaciones 1864-1963,* Buenos Aires, 1965.

Cortés Conde, Roberto, "Cambios históricos en la estructura de la producción agropecuaria en la Argentina. Utilización de los recursos», en Colloques Internationaux du Centre National de la Recherche Scientifique *Les problèmes agraires de l'Amérique Latine,* París, 1967.

—, "Algunos rasgos de la expansión territorial en Argentina en la segunda mitad del siglo XIX", *Desarrollo Económico,* 29, 1968.

—, "Patrones de asentamiento y explotación agropecuaria en los Nuevos Territorios argentinos (1890·1910)", en Marcos Gimenez Zapiola, (ed.) *El régimen oligárquico,* Buenos Aires, 1979.

—, *El progreso argentino,* Buenos Aires, 1979.

Cottrell, P. L., *British Overseas Investment in the Nineteenth Century,* Londres, 1975.

Crossley, Jack Colin, "La contribution Britannique à la colonisation et au développement agricole en Argentine. Étude préliminaire". Colloques Internationaux du Centre National de la Recherche Scientifique *Les problèmes agraires de l'AmériqueLatine,* París, 1917.
—, "Location and Development of the Agricultural and Industrial Enterprises of Liebigs Extract of Meat Company in the River Plate Countries, 1865-1932", Leicester University, D. Phil. thesis, 1973.
Cuccorese, Horacio Juan, *Historia de los ferrocarriles en la Argentina,* Buenos Aires, 1969.
Cuccorese, Horacio Juan y José Panetieri, *Manual de historia económica y social,* Buenos Aires, 1976.
Díaz Alejandro, Carlos, *Ensayos de la historia económica argentina,* Buenos Aires, 1975.
Di Tella, Guido y Manuel Zymelman, *Las etapas del desarrollo económico argentino* Buenos Aires, 1967.
—, *Los ciclos económicos argentinos,* Buenos Aires, 1973.
Di Tella, Torcuato. S. y Tulio Halperin (ed.), *Los fragmentos del poder,* Buenos Aires, 1968.
Di Tella, Torcuato S., Germani, G. *et al., Argentina, sociedad de masas,* Buenos Aires, 1965.
Engennan, S., "Some Economic Issues Relating to Railroad Subsidies and the Evaluation of Land Grants", *Journal of Economic History,* XXXII, 1972.
Dunning John H. (ed.), *International Investment,* Londres, 1972.
Ferns, Henry S., "The Establishment of British Investment in Argentina", en *Inter American Economic Affairs,* V, 1951.
—, *Gran Bretaña y Argentina en el siglo XIX,* Buenos Aires, 1966.
—, *Argentina.* Buenos Aires, 1973.

—, *The Argentine Republic. An Economic History*, Devon, 1973.
Ferrer, Aldo, *La economía argentina*, México, 1960.
Flichman, Guillermo, *La renta del suelo y el desarrollo agrario argentino*, Buenos Aires, 1977.
Fodor, Jorge y Arturo O'Connell, "La Argentina y la economía atlántica en la primera mitad del siglo XX", *Desarrollo Económico*, XXXIII, 1973.
Ford, Alec G., "Export Price Index for the Argentine Republic 1880-1914", *Inter American Economic Affairs*, IX, 1955.
—, "Argentina y la crisis de Baring de 1890", en Giménez Zapiola (ed.), *El régimen oligárquico*, Buenos Aires, 1975.
—, "Capital Exports and the Growth of Argentina, 1880-1914", *Economic Journal*, LXVIII, 1958.
—, *El patrón oro: 1880-1914. Inglaterra y Argentina*, Buenos Aires, 1966.
—, "British Investment in Argentina and Long Swings, 1880-1914", *Journal of Economic History*, 31, 1971.
—, "British Investments and Argentine Economic Development. 1880-1914", en D. Rock (ed.), *Argentine in the Twentieth Century*, London, 1975.
Fuchs, Jaime, *Argentina: Su desarrollo capitalista*, Buenos Aires, 1965.
Gaignard, Romain, "Origine et évolution de la petite propriété paysanne dans la Pampa Sèche Argentine", en Colloques Internationaux du Centre National de la Recherche Scientifique *Les problèmes agraires de l'Amérique Latine.*, París, 1967.
Gallo, Ezequiel, "Agrarian Expansion and Industrial Development in Argentine", *Oxford Economic Papers*, XXXIII, 1970.

—, *La Pampa Gringa*, Buenos Aires, Sudamericana, 1983, basado en "Agricultural Colonization and Society in Argentina: the Province of Santa Fe. 1870-1895", tesis doctoral inédita de la Universidad de Oxford, 1970.

—, *Colonos en armas. Las revoluciones radicales en la Provincia de Santa Fe (1893)*, Buenos Aires, 1977.

Gallo, Ezequiel y Roberto Cortés Conde, *La formación de la Argentina moderna*, Buenos Aires, 1967.

Gallo, Ezequiel, *La república conservadora*, Buenos Aires, 1972.

Gasparian, Fernando, *Capital extrangeiro e desembolvimento de America Latina*, San Pablo, 1972.

Geller, Lucio, "El crecimiento industrial argentino hasta 1914 y la teoría del bien primario exportable", *Trimestre Económico*, 137, 1970.

Gervasani, José, *Los grandes latifundios de la Provincia de Santa Fe*, Santa Fe, 1923.

Giberti, Horacio, *Historia Económica de la ganadería argentina*, Buenos Aires, 1954.

—, *El desarrollo agrario argentino*, Buenos Aires, 1964.

Giménez Zapiola, Marcos (comp.), *El régimen oligárquico*, Buenos Aires, 1975.

Gori, Gastón, *El pan nuestro de cada día. Panorama social de las regiones cerealeras argentinas*, Buenos Aires, 1958.

—, *Inmigración y colonización en la Argentina*, Buenos Aires, 1964.

—, *La Forestal*, Buenos Aires, 1974.

Greenhill, Robert, "British Shipping Links with Latin America. The Royal Mail Steam Packett Company. 1840-1930", tesis doctoral inédita de la Universidad de Exeter, 1971.

Halperin, Tulio, "La expansión ganadera en la campaña de Buenos Aires (1810-1852), *Desarrollo Económico*, III 1963.

—, "La expansión de la frontera de Buenos Aires (1810-1852)", en Álvaro Jara (ed.), *Tierras nuevas*, México, 1969.

Hanson, Simon Gabriel, *Argentine Meat Trade and the British Market*, Stanford, 1938.

Hasbrouck, Alfred, "The Conquest of the Desert", *Hispanic American Historical Review*, XV, 1935.

Helman, Mauricio R., *Explotación del ganado lanar en la Patagonia*, Buenos Aires, 1950.

Hernando, Diana, "Casa Familia: Spatial Biographies in Nineteenth Century Buenos Aires", tesis doctoral inédita de la Universidad de California, 1973.

Hicks, Agnes, *The Story of the Forestal*, Londres, 1956.

Imlah, Albert, *Economic Elements of the Pax Britannica*, Harvard, 1958.

Jones, Charles A., "British Financial Institutions in Argentina. 1860 1914", tesis doctoral inédita de la Universidad de Cambridge, 1973.

Joslin, David M., *A Century of Banking in Latin America*, London, 1963.

Laclau, Ernesto, "Modos de producción, sistemas económicos y población excedente. Aproximación histórica a los casos argentinos y chileno", *Revista Latinoamericana de Sociología*, Buenos Aires, 2, 1969.

Lewis, Colin, "The British Owned Argentine Railway, 1857-1914", tesis doctoral inédita de la Universidad de Exeter, 1975.

—, "Problems of Railway Development in Argentina. 1857-1890", *Inter American Economic Affairs*, XXXII, 1968.

Lewis, Jones, *Una Nueva Gales en Sudamérica*, Buenos Aires, 1960.

Lurie, Jonathan, "Speculation, Risk, and Profits: The ambivalent agrarian in the late nineteenth century", *Agricultural History*, XLVI, 1972.

Martínez Estrada, Ezequiel, *Radiografía de la Pampa*, Buenos Aires, 1970.

Martínez Ruiz, Bernabé, *La colonización galesa en el valle del Chubut*, Buenos Aires, 1976.

—, *Patagonia histórica*, Buenos Aires, 1977.

Martorel, Guillermo, *Las inversiones extranjeras en la Argentina*, Buenos Aires, 1969.

Melinas, Florencio T., *La colonización en la Argentina y las industrias agropecuarias*, Buenos Aires, 1910.

Montoya, Alfredo J., *La ganadería y la industria de la salazón*, Buenos Aires, 1971.

—, *Historia de los saladeros argentinos*, Buenos Aires, 1956.

Mulhall Dugan de Voliente Noailles, Alicia, *Eduardo T. Mulhall, un nexo con Gran Bretaña*, Buenos Aires, 1970.

Oddone, Jacinto, *La burguesía terrateniente en la Argentina*, Buenos Aires, 1935.

Ortiz, Ricardo M., *Historia económica de la Argentina*, Buenos Aires, 1955.

Pendle, George, *The Welsh in Patagonia*, Swansea, 1959.

Pérez Brignoli, Héctor, "Agriculture capitaliste et commerce des grains en Argentine (1880-1955)", Tesis docotral de la Universidad de París, 1975.

Peters, Harold Edwin, *The Foreign Debt of the Argentine Republic*, Baltimore, 1934.

Phelps, Vernon, *The International Position of Argentina*, Philadelphia, 1938.

Pinedo, Federico, *Siglo y medio de economía argentina*, México, 1961.

Platt, Desmond Christopher Martin, "British Agricultural Colonization in Latin America", *Inter American Economic Affairs,* XVlll, 1964.
—, *Finance; Trade and Politics in British Foreign Policy, 1815-1914,* Oxford, 1968.
—, "The Imperialism of Free Trade: Some Reservations", *Economic History Review,* 21, 1968.
—, *Latin America and British Trade, 1806-1914,* Nueva York, 1913.
—, "British Portfolio Investment Overseas Before 1870: Some Doubts", *Economic History Review,* 2nd series, XXXIII, 1980.
Platt, D. C. M., "Objeciones de un historiador a la teoría de la dependencia en América Latina en el siglo XIX", *Desarrollo Económico,* 76, 1980.
Randal, Laura, *An Economic History of Argentina in the Twentieth Century,* Nueva York, 1978.
Rippy, James Fred, *British Investments in Latin America, 1822-1949,* Minneapolis, 1959.
Rock, David P. (ed.), *Argentina in the Twentieth Century,* Londres, 1975.
Sábato, Hilda Iris, "Wool Production and Agrarian Structure in the Province of Buenos Aires North of the Salado River, 1840's-1880's", tesis doctoral de la Universidad de Londres, 1981.
Sábato, Hilda Iris y Juan Carlos Korol, "Cómo fue la inmigración irlandesa a la Argentina", Buenos Aires, 1982.
Sáenz Quesada, María, *Los estancieros,* Buenos Aires, 1980.
Saúl, S. B., *The Myth of the Great Depression, 1873-1896,* Londres, 1969.
Schobinger, Juan, *Inmigración y colonización suiza en la República Argentina en el siglo XIX,* Buenos Aires, 1957.

Schopflocker, Roberto, *Historia de la colonización agrícola en la Argentina*, Buenos Aires, 1955.
Scobie, James R., *Argentina: A City and a Nation*, Nueva York, 1964.
—, *Revolución en las Pampas. Historia social del trigo en la Argentina*, Buenos Aires, 1970.
Shannon, H. A., "The Limited Companies of 1866-1883", *Economic History Review*, IV, 1933, 3.
Simon, Mathew, "The Pattern of New British Portfolio Foreign Investment 1865-1914", en Adler, J. H., *Capital Movements and Economic Development*, Londres, 1967.
Smith, Peter, *Carne y política en la Argentina*, Buenos Aires, 1972.
Stone, Irving, "British Direct and Portfolio Investment in Latin America before 1914", *Journal of Economic History*, XXXVII, 1977.
—, "British Investment in Argentina", *Journal of Economic History*, XXXII, 1972.
—, "British Long Term Investment in Latin America", *Business History Review*, 42, 1968.
—, "The Composition and Distribution of British Investment in Latin America, 1865-1913", tesis doctoral de la Unviersidad de Columbia, 1962.
Stone, Irving, "The Geographical Distribution of British Investments in Latin America, 1825-1913", *Storia Contemporanea*, 3, 1973.
Swierenga, Robert P., "Land Speculator 'Profits' Reconsidered: Central Iowa as a Test Case", *Journal of Economic History*, XXVI, 1966.
Taylor, Carl C., *Rural Life in Argentine*, Louisiana, 1948.
Tornquist, Ernesto, *El desarrollo económico de la República Argentina en los últimos cincuenta años*, Buenos Aires, 1919.

Trumper, Miriam R., "Efectos económicos y poblacionales de la explotación del quebracho colorado: El caso de la Forestal en el Chaco Santafesino", informe de investigación, Programa para la Formación de Investigadores en Desarrollo Urbano y Regional, 1975-1976. Buenos Aires, Centro de Estudios Urbanos y Regionales (CEUR) e Instituto Torcuato Di Tella.

Tulchin, Joseph, "Crédito agrario en la Argentina, 1910-1926", *Desarrollo Económico*, 71, 1978.

Vásquez Precedo, V., *Estadísticas históricas argentinas comparadas, 1875-1914*, Buenos Aires, 1971.

—, *El caso argentino. Migración de factores, comercio exterior y desarrollo, 1875-1914*, Buenos Aires, 1971.

Williams, Glyn, "Welsh Contribution to Exploration in Patagonia", *Geographical Journal*, 135, 1969.

William, John H., *Argentine International Trade under Inconvertible Paper Money, 1880-1914*, Cambridge, Mass., 1920.

Winn, Peter, "British Informal Empire in Uruguay in the Nineteenth Century", *Past and Present*, 73, 1976

Winsberg, Morton D., *Colonia Baron Hirsch: A Jewish Agricultural Colony in Argentina*, Gainsville, 1964.

Wright, W. R., *Los ferrocarriles ingleses en la Argentina*, Buenos Aires, 1976.

Zalduendo, Eduardo, *Libras y rieles*, Buenos Aires, 1975.

Este libro se terminó de imprimir en agosto de 2016 en Imprenta Dorrego (Dorrego 1102, CABA).

www.ingramcontent.com/pod-product-compliance
Lightning Source LLC
Chambersburg PA
CBHW031701230426
43668CB00006B/67